LEITURAS **L**:**F** FILOSÓFICAS

ANDITYAS S. DE M. C. MATOS

A FILOSOFIA COMO FORMA-DE-VIDA
Uma introdução ao estoicismo greco-romano

Edições Loyola

Dados Internacionais de Catalogação na Publicação (CIP)
(Câmara Brasileira do Livro, SP, Brasil)

Matos, Andityas S. de M. C.
  A filosofia como forma-de-vida : uma introdução ao estoicismo greco-romano / Andityas S. de M. C. Matos. -- 1. ed. -- São Paulo : Edições Loyola, 2023. -- (Coleção leituras filosóficas)

  Bibliografia
  ISBN 978-65-5504-241-2

  1. Estoicos 2. Ética (Moral filosófica) 3. Filosofia - História I. Título II. Série.

22-139638   CDD-188

Índices para catálogo sistemático:
1. Filosofia estoica   188
  Aline Graziele Benitez - Bibliotecária - CRB-1/3129

Capa: Inês Ruivo
Diagramação: Sowai Tam

Edições Loyola Jesuítas
Rua 1822 n° 341 – Ipiranga
04216-000 São Paulo, SP
T 55 11 3385 8500/8501, 2063 4275
editorial@loyola.com.br
vendas@loyola.com.br
www.loyola.com.br

Todos os direitos reservados. Nenhuma parte desta obra pode ser reproduzida ou transmitida por qualquer forma e/ou quaisquer meios (eletrônico ou mecânico, incluindo fotocópia e gravação) ou arquivada em qualquer sistema ou banco de dados sem permissão escrita da Editora.

ISBN 978-65-5504-241-2

© EDIÇÕES LOYOLA, São Paulo, Brasil, 2023

Devido ao seu excesso de grandeza e de beleza, as coisas que dizemos parecem assemelhar-se a ficções e não estarem de maneira alguma conformes ao homem e à natureza humana.

Crisipo
In: Plutarco, *De stoicorum repugnantiis*, XVII.

Não é possível descobrir os limites da alma, mesmo percorrendo todos os caminhos: tão profunda medida ela tem.

Heráclito
Frag. 45 (Diels-Kranz)

SUMÁRIO

INTRODUÇÃO TEÓRICO-METODOLÓGICA AO
CORPUS STOICORUM... 9

Capítulo I
APROXIMAÇÃO HISTÓRICA... 23
1. Os três estoicismos 23
2. Breve história do estoicismo grego 26
3. A adaptação do estoicismo ao contexto romano 40
4. Peculiaridades do estoicismo romano 56

Capítulo II
FILOSOFIA ESTOICA... 67
1. A importância da Física e da Lógica 67
    1.1. Sistema e unidade... 67
    1.2. Física 71
    1.3. Lógica... 105
2. A construção da Ética estoica 132
    2.1. Virtude, vício e felicidade 132
    2.2. A sabedoria perfeita grega e o progresso
         moral romano 157
    2.3. As paixões: o lado sombrio do *lógos* 174

3. Destino e liberdade 188
   3.1. Introdução 188
   3.2. Determinismo teleológico e causal 192
   3.3. Compatibilização 203

Capítulo III
POLÍTICA ESTOICA 231
1. Cosmopolítica 231
   1.1. A cidade crítico-ideal de Zenão 231
   1.2. A superação dos dualismos políticos 252
   1.3. A cidadania universal 265
2. Entre a ataraxia e a rebeldia: a participação
   da *Stoá* na política greco-romana 275
   2.1. Estoicismo e cristianismo 275
   2.2. "Abstém-te e suporta": uma
        Ética da resignação? 283
   2.3. Do utopismo radical à justificação do Império .. 300
3. Justiça e liberdade no pensamento estoico 335
   3.1. A justiça no estoicismo greco-romano 335
   3.2. O problema da escravidão 343
   3.3. A liberdade interior 357

CONCLUSÃO 375

REFERÊNCIAS 379
1. Fontes primárias 379
   1.1. Coleções de fragmentos e textos de
        filósofos estoicos 379
   1.2. Outros textos clássicos greco-romanos 381
2. Fontes secundárias 385

INTRODUÇÃO TEÓRICO-METODOLÓGICA AO *CORPUS STOICORUM*

Anthony Long afirma que, de todas as filosofias antigas, o estoicismo foi talvez a mais difundida, mas a de influência menos explícita e a menos adequadamente reconhecida na história do pensamento ocidental[1]. Tal se deve a vários e complexos fatores, desde a atitude hostil do idealismo hegeliano diante das escolas helenísticas até a perda da maior parte do material original relativo à Física e à Lógica da *Stoá*, tornando as posições teóricas da escola insustentáveis e paradoxais, quando não perigosamente ecléticas, dado que se misturaram ao longo da Antiguidade tardia com construções próprias do platonismo e do aristotelismo[2]. Ademais, a filosofia estoica é um modelo de "tudo ou nada" ao qual se deve aderir em bloco. Perdida uma parte, extravia-se o todo. Os autores da Renascença e da Modernidade conheceram muito pouco do sistema unitário do Pórtico,

---

1. LONG, *Estoicismo na tradição filosófica*, 403. Sobre o tema da influência estoica na filosofia ao longo dos séculos, cf. BRIDOUX, *Le stoicisme et son influence*.
2. Ibidem, 404-405.

tendo restringido suas leituras aos textos então disponíveis, que se resumiam às doutrinas éticas de Cícero, Sêneca, Epicteto e Marco Aurélio, representantes de uma fase já bastante avançada da escola. Tal limitação deu origem a uma imagem parcial do estoicismo que em quase nada se assemelha à que conhecemos hoje. Nada obstante, são inegáveis os traços estoicos em pensadores modernos como Descartes, Spinoza, Leibniz, Rousseau, Grotius, Shaftesbury, Butler, Adam Smith e Kant.

O estoicismo foi recentemente resgatado das sombras da incompreensão mediante um intenso trabalho acadêmico e erudito, que nos revelou a sua riqueza, unidade e profundidade. E. V. Arnold afirmava em seu clássico estudo publicado originalmente em 1911 que o estoicismo representa a ponte entre a filosofia antiga e a moderna, opinião compartilhada com L. Stein, A. Schmekel, H. von Arnim, A. C. Pearson, G. H. Rendall e R. D. Hicks. Abbagnano não hesita em classificar o estoicismo como a escola que, ao lado do aristotelismo, exerceu maior influência sobre o pensamento ocidental, dado que vários de seus postulados integram doutrinas modernas e contemporâneas[3]. Em razão da reabilitação filosófica da *Stoá* — que em décadas recentes tornou-se uma escola de primeira grandeza nos círculos acadêmicos —, muitos pensadores contemporâneos, a exemplo de Foucault, MacIntyre e Taylor, têm dedicado sérios esforços ao resgate da Ética do Pórtico, vista como um sistema vivenciável nos nossos dias[4]. Entre os grandes intérpretes contemporâneos da *Stoá*, podem ser citados os nomes de A. A. Long, B. Inwood, S. Bobzien, M. Schofield, M. Pohlenz, E. Bréhier, V. Goldschmidt e J. Brunschwig.

Assim, a complexidade que o tema assumiu nos dias contemporâneos determina que, antes de se iniciar o presente es-

---

3. ABBAGNANO, *Dicionário de filosofia*, 375-376.
4. LONG, *Estoicismo na tradição filosófica*, 404.

tudo, sejam feitas algumas breves considerações sobre as fontes. Apesar da longa duração do estoicismo, que inclusive se apresentou a certa altura como a mais prestigiosa corrente filosófica do Império Romano, a maior parte dos textos originais dos fundadores gregos se perdeu. Consta, por exemplo, que Crisipo teria escrito mais de 705 tratados[5], dos quais nenhum chegou até nós. Sellars conjectura que o desaparecimento dos textos estoicos gregos deveu-se a dois fatores primordiais: o primeiro, externo à escola, relaciona-se à predominância do pensamento neoplatônico no mundo antigo a partir do século III d.C., o que teria gerado certo desinteresse pelas doutrinas do Pórtico[6]; o outro, interno, paradoxalmente se relaciona à popularidade de Epicteto no século II d.C., que entendia o estoicismo como uma arte (*techné*) de viver, e não como uma doutrina a ser aprendida e ensinada em livros, motivo pelo qual desprezava aqueles que se dedicavam a atividades puramente intelectuais, desencorajando seus discípulos e seguidores a manterem vivo e acessível o *corpus* estoico[7]. A consequência desses dois fatores foi rápida e irreversível: já no século VI, Simplício, um dos comentadores medievais de Aristóteles, noticiava que quase não restavam obras dos antigos estoicos[8].

Para o estudo do estoicismo grego há poucos textos, muitos deles fragmentados e incompletos. Como já comentado, a maioria dos escritos estoicos gregos de que se dispõe atualmente

---

5. DIOGÈNE LAËRCE, *Vies et opinions des philosophes*, VII, 180 (*Les stoïciens*, 75).
6. No mesmo sentido, Carlo Natali adverte que chegaram até hoje apenas os textos filosóficos que os neoplatônicos julgavam importantes o bastante para se ler, conservar e comentar. Entre eles não se conta nenhuma das obras dos estoicos gregos, vistos à época como rivais dos discípulos de Plotino (*Prefazione* a ARIO DIDIMO; DIOGENE LAERZIO, *Etica stoica*, X-XI).
7. SELLARS, *Stoicism*, 25-30.
8. SIMPLICIUS, *Categorias*, 334, 1-3.

são fontes indiretas. Daí nasce um problema fundamental, dado que muitos dos doxógrafos responsáveis pela conservação indireta dos testemunhos originais da *Stoá* viveram em épocas bem distantes do helenismo, tendo sido influenciados pelo cristianismo alexandrino e pós-alexandrino. Em diversas oportunidades os doxógrafos misturaram, de maneira até inconsciente, as suas próprias concepções filosóficas às teses estoicas que se propunham a expor. Há ocasiões em que doxógrafos como Plutarco falseiam a verdadeira natureza do estoicismo para melhor o atacarem, visto que se tratava de vencer um poderoso inimigo no terreno da filosofia. Dessa maneira, quando se faz referência a passagens doxográficas sobre os estoicos, há que se levar em consideração vários limitadores, tais como o contexto político-social e o período em que a referência foi feita, a intenção do autor (expositiva, divulgativa, polêmica, hostil etc.) ao escrever a obra e ao fazer a citação de passagens estoicas, a compatibilidade do fragmento com outros que tratam do mesmo tema etc.

As ideias estoicas devem ser compreendidas em seus próprios contextos. Assim como o filósofo influencia o meio social em que vive, este acaba por influenciá-lo em termos de usos, linguagem e convenções sociais básicas que conformam o pano de fundo da atividade filosófica. Os problemas debatidos pela *Stoá* são próprios do seu tempo, ainda que a reflexão verdadeiramente filosófica transcenda o particularismo histórico em que foi gerada. Cada ser humano é filho da sua época. Tal não pode ser ignorado diante de uma corrente filosófica que se iniciou há cerca de dois mil e trezentos anos. E mesmo no seio do estoicismo é preciso fazer diferenciações, pois as circunstâncias em que a escola se desenvolveu foram extremamente diversificadas, o que explica por que algumas das ideias dos fundadores pareciam ultrajantes aos estoicos de Roma.

Em suma, deve-se buscar nos antigos fragmentos do estoicismo grego uma leitura sistemática, técnica e interiorizada. Do contrário, será impossível discordar de boa parte da doxografia clássica, que insiste em qualificar algumas das principais concepções estoicas como ingênuas, contraditórias e paradoxais, o que não parece realista tendo em vista que a escola se manteve intelectualmente ativa por mais de quinhentos anos. Na realidade, a doxografia e a crítica tradicional — antiga e contemporânea — procuram rechaçar aquilo que não compreendem na filosofia unitarista do Pórtico, desconhecendo — ou fingindo desconhecer — que muitas das contradições que povoam o pensamento do estoicismo foram criadas de modo consciente por seus cultores, para os quais o paradoxo constituía uma excelente técnica retórico-argumentativa. No estudo de filosofias antigas que, como a pré-socrática e a estoica, sobreviveram apenas graças a compilações mais ou menos arbitrárias de fragmentos, o intérprete precisa assumir os limites — e as riquezas — impostos por esse tipo de suporte e aprender, "[...] de modo muito pouco iluminista, a aceitar possíveis ambiguidades, contradições e carências de respostas"[9]. Conforme ensina Duhot, textos antigos como os fragmentos estoicos devem ser encarados como partituras musicais, às quais cada intérprete agrega um pouco de si quando as atualiza[10]. Quem lida com textos assim está condenado ao risco. Evidentemente, isso não pode servir como justificativa para deixar de interpretar os fragmentos com responsabilidade e rigor científico.

Meu entendimento do estoicismo grego se guia pelas três características acima aludidas, de modo que a leitura de qualquer fragmento estoico deve ser: (a) *sistemática*, pois o estoicismo se apresenta como uma filosofia da totalidade em que as partes se conjugam não por encaixe ou justaposição mecânica, mas sim por necessidade íntima e orgânica; (b) *técnica*, já que a *Stoá*

---

9. GAZOLLA, *O ofício do filósofo estóico*, 21.
10. DUHOT, *Epicteto e a sabedoria estóica*, 10.

criou, ao longo dos séculos, conceitos e termos próprios que não se confundem com os de outras filosofias gregas, especialmente quando se trata do platonismo e do aristotelismo. Ademais, não se pode olvidar que muitas vezes o estoicismo toma palavras do senso comum para lhes imprimir sentidos diversos daqueles que originalmente evocam; (c) *interiorizada*, porque, se o intérprete se colocar como leitor externo ao sistema estoico, fatalmente se perderá diante de suas aparentes contradições. Somente uma leitura interna, que compreenda o sistema estoico como filosofia viva em seu peculiar tempo e espaço, é capaz de superar as interpretações superficiais e enganosas levadas a efeito por parte da crítica especializada, que, ao tratar o estoicismo como uma curiosa peça de museu, descuida de seu verdadeiro potencial enquanto efetiva arte de viver, tal como intuiu, entre muitos outros, Michel Foucault.

Feitas as necessárias advertências quanto ao estado das fontes gregas, tem-se que o básico do *corpus* relativo ao *estoicismo grego* se resume ao seguinte:

(a) *O hino a Zeus* de Cleantes, datado do século III a.C., único texto original grego completo que chegou até os dias atuais. Trata-se de um poema no qual alguns dos principais conceitos do Pórtico são expostos de maneira breve e assistemática.

(b) O livro VII da famosa obra de Diógenes Laércio, *Vida e opinião dos filósofos*, escrita no século III d.C. Nesse texto Diógenes se dedica a estudar a biobibliografia de Zenão, Cleantes e Crisipo, além de trazer algumas notícias sobre Aristo, Hérilo, Dênis e Esferus, filósofos estoicos gregos de menor importância.

(c) As duas obras de Plutarco dedicadas à crítica do estoicismo, ambas datadas do século I d.C., *Das contradições dos estoicos* e *Das noções comuns contra os estoicos*. Tais escritos devem ser interpretados com muito cuidado, pois seu objetivo não é propriamente apresentar o estoicismo, mas se contrapor à escola para desacreditá-la. Há uma obra menor de Plutarco que também pode ser lida com alguma utilidade, qual seja, *Os estoicos dizem coisas mais extravagantes do que os poetas*; e outra, de autoria duvidosa, atualmente atribuída ao Pseudo-Plutarco, *Sobre as opiniões dos filósofos*. Também da lavra do Pseudo-Plutarco, há a interessante *Fortuna e virtude de Alexandre*, o primeiro texto de natureza crítica que relaciona o estoicismo ao cosmopolitismo alexandrino. Em qualquer caso, deve-se ter em mente a advertência de Babut, para quem Plutarco emprega conceitos estoicos de maneira superficial e com fins puramente retóricos e formais[11].

(d) Tratados de Cícero vocacionados à divulgação do pensamento estoico em Roma no século I a.C., tais como *As tusculanas, Da adivinhação, Da finalidade dos bens e dos males, Da natureza dos deuses, Do destino, Os paradoxos dos estoicos* e *Primeiros acadêmicos*. O estudo dos textos ciceronianos é especialmente recomendável, uma vez que, ao contrário de Plutarco e de outros autores hoje essenciais para o conhecimento do fragmentário pensamento do estoicismo grego, Cícero não foi um rival ou um opositor dos estoicos. Ao contrário, ele foi um grande simpatizante e disseminador da doutrina da *Stoá*, fato que leva alguns estudiosos a classificá-lo erroneamente como um verdadeiro filósofo estoico[12].

(e) Coleções modernas de fragmentos estoicos. A mais antiga e conhecida delas, de Hans von Arnim (Ioannes ab Arnim), intitula-se *Stoicorum veterum fragmenta*, publicada em Stuttgart pela editora Teubner em quatro volumes entre 1903

---

11. BABUT, *Plutarque et le stoicisme*, 84-85.
12. Berraondo, por exemplo, entende que o eclético Cícero deve ser incluído, com muitas reservas, no estoicismo médio. Cf. BERRAONDO, *El estoicismo*, 10.

e 1924. Citada pela crítica especializada como SVF, essa importante coleção já é tida como clássica, tendo sido reeditada em 1964. Há uma coletânea mais atual, organizada por Karlheinz Hulser sob o título de *Die fragmente zur Dialektik des Stoiker*, publicada em 1987-1988, também em Stuttgart, pela Frommann-Holzboog. Citada como FDS, consta de quatro volumes. Em castelhano, é de se destacar a recente recolha de Marcelo D. Boeri e Ricardo Salles, *Los filósofos estoicos: ontología, lógica, física y ética*, publicada em 2014 na cidade de Santiago de Chile pela Universidad Alberto Hurtado.

(f) Outras obras da Antiguidade tardia que analisam de modo incidental alguns temas relacionados ao estoicismo grego, tais como *Dos preceitos de Hipócrates e de Platão* (século II d.C.), de Galeno; *Tratado do destino* e *Da mistura* (séculos II e III d.C.), de Alexandre de Afrodísias; *Hipotiposes ou esboços pirrônicos* e *Contra os matemáticos* (ambas do século III d.C.), de Sexto Empírico; *Florilégio* e *Dois livros de extratos dos físicos e dos moralistas* (séculos IV e V d.C.), de Estobeu.

No que diz respeito ao *estoicismo romano*, afortunadamente grande parte dos textos originais sobreviveu, destacando-se os seguintes:

(g) *Da república*, *Das leis* e *Dos deveres*, obras ciceronianas que não se limitam apenas a expor as ideias dos estoicos gregos, apresentando, em certa medida, uma original teoria político-jurídica de matriz estoica.

(h) Tratados variados de Sêneca escritos no século I d.C., tais como *Da brevidade da vida*, *Da constância do sábio*, *Da ira*, *Da providência*, *Da tranquilidade da alma*, *Da vida feliz*, *Das questões naturais*, *Do ócio*, *Dos benefícios* e as tão célebres quanto extensas *Cartas a Lucílio*.

(i) Os *Diálogos* (*Diatribaí*) e o *Manual* (*Encheirídion*) de Epicteto, ambos do século I ou II d.C. O primeiro livro é a obra fundamental de Epicteto, conhecida em várias traduções — muitas delas não confiáveis — com os títulos de *Diatribes*, *Máximas* ou *Reflexões*. Constava originalmente de oito ou doze livros, dos quais apenas quatro chegaram aos dias atuais. Por seu turno, o *Manual* corresponde a uma breve — mas bastante sistemática — exposição dos princípios filosóficos de Epicteto. O filósofo-escravo não escreveu nenhum dos dois textos que lhes são atribuídos; ambos foram compilados por seu discípulo romano Flávio Arriano, que, inobservando a advertência do mestre, transcreveu em grego os seus ensinamentos. Tal fato não deixa de ser irônico. Como visto, Epicteto entendia que a filosofia estoica não deveria ser escrita, mas sim vivenciada na prática, o que pode ter acarretado a perda dos textos dos fundadores da escola, mas não os do próprio Epicteto.

(j) As *Meditações* (*Tà eis heautón*) de Marco Aurélio, escritas em grego no século II d.C., última grande obra do estoicismo enquanto corrente filosófica viva.

Quando necessário e na medida do possível, procurei sempre citar passagens dos textos supraditos em vez de recorrer a comentadores modernos. Da mesma maneira, havendo edições fiáveis em português, as preferi em relação às traduções estrangeiras, embora tais casos tenham sido escassos em razão da absoluta pobreza da literatura nacional no que diz respeito ao estoicismo. Quando tive de buscar socorro em traduções estrangeiras, utilizei as edições inglesas, francesas, italianas e espanholas citadas nas referências. Merece destaque, entre todas elas, o alentado volume *Les stoïciens*, editado pela Gallimard dentro de sua justamente célebre Bibliothèque de la Pléiade. A edição reúne o essencial dos escritos do estoicismo greco-romano, todos eles acompanhados de copiosas notas e de esclarecedoras notícias que oferecem informações sobre as obras e os seus respectivos autores. As traduções do volume são todas de Émile Bréhier, mundialmente aclamado como uma das maiores autoridades no estudo da filosofia estoica. Tal edição é importante por apresentar em versão integral ou parcial — neste último caso, apenas quando o restante do texto em questão não interessa diretamente ao estudo do estoicismo — traduções francesas de quase todas as obras acima citadas em "a", "b", "c", "d", "h", "i" e "j"[13]. Uma palavra especial também deve ser dedicada ao magistral trabalho de Anthony A. Long e David N. Sedley, *The hellenistic philosophers*, que reúne em dois extensos volumes — o primeiro com as traduções e os respectivos comentários e o segundo com os textos originais greco-latinos — alguns fragmentos essenciais e quase sempre raros da filosofia helenística, agrupados cronologicamente por escolas, temas e autores. Essa obra me foi extremamente útil, tendo se tornado indispensável no meio acadêmico especializado devido à excelência das traduções e à profundidade dos comentários dedicados aos fragmentos greco-latinos originais. Além da compilação de Long e Sedley, utilizei com frequência a coleção de fragmentos preparada por Brad Inwood e Lloyd P. Gerson, *Hellenistic philosophy*, mais simples e direta, mas nem por isso menos útil.

---

13. Constam da edição de Bréhier as seguintes obras traduzidas: *L'hymne à Zeus* (integral), de Cleantes; *Vies et opinions des philosophes* (livro VII), de Diógenes Laércio; *Des contradictions des stoïciens* (integral) e *Des notions communes contre les stoïciens* (integral), ambas de Plutarco; *Premiers académiques* (livro II), *Des fins des biens et des maux* (livro III), *Les tusculanes* (capítulos XII e XIII do livro II, livro III a partir do capítulo IV, livro IV e livro V), *De la nature des dieux* (livro II), *Traité du destin* (integral) e *Traité des devoirs* (integral), todas de Cícero; *De la constance du sage* (integral), *De la tranquillité de l'âme* (integral), *De la brièveté de la vie* (integral), *De la vie heurese* (integral), *De la providence* (integral) e *Lettres a Lucilius* (cartas 71 a 74), todas de Sêneca; *Entretiens* (integral) e *Manuel* (integral), ambas de Epicteto, e *Pensées* (integral), de Marco Aurélio.

Quando se mostrou oportuna a citação de trechos e de termos técnicos filosóficos ou jurídicos greco-latinos, tal foi feito com o uso do itálico, como é de praxe quando se trata de palavras estrangeiras. No caso de vocábulos escritos na língua grega, lancei mão de transcrições fonéticas capazes de apresentá-los mediante caracteres latinos.

Por fim, resta dizer algo sobre o ânimo que inspirou este livro. Em *L'uso dei corpi*, o filósofo italiano Giorgio Agamben vislumbra um modelo de existência que chama de "forma-de-vida"[14], o qual diz respeito a uma vida que não pode ser separada de seus modos, ou seja, uma vida que é a sua própria maneira de existir, com o que se desativam díades milenares que nos foram legadas pelo platonismo e pelo aristotelismo, tais como essência e existência, sujeito e objeto, transcendência e imanência, mente e corpo, natureza e cultura, geral e particular e muitas outras. Uma forma-de-vida é, então, uma vida cuja essência corresponde à própria existência, já que nela o ser se declina não pelo que *é*, mas pelo seu *como*. Nesse contexto, a filosofia pode ser entendida como uma forma-de-vida, uma arte de construir-se a si mesmo e não um conjunto de conhecimentos que se põem enquanto algo separado do sujeito. Foi exatamente nessa fissura — entre a filosofia como modo de ser e de se cuidar e a filosofia como simples conjunto de saberes — que Foucault viu, em seus últimos cursos no *Collège de France*, a diferença decisiva entre as antigas filosofias greco-romanas e as modernas, em especial a partir de Descartes[15]. Com efeito, os filósofos gregos, em maior ou menor medida, faziam de suas

---

14. A expressão deve ser escrita assim, com hifens, pois é um termo técnico da filosofia agambeniana, denotando a inseparabilidade entre a vida e suas formas.

15. Trata-se dos cursos de 1981 a 1984, quais sejam: *L'herméneutique du sujet*, *Le gouvernement de soi et des autres* e *La courage de la vérité*.

filosofias modos de viver que determinavam todo o sentido de suas existências.

Nessa perspectiva, o estoicismo surge como a filosofia que mais longe levou a exigência da mescla de todos os aspectos da vida individual (e coletiva) ao pensamento, apresentando-se ao longo de seus quase seiscentos anos de contínuo desenvolvimento como uma verdadeira "arte de viver" comparável apenas à de certas correntes do budismo. Dessa feita, o estoicismo conforma uma radical forma-de-vida que pretende oferecer aos seres humanos o caminho para a felicidade, contanto que saibam compreender-se e compreendê-la enquanto partes ativas do *lógos*-artesão que tudo unifica, o que me parece especialmente urgente nos tempos de mentira universal em que vivemos, quando sujeitos e discursos se descolam sem cessar e toda práxis parece destinada a desmentir e a tornar ridícula a teoria de que pretensamente descende. O esforço deste livro é, então, ao mesmo tempo modesto e provocador, pois não pretende, a exemplo de outras obras de duvidosa qualidade, ensinar como ser um filósofo estoico nos tempos contemporâneos, o que iria totalmente contra a ideia de forma-de-vida, que não se aprende em livros, mas apenas vivendo, modalizando-se, (re)construindo-se, passeando-se sem cessar. Nestas páginas quero apenas apresentar as por vezes árduas teses estoicas de maneira simples e de modo sistemático, tendo em vista os textos originais greco-latinos que chegaram até hoje e em estreita discussão com filósofos antigos e modernos como Heráclito, Platão, Aristóteles, Spinoza e Kant, além de comentadores contemporâneos, unindo a ética da escola às suas particularíssimas e potentes dimensões físicas e lógicas, sem esquecer a política, sempre tão mal compreendida em relação aos estoicos, classificados pela tradição como filósofos resignados, fatalistas e decadentes, o que, como se verá, está longe da verdade. A audácia acima aludida diz respeito a esse gesto especulativo aparentemente simples que, se não tem a pretensão de ensinar a ser estoico, comparece como um singular desafio à miséria característica da vida da filosofia e da filosofia da vida dos dias presentes, demonstrando que algo como um estoico foi possível — e por isso continua sempre a ser possível —, tal como as conflagrações que de tempos em tempos queimam todo o cosmos, fazendo nascer, pela repetição do mesmo, vários modos do diferente.

Capítulo I
APROXIMAÇÃO HISTÓRICA

1. Os três estoicismos

Como bem salienta Émile Bréhier, não existiu uma escola estoica unívoca, mas vários filósofos estoicos mais ou menos independentes[1]. Os pensadores que a doxografia se acostumou a chamar de estoicos espalharam-se por um imenso arco temporal iniciado no começo do século III a.C. com a fundação da corrente por Zenão de Cício no Pórtico Pintado (*Stoá Poikíle*) de Atenas[2] — uma espécie de colunata decorada com pinturas que ilustram a batalha de Maratona, localizada no lado norte da ágora ateniense entre os principais prédios públicos da *pólis* — até às suas últimas manifestações, descritas por Porfírio

---

1. *Introduction* a *Les stoïciens*, LXIII.
2. DIOGÈNE LAËRCE, *Vies et opinions des philosophes*, VII, 5-6 (*Les stoïciens*, 19). Lima Vaz explica que, por ser estrangeiro (*meteco*), Zenão estava impedido de comprar terrenos na *pólis* ateniense, razão pela qual fundou sua escola na *Stoá*. Assim, ele e seus discípulos ficaram conhecidos como "os da Porta", ou seja, *stoikói*. Cf. LIMA VAZ, *Escritos de filosofia IV*, 149. Cf. também SEDLEY, *A escola, de Zenon a Ário Dídimo*, 11, e ILDEFONSE, *Os estóicos I*, 19.

em 263 d.C. na obra *Vida de Plotino*, já na época da decadência do Império Romano do Ocidente. Em quase seiscentos anos, o estoicismo assumiu diversas roupagens, e nem sempre as ideias dos seus principais representantes mostraram-se coincidentes, apesar de haver um fio central que perpassa a longa história da *Stoá* e que permite classificar autores tão diferentes — *v.g.*, Crisipo, Panécio e Sêneca — como integrantes de uma mesma tradição de pensamento filosófico, apesar de não ser adequado sustentar, como faz Duhot, que a escola foi "bastante homogênea"[3].

Tendo em vista a vastidão do período histórico que coube ao estoicismo para seu crescimento, amadurecimento e desagregação final, impõe-se a adoção da clássica periodização por meio da qual se divide o desenvolvimento da escola em três fases[4]:

(a) *Estoicismo antigo*, encabeçado pelo fundador Zenão (nascido aproximadamente em 334 a.C. e morto em 262 a.C.), por seu discípulo imediato Cleantes (nascido aproximadamente em 330 a.C. e morto 232 a.C.) e por Crisipo (nascido em 277 a.C. e morto aproximadamente em 208 a.C.). Trata-se de corrente marcadamente helenística e ativa de fins do século IV a.C. até o século III a.C.

---

3. DUHOT, *Epicteto e a sabedoria estóica*, 10.
4. Émile Bréhier, Jean Brun, Jacques Brunschwig, Frédérique Ildefonse e Henrique Cláudio de Lima Vaz aceitam a tradicional divisão tripartite em seus respectivos estudos. Cf. BRÉHIER, *Introduction* a *Les stoïciens*, LXIII; BRUN, *O estoicismo*, 15-28; BRUNSCHWIG, *Les stoïciens*, 511-562; ILDEFONSE, *Os estóicos I*, 15; e LIMA VAZ, *Escritos de filosofia IV*, 149. Já David Sedley, contrariando o uso geral, prefere uma periodização mais detalhada: (1) primeira geração de estoicos; (2) era dos escolarcas atenienses; (3) fase platonizante; (4) descentralização do século I a.C.; e (5) fase imperial (SEDLEY, *A escola, de Zenon a Ário Dídimo*, 7). Para uma visão ampla da escola estoica, são recomendáveis as seguintes obras: BARTH, *Los estoicos*; RIST, *Stoic philosophy*; e SANDBACH, *The stoics*.

(b) *Estoicismo médio*, quando a partir do século II a.C. a doutrina começou a se romanizar e a se tornar mais eclética, buscando integrar a seu corpo teórico algumas contribuições do aristotelismo e do platonismo, que àquela altura já não eram vistas como escolas rivais a serem combatidas. Foi nesse momento que o estoicismo passou a adotar uma atitude crítica em relação aos mestres gregos originais. Sem serem revolucionários ou heterodoxos, os filósofos do estoicismo médio se dedicaram a relativizar o extremo dogmatismo emprestado às teses do Pórtico por Crisipo, além de aproveitar as duras críticas dos adversários — como as do acadêmico Carnéades — para o redimensionamento de certas posições centrais da *Stoá*[5]. Assim, em Roma a figura do sábio estoico foi humanizada por Panécio de Rodes e Antípatro de Tarso, que lhe conferiram o caráter da sociabilidade, fazendo-o conviver com os demais homens. Já Heráclito de Tarso renegou o conhecido paradoxo estoico segundo o qual todos os vícios são iguais. Todavia, apesar desses avanços e da notável latinização da doutrina, o estoicismo médio ainda dependia bastante das fontes gregas originais. Seus principais representantes foram Panécio (nascido aproximadamente em 185 a.C. e morto em 110 a.C.), Posidônio (nascido aproximadamente em 135 a.C. e morto em 51 a.C.) e, na posição de expositor privilegiado, Cícero (nascido em 106 a.C. e morto em 43 a.C.).

(c) *Novo estoicismo*, já totalmente adaptado ao contexto cultural romano, seus principais autores foram Sêneca (nascido em 4 a.C. e morto em 65 d.C.), Epicteto (nascido aproximadamente em 50 d.C. e morto em 120 d.C.) e Marco Aurélio (nascido em 121 d.C. e morto em 180 d.C.). Nesta última versão da *Stoá*, também chamada de estoicismo imperial, os

---

5. TATAKIS, *Panétius de Rhodes*, I e II.

filósofos não se ocuparam com o desenvolvimento do sistema estoico como um todo, privilegiando o estudo da Ética em detrimento das demais partes do *corpus* filosófico.

2. Breve história do estoicismo grego

A escola estoica ateniense surgiu no contexto da decadência dos grandes sistemas filosóficos de Platão e de Aristóteles, traço comum a diversas outras escolas da época, tais como o cinismo, o epicurismo e o ceticismo, que, ao lado da *Stoá*, conformaram o movimento comumente chamado de helenismo. Por terem sucedido o platonismo e o aristotelismo, até o início do século XX as escolas helenísticas eram tradicionalmente entendidas como produtos de segunda categoria de uma cultura grega já cansada e vencida pelo influxo cultural da Ásia. Essa visão preconceituosa hoje começa a ser superada pelo trabalho sistemático de vários acadêmicos que dedicam seus esforços à reabilitação do helenismo, demonstrando que tal movimento filosófico alcançou o mesmo nível de excelência e de profundidade característico das escolas anteriores, o que julgo válido em especial para o estoicismo. Alguns autores, a exemplo de Ildefonse, entendem que o estoicismo foi a primeira filosofia verdadeiramente sistemática da Antiguidade, pois integrou em um único corpo teórico a Física, a Lógica e a Ética[6]. Discordo. As obras de Platão e de Aristóteles apresentam alto grau de sistematicidade interna, apesar de não serem tão orgânicas quanto os escritos do Pórtico. Diferentemente dos estoicos, Platão e Aristóteles admitiam a utilização de pontos de vista diferentes para analisar fenômenos físicos, lógicos e éticos. Por seu turno, a *Stoá* partia sempre do mesmo princípio organizativo funda-

---

6. ILDEFONSE, *Os estóicos I*, 17-19.

mental — o *lógos* — para compreender toda e qualquer realidade, como será discutido no capítulo II.

As filosofias helenísticas tinham em comum a busca por um ideal de autonomia (*autárkeia*) e a oposição dirigida ao platonismo e ao aristotelismo, apesar de terem absorvido traços fundamentais desses dois sistemas. No que diz respeito ao cenário histórico em que se desenvolveram, trata-se de uma época de grandes transformações sócio-políticas, quando a cultura grega — levada até aos confins da Índia por Alexandre, o mais célebre dos discípulos de Aristóteles — se mesclou a elementos orientais, tendo alcançado intensa difusão em todo o mundo civilizado. Tatakis não deixa de deplorar esse momento de incertezas, quando a razão não sabia mais como examinar a si mesma, passando a representar o papel de simples cortesã no palácio cada vez mais exótico e imponente que a mistura de cultos orientais erigia no coração da Grécia[7].

Todavia, entendo que, a muitos e justos títulos, o estoicismo grego foi uma escola filosófica original, capaz de oferecer novos caminhos para a Física e a Lógica, não tendo desenvolvido apenas a Ética, como as demais doutrinas helenísticas. Contudo, é interessante fazer notar desde já que a relação do estoicismo com seus rivais — cinismo, epicurismo e ceticismo — era muito mais de integração do que de enfrentamento. Aliás, várias das posições filosóficas tipicamente helenísticas encontraram seu nascedouro na síntese de conceitos formulada por tradições helênico-filosóficas não propriamente ortodoxas.

Não se deve esquecer que os principais filósofos estoicos atenienses eram de origem oriental[8], o que talvez explique a presença de concepções próprias do pensamento védico e persa na

---

7. TATAKIS, *Panétius de Rhodes*, II.
8. Zenão era natural de Cício, cidade situada no Chipre. Cleantes nasceu em Assos, na metade ocidental da Turquia. Crisipo veio de Soles, loca-

tessitura do primeiro estoicismo[9]. Por outro lado, há autores que preferem sublinhar o suposto elemento cananeu presente nas ideias de Zenão, nascido em uma antiga colônia fenícia. Ora, sabe-se que os fenícios descendiam dos cananeus e que Canaã foi ocupada pelos judeus a certa altura, o que pareceu suficiente a estudiosos sérios como Pohlenz para afirmarem que o estoicismo seria, no fundo, uma filosofia de matriz semítica[10], opinião arbitrária e sem fundamento, dado que não há paralelismo cientificamente verificável entre o ideário semítico e aquele desenvolvido pela *Stoá*[11]. Duhot chega a julgar ridículas as teses que pretendem ver raízes semíticas no estoicismo em razão da cidade natal dos seus fundadores. Tal lhe parece sumamente anacrônico, porque na Antiguidade pouco importava onde um filósofo nascia[12]. De fato, o que parecia decisivo aos antigos era a formação filosófica que se recebia e não onde se nascia. Duhot tem razão: eis que não há uma só noção estoica que não encontre paralelo nas escolas filosóficas anteriores. A *Stoá* representou uma clara continuação da filosofia grega, da qual foi, com todo o direito, uma puríssima representante. Caso se queira buscar o fundamento remoto do estoicismo em alguma forma de sabedoria oriental, a tarefa será muito mais fru-

---

lizada na parte austral do mesmo país. Por fim, havia ainda Diógenes de Babilônia e Antípatro de Tarso (SEDLEY, *A escola, de Zenon a Ário Dídimo*, 8).

9. BERRAONDO, *El estoicismo*, 125; BRUN, *O estoicismo*, 16.

10. Pohlenz chega a afirmar que apenas com Panécio a *Stoá* se helenizou, pois antes, sob a tutela de Zenão e de Crisipo, tratava-se de uma filosofia de base semítica, o que, evidentemente, constitui um rematado absurdo. Cf. ERSKINE, *The hellenistic stoa*, 27, n. 45. Contudo, como nota Lima Vaz, Pohlenz se explica e acaba por concluir que as categorias fundamentais do Pórtico são todas genuinamente gregas, independentemente da origem de seu fundador, que, afinal de contas, teve formação filosófica ateniense. Cf. LIMA VAZ, *Escritos de filosofia IV*, 145-146.

11. Para uma ousada aproximação entre o Pórtico e a filosofia muçulmana, cf. JADAANE, *L'influence du stoïcisme sur la pensée musulmane*.

12. DUHOT, *Epicteto e a sabedoria estóica*, 19-20.

tífera se o intérprete se voltar para a Índia, onde o hinduísmo ortodoxo, o vedanta e o budismo se assentam sobre concepções ético-epistemológicas semelhantes às do Pórtico, e em alguns casos idênticas, como indica Donald Bishop[13].

O fundador da escola estoica ateniense foi Zenão, nascido em 334 ou 336 a.C. na cidade de Cício, localizada na ilha de Chipre. Aos 22 anos mudou-se para Atenas e começou a estudar com o cínico Crates, com Pólemon — então diretor da Academia platônica — e com Estílpon, da escola megárica. Um dos primeiros empreendimentos filosóficos de Zenão foi fundir as teorias divergentes desses três filósofos e defender que o progresso moral se associa à vida em conformidade (*homologouménos zên*)[14], expressão que mais tarde seria esclarecida por Crisipo ao definir a vida conforme à natureza (*homologouménos tê phýsei zên*)[15]. Seria este o *télos* de todo ser humano verdadeiramente virtuoso e que em Roma receberia a tradução de Cícero:

---

13. BISHOP, *Parallels in hindu and stoic ethical thought*. Anthony Long compara a Ética de Epicteto ao confucionismo e ao budismo. Cf. LONG, *Epictetus*, 9 e 34. Fundando-se em Rhys Davis, Arnold aproxima o sábio perfeito da *Stoá* ao Buda, o Acordado, o mestre perfeito que encarna a sabedoria. Cf. ARNOLD, *Roman stoicism*, 295, n. 159. No mesmo sentido, cf. BRÉHIER, *Chrysippe et l'ancien stoïcisme*, 219, n. 1.

14. A discussão sobre a correta interpretação da obscura fórmula de Zenão relativa ao *télos*, bem como acerca do significado do acréscimo efetuado por Crisipo, é imensa e bastante complexa, não podendo ser desenvolvida aqui. Para uma exposição sumária — mas profunda — do problema, cf. BONHÖFFER, *The ethics of the stoic Epictetus*, 209-238, e LONG, *Epictetus*, 182-185. Abordagens mais detalhadas podem ser encontradas em RIST, Zeno and stoic consistency e STRIKER, Following nature.

15. ÁRIO DÍDIMO, *Etica stoica*, 6a, p. 40, e DIOGÈNE LAËRCE, *Vies et opinions des philosophes*, VII, 87 (*Les stoïciens*, 44). Como se vê, cito as passagens do texto de Ário Dídimo com base na edição italiana intitulada *Etica stoica*, que congrega a *Epítome* de Ário e os parágrafos de Ética estoica escritos por Diógenes Laércio. Com a finalidade de simplificar o sistema de referências e tendo em vista que para a citação dos trechos de Diógenes adoto a edição francesa de Bréhier, nas notas referentes a Ário Dídimo uso apenas a indicação ÁRIO

"*vivere adhibentem scientiam earum rerum, quae natura evenirent*" ("viver fazendo uso do conhecimento daquelas coisas que vêm da natureza")[16]. Zenão acatou a lição de Estílpon e sustentou que vantagens corporais externas como a riqueza e a saúde não são verdadeiros bens, apesar de serem queridos pela maioria dos homens. Dessa maneira, a característica fundamental do pensamento estoico grego, qual seja, a identificação intelectualista entre virtude e sabedoria — com a consequente eliminação do horizonte ético dos bens não morais, vistos como indiferentes — foi originalmente proposta por Zenão[17].

Coube a Zenão traçar o perfil ideal do sábio estoico, escolhendo Sócrates como figura-padrão, que, desde então, seria o paradigma básico para todos os filósofos do Pórtico[18]. Deve-se também a Zenão a clássica tripartição das matérias[19] com as quais a filosofia estoica sempre lidou: a Física, baseada especialmente no *Timeu* de Platão[20] e em algumas teses de Heráclito; a Lógica, que inclui uma espécie de epistemologia e o estudo dos modos do discurso; e a Ética, que se fundamentou em grande medida na moralidade cínica[21], vista favoravelmente pelos estoicos como um tipo de caminho mais curto rumo à virtude[22]. Para alguns intérpretes, a exigência estoica de viver conforme à natureza deriva do cinismo, que, contudo, interpretava essa máxima em um sentido anarquista, opondo o social (artificial)

Dídimo, *Etica stoica*, dando em seguida o número do fragmento original e o da página correspondente na tradução italiana.

16. Cícero, *De finibus bonorum et malorum*, IV, 14.
17. Sedley, *A escola, de Zenon a Ário Dídimo*, 10.
18. Para uma análise abrangente da influência do paradigma socrático no estoicismo, cf. Long, *Epictetus*, 67-96.
19. Diogène Laërce, *Vies et opinions des philosophes*, VII, 39 (*Les stoïciens*, 29).
20. Betegh, Cosmological ethics in the *Timaeus* and early stoicism.
21. Sedley, *A escola, de Zenon a Ário Dídimo*, 12-13.
22. Diogène Laërce, *Vies et opinions des philosophes*, VII, 121 (*Les stoïciens*, 55).

ao natural (essencial)[23]. Talvez informado por tais concepções, Zenão escreveu um tratado utópico sobre a república ideal no qual abundam traços cínicos antissociais, obra que acabaria sendo olimpicamente desconsiderada pelos pragmáticos e taciturnos filósofos do estoicismo imperial.

De qualquer forma, o grande mérito de Zenão foi ter amalgamado sabedoria e natureza, ao contrário dos cínicos, que contrapunham ambas as realidades. Para Zenão, viver conforme à natureza significa viver de maneira racional, de modo que virtude e natureza componham uma única realidade, ou seja, o soberano bem que o ser humano deve perseguir e que se realiza não em um abstrato mundo das Ideias, mas aqui e agora[24]. Tal somente se mostra possível porque, segundo Zenão, a natureza nos conduz à virtude[25]. Apesar de todas as variantes teóricas do estoicismo, essa tese originalmente zenoniana permanecerá intocável durante os séculos, representando o lema central de todos aqueles que, independentemente do tempo e do lugar, puderam ser chamados de estoicos.

Após a morte de Zenão, em 262 a.C., surgiu um compromisso formal entre os seus seguidores — então chamados de zenonianos — no sentido de preservar e de organizar a pouco sistemática obra filosófica dele, apesar de os estoicos da primeira geração apresentarem algumas opiniões e crenças muitas vezes distantes da ortodoxia de Zenão, o que demonstra o grau de liberdade então existente no seio da escola estoica ateniense, ainda bastante desestruturada. Os principais continuadores da obra de Zenão foram seu antigo escravo Perseu e os discípulos Hérilo, Esferus, Dionísio de Heracleia e Aristo de Quios, além de Cleantes. A partir dessa segunda geração grega é que

---

23. Sellars, *Stoicism*, 2006, 4-5.
24. Bréhier, *Chrysippe et l'ancien stoïcisme*, 223.
25. Diogène Laërce, *Vies et opinions des philosophes*, VII, 87 (*Les stoïciens*, 44).

a escola passou a ser conhecida como estoica, abandonando o nome do fundador. Assim, a palavra "estoicismo" remete a um lugar — o Pórtico Pintado —, e não a um fundador que deveria ser reverenciado por meio do culto à personalidade, o que diferencia a escola estoica da epicurista e comprova, uma vez mais, a ampla aceitabilidade das divergências na *Stoá* grega. Esta não se identifica nem no nome com as ideias de um pensador isolado, ainda que, obviamente, Zenão fosse muito respeitado pelos seus pares[26]. Por isso rejeito a crítica de Tatakis, para quem o estoicismo grego não passou de mais uma das muitas formas de dogmatismo filosófico[27]. Tal seria contrário à pureza do autêntico ensinamento socrático que os estoicos pretendiam seguir, tendo se verificado o referido dogmatismo apenas no contexto da desagregação ético-política proporcionada pelo helenismo alexandrino.

Cleantes, nascido aproximadamente em 330 e pugilista de profissão antes de se dedicar à filosofia, sucedeu Zenão na direção da *Stoá*, inaugurando um período de intensa exegese dos textos do fundador, fonte formal por excelência da escola. Muitas questões tinham de ser discutidas e fixadas, pois os escritos de Zenão, assistemáticos e lacônicos, poderiam, se mal interpretados, fornecer material para entendimentos que não se coadunavam com o nascente estoicismo. Discutiu-se, por exemplo, acerca da sabedoria: se seria a única virtude verdadeira ou se existiriam outras dela derivadas[28].

Com a morte de Cleantes, em 232 a.C., a chefia da *Stoá* passou a Crisipo, considerado por muitos como o mais importante filósofo estoico da escola grega. É a ele que se deve a sistematização enciclopédica da doutrina em 705 tratados, bem como o

---

26. BRUNSCHWIG, *Les stoïciens*, 512.
27. TATAKIS, *Panétius de Rhodes*, 81-88.
28. SEDLEY, *A escola, de Zenon a Ário Dídimo*, 17.

desenvolvimento aprofundado da Lógica estoica. O intelectualmente frágil Cleantes não fora capaz de manter vivo e coerente o ensinamento desconexo e paradoxal de Zenão. Tal tarefa coube a Crisipo. Diógenes Laércio diz enfaticamente que, se não houvesse Crisipo, não teria havido Pórtico[29]. Crisipo sistematizou as ideias estoicas e dotou-as de armas retórico-dialéticas capazes de fazer frente ao crescente criticismo de Arcesilau. O intenso trabalho de Crisipo gerou certa dogmatização das teses do Pórtico, sem a qual, contudo, elas não teriam sobrevivido por quase seis séculos. Crisipo morreu em 208-207 a.C. ou 205-204 a.C. Segundo algumas versões, tal se deu graças a uma crise de riso na velhice, quando ele viu um asno comendo os seus figos[30]. Depois de Crisipo, assumiram sucessivamente a direção da escola os filósofos Zenão de Tarso e Diógenes de Babilônia. Nessa época, apesar do breve exílio dos filósofos de Atenas operado em 307 a.C., o estoicismo já gozava de grande aceitação no mundo helênico, especialmente em Atenas, que concedeu a Zenão de Cício, um estrangeiro, a sua preciosa cidadania.

Em 155 a.C.[31], os diretores da *Stoá*, da Academia platônica e do Peripato aristotélico foram escolhidos pelo povo ateniense para defender os interesses da pólis em Roma, oportunidade em que discursaram e difundiram suas filosofias. É que os atenienses tinham sido condenados pelo Senado Romano ao pagamento de uma multa de quinhentos talentos em razão do saque que realizaram na cidade de Orope, na Beócia. Com fino humor, Bera comenta que, em vez de pagar os quinhentos ta-

---

29. DIOGÈNE LAËRCE, *Vies et opinions des philosophes*, VII, 183 (*Les stoïciens*, 76).
30. Ibidem, VII, 185 (*Les stoïciens*, 77).
31. Esta data é citada por Harvey e diversas outras fontes. Cf. HARVEY, *Dicionário Oxford de literatura clássica grega e latina*, 440. Já Sedley (*A escola, de Zenon a Ário Dídimo*, 20) afirma que a embaixada filosófica ateniense visitou Roma em 115 a.C., o que me parece ser erro de imprensa. Bera cita o ano de 156 a.C. como o correto. Cf. BERA, *Pensamiento estoico*, 18.

lentos exigidos, Atenas preferiu enviar apenas três a Roma: o acadêmico Carnéades, o peripatético Critolaus e o estoico Diógenes de Babilônia, mestre de Antípatro de Tarso. Este teria por discípulo Panécio de Rodes, o grande responsável pela introdução do estoicismo no mundo romano.

É interessante resumir a disputa entre Carnéades e Diógenes de Babilônia quando da visita da embaixada filosófica ateniense a Roma[32]. Discutindo acerca da natureza da justiça, o acadêmico sustentou a sua relatividade, o que levou o severo Catão, o Censor[33], a considerá-lo um corruptor que deveria ser despachado de volta para Atenas o mais rapidamente possível. Com seus discursos maliciosos, nos quais era impossível separar o verdadeiro do falso, Carnéades estava distraindo os jovens romanos e os afastando das leis e das magistraturas, disse Catão. De fato, a fala de Carnéades deve ter perturbado vivamente os romanos[34]. Conforme noticia Lactâncio, no primeiro dia de sua exposição Carnéades louvou a justiça, lançando mão de argumentos convencionais platônicos e estoicos tal como o do justo natural e universal[35]. Todavia, no segundo dia de palestra Car-

---

32. Parece que os membros do círculo de Cipião acompanharam com vivo interesse os debates levados a efeito em Roma por ocasião da embaixada filosófica grega (TATAKIS, *Panétius de Rhodes*, 24-25). Políbio provavelmente esteve presente nas leituras de Carnéades e de Diógenes, tendo julgado o evento digno de ser registrado em sua *História*, XXXIII, 2.

33. Além de Catão, vários notáveis romanos assistiram à palestra de Carnéades, tais como C. Acilius e Postumius Albinus, que serviu ao filósofo grego como intérprete. Cf. ERSKINE, *The hellenistic stoa*, 191.

34. Os argumentos de Carnéades ainda eram comentados muitas décadas depois da visita da embaixada a Roma. Cícero, por exemplo, o acusa de despedaçar as melhores causas com o seu engenho (CÍCERO, *Da república*, III, IV, 176) e de problematizar desastrosamente posições já firmadas, tal como a natureza divina e não convencional da justiça (CICÉRON, *Traité des lois*, I, XIII, 39, 22).

35. LACTANTIUS, *Divine institutes*, V, 14, e *Epitome*, L, 8 (LONG; SEDLEY, *The hellenistic philosophers*, 442).

néades passou a defender a inexistência da justiça como norma natural e universal, citando vários exemplos que demonstravam a mutabilidade da noção de justiça nos sistemas legais de diferentes povos[36]. Para justificar seu arrazoado, Carnéades afirmou que, se a justiça fosse inata, todas as leis dos homens seriam iguais, o que não é verdade[37]. Buscando romper a unidade estoica entre natureza e verdade, Carnéades ensinou aos romanos que a justiça e a sabedoria são mutuamente excludentes e contraditórias, sendo que a história do mundo nada mais é do que uma luta antinômica entre ambas as realidades[38]. O grego asseverou que Estados vencedores como Roma preferem a sabedoria prática, que os permite reinar, colocando em segundo plano a justiça ideal, que lhes escravizaria diante dos demais. Carnéades concluiu, como antes fizera Epicuro[39], que a justiça e a injustiça não são coisas boas ou más em si mesmas, mas dependentes das circunstâncias, sendo ambas puramente convencionais. Assim, a justiça não se constituiria como realidade superior que está por trás das ações humanas, fundando-as e tornando-as virtuosas. Ao contrário, tratar-se-ia simplesmente do que os seres humanos fazem dela na prática cotidiana.

Na mesma ocasião, o estoico Diógenes de Babilônia e seu discípulo Antípatro de Tarso mantiveram a posição da *Stoá* e não desistiram de definir a justiça como algo absoluto, o que parece ter agradado os romanos e facilitado a divulgação das ideias do Pórtico em Roma. Da mesma forma que os cínicos,

---

36. Um eco dessa argumentação pode ser encontrado em Cícero, *Da república*, III, VI-VIII, pp. 176-177, quando Filão assume a *persona* de Carnéades para discutir com Lélio sobre a essência da justiça.

37. *Da república*, III, VIII, p. 177.

38. Cícero, *Da república*, III, IX, p. 177.

39. Para Epicuro, a justiça se relaciona aos pactos celebrados entre os povos, sendo, portanto, totalmente convencional. Cf. Diogenes Laertius, X, 139-154, XXXII-XXXVIII (Inwood; Gerson, *Hellenistic philosophy*, 35).

os estoicos gregos criticavam asperamente o direito positivo, feito de decisões humanas mutáveis e raras vezes racionais. Mas, se o ponto de partida era igual, as conclusões dessas correntes filosóficas se mostraram bem diferentes. Enquanto os cínicos viam na relatividade da legislação civil o fundamento para negar validade a quaisquer vínculos sociais, os estoicos nela anteviam a necessidade de fundar tais vínculos em base mais sólida, qual seja, a natureza legisladora do *lógos* racional que perpassa todas as coisas[40].

A partir de meados do século II a.C. o estoicismo passou a utilizar com frequência cada vez maior as obras de Pitágoras, de Aristóteles e especialmente de Platão, visto não mais como mero apresentador ou redator das teses de Sócrates, mas como um filósofo dono de brilho próprio e que, em muitas e importantes matérias, confirmava os argumentos estoicos. Nesse momento a escola era dirigida por Antípatro, que estivera na embaixada romana, tendo sido sucedido por Panécio de Rodes (que liderou a *Stoá* de 129 a.C. a 110 a.C.), o último escolarca oficial. Durante a sua direção, Panécio enfrentou uma situação similar àquela vivenciada por Crisipo: atacada por todos os lados pelas escolas rivais, principalmente pelo mordaz ceticismo acadêmico de Carnéades, a *Stoá* ameaçava submergir. Contudo, dessa vez tal se devia não à ausência de rigor e de lógica interna no pensamento estoico, como nos tempos de Cleantes, mas ao seu excessivo dogmatismo crisipiano. Panécio então humanizou e relativizou as posições teóricas da *Stoá*, procedendo a uma revisão das teses de Crisipo e realizando um movimento inverso sem o qual o estoicismo não teria podido se fixar em Roma. Após a morte de Panécio, terminou o período dos escolarcas atenienses. Com efeito, o mais importante estoico do período não assumiu formalmente a direção da *Stoá*. Trata-se de Posi-

---

40. Bréhier, *Chrysippe et l'ancien stoïcisme*, 263-264.

dônio de Apamea (nascido em 135 a.C. e morto em 51 a.C.), discípulo de Panécio e brilhante pensador que manteve amizade íntima com Pompeu e Cícero[41]. Deve ser lembrado ainda o nome de Antíoco de Áscalon, acadêmico platônico que entretinha relações cordiais com o Pórtico e com grandes figuras da República Romana tardia tais como Cícero, Varrão e Bruto[42].

O médio estoicismo apresentou-se como uma tentativa de expansão do pensamento do Pórtico, motivo pelo qual reformulou algumas das ideias originais dos fundadores da corrente, especialmente aquelas relacionadas à Física, à época já insustentáveis em razão da evolução dos estudos científicos helenísticos. Rejeitou-se, assim, a tese tipicamente estoica da conflagração — segundo a qual o mundo se dissolveria periodicamente por intermédio de um fogo regenerador — em favor da visão aristotélica, que defendia a eternidade do mundo[43].

O século II a.C. trouxe consigo importantes transformações políticas e sociais que influenciaram bastante na conformação do médio estoicismo. O helenismo alexandrino, após a morte de seu fundador, acabou por se apresentar no plano político de modo pulverizado e fragmentário. Ao sonho de Alexandre de uma cosmópolis na qual os seres humanos fossem diferenciados não pela raça, mas pela virtude da justiça[44], se impôs uma realidade dual: de um lado estavam as monarquias macedônicas ávidas por esmagar os últimos vestígios da antiga liberdade grega, que se organizava, de outro lado, em frágeis confederações de cidades livres, fracas demais para proteger o legado da Grécia clássica. Enquanto os reis macedônicos adotavam as formas e os rituais das monarquias orientais, as pe-

---

41. Nock, Posidonious.
42. Sedley, *A escola, de Zenon a Ário Dídimo*, 24.
43. Ibidem, 22-24.
44. Strabon, I, 4, 9 *apud* Tatakis, *Panétius de Rhodes*, 6.

quenas cidades-Estado ainda tentavam, de maneira confusa, manter as suas liberdades.

No plano cultural assistiu-se a uma rápida difusão dos ideais gregos. A língua comum era a *koiné*. Em todos os cantos do Mediterrâneo liam-se e discutiam-se os mesmos textos e autores. Havia um intenso diálogo entre as crenças orientais e as gregas, cuja melhor imagem reside na expansão do culto de Serápis, divindade meio egípcia, meio grega[45]. É claro que o ecletismo cobrou o seu preço. A cultura grega clássica, pensada em um contexto particularista e voltada para a proteção da liberdade cidadã, se perdeu no processo de orientalização que acompanhou a helenização. Talvez o maior reflexo dessa adaptação aos modos do Oriente tenha sido o deslocamento do eixo de poder das pequenas cidades livres para as grandes monarquias, o que ocasionou o transe final da *pólis* grega. Em meio a graves crises econômicas e sociais, que opuseram ferozmente e pela última vez os partidos democráticos e aristocráticos na Grécia, as cidades foram caindo rapidamente diante das monarquias macedônicas, que enxergavam na antiga liberdade municipal uma antinomia insuportável nos novos tempos de servidão. Sem o sopro vital da liberdade, a arte e a literatura gregas se desvaneceram, transformando-se em mortos compêndios eruditos. Ao artista somente cabia copiar incessantemente o passado. Filósofos e poetas se transmudaram em filólogos, gramáticos e doxógrafos. Somente as ciências naturais floresceram, ainda que sem a fundamentação filosófica profunda necessária à sua completa compreensão[46].

Em 88-86 a.C., a imprudente Atenas, então sob governo tirânico peripatético e depois epicurista, aliou-se a Mitridates contra os romanos. O resultado inevitável foi a destruição da

---

45. Tatakis, *Panétius de Rhodes*, 3-4.
46. Ibidem, 6-7.

cidade pelas legiões de Sila, tendo assim perdido o seu lugar de destaque no mapa da filosofia antiga[47]. Atenas foi tomada por Sila em 86 a.C., o que levou os filósofos — acompanhados de suas bibliotecas — a abandonarem a cidade e a buscarem novos centros urbanos para o desenvolvimento de seus sistemas. Em Roma, Alexandria e Rodes o estoicismo cresceu sob os auspícios de Panécio e de Posidônio, apesar de ainda existirem filósofos estoicos de pouca importância em Atenas — os *principes stoicorum* nomeados por Cícero —, que, contudo, estava extinta como centro filosófico.

A recentralização do estoicismo em Rodes logo foi suplantada pelo processo de descentralização operado no início da fase imperial romana, quando a escola perdeu a sua frágil unidade e surgiram diversas sub-escolas estoicas — diogenistas, antipatristas, panecistas etc. —, cada qual pretendendo ser a verdadeira herdeira do estoicismo original de Zenão de Cício, já totalmente perdido e desfigurado[48]. O estoicismo grego se limitou então a comentar os antigos textos, não apresentando grandes desenvolvimentos originais. Mas a pobreza qualitativa não trouxe consigo perda de prestígio. O estoicismo estava difundido em várias cidades, tanto em centros culturais tradicionais como Alexandria e Roma, quanto em centros regionais como Tarso e Rodes.

---

47. Atenas recuperou sua posição de prestígio filosófico por um breve período na época imperial romana, quando Marco Aurélio instituiu na cidade quatro cadeiras oficiais de filosofia: uma para o platonismo, outra para o aristotelismo, uma terceira votada ao estoicismo e a última dedicada ao epicurismo. Cf. GILL, *A escola no período imperial romano*, 37.

48. SEDLEY, *A escola, de Zenon a Ário Dídimo*, 29.

3. A adaptação do estoicismo ao contexto romano

Apesar da pulverização da escola, no século I a.C. Roma passou a ser a capital do estoicismo. Para lá convergiram vários filósofos estoicos atenienses durante a transição política preparada por Octaviano Augusto, cuja política, preocupada em regenerar o *mos maiorum* romano[49], foi particularmente benéfica para com os estoicos e a sua rigorosa atitude moral. Havia que resgatar a suposta grandeza ética que fez de Roma a maior cidade da Antiguidade: *moribus antiquis res stat romana uirisque*[50]. Tito Lívio, um dos protegidos do Imperador Augusto, lamentava o estado atual dos romanos, que já não suportavam os seus próprios vícios nem os remédios que poderiam curá-los[51]. A opinião de Tito Lívio é significativa, dado que se encontra no prefácio de sua monumental história de Roma, *Ab urbe condita*, cujo primeiro livro está dedicado à Monarquia. O célebre historiador elogia as excelências desse regime, no qual, ao contrário da República, não vicejavam o luxo e a cobiça que aferroavam os romanos dos seus dias. É clara, portanto, a

---

49. Exemplos da política conservadora de Augusto podem ser lidos em Suetônio, *Vida do divino Augusto*, XXXI, XXXIV e XL (Augusto [Octaviano César]; Suetônio, *A vida e os feitos do divino Augusto*, 72-74 e 78-79). Apesar do rigor dedicado ao controle da moral pública, Augusto era célebre entre seus contemporâneos por cometer excessos de ordem sexual. Com malícia e às vezes fiando-se no duvidoso testemunho de Marco Antônio, Suetônio acusa o Imperador de ter desonrado muitas virgens, além de ter se entregado ao seu tio-avô, Júlio César. Diz ainda Suetônio que Augusto era um contumaz participante de orgias báquicas. Cf. Suetônio, *Vida do divino Augusto*, LXVIII-LXXI (Augusto [Octaviano César]; Suetônio, *A vida e os feitos do divino Augusto*, 93-96). Entre as muitas biografias modernas de Augusto, recomendo a de Néraudeau, *Auguste*.
50. Verso de Ênio recolhido por Cícero e que pode ser assim traduzido: "Se Roma existe, é graças a seus homens e a seus costumes". Cf. Cícero, *Da república*, V, I, p. 183.
51. Tito Lívio, *História de Roma — livro I*, 35.

intenção ideológica de Lívio, que pretende acostumar os romanos ao cetro augustano.

Na Monarquia de Augusto, o trabalho do filósofo estoico se resumia ao aconselhamento prático da nobreza romana e ao desenvolvimento erudito de histórias da filosofia, como provam dois estoicos de relevo no período inicial do Império: Atenodoro, largamente citado por Cícero no *De officiis* e conselheiro moral de Augusto, e Ário Dídimo, que também gozou da confiança do Imperador. Nos últimos anos do século I a.C., com o fim da guerra civil que permitiu que Augusto assumisse o poder absoluto, o estoicismo já era a corrente filosófica mais característica da sociedade romana, apesar de ter surgido na Grécia. É que, nas palavras de Antonio Medina Rodrigues, "O sistema romano romanizava, reduzindo tudo a si mesmo"[52]. Na verdade, desde o século II a.C. o estoicismo fazia parte do cenário cultural romano. Sua implantação em Roma coincidiu com as grandes vitórias que levariam a República a se tornar a senhora do Mediterrâneo. Caso se queira uma imagem eloquente desse período, basta dizer que se trata da época que viu o triunfo político-militar de Roma sobre o helenismo e a vitória da cultura grega sobre a romana, que, após certa resistência inicial, acabou por se deixar instruir pelos "mestres da verdade".

No século II a.C. o estoicismo já não era uma tímida escola de filosofia ateniense, tendo correligionários espalhados pelos principais centros intelectuais da época helenística, tais como Pérgamo, Babilônia, Selêucia, Tarso, Sídon, Alexandria e Rodes. A difusão do pensamento de Zenão e de seus sucessores foi tão rápida e impactante que se falava em uma seita (*secta*) estoica instalada em todo o mundo civilizado[53]. O Pórtico começou

---
52. RODRIGUES, *A Eneida virgiliana entre a vivência e a narração*, 11.
53. ARNOLD, *Roman stoicism*, 99.

a se tornar conhecido em Roma especialmente graças aos trabalhos de Panécio e de seu discípulo Posidônio. Os romanos tinham notícias superficiais das principais escolas da filosofia grega graças à famosa embaixada filosófica de 155 a.C., que os tinha colocado diante de uma encruzilhada histórica: já donos do mundo, não sabiam se deveriam manter os antigos costumes (*mos maiorum*), que lhes teriam garantido a hegemonia, ou, ao contrário, deveriam se abrir aos novos modos de viver e de pensar, extremamente tentadores, apreendidos nos exóticos Estados incorporados à República. A primeira corrente, de matiz tradicionalista, era liderada pelo severo Catão, o Censor, hostil a qualquer contato cultural com os povos conquistados, em especial com os gregos, que segundo Catão haviam jurado exterminar os romanos[54]. Já a segunda posição pregava uma completa miscigenação entre Roma e as novas culturas que passaram a orbitá-la, ameaçando assim dissolver o espírito romano em um caudal indiferenciado de crenças e filosofias estrangeiras. Entre ambas as correntes surgiu um terceiro movimento, de natureza conciliatória e liderado por Cipião Emiliano, cuja proposta central residia na recepção controlada da cultura grega. Sem deixarem de ser romanos, os homens que integravam o círculo de Cipião[55] aceitavam o fato de que a Grécia era muito superior a Roma na seara espiritual, cabendo à República apropriar-se

---

54. TATAKIS, *Panétius de Rhodes*, 12.
55. Os principais membros do grupo eram C. Laelius, L. Furius, Políbio, o célebre historiador, Q. Aelius Tubero, cônsul em 118 a.C., Q. M. Scevola, o maior jurista da época e cônsul em 117 a.C., C. Fanius, Rutilius Rufus, Sp. Mummius, L. Aelius, mestre de Varrão, M. Vigellius e o poeta Lucilius (TATAKIS, *Panétius de Rhodes*, 35). Finley julga que o chamado círculo de Cipião não passa de uma "ficção tenaz" inventada por Cícero na sua *República*, o que estaria "irrefutavelmente demonstrado". Contudo, apesar de indicar fontes de consulta, Finley não fundamenta a sua afirmação, tão categórica quanto vazia. Cf. FINLEY, *A política no mundo antigo*, 152.

desse rico legado para realizar efetivamente o que os gregos somente pensaram, ou seja, a unificação do mundo em torno da ideia de razão[56].

Quase todos os membros do círculo de Cipião eram amigos e ávidos ouvintes de Panécio. Sob os auspícios desse brilhante grupo foi fundada a civilização romana. Com efeito, a romanidade encontrou a sua essência na mais profunda matriz grega, que não está em Aristóteles nem nos epicuristas, mas antes em Platão e nos estoicos. O círculo de Cipião imprimiu a *nobilitas* e a *humanitas* na alta cultura de Roma. Apesar de Cipião não ter sido um filósofo do Pórtico, ele introduziu em Roma certa atmosfera estoica, que privilegiava a arte e o pensamento gregos e desprezava quaisquer conflituosidades sociais. As teses estoicas exigiram dos romanos certa tomada de posição socrática[57], pela qual, conhecendo a si mesmos, os cidadãos de Roma puderam também conhecer o mundo de que já eram os amos.

Todavia, quando penetrou em Roma a partir do século II a.C. e passou a influenciar o círculo de Cipião, fazia muito o estoicismo já havia perdido sua unidade institucional e pureza doutrinal. Não havia em Roma, como em Atenas na época de Zenão até Panécio, uma escola estoica com regras próprias,

---

56. Notáveis, portanto, as palavras que Marguerite Yourcenar imputa ao Imperador Adriano: "Sim, Atenas continuava bela, e eu não me lamentava ter imposto as disciplinas gregas à minha vida. Tudo o que em nós é humano, ordenado e lúcido provém delas. Mas acontecia-me dizer a mim mesmo que a seriedade um tanto pesada de Roma, seu sentido de continuidade, seu gosto pelo concreto, haviam sido necessários para transformar em realidade o que permanecia na Grécia um admirável conceito do espírito, um belo impulso da alma. Platão escreveu *A República* e glorificou a ideia do Justo; éramos nós, porém, que, instruídos por nossos próprios erros, nos esforçávamos penosamente por fazer do Estado uma máquina apta a servir os homens, correndo o menor risco de esmagá-los" (YOURCENAR, *Memórias de Adriano*, 222).

57. LONG, *Epictetus*, 93-94.

mas antes filósofos e pensadores que se autointitulavam estoicos ou assim eram classificados. Não obstante, a divisão tripartite proposta por Zenão para o currículo estoico — Física, Lógica e Ética — continuou a ser rigorosamente respeitada em Roma, apesar da ampla preferência dedicada ao último dos temas, que conheceu em terras latinas novos desenvolvimentos[58]. Contudo, não podem ser esquecidas as obras de Hierócles e de Cleomedes, votadas ao desenvolvimento de matérias técnicas e de caráter doutrinal, o que demonstra que o estoicismo romano foi muito mais do que uma piedosa prédica moral saída dos livros de Sêneca e da boca de Epicteto, visão desfigurante imposta pelos detratores da escola estoica imperial. Para compreender a Ética estoica, é necessário um profundo conhecimento da Física e da Lógica, o que muitas vezes é pressuposto nas obras dos estoicos romanos. Entretanto, tal não significa que temas relativos a essas áreas não lhes interessavam, como demonstra Reydams-Schils[59].

Politicamente, o estoicismo se adaptou bem aos vários momentos pelos quais passou Roma. No período das guerras civis, essa corrente filosófica — centrada no indivíduo[60] e na necessidade de sua elevação moral, independentemente da situação exterior — constituía uma espécie de bálsamo para os romanos das classes mais altas, que viam a sua República ruir diante da cobiça desenfreada dos generais. Nessa época infiltraram-se em

---

58. GILL, *A escola no período imperial romano*, 35.
59. REYDAMS-SCHILS, *The roman stoics*, 11-12.
60. Estou plenamente consciente de que alguns podem julgar anacrônico o uso da palavra "indivíduo" em um trabalho dedicado à filosofia antiga, tendo em vista a arraigada — e discutível — crença de que tal figura teria surgido apenas na Modernidade. Todavia, uma das teses centrais de muitos estudiosos do estoicismo é que essa escola representou, se não o nascedouro da noção de indivíduo, certamente um gérmen importante para tanto, compreensão à qual me filio.

Roma diversos cultos greco-orientais, como o neopitagorismo, o orfismo e os mistérios de Elêusis, recebidos pelo povo como remédios para os seus males. Por seu turno, as classes cultas passaram a se dedicar ao estudo do estoicismo, do cinismo e do epicurismo[61]. Contudo, o grande florescimento do estoicismo em Roma se deu no Alto Império, quando a escola formou inclusive imperadores. Afirma Montesquieu que "[...] a seita dos Estóicos se estendia e acreditava no Império. A natureza humana parecia ter feito um esforço para produzir aquela seita admirável, semelhante às plantas que a Terra faz nascer em lugares que o Céu nunca viu. A ela deveram os Romanos seus melhores Imperadores"[62]. De fato, a partir da época augustana, cansados dos horrores das guerras civis, os romanos abriram mão da antiga e incômoda liberdade política, ligada então em seus espíritos às noções de desordem, cobiça e anarquia, preferindo o ideal abstrato de liberdade interior propugnado pelos estoicos. Salvava-se o orgulho romano na dignidade de afirmar-se livre em pensamento, sem, entretanto, poder sê-lo na realidade concreta em razão da concentração dos poderes republicanos nas mãos de Augusto, processo que somente se aprofundaria nos séculos seguintes, quando se assiste à progressiva substituição da figura do *princeps* pela do *dominus*. Por fim, durante o Baixo Império coube ao estoicismo representar o papel de "reserva moral" para a sociedade romana. O estilo de vida extravagante que a capital passou a ostentar, a gradativa orientalização dos costumes das classes superiores — e, posteriormente, da própria corte —, a dificuldade cada vez maior de obter soldados para compor as fileiras das legiões e a dependência agrícola de Roma em relação às suas colônias — especialmente o

---

61. Rostovtzeff, *História de Roma*, 158.
62. Montesquieu, *As causas da grandeza dos romanos e da sua decadência*, 234-235.

Egito — são fatos que demonstram à saciedade o fracasso dos projetos de Augusto no sentido de resgatar a antiga e severa moralidade agrária dos romanos, que lhes tinha garantido, no período republicano, o senhorio do mundo. No ambiente de lassidão moral que dominou o Baixo Império e acabou levando-o à dissolução, o estoicismo, informado por sua rígida ética, era um refúgio para aqueles que ainda se apegavam às ancestrais virtudes romanas.

De todas as filosofias helenísticas, certamente a estoica era a que melhor se adaptava à personalidade romana. O epicurismo, com seu individualismo moral exacerbado, seu racionalismo mecânico e sua atitude hostil diante das tradições se revelaria inadmissível para a *intelligentsia* de Roma[63]. Já o estoicismo, ao respeitar as tradições e ao se preocupar em primeiro plano com a virtude social (*decorum*), enxergando a vida como uma longa série de deveres (*officiis*) a serem cumpridos, foi calorosamente recebido primeiro pelo círculo de Cipião e depois por toda Roma bem-pensante.

As duas principais maneiras de tomar contato com o estoicismo em Roma eram o estudo aprofundado da doutrina nos textos originais ou, o que parece ter sido mais comum, o acompanhamento de cursos e de palestras públicas ou privadas oferecidas por professores estoicos[64]. Ao longo do Império, o Pórtico se impôs definitivamente diante das outras escolas filosóficas gregas. Suas teses eram flexíveis, adaptáveis a vários contextos, lógicas, claras e fáceis de entender, conforme afirma Rostovtzeff[65], o que não deixa de ser curioso se atentarmos para o caráter paradoxal de algumas das construções

---

63. Para um paralelo entre o estoicismo e o epicurismo, cf. MOREAU, *Stoïcisme, épicurisme et tradition hellénique*, e NOVAK, Estoicismo e epicurismo em Roma.
64. ARNOLD, *Roman stoicism*, 381.
65. ROSTOVTZEFF, *História de Roma*, 184.

teóricas do Pórtico. O fato era que a doutrina estoica se encontrava bastante difundida em Roma já no período republicano, como demonstram as obras doutrinárias de Cícero, que pressupõem certa permanência e "naturalização" da escola em terras latinas. Desde havia muito, ser jurisconsulto, retórico, pedagogo ou sábio em Roma equivalia a distintos modos de ser estoico[66]. Ocorre que durante o Império a escola apresentou uma força até então inédita, tendo perdido o caráter técnico que a marcara na Grécia e passando assim a se dirigir a todos os seres humanos, filósofos ou não. Os romanos cultos começaram a valorizar, de modo quase exclusivo, os aspectos doutrinários puramente morais da *Stoá*, retornando a mestres clássicos como Zenão e Crisipo. Estes pregavam a necessidade de aperfeiçoamento do indivíduo, enxergando o Estado como algo secundário e recomendando a *ataraxia* no lugar da disputa política. Tal postura filosófica calhava bem à personalidade severa e austera do romano, bem como ao Estado mundial que então surgia de modo autocrático e não poderia admitir os excessos do período republicano. Entretanto, isso não significa que o estoicismo imperial tenha se desinteressado dos assuntos públicos e abandonado o cidadão à mera condição de súdito do poder. No capítulo III será discutido o específico caráter político da escola estoica imperial. De maneira alguma ela pode ser apresentada como o faz Rostovtzeff, que nela enxerga uma ideologia oficial descomprometida com a política e que apenas objetivava tornar mais suave a dominação que Augusto e seus sucessores exerciam sobre o povo romano[67].

Por outro lado, apesar de toda a admiração que votavam ao estoicismo, os romanos acreditavam que a filosofia como um todo, e não apenas a estoica, era uma *doctrina adventicia*, ou

---

66. BERA, *Pensamiento estoico*, 11.
67. ROSTOVTZEFF, *História de Roma*, 184-185.

seja, uma forma cultural estrangeira própria da Grécia e que não se adaptava ao espírito prático desses *aratores-oratores* (lavradores-oradores), na curiosa expressão de Fontanier[68]. Alguns romanos chegavam mesmo a sustentar que era impossível filosofar em latim, advertência que talvez tenha levado Epicteto e Marco Aurélio a escreverem as suas obras na língua grega. Na contemporaneidade, Heidegger é categórico ao afirmar que não existe filosofia romana, mas tão só simulacros latinos da filosofia grega[69]. Não obstante, acredito que o estoicismo romano se apresentou como um ramo criativo da escola, desde que seja compreendido dentro de seus termos e levando-se em consideração o espírito da época. Desde os seus primeiros momentos em terras romanas, o Pórtico foi impregnado por influências exógenas, principalmente pelo cinismo e pelo epicurismo, sendo assim marcado por um profundo ecletismo que, de acordo com Christopher Gill, não deve ser visto como algo negativo, tendo em vista os próprios padrões filosóficos do período imperial, quando os pensadores se orientavam rumo a certo multiculturalismo e universalismo do saber[70]. Se é verdade que muitos estoicos do Império beberam de fontes pouco ortodoxas, é também verdade que vários filósofos romanos de orientação não estoica se deixaram influenciar pela *Stoá*, tais como o cínico Díon Cocciano de Prusa e platônicos alexandrinos da fase média como Eudoro, Fílon e Antíoco de Áscalon. Este último, ao desenvolver ideias tipicamente estoicas, defendia-se dizendo que eram teses originais de Platão não explicitadas em seus textos exotéricos[71]. No momento neoplatônico, quando o estoicismo romano já tinha deixado de ser uma filosofia viva,

---

68. Fontanier, *Vocabulário latino da filosofia*.
69. Beaufret, *Dialogue avec Heidegger I*.
70. Gill, *A escola no período imperial romano*, 47.
71. Ibidem, 57.

Plotino, Simplício e Clemente de Alexandria adotaram muitas das concepções estoicas para melhor explicar o "novo Platão", que logo seria incorporado pela nascente Igreja Católica[72].

A influência do estoicismo romano não se limitou às escolas filosóficas rivais, tendo se verificado até mesmo no terreno da literatura latina, em especial na seara poética. Seja para louvar seja para satirizar algumas das propostas centrais da *Stoá* — a perfeição do sábio, a suficiência da virtude, a terapia das paixões etc. —, há sempre grandes poetas romanos do porte de Horácio, Lucano, Juvenal e Pérsio[73]. Apesar de Horácio ter ridicularizado os paradoxos do estoicismo, o que talvez tenha se em razão de sua filiação epicurista, tal não o impediu de elogiar a Ética do Pórtico, tendo apresentado um sedutor retrato do sábio estoico[74]. Lucano, sobrinho de Sêneca e estoico declarado, escreveu em sua *Farsália* sobre a conflagração universal, tendo contribuído para a idealização da figura estoica de Catão no imaginário romano[75]. Por seu turno, Pérsio estudou na juventude sob a direção de um professor estoico. No terreno da épica, parece inegável a presença do estoicismo nos trabalhos de Virgílio, Sílio Itálico (*Guerras púnicas*) e Estácio (*Tebaida*)[76]. É digno de menção o poema *Astronômica*, obra estoica de Marco Manílio na qual ele cantou os fenômenos celestes e a lei natural que governa o orbe, concebendo a Astrologia como uma ciência que se funda nos movimentos regulares dos corpos estelares[77]. Manílio se ligou às crenças divinatórias dos antigos estoicos gregos, que julgavam possível conhecer

---

72. Ibidem, 59-60.
73. Sobre o tema, cf. BARDON, *Les empereurs et les lettres latines d'Auguste a Hadrien*, e MARTHA, *Les moralistes sous l'empire romain*.
74. ARNOLD, *Roman stoicism*, 389.
75. Ibidem, 396.
76. GILL, *A escola no período imperial romano*, 60-63.
77. JONES, *Os estóicos e as ciências astronômicas*, 377.

o futuro mediante a correta leitura dos astros, seres racionais e plenamente cognoscíveis pela razão humana, que, de resto, é idêntica à dos deuses.

De acordo com Arnold, a mente de Virgílio estava penetrada por uma espécie de sentimento estoico que se reflete em todas as suas obras, que nada mais seriam do que interpretações estoicas do universo[78]. Na *Eneida* — o grande poema nacional encomendado por Augusto e que narra a formação ficcional do povo romano com base racial troiana[79] — fluem temas estoicos aos borbotões[80], tais como a aceitação do destino, a necessidade da prática virtuosa para o enfrentamento das atribulações da vida e a caracterização das paixões como uma espécie de loucura fatal, o que fica claro no reprovável interregno amoroso mantido entre Eneias e Dido e nas terríveis imprecações que esta lança sobre aquele, ao perceber que o troiano a abandonaria. Em um momento de lucidez no qual o ferrete da paixão se desvanece brevemente, Dido pôde se perguntar, como se fosse estoica: "Que profiro? onde estou? desvairo insana?/ Ai! Dido, hoje em ti pesa a mão do fado!"[81]. No poema de Virgílio o destino é todo-poderoso e domina até mesmo os deuses, vistos como alegorias das paixões humanas e impotentes diante

---

78. Arnold, *Roman stoicism*, 389.
79. A ideia é abonada por Salústio. Cf. Salústio, *A conjuração de Catilina*, 99.
80. Antonio Medina Rodrigues chega a sustentar que a *Eneida* é mediada pelo estoicismo e por suas noções de linguagem e de tempo. Dessa maneira, a épica virgiliana se daria em um presente eterno no qual o "eu" do leitor sempre se encontra com o texto. Tal técnica narrativa muito deveria às concepções estoicas segundo as quais o que importa não é o presente mesmo, mas sim o "[...] presente prolongável na consciência, o presente interior e vivencial. [...] Na cosmologia estóica, tudo caminhava assim, por expansões entre forças que exprimiam sentimentos — e a sensação geral, ao fim e ao cabo, era a de um presente eterno, como se dá nos momentos do teatro" (Rodrigues, *A* Eneida *virgiliana entre a vivência e a narração*, 15-16).
81. Virgílio, *Eneida*, IV, vv. 644-645, p. 110.

das moiras. Somente Jove escapa às ordens do fado, porque ele é o próprio destino, ou seja, a racionalidade cósmica que resolve o conflito entre as leis da natureza e a moralidade humana, recomendando a resignação e a cooperação com o poder supremo. É por se submeter a tais imperativos que Eneias se torna o herói do poema e precursor da grandeza de Roma, cidade que estaria destinada a dominar o mundo pela força da razão, segundo o poeta. Contrapondo-se ao pio Eneias, Dido é a imagem da rebelião e da luxúria, identificada com Cleópatra, a sedutora que tenta evadir-se de seu destino e acaba arruinada por suas próprias maquinações.

Em linhas gerais, pode-se sustentar que o estoicismo romano foi fundado por Panécio, que flexibilizou muitos dos árduos temas tratados pelos estoicos gregos, possibilitando o consumo da doutrina por parte da elite intelectual de Roma. O trabalho de aclimatação da *Stoá* foi continuado por seu discípulo Posidônio, que preferiu uma abordagem mais religiosa das ideias do Pórtico, em prejuízo do *approach* cientificista de seu mestre[82]. Já Hécaton de Rodes, outro importante discípulo de Panécio no contexto da romanização da *Stoá*, concentrou-se sobre os aspectos estritamente éticos do ensinamento paneciano, com o que conseguiu captar a atenção dos romanos. Hécaton praticamente inaugurou a casuística, criando situações paradoxais nas quais entravam em conflito diferentes valores e ideias de natureza moral, método que influenciou o pensamento jurídico republicano. Hécaton distinguia entre as perfeitas virtudes teoréticas — sabedoria, justiça, coragem e temperança — e as não teoréticas. Estas eram acessíveis a todos os seres humanos, ao contrário das primeiras, exclusivas dos sábios[83]. Com essa manobra, Hécaton conseguiu preservar a pureza doutrinária

---
82. Arnold, *Roman stoicism*, 104-105.
83. Ibidem, 105-106.

do Pórtico e, ao mesmo tempo, oferecer uma via virtuosa aos homens comuns, algo fundamental para a aceitação do estoicismo em Roma.

Se as bases da doutrina que mais tarde seria conhecida como estoicismo imperial foram postas por Panécio, Posidônio e Hécaton, coube a Cícero a sua divulgação, ainda que ele próprio não tenha sido um filósofo estoico. Segundo Arnold, Cícero não só criou o vocabulário filosófico do futuro com as suas traduções de termos gregos para o latim, mas também estabeleceu um novo estilo de discussão filosófica no qual brilham o tom amigável, a amplitude da expressão e a simplicidade da linguagem e das ilustrações. Graças a Cícero, os homens de letras de Roma puderam conhecer as teses da *Stoá*, expostas com profundidade nos seguintes tratados: *Academica*, que apresenta uma visão geral da obra de Zenão; *De natura deorum*, dedicado à Física do Pórtico; e *De finibus bonorum et malorum* e *De officiis*, ambos relacionados à Ética da escola. Após a enciclopédica obra ciceroniana, florescem os escritos de Sêneca, Epicteto e Marco Aurélio, trio heterogêneo que herda os ensinamentos estoicos e os desenvolve pela última vez na história, conformando um ramo independente da escola.

Contudo, Sêneca, Epicteto e Marco Aurélio não foram os únicos filósofos estoicos de Roma. Existiram inúmeros personagens menores tais como Antípatro de Tiro — íntimo de Marcos Pórcio Catão — e Apollonides, com quem Catão conversou sobre o suicídio antes de concretizá-lo. Há que se recordar também de Diodotus — um dos mestres de Cícero, por quem ele sempre guardou grande afeição —, Apolônio de Tiro, que escreveu uma biografia de Zenão, e Hierócles, que combateu com tenacidade o epicurismo que vicejava em Roma. Apesar de não ter sido um pensador estoico, Antíoco de Áscalon da "velha academia" foi importante para a divulgação das doutrinas do Pórtico, mesmo que de maneira diluída e misturada ao platonismo[84]. Do final da República surge também o nome de Atenodorus, professor do jovem Octaviano em Apolônia. Este o levou consigo para Roma quando se estabeleceu como cônsul. Aliás, a presença de filósofos estoicos na corte de Augusto era algo comum. Nela se encontram Theon de Alexandria e Ário Dídimo, cuja coleção de excertos de doutrina ética estoica servia para a instrução do Imperador e de sua família, tendo sido posteriormente recolhida por Estobeu, representando hoje uma das únicas fontes de estudo da matéria.

Ao longo do Império, os estoicos se tornaram mais e mais célebres. Eram notáveis as leituras públicas de Stertinius, Crispinus e Damasippus, o primeiro deles célebre por ter escrito cerca de cento e vinte obras sobre o estoicismo, o que demonstra a popularidade da escola em Roma nos tempos de Augusto[85]. Durante o Principado de Tibério, surgiu a escola estoica de Átalo, na qual Sêneca se formou. Nela o cordobense aprendeu a desprezar os bens exteriores e a valorizar unicamente a virtude, ainda que não tenha levado uma vida miserável como a de seu mestre, o que trazia ao romano dores morais e a necessidade de justificar sua riqueza em diversos textos. Sêneca foi o último pensador romano a estudar o sistema estoico diretamente nos textos originais. Na sua época surge a notável figura de Lúcio Aneu Cornuto, nascido na África e pertencente como escravo à *gens* Annaei, a família de Sêneca. Uma vez libertado, Cornuto tornou-se um professor estoico, tendo tipo por discípulos os poetas Pérsio e Lucano, este último sobrinho de Sêneca. Com a sua obra *Da natureza*, Cornuto procedeu à adaptação dos cultos religiosos de Roma aos postulados físicos da *Stoá*, interligando ainda mais o mundo romano e o pensamento estoico[86].

---

84. Arnold, *Roman stoicism*, 109-110.
85. Ibidem, 111.
86. Ibidem, 112.

Também contemporâneo de Sêneca, Musônio Rufo foi um admirado professor de filosofia estoica, tido em altíssima conta em sua época e hoje praticamente esquecido. Suas palestras se concentravam sobre aspectos éticos da doutrina do Pórtico e aos seus ouvintes parecia que Musônio conhecia as falhas morais de cada homem presente no auditório. Os pensamentos de Musônio Rufo foram recolhidos por seu pupilo Pólio e entre eles há frases lapidares até hoje utilizadas, tal como "viva cada dia como se fosse o último". Em razão de sua retidão moral, Musônio foi visto como o Sócrates romano[87] ou, de maneira mais realista, o Catão de sua geração, tendo representado um papel de relevo na vida política de Roma. Expulso da cidade por ordem de Nero, retornou após a morte do déspota quando Roma agonizava diante das disputas entre os partidários de Vitélio e Vespasiano. Diz-se que em tais condições Musônio Rufo se dirigiu aos subúrbios romanos para lá encontrar os soldados rivais em encarniçada batalha, tendo-os reprovado vivamente por portarem armas e impedirem a paz na cidade, discurso que quase lhe custou a vida[88]. Musônio gozou da confiança do Imperador Vespasiano até o fim da vida. Dois de seus discípulos também foram favorecidos pelo Império. O primeiro deles, Eufrates de Tiro, viveu com tranquilidade sob o governo de Tito. Já Díon de Prusa, inicialmente um oponente de Musônio e depois seu seguidor, contou com os favores de Domiciano, Nerva e Trajano. Esses imperadores admiravam Díon, apesar de sua vida miserável, semelhante à de um filósofo cínico[89].

Em sua época, Epicteto foi a figura mais emblemática da *Stoá* imperial, responsável pela fusão do estoicismo com o cinismo e o socratismo não convencional. Epicteto também foi

---

87. LUTZ, Musonius Rufus.
88. ARNOLD, *Roman stoicism*, 116-118.
89. Ibidem, 118-119.

aluno de Musônio Rufo e, assim como ocorreu com o seu mestre, a obra de Epicteto foi conservada graças a seu discípulo Flávio Arriano, integrante da elite romana, que ocupou altos cargos na administração de Adriano, chegando até ao Consulado. Classificado como o maior estoico do seu tempo, Arriano foi sucedido por Quintus Junius Rusticus, responsável pela educação do Imperador Marco Aurélio, o último filósofo estoico de Roma digno deste título e em cuja obra se encontra a mais pura essência estoica.

Arnold compara Epicteto e Marco Aurélio: graças à melancolia presente nos escritos deste e à alegria característica dos discursos daquele, conclui que Epicteto era um escravo que se sentia um rei, enquanto Marco Aurélio foi um rei que se sentia um escravo. Nessa perspectiva, Marco Aurélio teria representado com perfeição o declínio do estoicismo, agravado pela decadência de Roma. Ainda que haja alguma validade em tal interpretação, deve-se considerar o verdadeiro papel do Imperador-filósofo na história do pensamento estoico. Marco Aurélio desprezou todos os jogos de palavras da Ética, todos os paradoxos da Física e todas as sutilezas da Lógica para reter o fundamento último do que significava ser estoico. Tal reside na crença em uma razão universal ordenadora e justa que tudo governa.

A história do estoicismo romano, de Panécio a Marco Aurélio, passando por nomes de peso como Cícero e Sêneca, se mantendo viva graças ao labor de diversos pensadores menores e congregando escravos e imperadores, não me parece, como querem muitos estudiosos, equivaler a uma dissolução da doutrina original de Zenão e Crisipo, mas antes à sua sublimação, no sentido físico-químico da palavra. Inflado por séculos e séculos de erudição, polêmicas e dissidências, o Pórtico se reencontrou na sua última expressão escrita, *As meditações* de Marco Aurélio. Nesse livro despretensioso e não destinado à publicação, registro íntimo das inquietações de um homem que carregava nos ombros o peso do mundo, percebe-se novamente a transparência adamantina da mensagem original de Zenão, que aconselhava os seres humanos a viverem "em conformidade" e nada mais. Todo o resto são notas de rodapé que muitas vezes eclipsam o significado primeiro da filosofia que ousou irmanar humanos e deuses.

4. Peculiaridades do estoicismo romano

Graças aos trabalhos de Panécio, Posidônio e Hécaton, Roma viu surgir a figura do pensador eclético, que se voltava para a resolução de problemas práticos e não se preocupava muito com a consistência da doutrina. Ao contrário dos estoicos da primeira geração, o estoicismo médio parecia não se interessar intensamente pelas relações intrínsecas entre a Física, a Lógica e a Ética. Seus cultores se sentiam livres para abandonar posições paradoxais e construir novas teorias mais adequadas ao momento histórico em que viviam, ainda que isso os levasse a se aproximarem perigosamente do ceticismo, do aristotelismo e do platonismo. Todavia, apesar do seu ecletismo, o primeiro estoicismo romano de Panécio e de seus sucessores possuía posições filosóficas sólidas que representavam uma espécie de limite intransponível em relação às outras escolas com as quais dialogava, mas também polemizava.

A *Stoá* se desenvolveu como filosofia latina tendo em vista a noção que os seus cultores tinham de tal disciplina. Sêneca entende que a sabedoria (*sapientia*) constitui o bem perfeito do espírito humano, correspondendo a *philosophia* ao amor e à aspiração ao saber[90]. Já Cícero sustenta que a filosofia não se

---

90. Fontanier, *Vocabulário latino da filosofia*, 104.

identifica apenas com o amor ao conhecimento, sendo antes o *studium sapientiae*. Ora, estudar (*theôrein*, em grego) constitui uma ocupação assídua da alma que se aplica com ardor a alguma tarefa e nisso encontra grande fonte de prazer[91]. Contudo, antes de ser um estudo teórico, a filosofia estoica identifica-se com uma arte (*technê*), uma forma-de-vida que deve ser exercitada dia a dia e não apenas ensinada por meio de tratados, discussões acadêmicas e preleções públicas ou privadas[92]. Segundo Epicteto, a filosofia não se resolve no acúmulo, verificação e organização de informações. Ela só se realiza como *modus vivendi*; todo o resto é erudição inútil. Aprender a analisar silogismos não salvará ninguém da miséria e da infelicidade, ironiza Epicteto[93]. Assim como o flautista e o escultor devem antes aprender os princípios teóricos de suas respectivas artes para depois se exercitarem em um aprendizado de natureza prática, o filósofo estoico precisa conhecer os temas e as teorias que informam o arcabouço da doutrina para, a título de conhecê-la de modo profundo, praticá-la no cotidiano, pois a vida é a matéria que concerne à sua arte[94]. Cícero exige conhecimento teórico e prático para a correta compreensão da doutrina moral exposta no *De officiis*[95]. Por seu turno, Panécio, fonte principal desse tratado ciceroniano, separa as virtudes contemplativas e as práticas[96], dualismo que atravessa todo o *De officiis*[97].

Desde cedo a filosofia estoica romana se apresentou como saber destinado à vida concreta e não às bibliotecas. Ário Dídimo, doxógrafo da época de Augusto, afirma que não é um

---

91. Fontanier, *Vocabulário latino da filosofia*, 104.
92. Épictète, *Entretiens*, IV, VIII, 12 (*Les stoïciens*, 31-36).
93. Ibidem, II, XXIII, 44 (*Les stoïciens*, 953).
94. Ibidem, I, XV, 2 (*Les stoïciens*, 844).
95. Cícero, *Dos deveres*, I, 60, p. 37.
96. Diogène Laërce, *Vies et opinions des philosophes*, VII, 92 (*Les stoïciens*, 45).
97. C.f., *v.g.*, Cícero, *Dos deveres*, I, 13-19, pp. 19-22.

verdadeiro filósofo estoico aquele que escuta lições éticas e as memoriza, mas sim quem as aplica às suas obras e vive de acordo com as prescrições do Pórtico[98]. Para Cícero, não é o bastante conhecer uma arte sem praticá-la. Especificamente no que se relaciona à virtude, torna-se necessário unir o estudo teórico ao exercício concreto e real[99]. Somente com a junção de ambas as realidades o filósofo estoico poderá se tornar sábio e, desse modo, conhecer a virtude no sentido aludido por Sócrates, para quem o saber do bem já corresponde a uma garantia da prática do bem. Os estoicos aprofundaram a proposição socrática ao subordinarem tudo, inclusive a verdade, à virtude. Nessa perspectiva, eles são os verdadeiros herdeiros de Sócrates[100]. De acordo com a *Stoá*, o virtuoso é o verdadeiro; e o verdadeiro, por sua própria natureza, apresenta valor ético. Apenas considerando esse contexto unificador da teoria e da prática pode-se ver nos estoicos filósofos intelectualistas para os quais o conhecer se liga à obtenção da virtude. Sem razão, portanto, a áspera crítica de Tatakis, que classifica tanto o estoicismo como o epicurismo como sistemas dogmáticos muito mais aparentados com a teologia do que com a filosofia, uma vez que aquela subordinaria a verdade à virtude e esta à felicidade. Posando como pedagogos da humanidade, os estoicos e os epicuristas teriam deslocado o centro do pensar filosófico grego — fixo na busca da verdade desde os pré-socráticos até Aristóteles — para a virtude e a felicidade, respectivamente[101]. Esse ponto de vista, pelo menos no que se relaciona ao estoicismo, radica-se em um grave erro interpretativo que incapacita Tatakis de entender a natureza libertária da filosofia do

---

98. ARIO DIDIMO, *Etica stoica*, 11k, pp. 69-70.
99. CÍCERO, *Da república*, I, II, p. 147.
100. BONHÖFFER, *The ethics of the stoic Epictetus*, 3, e LONG, *Epictetus*, 67-96.
101. TATAKIS, *Panétius de Rhodes*, 87.

Pórtico, em especial quando se tem em conta a sua versão romana. Ademais, a descrição da verdade e a busca da felicidade não representam atitudes incompatíveis no pensamento grego pelo menos desde Aristóteles.

A filosofia, diz Sêneca, configura-se como atividade voltada para o mundo real e não lida com palavras, mas com fatos[102], pois, ao mesmo tempo em que observa, obra[103]. O espírito pragmático romano não poderia conceber a filosofia como atividade puramente desinteressada, voltada para o deleite pessoal dos seus estudiosos. Daí a função eminentemente pedagógica — e não contemplativa — do Pórtico. Assumir o manto do filósofo estoico no Império significava ser um professor (*paideutês*) de estoicismo, *i. e.*, possuir completo conhecimento dos textos originais da escola — em especial os de Zenão e de Crisipo — e se apresentar socialmente como um diretor de consciência, à moda de Musônio Rufo, que teve por discípulos Epicteto, Aulo Gélio e Plínio, o Jovem. Também era importante o estudo e o comentário do tradicional *curriculum* tripartite estoico, com o que se introduzia o aprendiz na *paidéia* do Pórtico. Isso explica a razão pela qual alguns textos estoicos do período romano

---

102. "*La filosofía no es una arte [para deslumbrar] al vulgo ni un aparato para la ostentación; no reside en las palabras, sino en los hechos. Y no se trata de pasar un día con algún deleite, de quitar el hastío al ocio; forma y desarrolla el alma, reglamenta la vida, dirige las acciones; demuestra lo que debe hacerse y no hacerse; se sienta al timón y dirige el curso de los que están a merced de las olas por entre los escollos. Sin ésta, nadie está seguro; cada hora suceden innumerables cosas que exigen una resolución que debe pedirse a ella*" ["A filosofia não é uma arte (para deslumbrar) o vulgo nem um aparato para a ostentação; não está nas palavras, mas nos fatos. E não se trata de passar um dia com algum deleite, de evitar o fastio do ócio; forma e desenvolve a alma, regulamenta a vida, dirige as ações; demonstra o que se deve fazer e não fazer; senta-se ao timão e dirige o curso dos que estão à mercê das ondas entre os escolhos. Sem ela, nada está seguro; a cada hora acontecem coisas inumeráveis que exigem uma resolução que deve ser pedida a ela."] (SÉNECA, *Cartas a Lucilio*, XVI, 3, p. 56).

103. SÉNECA, *Cartas a Lucilio*, XCV, 10, p. 337.

chegaram intactos até hoje, ao contrário do que ocorreu com as obras gregas, irremediavelmente perdidas. Foram tratadistas importantes no cenário imperial os estoicos Hierócles (*Elementos de ética*), Cornuto (*Sumário das tradições de teologia grega*), Sêneca (*Questões naturais*), Cleomedes (*Sobre os céus*) e Filopátor, que escreveu um importante texto sobre o destino e a responsabilidade humana. Além dos tratados, de caráter público e função pedagógica, outras formas literárias de feição mais privada e "doméstica" floresceram entre os estoicos de Roma com o objetivo de exprimir suas ideias, especialmente aquelas vocacionadas à construção de uma parenética. Bons exemplos são as cartas (*v.g.*, as *Cartas a Lucílio* de Sêneca e as *Cartas a Ático* de Cícero), as consolações (ex.: aquelas dirigidas por Sêneca a sua mãe, a Márcia e a Políbio), os diálogos (p. ex., os de Epicteto) e os diários pessoais (*e.g.*, *As meditações*, de Marco Aurélio). Tais formas literárias, típicas do estoicismo romano, favorecem sobremaneira o desenvolvimento da consciência interior e da responsabilidade moral, uma vez que se dirigem de maneira muito pessoal ao indivíduo, que para compreender a mensagem estoica deve se entregar à *meditatio*.

Em razão da compostura do estoicismo imperial, a Ética foi desenvolvida de maneira bastante criativa em Roma. Partindo das ideias de Zenão e de Crisipo segundo as quais há objetos preferíveis, como a saúde e as riquezas, mas que, no entanto, nada são em relação à virtude (*aretê*), único bem verdadeiro, os estoicos romanos construíram uma teoria e uma casuística do agir ético em que distinguiam, como já faziam os estoicos gregos, as ações perfeitamente corretas (*katorthómata*, *perfecta officia*)[104], que se guiam pela virtude e são próprias do sábio (*sophós*), e as ações apropriadas ou razoáveis (*kathékonta*, *officia*

---

104. CICÉRON, *Des fins des biens et des maux*, III, XIV, 45 (*Les stoïciens*, 279).

media), praticadas para obter objetos preferíveis, sendo realizáveis por quaisquer seres humanos[105].

Cabe aqui uma rápida digressão sobre a compreensão da virtude no estoicismo, tema tratado com mais detalhes na subseção II.2.1. Para os estoicos, os atos virtuosos se diferenciam tendo em vista o agente que os pratica[106]. Caso se trate de um sábio, têm-se ações perfeitamente virtuosas, pois no sábio a virtude não se mostra como algo transitório, correspondendo antes à razão que reside nos deuses e se confunde com a lei suprema[107]. Por isso a virtude dos sábios é igual à dos imortais. Plutarco informa que, de acordo com o Pórtico, o próprio Zeus não excede Díon em matéria de virtude[108]. Contudo, se esse mesmo ato virtuoso for praticado por um ser humano comum, têm-se apenas ações razoáveis, pois aqueles que não são sábios ainda não aprenderam a identificar todo o seu ser com a virtude[109]. Só se cumprem deveres porque não se é sábio, dado que para tal figura não há algo como um dever; ele realiza as ações moralmente perfeitas para concretizar e exteriorizar a sua própria natureza, integralmente racional. Segundo o sábio estoico, o único bem radica-se na virtude e o único mal no vício, sendo todos os demais objetos classificados como indiferentes[110].

Na verdade, para afastar o radicalismo da postura cínica, que sustentava ser lícita ao ser humano apenas a busca da virtude, os estoicos gregos introduziram uma subdivisão em sua

---

105. Ibidem, III, XVII, 58-59 (*Les stoïciens*, 283-284).
106. Annas, *L'etica stoica secondo Ario Didimo e Diogene Laerzio*, 25.
107. Cicéron, *Traité des lois*, II, V, 11, p. 43.
108. Plutarch, *On common conceptions*, 1076a (Long; Sedley, *The hellenistic philosophers*, 380).
109. Ario Didimo, *Etica stoica*, 11a-b, 61.
110. Diogène Laërce, *Vies et opinions des philosophes*, VII, 101-103 (*Les stoïciens*, 48-49).

doutrina dos bens[111], largamente utilizada em Roma. Assim, diziam que, entre os indiferentes (*adiáphoros, indifferentia*), haveria três espécies distintas[112]: os indiferentes preferíveis (*proêgmenos, praeposita*), que podem auxiliar o ser humano na busca da perfeição moral, os indiferentes rejeitáveis (*apoproêgmenos, rejecta*), que, ao contrário dos primeiros, obstaculizam o caminho da virtude, e por fim os indiferentes neutros, que não fazem qualquer diferença, como o fato de se ter certo número de fios de cabelo na cabeça. Cabia ao filósofo estoico romano aconselhar os seres humanos em relação aos indiferentes preferíveis, indicando as formas corretas de obtê-los. Ademais, o professor estoico devia desenvolver em seus discípulos o desejo de progressivo aperfeiçoamento virtuoso com base na distinção entre os indiferentes.

Na época romana, os principais assuntos de que tratava a Ética prática também foram redimensionados. Com base em sua leitura de Sêneca, Gill afirma que cabe à Ética: "(1) avaliar o valor de cada coisa; (2) adotar um impulso (*hormê, impetus*) apropriado e regrado em direção aos objetos perseguidos; e (3) atingir a consistência entre impulso e ação"[113]. Fundando-se nas ideias de Sócrates, Epicteto apresenta outra versão das tarefas éticas. Antes de tudo, o ser humano deve examinar os seus

---

111. Aristo de Quios não aceita tal divisão. Para ele, a tripartição dos indiferentes seria uma espécie de farsa que se funda em truques verbais, razão pela qual mantém opinião idêntica à dos cínicos e afirma que apenas a busca pelo único bem — a virtude — é legítima, sendo todos os indiferentes igualmente indiferentes. Cf. DIOGÈNE LAËRCE, *Vies et opinions des philosophes*, VII, 160 (*Les stoïciens*, 67-68), e SEXTUS EMPIRICUS, *Against the professors*, II, 64-67 (LONG; SEDLEY, *The hellenistic philosophers*, 355-356). Para uma clássica exposição da natureza dos indiferentes na ortodoxia estoica, cf. STOBAEUS, *Anthology*, II, 7 (INWOOD; GERSON, *Hellenistic philosophy*, 212-215).

112. STOBAEUS, *Anthologium*, II, 79-82 (LONG; SEDLEY, *The hellenistic philosophers*, 354-355).

113. GILL, *A escola no período imperial romano*, 45.

próprios objetivos gerais e desejos. Depois, buscar saber quais deles estão realmente em seu poder e quais lhe são externos. Este último grupo de apetites precisa ser recusado ao passo em que o ser humano constrói, no que diz respeito àquilo que dele depende, uma consistência intelectual completa, integrada por crenças, atitudes e estados mentais. Nessa perspectiva, Bonhöffer enxerga a educação filosófica na obra de Epicteto por meio de uma perspectiva tripartite. Trata-se, com efeito, de obter a virtude, o que somente pode ser realizado quando o ser humano adapta seus desejos tendo em vista os ditames do *lógos*, o que significa compreender a vida de modo totalmente racional[114]. Ademais, é necessário praticar toda e qualquer ação tendo em vista a conformidade com a natureza, com o que se realizam deveres perfeitos[115]. Ambos os momentos se completam pelo desenvolvimento intelectual da mente, que se verifica quando se julga corretamente a realidade.

Ainda no terreno da Ética prática, foi notável o desenvolvimento de uma original teoria das paixões por parte dos filósofos estoicos imperiais. Para eles, a paixão (*páthos*) nasce quando o indivíduo trata vantagens indiferentes preferíveis como coisas absolutamente boas, característica que somente a virtude ostenta. Tal erro produz reações — ou seja, distúrbios no estado psicofísico natural dos seres humanos —, que são exatamente as paixões, entendidas como doenças da alma que devem ser tratadas pelo pedagogo estoico. Agindo como se fosse um médico[116], o filósofo estoico analisa o mal anímico e aconselha o

---

114. Bonhöffer, *The ethics of the stoic Epictetus*, 32-81.
115. Ibidem, 82-158.
116. Sénèque, *De la clémence*, III, XV, [I, 17], 1-2, p. 37. Os números entre colchetes nas citações do *De la clémence* dizem respeito à ordenação tradicional da obra, tida por incompleta pela maioria dos estudiosos, uma vez que, dos três livros anunciados por Sêneca no proêmio, somente o primeiro e parte do segundo teriam chegado até os dias atuais. A edição francesa de

doente a extirpá-lo, como fez Sêneca em *Da ira*[117]. Nessa verdadeira terapia dirigida à eliminação da fúria, Sêneca inovou introduzindo na tessitura teórica da *Stoá* a noção de pré-paixão. Segundo explica, uma vez formado certo sentimento apaixonado, este induz o indivíduo a agir a qualquer preço, sem considerar as consequências positivas ou negativas dos seus atos. Daí a necessidade de não apenas abrandar as doenças da alma, conforme propunham os peripatéticos, mas suprimi-las por completo, como se fossem um tipo de câncer espiritual[118]. Os estoicos de todos os tempos chamam essa libertação do jugo das paixões de *apátheia*. Com efeito, o estoicismo não se contenta com a simples moderação das paixões, como quer Plutarco — que, de resto, apresenta posição ético-prática platonizante — em suas obras *Sobre a serenidade da mente* e *Sobre a libertação do ódio*[119]. O termo estoico *apátheia* parece derivar da filosofia cética e se traduz por "insensibilidade" ou, como ensina Cícero, por *tranquillitas*, designando assim o equilíbrio e o repouso do espírito que não se deixa turbar por aquilo que lhe é exterior.

Como o tratamento dispensado à Ética demonstra, o estoicismo imperial não foi um mero epígono da escola grega. Como já comentado, uma das suas notas diferenciadoras reside

---

Préchac que utilizo propõe uma nova estrutura para o tratado, de modo a reconstituir a sua integralidade mediante verdadeiras "cirurgias filológicas" capazes de reorganizar os trechos constantes do material conservado e apresentar os supostos três livros originais. Sobre o assunto, cf. VIZENTIN, *Imagens do poder em Sêneca*, 87-90.

117. Segundo Giovanni Reale, não apenas o *Da ira*, mas toda a filosofia de Sêneca se apresenta como remédio para os males da alma. Cf. REALE, *La filosofia di Seneca come terapia dei mali dell'anima*. As metáforas médicas eram muito comuns no estoicismo, dado que, como toda filosofia antiga, a *Stoá* mantinha importantes laços com a medicina. Sobre o tema, cf. HANKINSON, *Estoicismo e medicina*.

118. SÉNECA, *Cartas a Lucilio*, CXVI, 1, p. 426.

119. BABUT, *Plutarque et le stoicisme*, 289-301 e 316-333.

em sua constante e ativa relação com o poder político-jurídico, papel que a versão helênica da *Stoá* cumpriu de maneira ambígua, como será visto no terceiro capítulo deste livro. Se em Atenas o estoicismo voltava-se basicamente para a promoção de uma vida boa individual, em Roma ele se dirigia para a arena do político, buscando os cânones não só da vida boa, mas principalmente da boa sociedade. E para tanto se fazia necessária a inserção do pensador estoico na realidade político-jurídica do Império. Ora favorecidos pelo poder político, como na era dos Antoninos, ora perseguidos, como sob os imperadores Flavianos, os filósofos estoicos foram uma presença indelével na história política imperial, papel que os gregos não representaram de modo ativo no cenário político helenístico.

Fundamentando-se em ensinamentos cínicos, os estoicos romanos enxergavam no governo um peso e um dever e não uma oportunidade para a satisfação de interesses particulares. Segundo a *Stoá*, apenas os melhores e os mais aptos deveriam assumir a direção do Império, pois a razão universal manda que se confie o poder àqueles que são superiores — em termos intelectuais e morais — ao resto dos seres humanos, devendo o poder ser exercido em benefício destes e jamais visto como atributo pessoal[120]. Tal posição teórica desagradou profundamente imperadores como Nero e Domiciano, que entendiam que o cargo de Imperador era hereditário. O primeiro deles, discípulo de Sêneca, voltou-se contra seu antigo preceptor, levando-o ao suicídio. O segundo expulsou de Roma todos os "filósofos" — termo que, à época, era sinônimo de "estoico" —, entre os quais se contava Epicteto. De qualquer modo, o princípio estoico de que o melhor deveria governar acabou se impondo após a morte de Domiciano. Graças a tal concepção,

---

120. ROSTOVTZEFF, *História de Roma*, 205.

instalou-se em Roma o governo dos Antoninos, durante o qual os futuros imperadores eram formalmente adotados pelos seus antecessores para assim poderem assumir a direção do Estado, sem nenhuma cogitação hereditária consanguínea[121]. Não por acaso, foi o período de maior desenvolvimento, paz e bem-estar no Império desde a *pax romana* de Augusto[122]. Sucederam-se no trono do Capitólio governantes competentes como Nerva, Trajano, Adriano, Antonino Pio e Marco Aurélio. Quando este último — em razão de seu excessivo amor paternal e imbuído de uma ingenuidade a toda prova — alçou seu filho Cômodo à testa do Estado, todos os males que afligiram Roma durante a dinastia Júlio-Claudiana ressurgiram com força redobrada, acelerando a queda final do Império. É um triste paradoxo o fato de ter sido justamente o Imperador estoico aquele que, desconsiderando a teoria estoica do governo e preferindo utilizar o princípio dinástico-hereditário, de coloração mais oriental do que romana, precipitou o Império em uma época de trevas e de opressão sem limites.

Traçadas as principais características do estoicismo no contexto imperial, pode-se estudar no próximo capítulo a filosofia do Pórtico em sua totalidade sistêmica, sem diferenciar de maneira excessiva e artificial o que há de grego ou de romano na sua composição. Só assim as propostas centrais da *Stoá* podem ser compreendidas.

---

121. Rostovtzeff, *História de Roma*, 208.
122. Ibidem, 208-209.

Capítulo II
FILOSOFIA ESTOICA

1. A importância da Física e da Lógica

1.1. Sistema e unidade

Apesar da natureza prática do saber estoico, inicialmente ele deve ser estudado de modo metódico, o que pressupõe um "sistema", termo que, segundo Lima Vaz, foi inventado pelos estoicos[1]. Ainda de acordo com Lima Vaz, foram os estoicos os filósofos que mais aprofundaram a necessidade de articulação orgânica entre as partes do discurso próprio do *lógos*, em que viam espelhada a ordem e a unidade imanente ao universo[2]. Contudo, somente a partir da obra de Crisipo o estoicismo passou a apresentar sistematicidade interna. Desde os tempos de Zenão os estoicos dividiam não a filosofia — que corresponde

---
1. Lima Vaz se funda em um fragmento de Crisipo recolhido por Arnim no qual o filósofo grego se refere ao mundo como um todo bem ordenado. Cf. ARNIM, *Stoicorum veterum fragmenta*, II, 527, e LIMA VAZ, *Escritos de filosofia IV*, 143.
2. LIMA VAZ, *Escritos de filosofia IV*, 143-144.

em última instância a uma forma-de-vida —, mas sim o discurso filosófico, em três partes que correspondem às distintas maneiras de abordar a mesma e única realidade[3]. Fala-se então em Física, Lógica e Ética estoicas[4]. Crisipo aprofundou e conferiu caráter doutrinário à divisão, sem a qual não é possível entender o pensamento do Pórtico.

Contudo, duas advertências precisam ser consideradas no que se refere à clássica tripartição da filosofia estoica. Em primeiro lugar, deve-se ter sempre em mente que os estoicos conferiam significados mais amplos do que os pensadores contemporâneos aos termos "Física" e "Lógica". Para eles, a Física inclui tudo aquilo que é hoje chamado de Filosofia Natural, além de dizer respeito a disciplinas altamente complexas como a Ontologia, a Metafísica e a Teologia. Já a Lógica estoica engloba, além de uma Lógica Formal *sui generis*, a Retórica, a Gramática e a Epistemologia.

Em segundo lugar, não se pode olvidar que a tripartição apresenta função meramente didática, visto que a filosofia dos estoicos se assemelha à sua concepção da realidade: tudo está em permanente conexão e se mistura sem confusão, não havendo fatos isolados que não repercutam no sistema enquanto totalidade. Trata-se de uma filosofia inteiriça à qual se deve aderir inteiramente, pois, se um só tijolo da estrutura filosófica estoica for deslocado, o edifício inteiro vem abaixo. De acordo com Long, "embora o estoicismo não tenha o rigor geométrico de Spinoza, sua ambição racionalista assemelha-se à deste"[5]. A filosofia estoica é um bloco de peça única, um espelho da realidade contínua e una[6]. Não sem razão, os primeiros estoicos

---

3. Diogène Laërce, *Vies et opinions des philosophes*, VII, 39 (*Les stoïciens*, 29-30).
4. Ierodiakonou, The stoic division of philosophy.
5. Long, *Estoicismo na tradição filosófica*, 406.
6. Duhot, *Epicteto e a sabedoria estóica*, 57.

comparavam a sua doutrina a um animal vivo ou a um ovo, seres nos quais tudo está interligado, não havendo abundância nem escassez. No primeiro caso, a Lógica corresponderia aos ossos e aos nervos, a Ética à carne e a Física à alma. Em se tratando do ovo, a casca dura e resistente representaria a Lógica, a clara equivaleria à Ética e a gema à Física[7]. Impressionado com a sistematicidade orgânica da doutrina estoica, Cícero afirmou que, se for retirada dos textos originais da *Stoá* uma única letra, toda a teoria será arruinada[8], afirmação que evidencia a dificuldade imposta aos estudiosos modernos do Pórtico, limitados a fragmentos desconexos conservados seletivamente pela doxografia antiga, conforme exposto na Introdução deste livro. Se os estoicos concebiam a filosofia como um rígido sistema, é porque acreditavam que a existência mesma era sistemática, racional e unitária. Pode-se, claro, criticar tal concepção; o que não se pode é desconsiderar os pressupostos do Pórtico e imputar-lhe uma culpa da qual não se fez merecedor. A crença estoica na sistematicidade do universo — e, por consequência, na do pensamento que o descreve — é dogmática, incomprovável e estranha às sensibilidades contemporâneas. Mas é também sincera, consequente e defensável.

As três partes do *curriculum* estoico — Física, Lógica e Ética — encontram-se unificadas, razão pela qual se torna necessário conhecer os principais pontos da Física e da Lógica para compreender a Ética. A tripartição reflete as três manifestações fundamentais do *lógos*: como natureza, como conhecimento e linguagem e como vida humana. Nessa perspectiva, não há que se falar em supremacia de uma parte do discurso filosófico sobre as demais, embora alguns filósofos como Apolodoro, Panécio,

---

7. Diogène Laërce, *Vies et opinions des philosophes*, VII, 40 (*Les stoïciens*, 30).
8. Cicéron, *Des fins des biens et des maux*, III, XXII, 74 (*Les stoïciens*, 289-290).

Posidônio e Zenão de Tarso tenham tentado fundar hierarquias[9], que se mostraram, afinal, arbitrárias. Todas as três partes do discurso filosófico têm a sua importância, são indispensáveis para o conhecimento umas das outras e, faltando qualquer uma delas, compromete-se a inteligibilidade do sistema. Nenhuma das partes da filosofia estoica pode ser abordada sem o conhecimento das outras duas, porque existe uma interdependência recíproca que impede de classificar qualquer uma delas como fundamental em detrimento das demais. Isso significa que se pode começar a estudar a filosofia estoica em qualquer ponto, seja uma matéria relativa à Física, à Lógica ou à Ética[10]. O que importa é adentrar no círculo do pensamento estoico: independentemente do ponto de partida, todo o sistema será percorrido de modo inevitável. Física, Lógica e Ética são aspectos da mesma realidade. Apenas para efeitos didáticos as separo nas próximas páginas, aplicando a arte estoica de dividir a filosofia em partes e não em pedaços, como ensina Sêneca a seu discípulo Lucílio em uma carta dedicada a apresentar os ramos da filosofia e a sua utilidade para os mortais comuns, que, ao contrário do sábio, não são capazes de abarcar o real com uma única mirada, sendo então necessário dividi-lo em pequenas unidades para que se possa compreendê-lo[11].

---

9. DIOGÈNE LAËRCE, *Vies et opinions des philosophes*, VII, 41 (*Les stoïciens*, 30).

10. ANNAS, *L'etica stoica secondo Ario Didimo e Diogene Laerzio*, 5-6. Tatakis, por seu turno, afirma que o estudo de um sistema materialista como o estoico deve necessariamente se iniciar pela Física, que subordina a forma de pensá-lo, esfera da Lógica, e de agir segundo os seus comandos, campo da Ética (TATAKIS, *Panétius de Rhodes*, 101). Discordo de Tatakis, que em alguns importantes pontos apresenta interpretações muito limitadas e parciais do estoicismo. Se inicio o estudo do pensamento estoico pela Física, não é por aceitar seus argumentos, mas devido a imperativos práticos de cunho didático-metodológico.

11. SÉNECA, *Cartas a Lucilio*, LXXXIX, 2, p. 289.

1.2. Física

A Física integra a parte do discurso filosófico responsável por todas as questões relativas ao mundo natural, conformando um conhecimento que, de acordo com muitos estudiosos, deveria se destinar apenas aos filósofos estoicos mais avançados na compreensão da doutrina, da qual a Física representaria o ápice[12]. Para Lima Vaz a Física estoica é o tronco que sustenta todo o sistema da *Stoá* enquanto unidade orgânica e perfeita[13]. Como dito antes, a Física do Pórtico absorve a Ontologia e a Teologia, além de várias ciências empíricas como a Meteorologia e a Astronomia. Segundo Brunschwig, os estoicos não conheceram algo como uma Metafísica no sentido clássico do termo, dado que, segundo seus postulados, nada vinha depois da Física, disciplina conglobante de toda a realidade. Todavia, se o termo for tomado em seu sentido contemporâneo, percebe-se que o Pórtico desenvolveu sob a rubrica da Física uma *metaphysica specialis* — que trata, como diria um aristotélico, dos princípios primeiros e das causas últimas — bem como uma *metaphysica generalis*, talvez mais propriamente designada como Ontologia, uma vez que se debruça sobre o ser enquanto ser[14].

Conforme as premissas fundamentais da Ontologia da *Stoá*, a realidade se compõe basicamente de entidades corpóreas (*sómata*) — que podem ser causas ou sofrer a ação de outras causas — e de entidades incorpóreas (*asómata*) que, ao contrário, não existem como as corpóreas, apenas subsistem (*huphistasthai*) na mente; são quatro: o vazio (*kenón*), o tempo (*chrónos*), o espaço (*tópos*) e o exprimível (*lektón*). Os corpos são coisas que se

---
12. ALGRA, *Teologia estóica*, 173.
13. LIMA VAZ, *Escritos de filosofia IV*, 153.
14. BRUNSCHWIG, *Metafísica estóica*, 229-232.

estendem nas três dimensões: comprimento, largura e profundidade[15]. Para os estoicos, tudo que é real é corpóreo[16], tese inegociável que lhes valeu inúmeras críticas por parte das escolas helenísticas rivais. Por seu turno, os incorpóreos não são corpos, mas também não podem ser classificados como não existentes. São "algo" (*tò tí*), ou seja, "quase-seres" que expressam o movimento da natureza[17]. Os três primeiros incorpóreos representam condições para os processos físicos, enquanto o último liga-se à Filosofia da Linguagem, com o que parece destoar do quadro geral, o que na verdade não ocorre, como será discutido na próxima subseção, dedicada à Lógica.

A categoria ontológica do "algo", criada pelos estoicos para agasalhar os incorpóreos, supera a ontologia aristotélica, na qual o "ser" (*tò ón*) ocupa o *status* de gênero mais geral. No estoicismo, ao contrário, existe uma categoria ainda mais ampla do que o "ser" de Aristóteles e que o assimila. Trata-se exatamente do *tí*, o gênero supremo da ontologia estoica; acima do ser que é, os estoicos concebiam, portanto, o "algo"[18]. Tanto os corpóreos como os incorpóreos são "algo", embora estes últimos não tenham existência (*tò ón*) propriamente dita. Devido ao seu caráter paradoxal, a doutrina sofreu modificações por parte de estoicos tardios e heterodoxos como Sêneca[19]. O cordobense via o ser (*quod est*) como categoria última, à qual se

---

15. DIOGÈNE LAËRCE, *Vies et opinions des philosophes*, VII, 135 (*Les stoïciens*, 59).
16. HAHM, *The origins of stoic cosmology*, 3.
17. GOLDSCHMIDT, *Le système stoïcien et l'idée de temps*.
18. BRUNSCHWIG, *Metafísica estóica*, 244.
19. Brunschwig acredita que a leitura de Sêneca representa uma tentativa de remodelagem da Ontologia original da *Stoá*. Tal interpretação não é aceita por autores que sugerem ter Sêneca posto a descoberto uma posição teórica anterior à de Crisipo e vinculada diretamente a Zenão. Cf. BRUNSCHWIG, *Metafísica estóica*, 244-246. Para a compreensão do papel de Sêneca diante das doutrinas tradicionais do Pórtico, cf. RIST, *Seneca and stoic orthodoxy*.

subsumiriam os corpos e os incorpóreos, que, afinal, são quase-seres (*quae quasi sunt*)[20].

Há notícias doxográficas isoladas e pouco sistemáticas sobre outras categorias ontológicas pensadas pelos estoicos, tais como o "nada", que englobaria "algos" que não são corpóreos nem incorpóreos, *v.g.*, as entidades ficcionais e os limites geométricos[21], e os "não algos" (*oútina*), cujos melhores exemplos são os conceitos universais e as formas puras à moda de Platão[22]. Estas foram ferozmente combatidas pelos estoicos, que as comparavam a fantasmas do pensamento, dado que não são um "algo" nem um "algo qualificado", mas antes um "*quase*-algo" ou um "*quase*-algo qualificado", do mesmo modo que uma imagem de um cavalo surge na mente ainda que não haja um cavalo presente[23]. A controvérsia acerca dos estatutos ontológicos estoicos é infindável, como se percebe nos estudos de Brunschwig[24] e de Caston[25]. Apenas para fins didáticos apresento abaixo, com algumas leves modificações, a esquematização da Ontologia estoica proposta por Long e Sedley[26]. Tal estrutura parece corresponder à concepção majoritária entre os estudiosos do tema:

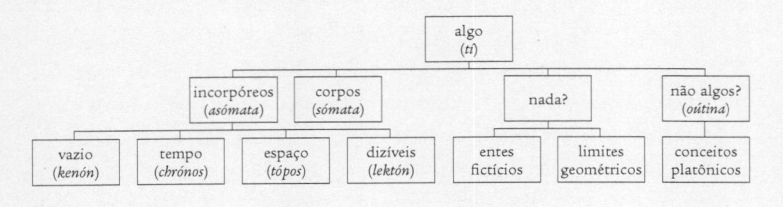

```
                         algo
                         (tí)
        ┌──────────┬──────┴─────┬─────────────┐
   incorpóreos    corpos       nada?        não algos?
   (asómata)    (sómata)                    (oútina)
   ┌────┬────┬────┬────┐    ┌────┬────┐        │
 vazio tempo espaço dizíveis entes limites   conceitos
(kenón)(chrónos)(tópos)(lektón) ficctícios geométricos platônicos
```

---

20. SÉNECA, *Cartas a Lucilio*, XCV, 13-15, p. 346.
21. LONG; SEDLEY, *The hellenistic philosophers*, 163-166.
22. BRUNSCHWIG, *Metafísica estóica*, 247.
23. DIOGÈNE LAËRCE, *Vies et opinions des philosophes*, VII, 61 (*Les stoïciens*, 36).
24. BRUNSCHWIG, *Metafísica estóica*, 243-251.
25. CASTON, Something and nothing.
26. LONG; SEDLEY, *The hellenistic philosophers*, 163.

Para os estoicos, o conceito (*énnoia*) fundamental que unifica todo o seu sistema físico — e também lógico e ético — encontra-se na noção de *lógos*. Já que a Física do Pórtico se sustenta sobre dois "compromissos *a priori*", quais sejam, as ideias de unidade e de coesão entre o cosmos e a razão divina, o *lógos* constitui o elemento capaz de refleti-las e de lhes conferir realidade corpórea. Há uma ordem imanente que rege o universo (*kósmos*) e mantém seu equilíbrio. Contra os epicuristas, que sustentavam ser o acidente o grande responsável pelo mundo, os estoicos opuseram um memorável argumento reproduzido por Cícero. Ele afirma que a beleza e a complexidade do mundo, onde tudo se ajusta perfeitamente, são provas ontológicas da existência de uma inteligência superior que tudo governa e ordena. Não foram átomos rodopiando ao acaso que conformaram este nosso mundo, diz Cícero. Tal lhe parece tão impossível como obter de um só lance todos os versos dos *Anais* de Ênio lançando ao ar inumeráveis letras que, caindo ao solo, se organizariam de modo eventual, dando lugar ao poema inteiro. Com tal método aleatório não é possível obter sequer uma única linha dos *Anais*[27]. O mesmo raciocínio deve ser aplicado ao universo para se compreender quão absurda é a ideia de que ele teria surgido acidentalmente e sem o concurso do *lógos*, determinação demiúrgica racional (*lógikos*) que perpassa a natureza. Na linha de Heráclito[28], Zenão identifica o *lógos* com o fogo-artesão artífice do mundo[29]. Trata-se de uma matéria extremamente sutil e capaz de sustentar os paradoxos do pensamento estoico, que exige ao lado de um racionalismo rigo-

---

27. Cicéron, *De la nature des dieux*, XXXVII, 93, p. 442.
28. "Todas as coisas são uma igual troca pelo fogo e o fogo por todas as coisas, como as mercadorias o são pelo ouro e o ouro pelas mercadorias" (Kirk; Raven; Schofield, *Os filósofos pré-socráticos*, fr. 90, p. 205).
29. Diogène Laërce, *Vies et opinions des philosophes*, VII, 156 (*Les stoïciens*, 66).

roso um materialismo estrito. Às vezes os estoicos chamam o *lógos* de deus (*theós*), mas não se trata de um ser divino pessoal como no cristianismo e sim do princípio de racionalidade que se encontra em todas as coisas, em especial no ser humano (*ánthropos*), que contém em si os *logói spermatikói*, ou seja, as razões seminais individualizadas capazes de identificar a racionalidade humana com a do próprio Zeus.

Tão alto é o respeito do estoicismo pelo ser humano que a ordem reinante no interior deste vale como prova cabal da ordem universal, da qual é reflexo, conforme o conhecido silogismo de Marco Aurélio[30]. Parece-me que o processo de construção da Cosmologia estoica consistiu na exteriorização do que há de mais profundo no humano: a razão. É por isso que os estoicos viam propriedades morais na Física, posição duramente criticada por Pufendorf, para quem não há certo nem errado na natureza, que à luz da ciência do seu tempo consistia apenas no movimento cego e na aplicação de forças físicas às coisas. Assumindo uma posição tipicamente positivista, Pufendorf acredita que o valor não está nos objetos, sendo-lhes imposto pelo entendimento humano[31]. Ora, a perspectiva da *Stoá* é diametralmente oposta. Reconhecendo o *lógos* em si mesmo, o filósofo estoico intui a sua existência no cosmos, que passa então a ter qualidades positivas tipicamente humanas: sabedoria, bondade, justiça etc. O Pórtico observa a natureza, em si amorfa e sem sentido, como extensão ou exteriorização da interioridade racional humana. Nessa perspectiva, o estoicismo foi o primeiro grande humanismo da História, incapaz de compreender o mundo separadamente do ser humano. Os

---

30. "Ou um mundo organizado, ou uma papa, um amontoado sem ordem. É possível, acaso subsista alguma ordem em ti, mas desordem no universo, e isso quando tudo se acha tão combinado, tão fundido, tão solidário?" (MARCO AURÉLIO, *Meditações*, IV, 27, [*Os pensadores*, 285]).

31. IRWIN, *Naturalismo estóico e seus críticos*, 390-392.

estoicos poderiam repetir com Terêncio, comediógrafo romano do século II a.C., o célebre verso 77 contido no seu *Heautontim* e inspirado em Menandro: *"Homo sum; humani nihil a me alienum puto"*[32].

Por obra do estoicismo, o objeto (o cosmos) foi posto sob a mesma rubrica ontológica caracterizadora do sujeito (o ser racional), e assim se operou essa espécie de dialética mediante a qual o *lógos*, interior ao humano, se manifestou em todas as coisas que lhe são exteriores e, por isso mesmo, apenas aparentemente opostas. Não há oposição entre o ser humano e o mundo porque ambos são tributários do *lógos*, ambos são expressões ou momentos parciais da razão, que se apresenta em sua inteireza quando o pensamento estoico, exteriorizando o interior, supera os dualismos e os integra em um *continuum* espaço-temporal que, ao fim e ao cabo, se identifica com todo o real. Coube aos estoicos reunificar o *lógos* — antes dilacerado pelos sofistas, que o fraturaram em *phýsis* e *nómos* — e recuperar a unidade perdida intuída pelos pré-socráticos em geral e por Heráclito em especial, filósofo com o qual a *Stoá* mantém vários e importantes vínculos.

A Física estoica enxerga o mundo como um ser vivo[33], um animal sábio[34] e totalmente racional[35] governado pela Providência (*prónoia*)[36], dono de uma única alma e de uma única substância, às quais se dirigem todas as percepções, impulsos

---

32. Trad.: "Sou homem e nada do que é humano me é alheio". Este verso é expressamente citado por Sêneca. Cf. Séneca, *Cartas a Lucilio*, XCV, 53, p. 346.
33. A ideia estoica — também presente no *Timeu* de Platão — segundo a qual o planeta é um animal vivo de forma esférica foi retomada pela tradição mística do hermetismo neoplatônico, especialmente por Athanasius Kircher. Cf. Roob, *O museu hermético*, 163.
34. Cicéron, *De la nature des dieux*, II, XI, 29 (*Les stoïciens*, 419).
35. Diogène Laërce, *Vies et opinions des philosophes*, VII, 139 (*Les stoïciens*, 60).
36. Ibidem, VII, 138 (*Les stoïciens*, 60).

e causas[37]. Ademais, como a consciência é um atributo superior à inconsciência, Zenão entende que o mundo, por ser hierarquicamente superior ao ser humano, apresenta-se como ser vivo consciente[38]. Este raciocínio provocou a crítica cáustica de Carnéades, que, lançando mão de um silogismo semelhante, afirmou que o mundo é um ser letrado, uma vez que o alfabetizado é superior ao analfabeto[39].

A *phýsis* se apresenta aos olhos estoicos como algo sagrado, evocando a soma daquilo que é permanente e essencial nos fenômenos naturais. Há inclusive quem classifique a Física estoica como uma "cosmobiologia"[40]. O mundo seria uma unidade perfeita, divina, viva, contínua e autocriadora, regida por leis inteligíveis e dirigida por uma espécie de Providência racional que se encontra em todos os lugares[41]. Assim, o mundo se identifica com deus e deus se identifica com o mundo[42]. É inegável o influxo de Heráclito na Cosmologia estoica: "O deus é dia-noite, Inverno-Verão, guerra-paz, saciedade-fome"[43]. Também Spinoza amalgama Deus e a natureza — *Deus sive Natura*, "Deus, ou seja, a Natureza", como se expressa o filósofo holandês —, embora pareça exagerado falar de uma influência direta do estoicismo no seu pensamento[44].

---

37. Marco Aurélio, *Meditações*, IV, 40 (*Os pensadores*, 286).
38. Cicéron, *De la nature des dieux*, II, VIII, 21-22 (*Les stoïciens*, 416-417), e Diogène Laërce, *Vies et opinions des philosophes*, VII, 142-143 (*Les stoïciens*, 61-62).
39. Tatakis, *Panétius de Rhodes*, 89.
40. Hahm, *The origins of stoic cosmology*, 136.
41. Marco Aurélio, *Meditações*, VII, 9 (*Os pensadores*, 299-300).
42. Sêneca, *Sobre a vida feliz*, VIII, 4, p. 39.
43. Kirk; Raven; Schofield, *Os filósofos pré-socráticos*, Cap. VI: "Heráclito de Éfeso", fr. 67, p. 197.
44. Long apresenta várias semelhanças e dessemelhanças verificáveis entre o estoicismo e a filosofia de Spinoza. Cf. Long, *Estoicismo na tradição filosófica*, 407-418.

No sistema filosófico da *Stoá*, a Teologia corresponde à parte da Física responsável pela descrição da coerência geral do universo e de seu desígnio providencial[45]. O deus estoico representa o sistema nervoso central do universo, esse enorme animal de forma imaculadamente esférica[46] que unifica a vida, a dissemina e a partilha em inúmeros corpos particulares e determinados. Trata-se de uma visão continuísta, dinâmica, orgânica e racional da realidade física que, como já indiquei, bebe da puríssima fonte de Heráclito: "Dando ouvidos, não a mim, mas ao Logos, é avisado concordar em que todas as coisas são uma"[47]. No dizer de Marco Aurélio, "Uma é a luz do sol, embora a dividam muros, montanhas, milhares de outros obstáculos. Uma é a substância comum, embora a dividam milhares de corpos individuais. Uma é a alma, embora a dividam milhares de naturezas e contornos individuais. Uma é a alma inteligente, embora se afigure repartida"[48].

Segundo o Pórtico, há na natureza uma força (*tónos*) que governa o mundo e o mantém coeso mediante diferentes tensões (*héxis*)[49] impostas às coisas[50]: trata-se do *lógos*-demiurgo que imprime qualidade e movimento aos corpos, conferindo

---

45. ALGRA, *Teologia estóica*, 171.
46. Tal porque, segundo Posidônio, a forma esférica é a que melhor se adapta ao movimento. Cf. DIOGÈNE LAËRCE, *Vies et opinions des philosophes*, VII, 140 (*Les stoïciens*, 60).
47. KIRK; RAVEN; SCHOFIELD, *Os filósofos pré-socráticos*, Cap. VI: "Heráclito de Éfeso", fr. 50, p. 193.
48. MARCO AURÉLIO, *Meditações*, XII, 30 (*Os pensadores*, 329).
49. A concepção de tensões como meios de manutenção da unidade do mundo provém originalmente de Heráclito: "Eles não compreendem como é que o que está em desacordo concorda consigo mesmo [*à letra:* como o que, estando separado, se reúne consigo mesmo]: há uma conexão de tensões opostas, como no caso do arco e da lira" (KIRK; RAVEN; SCHOFIELD, *Os filósofos pré-socráticos*, Cap. VI: "Heráclito de Éfeso", fr. 51, p. 199).
50. PLUTARCH, *Stoic self-contradictions*, 1053f-1054b (INWOOD; GERSON, *Hellenistic philosophy*, 171).

forma à matéria informe (*hylê*). Antes da ação do *lógos*, a matéria existe apenas como extensão tridimensional sem nenhum outro atributo. O *tónos* pneumático que a informa se apresenta como movimento tensivo (*toniké kínesis*) mediante o qual o universo "respira", movendo-se simultaneamente para dentro e para fora. De acordo com Nemésio, o movimento para fora produz a quantidade e a qualidade, enquanto o movimento para dentro garante a unidade e a substância do cosmos[51]. Com base nessa construção, Shmuel Sambursky viu no estoicismo uma antecipação da noção de campo de força característica da Física dos nossos dias[52].

O *pneûma*, termo grego que pode ser traduzido tanto como "espírito" quanto como "vento", é uma substância dinâmica responsável pela coesão dos objetos materiais, pela organização dos seres vivos, pela percepção e pela vontade dos animais e, no ser humano, pela cognição e pelo entendimento[53]. O *lógos* pneumático se manifesta no fogo como calor, no ar como frialdade e no humano como razão, capacidade própria de seres lógicos, ou seja, detentores da compreensão profunda do *lógos*, graças à qual, de acordo com Zenão, as representações do mundo são gravadas na alma (*psychê*) e se transformam a cada passo, complementa Crisipo[54]. Aparenta-se, assim, o ser humano com os deuses, pois ambos são donos da mesma razão, que nos deuses é perfeita e nos humanos perfectível[55]. Eis um dos pontos

---

51. NEMESIUS, *De natura hominis*, 70-71 (INWOOD; GERSON, *Hellenistic philosophy*, 283).
52. WHITE, *Filosofia natural estóica*, 150.
53. HANKINSON, *Estoicismo e medicina*, 331. Cf. também VERBEKE, *L'évolution de la doctrine du pneuma*.
54. Para uma análise da noção estoica de representação e uma breve exposição da consequente teoria da mente, cf. ARTHUR, The stoic analysis of the mind's reactions to presentations.
55. SÉNECA, *Cartas a Lucilio*, XCII, 27, p. 316.

em que Spinoza diverge dos estoicos, já que ele entende que o pensamento de Deus difere completamente do humano, uma vez que os homens são apenas modos finitos de Deus[56].

A ideia de deus é descrita como uma pré-noção (*prolêpsis*) implantada na mente humana[57]. Caso o ser humano utilize sua razão retamente, não poderá deixar de conceber a existência de um princípio criador indestrutível, eterno, providencial e beneficente. Tal princípio é uno e múltiplo ao mesmo tempo. Para um estoico, não há sentido em separar o deus único dos demais falsos deuses. A polêmica monoteísmo *versus* politeísmo é absolutamente estéril e vã no tecido teórico do Pórtico. Deus encarna o princípio unitário que percorre todo o universo como uma descarga elétrica constante, capaz de variar suas tensões e manifestações. Mas a unidade divina não implica unicidade, conclui Duhot. Presente em todas as coisas, deus se manifesta na multiplicidade de suas ações, o que inclusive serve como comprovação de sua realidade ontológica[58].

Dentre as várias "provas" da existência de deus apresentadas pelos estoicos[59], Algra lista três que julgo particularmente interessantes e que originaram três argumentos clássicos, quais sejam: (a) *Consensus omnium*, pois a religião e a crença nos deuses são fenômenos universais; (b) *Ex operibus dei*, já que se pode antever deus na estrutura ordenada e racional do universo, cuja mais perfeita expressão reside nos movimentos regulares dos corpos celestes; e (c) *Ex gradibus entium*, dado que o ateísmo acarreta consequências absurdas, tal como a afirmação de que o ser humano seria o melhor ente que a natureza teria a ofere-

---

56. Spinoza, *Ethica*, I, prop. 17, corol. 2, esc.
57. Sobre as pré-noções, cf. Jackson-McCabe, The stoic theory of implanted preconceptions.
58. Duhot, *Epicteto e a sabedoria estóica*, 85.
59. O tema é explorado detalhadamente em Boyancé, Les preuves stoiciennes de l'existence des dieux d'après Cicéron.

cer ao cosmos. Ora, sendo o homem sabidamente imperfeito, frágil, mortal e, no mais das vezes, vicioso e mau, a existência de um ente que lhe seja superior constitui um imperativo da razão[60]. Este argumento é particularmente importante, dado que Tomás de Aquino e Anselmo de Cantuária parecem ter se baseado nele para provar a existência do Deus cristão, aduzindo que uma noção perfeita como a de Deus não poderia existir apenas como conceito na mente de seres imperfeitos, sendo forçosa, portanto, a existência ontológica e não apenas epistemológica de Deus. Para os estoicos, deus é aquele ser em relação ao qual nada maior pode ser concebido[61]. Diógenes Laércio caracteriza o deus estoico como um ser vivo, imortal, racional, perfeito, pensante e dono de uma felicidade plena, incapaz de sofrer a ação de qualquer coisa má. Não possuindo forma humana, ele é o demiurgo e o pai de todas as coisas, pelas quais vela continuamente. Como são muitos os seus poderes, vários também são os seus nomes[62].

A concepção dos estoicos acerca da divindade é bastante complexa, revelando-se ao mesmo tempo monoteísta — deus é um ser único —, politeísta — que se manifesta de várias formas de acordo com seus poderes — e panteísta — estando em todas as partes e se expressando por meio da natureza. Segundo Duhot, ao contrário dos neoplatônicos, que fundaram sua teologia negativa na transcendência absoluta de Deus, não

---

60. ALGRA, *Teologia estóica*, 180-181.
61. CICÉRON, *De la nature des dieux*, II, VI-VII, 18 (*Les stoïciens*, 415-416). Algra discorda dessa interpretação e sustenta que, apesar da fórmula de Anselmo estar presente de maneira embrionária em alguns textos estoicos, esses filósofos não conceberam a divindade como verdade imediata e evidente, como faz o pensador medieval ao derivar os atributos divinos do próprio conceito de Deus. Cf. ALGRA, *Teologia estóica*, 184.
62. DIOGÈNE LAËRCE, *Vies et opinions des philosophes*, VII, 147 (*Les stoïciens*, 63).

ousando definir o que ele é, mas apenas o que ele não é, os estoicos deram origem a uma hiperteologia na qual deus é tudo. Por isso o deus estoico transcende os quadrantes limitados da lógica das oposições. Deus liga a Física à Teologia e se exprime mediante todos os registros possíveis, sendo ao mesmo tempo transcendente e imanente, interior e exterior, pessoa e força etc[63]. Não obstante, Algra afirma que, se o deus estoico corresponde ao universo, ele necessariamente deve ser finito e material[64], características que pareciam não trazer nenhum desconforto para a Teologia do Pórtico[65]. Na esteira do pensamento grego tradicional, os estoicos concebiam deus como o ordenador do mundo. A matéria, eterna e incriada, lhe seria anterior. A tarefa divina consistiria então em conferir forma e qualidade ao ser bruto, ao substrato material que, informado pela ação divina, se revela como universo. A matéria por si mesma é sem movimento e sem forma e depende de deus para se mover e se formar[66]. É deus quem a qualifica, apresentando-se como razão na matéria. Dessa forma, a substância é a matéria, o princípio passivo, e a causa é deus, o princípio ativo. Long aduz que o deus dos estoicos equivale à qualificação da substância. Esta, por seu turno, se determina somente graças à constante interação causal com deus[67]. Tal esquema de pensamento recorda a distinção de Spinoza entre *natura naturans* e *natura naturata*, aquela indicando a natureza como causa ativa — ou seja, deus identificado com uma causa livre — e esta evocando o aspecto

---

63. DUHOT, *Epicteto e a sabedoria estóica*, 79-80.
64. Note-se a contradição dessa ideia com a informação veiculada por Diógenes Laércio, para quem o deus estoico é imortal. Cf. DIOGÈNE LAËRCE, *Vies et opinions des philosophes*, VII, 147 (*Les stoïciens*, 63).
65. ALGRA, *Teologia estóica*, 185.
66. SEXTUS EMPIRICUS, *Against the professors*, 9, 75-76 (LONG; SEDLEY, *The hellenistic philosophers*, 269).
67. LONG, *Estoicismo na tradição filosófica*, 410.

passivo da realidade que se dá por necessidade da natureza de Deus e é como seu espelho[68]. De maneira semelhante ao Deus impessoal de Spinoza, o demiurgo da *Stoá* é extensão e pensamento ao mesmo tempo, que mais não são do que modos diversos de conceber a substância presente em todas as coisas particulares, que derivam seus modos de existência dos atributos divinos[69]. Cada coisa determinada é, para os estoicos e para Spinoza, uma ideia em Deus da qual Deus é causa[70]. Segundo o estoicismo e o spinozismo, a ordem e a conexão das ideias é idêntica à ordem e à conexão das coisas no mundo, daí por que o pensar e o agir são, para Deus, uma única realidade[71].

Assim como o aristotelismo, o estoicismo é radicalmente empirista, acreditando que a existência (*eínai*) se compõe apenas de corpos que interagem das mais diversas maneiras. Para o estoicismo, "corpo" é tudo aquilo que pode ser sujeito ativo ou passivo de algum fenômeno causal. Tudo que existe é corpo: eis a afirmação básica do materialismo estoico[72]. Contudo, não se deve confundir tal postura com o materialismo amorfo que caracterizou a filosofia natural dos séculos XVII e XVIII. Esta, segundo White, via o mundo como uma espécie de composto formado por partículas sólidas e maçudas, regidas pela mecânica causalista. Newton ensina no seu *Principia mathematica* que Deus criou a matéria com partículas compactas, duras, impenetráveis e móveis chamadas *globuli*, para que assim a natureza tivesse duração constante[73]. Ao contrário, para os estoicos o cosmos não é corpuscular nem atomístico, assemelhando-se antes a um grande corpo sem interrupções ou emendas. De acordo

---

68. SPINOZA, *Ethica*, I, prop. 29, esc.
69. Ibidem, II, prop. 7, esc.
70. Ibidem, II, prop. 13, esc.
71. Ibidem, II, prop. 7, esc.
72. BRÉHIER, *La théorie des incorporels dans l'ancien stoïcisme*, 6.
73. ROOB, *O museu hermético*, 552.

com a *Stoá*, todo o universo material está vivo e pulsa como um animal, daí por que White prefere falar em vitalismo e não em materialismo[74]. No mesmo sentido, Brunschwig contrapõe a postura teleológico-vitalista dos estoicos à visão antiteleológico-mecanicista própria dos epicuristas[75]. De fato, os estoicos não se confundem com os "filhos da Terra" criticados por Platão no *Sofista* e que só acreditam na realidade do que pode ser tocado e oferece resistência[76]. Concordo com Duhot quando ele reprova estudiosos que utilizam conceitos contemporâneos e classificam o estoicismo como um simples materialismo que dissolve deus em interpretações físicas racionalistas[77]. Na verdade, o materialismo estoico foi uma reação contra o idealismo extremado de Platão, que, conferindo primazia à Ideia e às formas puras, rebaixou a matéria a um *status* ontológico inferior. Se, como quer Platão, a matéria é indigna de integrar o corpo de deus, somente pode-se chegar a duas conclusões, ambas inaceitáveis para o finalismo otimista do Pórtico, que vê no cosmos um sistema unívoco, contínuo, belo e racional: ou o mundo é uma criação imperfeita de deuses intermediários e subalternos, como afirmarão os neoplatônicos, ou constituiu o resultado do trabalho de um deus malévolo, raciocínio coerente desenvolvido pelos gnósticos, que conformarão algumas das heresias mais poderosas já combatidas pela Igreja, tal como a dos cátaros[78].

---

74. WHITE, *Filosofia natural estóica*, 144.
75. BRUNSCHWIG, *Metafísica estóica*, 234.
76. PLATÃO, *Sofista*, 246a-b.
77. DUHOT, *Epicteto e a sabedoria estóica*, 61.
78. René Nelli explica o fundamento do dualismo cátaro, ideia que os estoicos teriam repudiado com veemência: "*On saisit ici le problème humain auquel le catharisme prétend donner une solution adéquate: la contradiction fondamentale entre la misère physique et morale de l'homme et la sublimité de ses aspirations. La raison de ce contraste angoissant est simple, à la portée du populaire. Tout ce qui procède de la création matérielle est mauvais parce que son auter est méchant. Un*

Ao assumir que tudo é corpo, a *Stoá* não limita a esfera de suas investigações. Ao contrário: para nela inserir elementos intangíveis como a alma e as virtudes, os estoicos acabam por corporalizar quase todo o universo, pois para eles corpo é tudo aquilo que pode agir ou sofrer ações e não simplesmente o que é palpável[79]. Ademais, como recorda Duhot, a Física do Pórtico não conhecia o princípio da inércia, segundo o qual um corpo tende a manter seu estado de movimento ou de imobilidade. Com tal postulado em mente, físicos modernos como Newton puderam conceber o universo à semelhança de um grande relógio que, uma vez posto a funcionar por Deus mediante um "peteleco" inicial, mantém-se indefinidamente em movimento. Por seu turno, os gregos em geral e os estoicos em especial somente podiam imaginar um universo ativo pressu-

---

mauvais arbre, dit l'Évangile, ne peut produire que de mauvais fruits. Marcion, avant Mani, avait exploité en ce sens le célèbre apologue. L'âme, au contraire, est avec l'Esprit une émanation du Principe bon. Elle est le théâtre de la lutte entre les deux puissances. Le Principe mauvais est-il coéternel au Principe bon, ou bien, est-il simplement un éon, dévié, révolté, inverti, mais qui a gardé un attribut de démiurge: il n'importe. On n'en est pas à un ilogisme près. Tout le mal venat de la matière, oeuvre du Créateur, le remède est de s'en dégager. C'est la thérapeutique de l'épuration: 'cathare', en grec, signifie 'pur'" ["Aqui apreendemos o problema humano para o qual o catarismo pretende fornecer uma solução adequada: a contradição fundamental entre a miséria física e moral do homem e a sublimidade de suas aspirações. A razão desse contraste agonizante é simples, ao alcance do conhecimento popular. Tudo o que procede da criação material é mau porque seu autor é mau. Uma árvore ruim, diz o Evangelho, só pode produzir frutos ruins. Marcião, antes de Manes, explorou nesse sentido o famoso apólogo. A alma, ao contrário, é com o Espírito uma emanação do Princípio bom. É o teatro da luta entre os dois poderes. O Princípio mau é coeterno em relação ao Princípio bom, ou é simplesmente um éon, desviado, revoltado, invertido, mas que conservou um atributo do demiurgo, pouco importa. Não estamos discutindo um ilogismo. Todo mal vem da matéria, obra do Criador, o remédio é se afastar dele. É a terapia da purificação: 'cátaro', em grego, significa 'puro'"] (NELLI, *Spiritualité de l'hérésie*, 95-96).

79. BRUNSCHWIG, *Metafísica estóica*, 234-235.

pondo também a existência de um ser que constantemente o ordenasse e vigiasse. Este ente é o deus da *Stoá*, que para agir no cosmos precisa ser um corpo. Toda ação física a distância é impossível para o Pórtico, razão pela qual seu deus é corpóreo e está em todos os cantos do universo, tocando-o na integralidade de sua superfície, sendo imanente e necessário a todos os fenômenos físicos[80]. Desse modo, a Física estoica parece ser causalista, inadmitindo a existência de movimentos sem causa no universo. Se houvesse algo no cosmos como uma causa incausada, todo o edifício racional da realidade desabaria. Todavia, não se pode olvidar a advertência de Aubenque, para quem o termo "causalismo" é impróprio para descrever a mecânica cósmica do Pórtico. Acreditar na ação de determinadas causas produtoras de certos efeitos implica conceber séries causais autônomas e limitadas. Contudo, para a *Stoá* tudo está ligado: não há séries causais separadas, mas antes um tipo de simpatia universal, uma teia que unifica todos os eventos do mundo de maneira harmônica e racional[81], coordenando o movimento do todo e a coesão da substância[82]. Tal concepção afasta radicalmente o Pórtico das ideias próprias do epicurismo, escola que não admite finalismo cósmico nem reconhece racionalidade alguma na Providência.

Baseando-se em certas ideias de Heráclito, os estoicos descrevem os dois princípios (*archái*) — básicos, incorpóreos[83],

---

80. DUHOT, *Epicteto e a sabedoria estóica*, 58-59.
81. Da *notice* de P. Aubenque constante de CICÉRON, *Traité du destin* (*Les stoïciens*, p. 471).
82. MARCO AURÉLIO, *Meditações*, VI, 35 (*Os pensadores*, 297).
83. Há uma contradição na obra de Diógenes Laércio relativa aos princípios básicos que regem o universo estoico, uma vez que, em *Vies et opinions des philosophes*, VII, 134 (*Les stoïciens*, 59), ele afirma que ambos são incorpóreos e alguns parágrafos depois, em *Vies et opinions des philosophes*, VII, 139 (*Les stoïciens*, 60), explica que o princípio ativo atua no mundo e se identi-

informes e indestrutíveis — que regem o universo corpóreo: o primeiro, passivo (*tò páschon*), radica-se na matéria, e o segundo, ativo (*tò póioun*), identifica-se com a força racional que age sobre essa mesma matéria[84]. Segundo Hahm, o estoicismo redistribuiu as quatro causas de Aristóteles em dois blocos, de maneira que o princípio ativo congregaria a causa motriz, a causa formal e a causa final, enquanto o princípio passivo corresponderia à causa material[85]. O princípio passivo é amorfo e não possui poder de coesão ou de movimento. Já o princípio ativo é chamado de deus, de destino ou simplesmente de *lógos*[86]. Ele é eterno e se move por si mesmo, sendo responsável por toda forma, qualidade, individuação, diferenciação, coesão e mudança no mundo. Para Crisipo, o princípio ativo se compõe de elementos leves e sutis, como o fogo — também chamado de *aithér*[87] — e o ar, enquanto o princípio passivo é feito de elementos mais rudes: terra e água. Ambos existem em todas as coisas do universo e agem de modo conjunto, apesar de estarem separados e de conservarem suas características e qualidades específicas[88]. A existência se mantém por força da mistura harmoniosa dos quatro elementos, dentre os quais o fogo — chamado de artesão por Zenão — representa um papel

---

fica com deus. Assim, ele teria características específicas dos corpos. Todavia, firme na primeira indicação (VII, 134), que é literal, alinho-me à doutrina que entende serem incorpóreos ambos os princípios básicos, já que não são destruídos pelas conflagrações periódicas a que o mundo está sujeito. Cf. também SELLARS, *Stoicism*, 88, que tenta uma leitura conciliatória das duas passagens de Diógenes Laércio.

84. SÉNECA, *Cartas a Lucilio*, LXV, 2, p. 167.
85. HAHM, *The origins of stoic cosmology*, 44.
86. DIOGÈNE LAËRCE, *Vies et opinions des philosophes*, VII, 134 (*Les stoïciens*, 58-59).
87. Ibidem, VII, 137 (*Les stoïciens*, 59).
88. BOBZIEN, *Determinism and freedom in stoic philosophy*, 17.

preponderante[89]. Durante as conflagrações, a terra, a água e o ar são reabsorvidos pelo fogo, razão seminal do mundo. Na realidade, esses três elementos não são seres diversos do fogo; são o próprio fogo, que se apresenta de diversos modos devido às diferentes tensões internas que o informam. Pode-se dizer então que todos os corpos são momentos ou aspectos da existência de um único ser, o fogo, cuja história corresponde à história do mundo[90].

O universo existe graças a uma espécie de harmonia que garante o acordo de todas as coisas terrestres e celestes[91]. É que, segundo os estoicos, existem três tipos básicos de mistura: (a) a justaposição, em que partes de elementos diferentes são mescladas, mas não dão origem a um terceiro elemento, como na mistura de sal e açúcar; (b) a fusão, em que se cria um novo ente com base na mistura de outros; (c) a mescla total (*krásis di'holón, total simul*), na qual a mistura destrói os elementos originais mantendo, contudo, suas propriedades específicas. Nessa terceira espécie de mistura os elementos originais podem ser sintetizados novamente e extraídos da mescla. De acordo com a Física estoica, é a mescla total que compõe o universo, o que explica a necessidade das periódicas conflagrações em que os elementos originais — fogo, água, ar e terra — são separados da mistura para se associarem novamente em um novo ciclo[92]. Em razão da mistura universal, deus permeia toda a matéria, formando-a e conformando-a, da mesma maneira que a alma faz com o corpo, estando em todos os seus lugares ao mesmo

---

89. Diogène Laërce, *Vies et opinions des philosophes*, VII, 137 (*Les stoïciens*, 59).
90. Bréhier, *La théorie des incorporels dans l'ancien stoïcisme*, 10-11.
91. Diogène Laërce, *Vies et opinions des philosophes*, VII, 140 (*Les stoïciens*, 61).
92. Alexander, *On mixture*, 216, 14 e 218, 6 (Long; Sedley, *The hellenistic philosophers*, 290-291), e Stobaeus, *Anthologium*, I, 155 (Long; Sedley, *The hellenistic philosophers*, 291).

tempo[93]. Há contato por toda parte e não simplesmente uma série de elementos causais que fazem girar o cosmos. No universo estoico tudo está ligado a tudo. Não importa o tamanho da área tridimensional ocupada pela mescla total, uma vez que ela se espalha por todo o universo, que não é constituído por corpúsculos ou pedaços que se unem, mas por um único grande corpo no qual inexistem junções ou superfícies separadas. Com o estoicismo surge o anticorpuscularismo, teoria segundo a qual todos os corpos apresentam estrutura radicalmente contínua, o que parece a White bem pouco promissor para o desenvolvimento da Física contemporânea[94]. Ele está errado. Antecipando algumas teses da Física Quântica com a ideia de mescla total[95], os filósofos do Pórtico puderam afirmar a interpenetrabilidade dos corpos, uma vez que não há espaços vazios no mundo. Todos os corpos estão misturados em todos os seus pontos, não havendo conteúdo nem continente: tudo está em tudo.

Os estoicos oferecem uma visão global e unitária do mundo segundo a qual há um governo racional da realidade. O universo se apresenta como corpo unificado que se diversifica pela ação das várias tensões internas que determinam o lugar de cada corpo aparentemente particular na tessitura do cosmos. Segundo a *Stoá*, há apenas um lugar absoluto no mundo, ocupado pela sua alma, o único corpo verdadeiro. A alma do mundo penetra os corpos parciais e é penetrada por cada um deles em lugares específicos, o que cria a ilusão da pluralidade de corpos[96]. Os limites (*pérata*) entre os corpos subsistem apenas na mente enquanto "ficções de geômetras"[97] e, como tal, são

---

93. DIOGÈNE LAËRCE, *Vies et opinions des philosophes*, VII, 138 (*Les stoïciens*, 60).
94. WHITE, *Filosofia natural estóica*, 166.
95. CAPRA, *O tao da física*, 213-225.
96. BRÉHIER, *La théorie des incorporels dans l'ancien stoïcisme*, 53.
97. WHITE, *Filosofia natural estóica*, 166.

meros construtos intelectuais[98] e não propriamente incorpóreos, como os classifica Plutarco em prejuízo do Pórtico[99]. Se os limites fossem incorpóreos, um corpo iria tocar outro *com* e *em* algo imaterial. Assistir-se-ia assim à ação de um incorpóreo, o que é impossível, por se tratar de algo totalmente passivo. Em tal hipótese, a Física estoica seria destruída.

A Cosmologia estoica não admite o atomismo dos epicureus, inscrevendo-se entre as teorias filosóficas antigas que descreviam a realidade como um *continuum* indeterminado — mas determinável — de espaço[100]. Duhot vê nessa característica uma profunda dissimilitude que separaria em definitivo o Pórtico e o budismo, dado que este não concebe o mundo como entidade real dotada de sentido, mas como expressão da ilusão proporcionada pelo véu de Maia[101]. Ao contrário dos budistas, para os estoicos o universo é não apenas real, mas também belo e contínuo[102]. Uma das grandes intuições do Pórtico, que novamente pressagiou as atuais concepções da Física Quântica[103],

---

98. A leitura dos textos de Diogène Laërce, *Vies et opinions des philosophes*, VII, 135 (*Les stoïciens*, 59), e de Proclus, *On Euclid's elements*, I, 89 (Long; Sedley, *The hellenistic philosophers*, 299) parece legitimar essa interpretação, que é endossada por Long; Sedley, *The hellenistic philosophers*, 301, e White, *Filosofia natural estóica (física e cosmologia)*, 167.

99. Plutarch, *On common conceptions*, 1080e (Long; Sedley, *The hellenistic philosophers*, 299).

100. Diogène Laërce, *Vies et opinions des philosophes*, VII, 150 (*Les stoïciens*, 64), Sextus Empiricus, *Against the professors*, 10, 121-126 e 139-142 (Long; Sedley, *The hellenistic philosophers*, 299-300), e Stobaeus, *Anthologium*, I, 142 (Long; Sedley, *The hellenistic philosophers*, 297).

101. Duhot, *Epicteto e a sabedoria estóica*, 57, n. 2.

102. Ainda que a Física estoica seja obviamente diversa daquela que caracteriza o budismo, há muitas e importantes semelhanças que aproximam ambas as escolas, em especial na seara ética. Ao longo deste trabalho apresento algumas analogias sem, contudo, desenvolver o tema em profundidade, dado não ser este o meu objetivo.

103. Capra, *O tao da física*, 103-112.

reside na crença de que os corpos são divisíveis ao infinito, não havendo que se falar em unidades básicas da existência[104]. Para os estoicos, qualquer parcela de um corpo pode ser fracionada indefinidamente, o que garante a linearidade e a unicidade de seu sistema cosmológico. O *lógos* se manifesta em cada uma das partes e, ao mesmo tempo, em todo o universo, penetrando o real de modo inteligível e progressivo: nos ossos o *lógos* se mostra como força de coesão; nas plantas, é princípio de crescimento; na parte diretora da alma, revela-se enquanto intelecto que irmana humanos e deuses[105]. Trata-se de uma *scala naturae* pela qual a razão está em todos os corpos, do mais bruto ao mais sutil[106]. Perpassando toda a realidade, o *lógos* estoico inaugura um materialismo *sui generis*, integralmente racional, unificado e fundamentado em uma causalidade inescapável própria de um "[...] *continuum* energético de corpos. Tudo, no mundo, se comunica: de próximo a próximo e de próximo a longínquo"[107].

Para comprovar a tese estoica acerca da comunicação entre todos os elementos do mundo, Crisipo oferece uma resposta paradoxal ao problema do *continuum* espacial posto por Demócrito, que propõe a visualização de um cone e de suas várias seções cônicas, circulares e vizinhas. Caso se afirme que tais seções são desiguais umas das outras, de maneira que há seções menores e maiores de acordo com o aumento da abertura circular do cone, deve-se forçosamente admitir que a superfície (*epipháneia*) do cone é irregular e não lisa, pois as diferenças entre os tamanhos das seções, ainda que mínimas, produziriam

---

104. PLUTARQUE, *Des notions communes contre les stoïciens*, XXXVIII (*Les stoïciens*, 169-171).
105. DIOGÈNE LAËRCE, *Vies et opinions des philosophes*, VII, 156 (*Les stoïciens*, 60).
106. FREDE, *Determinismo estóico*, 206.
107. ILDEFONSE, *Os estóicos I*, 39.

rugosidades, o que não corresponde à realidade fenomênica. Por outro lado, caso se entenda que as seções são iguais, não se trata, obviamente, de um cone, mas de um cilindro. Pois bem, Crisipo resolve o paradoxo afirmando que as seções cônicas não são iguais nem desiguais entre si: elas simplesmente não existem, assim como não existe divisão no espaço[108]. Todos os corpos são, em última análise, um único e imenso corpo que se identifica com o universo. Nele tudo está interligado e somente por meio de operações mentais arbitrárias pode-se falar em partes e todo.

Funda-se, assim, a já referida teoria da mescla total, que postula recíprocas relações entre as partes e o todo. Para os estoicos, o bater de asas de uma borboleta na China realmente pode dar lugar a um maremoto na costa espanhola. Tudo está conectado porque tudo é um único corpo. Acreditar que os corpos terminam onde se veem suas superfícies não passa de um erro grosseiro, uma ilusão proporcionada pelos sentidos humanos imperfeitos. De acordo com a *Stoá*, os corpos não se tocam por meio de suas superfícies; eles se interpenetram. O que o ser humano experimenta sensivelmente como a aparente superfície de determinado corpo nada mais é do que o começo de sua degradação progressiva, que termina apenas nos limites exteriores do universo (*tò hólon*) que fazem fronteira com o vazio[109].

Por meio da mescla total, a racionalidade cósmica estoica une sem confundir, encontrando a unidade na diversidade fenomênica. No campo político, esse rigoroso causalismo — que tem a Providência como causa essencial e princípio unificador — deságua na concepção cosmopolita que inspira a *República* de

---

108. PLUTARQUE, *Des notions communes contre les stoïciens*, XXXIX (*Les stoïciens*, 171).
109. TATAKIS, *Panétius de Rhodes*, 111.

Zenão, obra na qual o filósofo critica a divisão do mundo em cidades e povos diversos. Para Zenão — e, mais tarde, para Marco Aurélio — todos os seres humanos são *kosmôu politês*, ou seja, cidadãos da república de Zeus, a força racional que dá coesão a todas as coisas. Por isso todos estão sujeitos a uma única lei natural (*nómos physikós*), poderosa o suficiente para sujeitar o mundo a ciclos periódicos nos quais tudo se dissolve pela ação das conflagrações (*ekpyrôsis*). Mas o cosmos em si mesmo é eterno. Deus não o destrói, apenas o consome por meio das conflagrações de modo a recriá-lo infinitamente a partir da unidade primeva.

A teoria das conflagrações foi gestada pelo antigo estoicismo para fazer face ao criticismo dos peripatéticos. Baseados nos argumentos de Aristóteles, eles acreditavam na eternidade do mundo[110]. Também os acadêmicos, avessos aos dogmatismos estoicos, negavam o eterno retorno que fundamenta as conflagrações periódicas. Dentro da própria *Stoá* surgiram dissensões. Boetus, discípulo de Diógenes de Babilônia, se perguntava como o ser pode surgir do não ser, pois segundo a ideia tradicional o mundo seria totalmente destruído para depois renascer do nada. E mais: de que se ocupa deus durante as conflagrações? Quais seriam as causas desse cataclismo, já que nada externo ou interno ao universo pode extingui-lo[111]? A reação ortodoxa não tardou. Explica o Pórtico que o motivo das conflagrações reside na gradativa falta de umidade no mundo, fenômeno que seca o cosmos e provoca periodicamente um incêndio purificador. Segundo Crisipo, o mundo arde quando não resta mais água sobre a terra, o que ocorre a cada 365 vezes 18 mil anos[112].

---

110. Aristóteles, *De caelo* 279b et seq.
111. Tatakis, *Panétius de Rhodes*, 104.
112. Bera, *Pensamiento estoico*, 98.

Provavelmente os estoicos tinham em mente o grande ano (*annus magnus* ou *perfectus*) aludido por Platão[113] e por Cícero[114] quando imaginaram as conflagrações. Grande ano é o período que os corpos celestes levam para se encontrar todos na mesma posição relativa, *i.e.*, uns em relação aos outros. Parece que o conceito foi introduzido por Pitágoras, tendo sido de capital importância para os alquimistas, que nele viam sentidos hermético-propiciatórios. A postulação do grande ano também foi fundamental para a astronomia indiana, que o conheceu graças a fontes gregas hoje perdidas[115]. Os medievais calcularam-no em 15 mil anos solares, enquanto modernamente diz-se que equivale a 25.868 anos solares[116], tempo que o ponto da Primavera leva para percorrer todo o Zodíaco[117]. Assim, as conflagrações ocorreriam a cada grande ano, quando a Terra, as estrelas e os demais corpos celestes estivessem posicionados exatamente como estavam no momento da criação do cosmos[118]. Na tessitura teórica do estoicismo, as conflagrações garantem a preeminência do princípio da mudança na continuidade, garantidor da incorruptibilidade do fogo-demiurgo original que, diferentemente do fogo comum integrante dos quatro elementos[119], identifica-se com Zeus[120], pai de todas as coisas e senhor do tempo[121]. A teoria

---

113. Platão, *Timeu*, 39d.
114. Cicéron, *De la nature des dieux*, II, XX, 51-53 (*Les stoïciens*, 427-428).
115. Jones, *Os estóicos e as ciências astronômicas*, 373.
116. Para o cálculo do grande ano, cf. Waerden, *Das grosse Jahr und die ewige Wiederkehr*.
117. Roob, *O museu hermético*, 72.
118. Arnim, *Stoicorum veterum fragmenta*, II, 596, 599 e 625.
119. Stobaeus, *Anthologium*, I, 213 (Long; Sedley, *The hellenistic philosophers*, 275).
120. Diogène Laërce, *Vies et opinions des philosophes*, VII, 135 (*Les stoïciens*, 59).
121. Aetius, *De placitis reliquiae*, I, 7, 33 (Long; Sedley, *The hellenistic philosophers*, 274).

das conflagrações demonstra a constância da Providência condutora do mundo, valendo como garantia contra as mudanças e a aparente instabilidade das coisas: o destino de tudo é conflagrar-se, queimar-se no fogo-artesão descrito por Heráclito e renascer para cumprir periódicos ciclos cósmicos.

Segundo Sêneca, após o mundo ter se dissolvido e os deuses terem se mesclado em um só com a suspensão momentânea das leis da natureza, Júpiter, confiando em si, recolhe-se à sua interioridade para meditar e dar origem novamente ao mundo, postura que deve ser imitada pelo sábio estoico quando se encontra em situações tidas pelos homens comuns como negativas. Espelhando-se no Júpiter das conflagrações, o sábio deve se concentrar em si, ficar sozinho e criar um novo universo ético[122]. Com base em evidências doxográficas de Orígenes e de Plutarco, White nos diz que o deus estoico existe em sua plenitude apenas durante as conflagrações, quando o todo se recolhe ao todo e o bem-razão se concentra. Durante a conflagração, deus detém o todo da substância (*tèn hólen ousían*), sendo que nesse momento a alma do mundo cresce continuamente até consumir toda a matéria, interiorizando-a[123]. Diferentemente, nos períodos "normais" da existência do mundo, deus se apresenta apenas enquanto imanência, identificando-se com o princípio ativo ou alma universal, o que levou muitos filósofos antigos a criticarem o estoicismo por confundir, na pessoa de deus, os conceitos de matéria e forma[124]. Os estoicos responderam dizendo que as qualidades das coisas corpóreas são, elas mesmas, corpos, com o que a imanência formal de deus pode ser entendida como elemento material.

---

122. Séneca, *Cartas a Lucilio*, IX, 16, pp. 38-39.
123. White, *Filosofia natural estóica*, 153.
124. Ibidem, 145.

Durante a conflagração, tudo se reverte ao princípio ativo, tudo se transforma em fogo e *pneûma*. Panécio discorda da ortodoxia estoica em razão desse ponto específico, pois para ele não há conflagrações, uma vez que o mundo seria eterno. Isso também indicaria que, ao contrário do que pensavam Zenão e Crisipo, o mundo não é um ser vivo, já que nenhum animal pode viver para sempre. Profundamente materialista, Panécio julga impossível que o mundo se reverta ao princípio ativo, assim como é impensável que a alma sobreviva sem o corpo. Na verdade, diz Panécio, a mistura entre os quatro elementos configura-se como proporção constante e eterna[125]. Contudo, a ideia de proporção ou medida perpétua que guia e mantém unívoco o universo não parece ser conflitante com a possibilidade das conflagrações; ao contrário, estas a pressupõem. A tese de Panécio não resiste à argumentação de Heráclito, inspiração maior do Pórtico: "Esta ordem do mundo não criou nenhum dos deuses, nem dos homens, mas sempre existiu e existe e há de existir: um fogo sempre vivo, que se acende com medida e com medida se extingue"[126].

A Física do estoicismo não se resolve em qualquer evolucionismo, dado que o mundo e os seres humanos são sempre os mesmos nos infinitos ciclos cósmicos que atravessam. No ritmo vital de Zeus, assentam-se as noções de estabilidade e de mudança, visto que os ciclos são necessários e não lúdicos ou gratuitos. O fogo original se entremostra absoluto, fatal e imodificável, tal como a fortaleza moral no homem de virtude, que não se incomoda com aquilo que lhe é exterior. O mundo se dilata no vazio infinito e arde graças à ação do fogo-demiurgo, que é o próprio Zeus[127]. Garante-se, assim, a

---

125. TATAKIS, *Panétius de Rhodes*, 107-108.
126. KIRK; RAVEN; SCHOFIELD, *Os filósofos pré-socráticos*, Cap. VI: "Heráclito de Éfeso", fr. 30, p. 205.
127. *"En la cosmogonía de los estoicos, 'Zeus se alimenta del mundo': el universo es consumido cíclicamente por el fuego que lo engendró, y resurge de la aniquilación*

vitalidade cósmica e o dinamismo do *lógos*, que submete o universo à lei do eterno retorno, tudo regenerando e divinizando. Muitos séculos antes de Nietzsche, os estoicos ensinavam que a lei cósmica da razão exige o eterno e imodificável movimento de todas as coisas, concepção que acarreta graves consequências no que se relaciona à teoria do destino e à possibilidade da liberdade humana, conforme discutido na seção II.3. Na contramão de Platão e de Aristóteles e retomando o pensamento pré-socrático, os estoicos entendiam que o mundo deve ser corruptível, já que é produto de geração. Segundo a imutável lei da natureza, tudo que nasce deve morrer, inclusive o mundo. Todavia, ele renasce continuamente pela ação da palingenesia[128]. Depois da conflagração, o universo se refaz e se apresenta exatamente como era antes, inclusive com os mesmos seres humanos, que repetirão os mesmos atos e viverão as mesmas vidas[129]. Haverá de novo um Sócrates e um Platão, comenta o bispo neoplatônico Nemésio com base em textos estoicos hoje perdidos[130].

---

para repetir una idéntica historia. De nuevo se combinan las diversas partículas seminales, de nuevo informan piedras, árboles y hombres — y aun virtudes y días, ya que para los griegos era imposible un nombre sustantivo sin alguna corporeidad. De nuevo cada espada y cada héroe, de nuevo cada minuciosa noche de insomnio" ["Na cosmogonia dos estoicos, 'Zeus se alimenta do mundo': o universo é consumido ciclicamente pelo fogo que o engendrou, e ressurge da aniquilação para repetir uma idêntica história. De novo se combinam as diversas partículas seminais, de novo formam pedras, árvores e homens — e também virtudes e dias, já que para os gregos era impossível um nome substantivo sem alguma corporeidade. De novo cada espada e cada herói, de novo cada minuciosa noite de insônia."] (BORGES, *La doctrina de los ciclos*, 414).

128. REALE, *La filosofia di Seneca come terapia dei mali dell'anima*, 116-117.

129. LACTANTIUS, *Divine institutes*, 7, 23 (LONG; SEDLEY, *The hellenistic philosophers*, 308) e ORIGEN, *Against Celsus*, 4, 68 e 5, 20 (LONG; SEDLEY, *The hellenistic philosophers*, 310).

130. NEMESIUS, *De natura hominis*, 309, 5 e 311, 2 (LONG; SEDLEY, *The hellenistic philosophers*, 309).

Não se deve então falar de novos ciclos, mas antes da infinita recorrência[131] de um mesmo ciclo[132] que se repete indefinidamente[133]. Tal se dá dessa maneira porque o mundo, governado pela razão, se organiza da melhor maneira possível, o que corresponde a apenas uma possibilidade entre infinitas outras. Isso quer dizer que, para o Pórtico, o mundo como é corresponde exatamente ao mundo como deve ser segundo a lei cósmica, motivo pelo qual nada pode ser renovado com as conflagrações, que criam sempre o mesmo mundo, porque ele é o melhor[134]. O mundo compõe-se, assim, de uma substância única que mantém os corpos em constante movimento, uns cedendo lugar a outros periodicamente segundo a lei do eterno retorno[135] na qual Borges viu a marca indelével do pensamento védico, presente tanto na filosofia pitagórica como na estoica. Segundo os antigos *Vedas*, o mundo morre e renasce infinitamente, repetindo grandes ciclos que se contam por calpas, unidade de medida que transcende a imaginação humana[136].

---

131. Para o entendimento do conceito estoico de "recorrência", cf. SALLES, Determinism and recurrence in early stoic thought.
132. EUSEBIUS, *Evangelical preparation*, 15, 19 (LONG; SEDLEY, *The hellenistic philosophers*, 309).
133. ALEXANDER, *On Aristotle's prior analytics*, 180, 33-36 e 181, 23-31 (LONG; SEDLEY, *The hellenistic philosophers*, 309-310), e SIMPLICIUS, *On Aristotle's physics*, 886, 12-16 (LONG; SEDLEY, *The hellenistic philosophers*, 309).
134. ARISTOCLES *apud* EUSEBIUS, *Evangelical preparation* 15, 14, 2 (LONG; SEDLEY, *The hellenistic philosophers*, 276).
135. ÉPICTÈTE, *Entretiens*, III, XXIV, 10 (*Les stoïciens*, 1021).
136. "*Imaginemos una pared de hierro. Tiene dieciséis millas de alto y cada seiscientos años un ángel la roza. La roza con una tela finísima de Benares. Cuando la tela haya gastado la muralla que tiene dieciséis millas de alto, habrá pasado el primer día de una de las calpas y los dioses duran lo que duran las calpas y después mueren*" ["Imaginemos uma parede de ferro. Tem dezesseis milhas de altura e a cada seiscentos anos um anjo a roça. Ele a roça com um finíssimo lenço (de seda) de Benares. Quando o lenço tiver gastado a muralha que tem dezesseis milhas de altura, terá passado o primeiro dia de uma das calpas (éons)

Para além do problema das conflagrações, há outras perplexidades na Física estoica. Segundo o Pórtico, o universo é um corpo unificado no qual se apresentam o inteiro e o todo[137]. O inteiro (*tò hólon*) é o mundo ou o universo propriamente dito. Nele não há espaços vazios e tudo se comunica pela força de dispersão do *lógos*[138]. Já o todo (*tò pân*) engloba o mundo e o lugar do mundo, ou seja, o vazio (*tò kenón*) em direção ao qual o universo se expande quando é consumido pelo fogo-artesão das conflagrações[139]. Há, assim, um corpo pleno que caracteriza o inteiro e, fora dele, o vazio infinito, também chamado de "indefinido" ou "sem limites" (*ápeiros*)[140]. O vazio é absolutamente não espacial, pois não contém corpos[141]. O inteiro é finito; o todo, infinito[142]. Mais uma vez é inevitável a referência a Heráclito: "As coisas tomadas em conjunto são o todo e o não todo, algo que se reúne e se separa, que está em consonância e em dissonância; de todas as coisas provém uma unidade, e de uma unidade, todas as coisas"[143]. Platão e Aristóteles haviam cindido o universo em duas esferas, a do mundo supralunar, onde reina a ordem e a beleza, qualidades perceptíveis pelos

---

e os deuses duram o que duram as calpas e depois morrem."] (BORGES, *El budismo*, 272-273).

137. SEXTUS EMPIRICUS, *Against the professors*, 10, 3-4 (LONG; SEDLEY, *The hellenistic philosophers*, 294), e STOBAEUS, *Anthologium*, I, 166 (LONG; SEDLEY, *The hellenistic philosophers*, 296).

138. DIOGÈNE LAËRCE, *Vies et opinions des philosophes*, VII, 140 (*Les stoïciens*, 60-61).

139. CLEOMEDES, *The heavens*, 6, 11-17 (LONG; SEDLEY, *The hellenistic philosophers*, 295).

140. PLUTARQUE, *Des contradictions des stoïciens*, XLIV (*Les stoïciens*, 129).

141. DIOGÈNE LAËRCE, *Vies et opinions des philosophes*, VII, 140 (*Les stoïciens*, 60-61).

142. STOBAEUS, *Anthologium*, I, 161 (LONG; SEDLEY, *The hellenistic philosophers*, 294).

143. KIRK; RAVEN; SCHOFIELD, *Os filósofos pré-socráticos*, Cap. VI: "Heráclito de Éfeso", fr. 10, 197.

movimentos regulares e matematicamente harmônicos dos planetas e das estrelas, e o mundo atmosférico sublunar, no qual a matemática e a geometria são inúteis para prever o comportamento do real, prova da indigência ontológica dessa parte do universo. Os estoicos não aceitam tal divisão e unificam o cosmos ao sustentar que mesmo na Terra é possível observar a ação do *lógos*, que harmoniza todas as coisas terráqueas conferindo-lhes beleza, complexidade e racionalidade, uma vez que são reflexos da grande ordem cósmica dos céus. Esta parece ser mais perfeita do que a ordem terrena apenas para os limitados sentidos dos seres humanos. Segundo a *Stoá*, não há mundo supralunar ou sublunar, apenas o universo inteiriço e unívoco circundado pelo vazio.

Os estoicos gregos entendiam que o céu era um corpo formado por material ígneo. Contudo, o tratado mais completo sobre a Cosmologia do Pórtico que chegou até hoje não foi escrito no contexto grego, mas no romano, o que inclusive leva alguns estudiosos a repensarem o suposto desinteresse do estoicismo imperial por matérias técnicas diversas da Ética. Trata-se da obra de Cleomedes intitulada *Teoria referente aos círculos das coisas que se passam nos céus* (*Kyklikè theoría meteóron*), também conhecida como *Metéora* e provavelmente escrita nos primeiros anos do Império Romano[144]. Cleomedes afirma que o cosmos é um corpo esférico finito contido em um vácuo infinito. No centro do universo descansa o globo terrestre circundado pela água, que, por sua vez, se subsume a outra esfera, a do ar. Englobando tudo há uma concha esférica de éter, um tipo de ar rarefeito que acomoda os céus. Estes giram em torno da Terra e contêm os sete corpos celestes clássicos da Antiguidade que fundariam o conhecimento alquímico séculos depois. De acordo

---

144. JONES, *Os estóicos e as ciências astronômicas*, 368-369. Cf. também TODD, Cleomenes and the problems of stoic astrophysics.

com o Pórtico, os corpos celestes giram por vontade própria e segundo movimentos deliberadamente escolhidos. São os seguintes, do mais externo ao mais interno em relação à Terra: Saturno, Júpiter, Marte, Sol, Lua, Vênus e Mercúrio. As estrelas se localizam na periferia do universo e lindam com o vazio. Não há diferença qualitativa dentro no universo (inteiro), motivo pelo qual os estoicos não conceberam um mundo sublunar diverso do perfeito e constante mundo supralunar de Aristóteles. Tudo no universo estoico é corpo informado pelo *lógos*. A diferença ontológica se instala apenas quando se considera o vazio, elemento incorpóreo e subsistente, ou seja, não existente. Para facilitar a visualização do cosmos estoico, apresento abaixo o esquema de Jones inspirado na interpretação de Cleomedes[145]. A área sombreada em que se encontram os corpos celestes diversos da Terra é integralmente preenchida por éter. Fora dela há apenas o vazio:

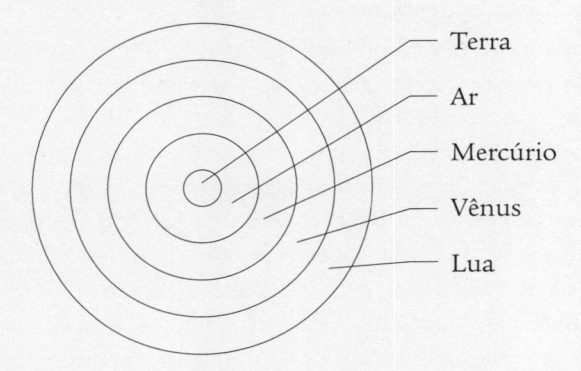

- Terra
- Ar
- Mercúrio
- Vênus
- Lua

Do vazio nada se pode dizer. Conforme ensinou Aristóteles no Livro IV da *Física*, nessa dimensão não há acima e abaixo, direita e esquerda, para frente e para trás. Segundo Bréhier, os

---

145. Ibidem, 369.

estoicos definem o vazio como a negação de todas as características que determinam os corpos, conceituando-o como ausência de corpos ou intervalo privado de corpos. O vazio não tem forma e não pode obtê-la; não é palpável e corresponde a uma espécie de não ser indiferenciado[146]. Para Simplício, se alguém conseguisse se postar à beira do universo e estendesse a mão, somente encontraria o infinito vazio onde inexistem corpos. Se por acaso encontrasse alguma barreira que o impedisse, deveria se imaginar estendendo a mão nas bordas dessa barreira e assim sucessivamente, de maneira que parece impossível deixar de conceber algo como o vazio[147].

O vazio é um incorpóreo, motivo pelo qual não mantém nenhuma relação ontológica com o universo. Assim, é incorreto dizer que o mundo está contido no vazio. Ele não está dentro do vazio, como frequentemente se imagina, pois o vazio nada pode conter. Na verdade, o vazio corresponde apenas à exterioridade do universo. O mundo apresenta-se como algo completo em si mesmo e não como parte de uma unidade ontológica maior da qual o vazio participaria. Caso contrário, o mundo seria determinado pelo vazio e surgiria uma espécie de hierarquia governando a relação entre o todo e o inteiro. O Pórtico não pode aceitar determinações exteriores impostas ao mundo pelo vazio, já que os incorpóreos não passam de atributos de corpos, ou seja, efeitos externos que correspondem ao aspecto interno de entidades corpóreas. O mesmo ocorre com o vazio, que Bréhier define não como atributo real, mas como atributo possível, ou seja, não se trata de um espaço ocupado, mas meramente ocupável[148].

---

146. BRÉHIER, *La théorie des incorporels dans l'ancien stoïcisme*, 47.
147. SIMPLICIUS, *On Aristotle's "On the heavens"*, 284, 28 e 285, 2 (LONG; SEDLEY, *The hellenistic philosophers*, 295).
148. BRÉHIER, *La théorie des incorporels dans l'ancien stoïcisme*, 49.

Dessa feita, o todo (*tò pân*) que congrega o universo (*tò hólon*) e o vazio (*tò kenón*) configura-se como um não ser. Ele não é corpóreo nem incorpóreo, não é móvel nem imóvel, não é animado nem inanimado. Segundo Plutarco, essa classificação negativa do "todo" corresponderia a mais uma das muitas contradições do pensamento estoico[149]. Bréhier explica o paradoxo, pois para ele a *Stoá* entende que o todo é um não ser para manter intacta a tese da não correlação entre o mundo e o vazio. Se a união de ambos — o mundo e o vazio — desse nascedouro a um novo ser — o todo —, seria inevitável a aceitação da relação obrigatória entre o vazio e o mundo. Todavia, a junção do vazio e do mundo não origina, ontologicamente falando, um ser, mas apenas um não ser chamado, por comodidade, de "o todo"[150].

Por fim, postas as principais noções que governam o pensamento físico do estoicismo, cabe um breve comentário sobre a Psicologia do Pórtico, matéria também afeta à Física[151]. À semelhança do mundo, o ser humano também se apresenta como unidade harmônica e unitária[152], tese que levou os estoicos a conceberem uma teoria moral da alma, em tudo original se comparada com as visões de seus antecessores. Na perspectiva

---

149. PLUTARQUE, *Des notions communes contre les stoïciens*, XXX (*Les stoïciens*, 160-162).

150. BRÉHIER, *La théorie des incorporels dans l'ancien stoïcisme*, 50.

151. Sob a rubrica da Epistemologia, R. James Hankinson escreve um excelente ensaio sobre a Psicologia da *Stoá*. A confusão se deve ao fato de que as matérias hoje estudadas pela Psicologia eram tratadas pelo Pórtico como parte de sua teoria do conhecimento. Para evitar equívocos, muitos estudiosos reservam o termo Epistemologia para englobar apenas as considerações de caráter lógico relativas ao processo de conhecimento. Cf. HANKINSON, *Epistemologia estóica*.

152. Posidônio foi o único filósofo estoico que discordou da concepção monista da alma proposta por Crisipo, doutrina basilar da *Stoá*. Fundando-se em Platão, Posidônio acredita que a alma humana é dividida em três faculdades: razão, emoção e desejo (SELLARS, *Stoicism*, 10).

estoica se sustenta que a alma é formada pelos cinco sentidos, pela parte vocal (*phonetikón*), pela parte seminal (*spermatikón*) e pela parte dominante (*hegemonikón*)[153] que, comportando-se como um polvo, lança os seus tentáculos e domina as demais partes[154]. O *hegemonikón* representa o princípio diretivo presente na alma humana. Guardando semelhanças com o *self* da filosofia contemporânea, apesar de não ser integralmente consciente, o *hegemonikón* estoico constitui o mais unificado modelo de alma já pensado pela filosofia antiga[155]. Assim como o *lógos* dirige o mundo, o *hegemonikón* governa a alma que, por seu turno, controla o corpo[156]. A função da razão consiste, assim, em estabelecer a harmonia entre as diversas partes do corpo humano, fazendo dele um espelho da ordem unitária e racional reinante no cosmos. Sêneca afirma que, apesar da união existente entre corpo e alma, ambos não são sócios com direitos iguais, pois a alma exige para si todos os privilégios, enquanto o desprezo pelo próprio corpo representa a garantia da liberdade[157].

O *hegemonikón* é integrado por três faculdades: a de impressão, a de impulso e a de assentimento. Esta corresponde à capacidade de tomar decisões conscientes, representando o "eu" dos animais racionais e diferenciando-os dos não racionais, que possuem apenas as duas primeiras faculdades, ainda que funcionem neles de maneira mais rudimentar[158]. O *hegemonikón* se manifesta em todas as partes da alma racional como um tipo

---

153. DIOGÈNE LAËRCE, *Vies et opinions des philosophes*, VII, 157 (*Les stoïciens*, 66).
154. AETIUS, *Doxographi graeci*, 4, 21, 1-4 (LONG; SEDLEY, *The hellenistic philosophers*, 315).
155. REYDAMS-SCHILS, *The roman stoics*, 15-16.
156. DIOGÈNE LAËRCE, *Vies et opinions des philosophes*, VII, 158 (*Les stoïciens*, 67).
157. SÉNECA, *Cartas a Lucilio*, LXV, 22, 170.
158. PHILO, *Allegories of the law*, 1, 30 (LONG; SEDLEY, *The hellenistic philosophers*, 317).

de emanação que circula pelo corpo, estendendo-se pelos sentidos e retornando à parte diretora. A alma-polvo mostra-se, então, como algo plástico e alterável, capaz de conduzir informações a todas as demais regiões corporais[159].

Além de ser comparado a um polvo, o *hegemonikón* também é descrito como um rei que envia mensageiros, como a nascente de um rio ou como uma aranha no centro de sua teia. Tal concepção unitária da alma possibilitou aos filósofos estoicos o desenvolvimento de sua rígida ética, na qual a prática da virtude, o desapego às coisas exteriores (*ataraxía*) e o autocontrole são elementos decisivos para a afirmação da essencial liberdade do pensamento. Brun está correto quando afirma que, para os estoicos e à diferença dos epicuristas, a Física não se identifica com um simples processo de explicação e de desmistificação da realidade natural, correspondendo antes a uma moral e a um modo de vida racional. De fato, a Física estoica já é sabedoria e não apenas um simples meio para alcançá-la.

1.3. Lógica

A Lógica (*logiké*) não apresenta mero caráter instrumental na doutrina estoica, integrando uma complexa teoria do conhecimento e compondo o *lógos* filosófico com a mesma dignidade que a Física e a Ética. Como parte do discurso filosófico, sua função consiste no exame do *lógos* linguístico em todas as suas formas, inclusive os argumentos formais e retóricos, a fala (*léxis*) e a Gramática, uma vez que, segundo os estoicos, para falar a verdade é necessário falar bem[160]. Ademais, a Lógica do Pórtico abarca uma espécie de Teoria da Linguagem e uma Epistemologia bastante desenvolvida para os padrões da época. Didati-

---

159. ILDEFONSE, *Os estóicos I*, 85.
160. TATAKIS, *Panétius de Rhodes*, 220.

camente, pode-se sustentar que a Lógica estoica comporta dois ramos principais: a Dialética, que compreende a Lógica Formal e outros temas congêneres, e a Retórica, que contempla matérias hoje tratadas pela Epistemologia e pela Filosofia da Linguagem. O primeiro ramo conforma uma teoria dos asseríveis e o segundo uma teoria dos argumentos.

Muito já se falou sobre a extrema dificuldade da Lógica da *Stoá*, responsável, na curiosa expressão de Tatakis, pela *tristitia*, *acerbitas* e *asperitas*, que fizeram popular na Antiguidade a imagem dos filósofos estoicos, conhecidos como sutis e impiedosos argumentadores[161]. Foi na Lógica que se desenvolveu o intrincado vocabulário técnico do estoicismo, composto de neologismos e barbarismos e que, negligenciando toda preocupação estética e formal, tem por única preocupação a criação de uma rígida linguagem demonstrativa similar à das matemáticas. Graças a tais razões, a leitura de um tratado estoico grego equivalia a uma ascese reservada apenas aos iniciados. Ora, a Lógica estoica tem por função a demonstração da verdade, o que no sistema da *Stoá* passa pela defesa dos seus famosos paradoxos, postos a serviço de uma finalidade maior. Nessa perspectiva, Crisipo dizia que era suficiente que lhe ensinassem as premissas, pois as demonstrações ele desenvolveria sozinho[162]. Sem dúvida, a áspera arquitetura da Lógica estoica deve-se quase integralmente a Crisipo, que a gestou para fazer face ao criticismo cada vez mais destrutivo da Nova Academia e das demais escolas helenísticas, sendo justo o elogio documentado por Diógenes Laércio, segundo o qual se comentava à época que, se os deuses utilizassem uma Dialética, certamente seria a de Crisipo[163].

---

161. TATAKIS, *Panétius de Rhodes*, 145-146.
162. DIOGÈNE LAËRCE, *Vies et opinions des philosophes*, VII, 179 (*Les stoïciens*, 75).
163. Ibidem, VII, 180 (*Les stoïciens*, 75).

Somente com o apoio de uma Lógica rigorosa a ciência pode apresentar ao sábio a ordem reinante no universo. Cabe a tal disciplina, portanto, expor da maneira mais completa possível os laços racionais de causalidade que relacionam todos os acontecimentos, servindo ao filósofo como "[...] a exibição da armadura racional dos eventos do mundo"[164]. Assim, a Lógica impregna toda a filosofia do Pórtico, seja ela física ou ética. Todavia, são raros os manuais de filosofia que se referem à existência da Lógica da *Stoá*[165], e mesmo aqueles que o fazem se limitam a uma visão simplista, identificando-a apenas com a análise formal do discurso ou reduzindo-a a uma versão algo cômica da poderosa Lógica aristotélica. Contudo, assim como a Física, a Lógica estoica não é um simples *órganon*: não se trata de um passo ou de um instrumento para o saber. Diferentemente da Lógica aristotélica, a estoica não se apresenta como antecâmara do conhecimento; ela é, em si mesma, o próprio conhecimento[166], dado que para os estoicos a realidade do saber é una e indivisível. Posições incomuns como esta acabaram por colocar a Lógica estoica na contramão do pensamento filosófico contemporâneo, influenciado de um lado pelo aristotelismo e do outro pelo neopositivismo e por isso incapaz de conceber outra Lógica diferente da formal.

Depois dessas anotações preliminares, passo agora à exposição sumária da Lógica propriamente dita do estoicismo, que será sucedida por breves referências à Gramática, à Teoria da

---

164. ILDEFONSE, *Os estóicos I*, 121.

165. Parece-me significativo que a obra de Irving M. Copi, *Introdução à lógica*, célebre a justíssimos títulos, não dedique à Lógica estoica sequer uma linha de suas quase quinhentas páginas. É como se tal disciplina nunca tivesse existido.

166. Por isso não concordo com Berraondo, para quem a Lógica estoica representaria apenas uma ponte que conecta o aspecto universal da Física ao particularismo da Ética. Cf. BERRAONDO, *El estoicismo*, 19.

Linguagem e à Epistemologia do Pórtico, dado que tais disciplinas também compõem a Lógica estoica, como já indicado. No que se refere especificamente à Lógica Formal, parte mais árdua deste empreendimento, julgo adequado cotejar as concepções da *Stoá* com as de Aristóteles, pois é mais fácil compreender um objeto inusitado quando comparado a algo já conhecido. De fato, a primeira diferença entre ambos os sistemas salta aos olhos: por não ser simples apêndice do conhecimento filosófico, a Lógica estoica não utiliza a tradicional distinção entre verdade e validade, fundamental para a Lógica aristotélica[167]. Segundo o Pórtico, a Lógica se caracteriza como uma virtude que tem por missão possibilitar aos seres humanos a escolha sábia, espaço inconfundível e inalienável da liberdade interior. De fato, a Lógica dos estoicos se classifica como uma virtude, ao lado da justiça, da sabedoria, da coragem e de outras mais. Do mesmo modo, a Física também se conta entre o número das virtudes, pois somente conhecendo-a pode-se viver em conformidade com a natureza, sabendo acerca da conformação do universo e do modo como ele é governado[168]. No que concerne à Lógica, tal disciplina capacita o filósofo a distinguir entre a verdade e a mentira e, assim, não se deixar enganar por argumentos capciosos. Sem a virtude da Lógica qualquer um pode ser ludibriado e induzido a erro[169]. Nessa perspectiva, a Lógica reflete a verdade

---

167. "Determinar a verdade ou falsidade das premissas é uma tarefa que incumbe à ciência, em geral, pois as premissas podem referir-se a qualquer tema. O lógico não está interessado na verdade ou falsidade das proposições quanto nas relações lógicas que entre elas existem, sempre que por relações 'lógicas' entre proposições entendemos aquelas que determinam a correção ou incorreção dos argumentos que podem ocorrer. Determinar a correção ou incorreção dos raciocínios está inteiramente dentro do domínio da Lógica. O lógico está interessado na correção daqueles argumentos cujas premissas possam ser falsas" (COPI, 1978, 39).
168. CICÉRON, *Des fins des biens et des maux*, III, XXII, 73 (*Les stoïciens*, 289).
169. Ibidem, III, XXI, 72 (*Les stoïciens*, 289).

do universo integralmente racional, não se limitando apenas a expor regras formais para a correção do pensamento. Ao contrário de Aristóteles, os estoicos não compreendem a Lógica como um instrumento para a descrição do geral e do necessário. Seu objeto reside antes na distinção entre o verdadeiro e o falso.

Pode-se definir a Lógica do Pórtico como um vigoroso protesto contra o universalismo e o conceptualismo de Aristóteles. De acordo com os estoicos, a Lógica da atribuição do estagirita segundo a qual S é P ("Sócrates é mortal") carece de sentido, pois lhes parece possível enunciar apenas acontecimentos, tais como "Sócrates passeia". Dessa maneira, os estoicos se afastam da Lógica de predicados de Aristóteles, que pretende subsumir o indivíduo na espécie, a espécie no gênero, o particular no universal, o acidental no essencial e assim sucessivamente. À célebre afirmação de Aristóteles, segundo a qual somente pode haver ciência do universal, o Pórtico opõe a ciência do particular, que é exatamente a Lógica, disciplina que não pretende encaixar conceitos gerais, mas descrever as implicações dos acontecimentos singulares segundo a verdade. Para a *Stoá*, a Lógica apresenta natureza proposicional, não servindo, portanto, para a predicação de um sujeito, mas unicamente para descrever fatos e situações concretas relativas. Nela os atributos dos seres são expressos logicamente não por epítetos que indicam as suas propriedades, mas por verbos de ação. Essa foi a elegante solução encontrada pelo Pórtico para resolver o problema lógico da atribuição, que inquietou Platão a ponto de levá-lo a conceber a teoria das Ideias. Antes, Parmênides já havia notado o ilogismo que as proposições do tipo X é Y acarretam, motivo pelo qual concluiu que o Ser é o Ser, nada mais podendo ser dito[170].

---

170. "Por isso é justo que o que é não deva ser imperfeito; pois de nada precisa — se assim não fosse, de tudo careceria. A mesma coisa é pensar e é por isso que há pensamento. Pois, em tudo o que se disse, não encontrarás o

Ao sustentar que S é P, ou seja, ao predicar alguma qualidade a dado sujeito — por exemplo: "Sócrates é mortal" —, os aristotélicos acabavam identificando coisas desiguais, uma vez que, ao fim e ao cabo, "Sócrates" e "mortal" são entes diversos. Independente da réplica dos peripatéticos, o paradoxo fez surgir várias posições. Os megáricos sustentavam que a única proposição logicamente perfeita era a que estabelecia o princípio (*theôrêmata*) da identidade: A é A, por exemplo: "Sócrates é Sócrates". Qualquer outra proposição seria inaceitável, o que levou o ceticismo a afirmar a inutilidade da Lógica, que somente produziria tautologias[171]. Como dito acima, os estoicos propuseram outra solução para o problema da atribuição, evitando-o de maneira bastante criativa. Ao se negar a construir uma Lógica da inerência como a de Aristóteles, o pensamento estoico deixou de utilizar proposições do tipo S é P, que assinalam propriedades, preferindo construir suas proposições por meio de verbos que designam ações e acontecimentos. Com isso, mantiveram a unidade da doutrina, que na seara física afirma estar o universo em constante movimento graças à ação do *lógos*. Em vez de afirmarem que "Sócrates é mortal", mesclando, assim, indevidamente sujeito e predicado, os estoicos preferem dizer que "Sócrates está sendo mortal". Ora, a construção verbal "está sendo mortal" é um *lektón*, um "dizível" que não se confunde com a palavra nem com o objeto real que indica. Segundo Émile Bréhier, citado por Jean Brun,

> o atributo, considerado como todo o verbo, não aparece mais a exprimir um conceito (objecto ou classe de objectos), mas somente como um facto ou um acontecimento. Logo, a proposição

---

pensar sem o que é. Nada há ou haverá para além do que é, visto que o Destino o acorrentou por forma a ser um todo inamonível" (Kirk; Raven; Schofield, *Os filósofos pré-socráticos*, Cap. VIII: "Parménides de Eleia", fr. 8, p. 263).

171. Brun, *O estoicismo*, 51.

não exige mais a penetração recíproca dos dois objectos, impenetráveis por natureza; não faz senão exprimir certo aspecto de um objecto, enquanto realiza ou sofre uma acção; [...]. O problema da atribuição é, pois, resolvido roubando aos predicados toda a realidade verdadeira. O predicado não é nem um indivíduo, nem um conceito; é incorpóreo e só existe no simples pensamento [...]. Na sua irrealidade, e devido a ela mesma, o atributo lógico e o atributo das coisas podem, pois, coincidir[172].

Negando-se a realizar cópulas lógicas mediante o verbo "ser", as proposições resultantes da Lógica estoica expressam não um atributo do sujeito, mas uma ação ou um evento, ou seja, algo que não modifica a estrutura ôntica do Ser. Com isso, a perigosa identificação entre dois seres diversos por natureza ("o sol é amarelo"), própria da Lógica aristotélica, dá lugar à descrição de um modo do sujeito ("o sol amarelece"). O predicado, resumido a um verbo de ação, não penetra no sujeito e não se presta a fundir duas realidades onticamente inconfundíveis — ainda que ontologicamente tudo esteja em tudo, como discutido na seção anterior —, tratando-se apenas do resultado de uma operação mental[173]. Diferentemente do que ocorre na Lógica aristotélica, o sujeito na Lógica da *Stoá* é sempre singular e o predicado expressa algo que lhe ocorre, não as suas qualidades. Assim, o predicado é o que se diz de alguma coisa[174]. O estoicismo resolve o problema da atribuição negando toda realidade ao predicado: ele não é uma coisa, um corpo ou um conceito, mas um incorpóreo — um *lektón* — que existe apenas no plano do pensar.

---

172. Ibidem, 52.
173. Bréhier, *La théorie des incorporels dans l'ancien stoïcisme*, 20.
174. Diogène Laërce, *Vies et opinions des philosophes*, VII, 64 (*Les stoïciens*, 37).

Tal construção não é uma simples sutileza verbal. Com ela os estoicos indicam claramente que só reconhecem como lógicas as proposições enunciadoras de fatos[175]. A correlação das proposições na sua Lógica não apresenta caráter categórico, orientando-se rumo a uma Lógica das relações temporais. Somente a esse custo pôde a *Stoá* manter a estrutura unitária que governa seu sistema. Os conceitos gerais da Lógica aristotélica de inerência seriam inúteis em uma concepção filosófica segundo a qual nenhum homem é igual ao outro e em que o tempo, antes de ser mero transcurso cronológico, abarca a própria racionalidade cósmica do *lógos*. Assim, o primeiro passo do sábio informado pela Lógica do Pórtico consiste em conhecer as relações temporais entre os antecedentes e os consequentes, de maneira a ajustar sua conduta à máxima da conformidade com a natureza. Na próxima seção será discutido como essas ideias auxiliam na fundamentação da liberdade humana no contexto da teoria estoica do destino.

Ao contrário do que se verifica na seara ética, de feição mais ontológica do que ôntica, no terreno da Lógica os estoicos repudiam as entidades universais, dado que, segundo Crisipo, não existe algo como o homem universalmente considerado, mas apenas certos homens em determinadas circunstâncias[176]. Tal posição, marcadamente materialista, deriva da negação estoica da teoria das Ideias de Platão[177]. De acordo com Crisipo,

---

175. Bréhier, *La théorie des incorporels dans l'ancien stoïcisme*, 21.
176. Diogène Laërce, *Vies et opinions des philosophes*, VII, 60 (*Les stoïciens*, 77). Cf. também Alexander, *On Aristotle's topics*, 359, 12-16 (Long; Sedley, *The hellenistic philosophers*, 179-180), Sextus Empiricus, *Against the professors*, 7, 246 (Long; Sedley, *The hellenistic philosophers*, 180), Simplicius, *On Aristotle's categories*, 105, 8-16 (Long; Sedley, *The hellenistic philosophers*, 180), e Syrianus, *On Aristotle's metaphysic*, 104, 17-21 e 105, 21-5 (Long; Sedley, *The hellenistic philosophers*, 180).
177. Ibidem, 187 (*Les stoïciens*, 77), e Sellars, *Stoicism*, 85. Para a teoria das Ideias de Platão, cf. Platão, *A república*, 476a-d e 514a-518b, 255-256 e 315-320 na edição de Maria Helena da Rocha Pereira que utilizei.

o universalismo contido na proposição "o homem é um animal racional e mortal" não passa de um jogo verbal criado por acadêmicos e peripatéticos para a defesa dos seus argumentos. Na realidade, o universal não existe enquanto entidade corpórea, mas somente como um dos modos do discurso lógico-formal, constituindo, portanto, uma categoria vazia[178]. Por isso,

---

178. O argumento lógico dos estoicos contra os universais foi reproduzido com clareza por Sexto Empírico: *"For the definition, according to the authors of technical handbooks, differs from the universalized proposition in nothing but syntax, and is identical in meaning. This is reasonable. For whoever says 'Man is a rational mortal animal' says the same thing in meaning as whoever says 'If something is a man, that thing is a rational mortal animal', although it is verbally different. That this is so clear, because not only does the universalized proposition range all particular cases, but the definition also extends to all the specific instances of the thing represented — that of man to all specific men, that of horse to all horses. And both the universalized proposition and the definition are vitiated by the subsumption of a single false instance. Now just as these differ verbally but are identical in meaning, so too, they say, the complete division is universal in meaning but differs from the universalized proposition in syntax... The statement 'Of existing things some are good, some are bad, some intermediate' is, according to Chrysippus, in meaning a universalized proposition of the form 'If some things are existents, they are either good or bad or indifferent'. Such a universalized proposition is, however, false if a single false instance is subsumed under it"* ["Pois a definição, de acordo com os autores de manuais técnicos, difere da proposição universalizada em não mais do que na sintaxe, e é idêntica em significado. Isso é razoável. Pois quem diz 'O homem é um animal racional e mortal', diz a mesma coisa em sentido que quem diz 'Se algo é um homem, essa coisa é um animal racional e mortal', embora seja verbalmente diferente. Isso é tão claro porque não apenas a proposição universalizada abrange todos os casos particulares, mas a definição também se estende a todas as instâncias específicas da coisa representada — a do homem para todos os homens específicos, a do cavalo para todos os cavalos. E tanto a proposição universalizada quanto a definição estão viciadas pela subsunção a uma única instância falsa. Dessa maneira, assim como diferem verbalmente, mas são idênticos em significado, também, dizem eles, a divisão completa é universal em significado, mas difere da proposição universalizada em sintaxe... A citação 'Das coisas existentes algumas são boas, algumas são más, algumas intermediárias' é, de acordo com Crisipo, em sentido uma proposição universalizada da forma 'Se algumas coisas são existentes, elas são boas ou más ou indiferentes'. Tal proposição

o universal não encontra lugar nem no pragmatismo lógico nem no materialismo físico dos estoicos, embora receba outra coloração na Ética.

A Lógica estoica se apresenta como um tipo radical de nominalismo: negando a existência dos universais no domínio lógico, a *Stoá* se limita apenas aos corpos, entidades particulares em relação às quais se pode dizer algo. Como nota Bréhier, o nominalismo estoico é menos um postulado da Lógica do que um resultado da Física: os filósofos do Pórtico entendem que apenas o singular e o individual são reais, porque somente neles encontram a causa e o centro vital do Ser[179], conforme explicitado na subseção relativa à Física. Diferentemente, ao que me parece é possível refutar a Lógica estoica mediante as teses da própria Física da escola, segundo as quais tudo que existe está intimamente ligado, havendo um único corpo — o do universo — que abarca integralmente o real, de maneira que a interpenetração do sujeito e do predicado não geraria nenhum problema ontológico, sendo, ao contrário, a comprovação lógica da existência da mescla total chamada de realidade. Não obstante essa crítica — que julgo debilmente respondível mediante a distinção entre dimensões ônticas e ontológicas —, a Lógica estoica trabalha apenas com particulares e singulares, jamais com universais, que não existem enquanto corpos, mas apenas como exprimíveis (*lektá*).

Compreendida a natureza da Lógica estoica, deve-se analisar agora a estrutura básica de suas proposições e de seus argumentos. Para tanto, ainda será útil o confronto com Aristó-

---

universalizada é, no entanto, falsa se uma única instância falsa for subsumida a ela".] (SEXTUS EMPIRICUS, *Against the professors*, 11, 8-11 [LONG; SEDLEY, *The hellenistic philosophers*, 180-181]).

179. BRÉHIER, *La théorie des incorporels dans l'ancien stoïcisme*, 10.

teles[180]. Pois bem, sabe-se que o silogismo representa a mais conhecida expressão da Lógica aristotélica[181]. Mediante o arranjo de termos universais[182], o estagirita apresenta argumentos do tipo:

Todo A é B;
Todo B é C;
Logo, todo A é C.

Com o correto manuseio de quatro termos lógicos básicos — "todo", "alguns", "é" ("são") e "não é" ("não são") —, podem ser construídos outros tipos de silogismos aristotélicos, que, no entanto, sempre se apresentarão como resultados de uma Lógica de predicados ou de termos. Por sua vez, a Lógica estoica corresponde a uma Lógica de proposições que utiliza outros tipos de silogismos[183] e de argumentos, tais como:

Se A, então B;
A;
Logo, B.

---

180. A partir deste ponto e até o trecho em que me refiro às *thémata*, minha exposição segue de perto as de DIOGÈNE LAËRCE, *Vies et opinions des philosophes*, VII, 63-76 (*Les stoïciens*, 37-40), SELLARS, *Stoicism*, 56-60, SEXTUS EMPIRICUS, *Outlines of pyrrhonism*, II, 134-143 (LONG; SEDLEY, *The hellenistic philosophers*, 213-215), e SEXTUS EMPIRICUS, *Against the professors*, VIII, 429-434 e 440-443 (LONG; SEDLEY, *The hellenistic philosophers*, 214-216).

181. Para uma comparação entre o silogismo aristotélico e o estoico, cf. FREDE, Stoic vs. aristotelian syllogistic.

182. A estrutura citada foi colhida na obra de Sellars, para quem os termos A e B devem necessariamente ser universais, motivo pela qual o célebre argumento "Todo homem é mortal. Sócrates é homem. Logo, Sócrates é mortal" não constitui um bom exemplo de silogismo aristotélico puro. Cf. SELLARS, *Stoicism*, 57-58.

183. Sobre o silogismo do Pórtico, cf. BOBZIEN, Stoic syllogistic, e SCHOFIELD, The syllogisms of Zeno of Citium.

Ou, como preferem os estoicos, de acordo com Sexto Empírico:

Se o primeiro, o segundo;
O primeiro;
Então, o segundo.

Um exemplo:

Se houver sol nesta manhã, nadarei;
Há sol nesta manhã;
Logo, nadarei.

Contrariamente à Lógica aristotélica, a estoica não trabalha com termos, mas com proposições chamadas de asseríveis (*axiómata*). Os asseríveis são enunciados de sentido completo em si mesmos[184]. Eles podem ser verdadeiros ou falsos dependendo de quando são utilizados[185]. Já os termos da Lógica aristotélica não se relacionam à verdade e sim à validade do argumento, dado que são absolutamente formais. Os estoicos se comprometeram com uma teoria correspondencial da verdade, de modo que as proposições verdadeiras são aquelas que refletem a verdade contida nas coisas[186]. Contudo, os estoicos se referem ao estado real das coisas e não ao seu ser ou à sua essência. Além disso, os asseríveis estoicos são atualizáveis, o que traz como consequência o fato de poderem ser verdadeiros ou falsos indefinidamente. Certo asserível pode mudar o seu valor de verdade porque a Lógica do Pórtico opera com

---

184. DIOGÈNE LAËRCE, *Vies et opinions des philosophes*, VII, 65 (*Les stoïciens*, 37-38).
185. SEXTUS EMPIRICUS, *Against the professors*, VIII, 11-12 (INWOOD; GERSON, *Hellenistic philosophy*, 168-169).
186. HANKINSON, *Epistemologia estóica*, 87.

base em um conceito temporalizado de verdade. No exemplo supracitado, o asserível somente será verdadeiro nas manhãs ensolaradas. Compreende-se, assim, o motivo pelo qual os asseríveis da *Stoá* não são sempre verdadeiros ou falsos, uma vez que devem ser atualizados tendo em vista a realidade fenomênica. Tal não ocorre na Lógica aristotélica, que somente admite verdades formais e universais.

Os asseríveis estoicos podem ser simples ("É noite") ou complexos ("Se é noite, está escuro"), entre outras classificações. Os filósofos do Pórtico construíram complexos catálogos de asseríveis que, combinados, formam argumentos como o que apresentei acima. Tais argumentos também são chamados de "modos" (*trópoi*) e representam as estruturas formais válidas do pensamento. Segundo os estoicos, todos os argumentos complexos podem ser reduzidos a cinco indemonstráveis (*anapódeiktos*) básicos que não necessitam de prova e não admitem refutação[187], sendo que qualquer argumento complexo deve poder ser reconduzido, por simplificação, a um dos cinco indemonstráveis. Os indemonstráveis são formados por um asserível complexo (não simples) na primeira premissa e um asserível simples na segunda, gerando como conclusão outro asserível simples[188]. Seus conectivos básicos são diversos dos da lógica aristotélica, tendo sido descritos por Crisipo como "se", "e", "ou" e "não". Argumentos que envolvem o "se" são condicionais. Os que lançam mão do "e", conjuncionais. Os com "ou", disjuncionais. Finalmente, os que utilizam o "não" são denominados negativos. A negação é verifuncional, de maneira que, quando a negação "não" é adicionada a um asserível verdadeiro, torna-o falso; quando é adicionada a um asserível falso, torna-o verdadeiro. Toda nega-

---

187. Foi Crisipo quem fixou os cinco indemonstráveis. Os estoicos tardios reconheciam até sete. Cf. BOBZIEN, *Lógica*, 116 e 121.

188. BOBZIEN, *Lógica*, 117.

ção na Lógica estoica constitui-se como negação de asseríveis. Se o asserível é "X" (*v.g.*: "É dia"), sua negação é "não: X" (*e.g.*: "Não: É dia"). Um asserível e sua respectiva negação conformam um contraditório (*antikeímena*)[189].

Eis os cinco argumentos indemonstráveis do Pórtico:

(1) Se A, então B; A; logo, B.   (*modus ponendo ponens*)
(2) Se A, então B; não B; logo, não A.   (*modus tollendo tollens*)
(3) Não A e B; A; logo, não B.   (sem denominação específica)
(4) Ou A ou B; A; logo, não B.   (*modus ponendo tollens*)
(5) Ou A ou B; não B; logo A.   (*modus tollendo ponens*)

A descrição e os exemplos de Bobzien são de extrema utilidade para a compreensão dos indemonstráveis[190], razão pela qual os reproduzo a seguir de modo praticamente literal. De acordo com a autora, o primeiro dos indemonstráveis é um argumento composto de um condicional e seu antecedente como premissas, sendo que a conclusão é o consequente do condicional, como no exemplo:

Se é dia, Está claro.
É dia.
Portanto, Está claro.

O segundo indemonstrável é integrado por um condicional e o contraditório de seu consequente nas premissas, gerando como conclusão o contraditório de seu antecedente. Eis um exemplo:

---
189. Ibidem, 101.
190. Ibidem, 116-117.

Se é dia, Está claro.
Não: Está claro.
Portanto, não: É dia.

O terceiro indemonstrável tem nas suas premissas uma conjunção negada e um de seus membros apresentando na conclusão o contraditório do outro membro da conjunção, assim:

Não: Tanto Platão está morto quanto Platão está vivo.
Platão está morto.
Portanto, não: Platão está vivo.

O quarto indemonstrável é formado por um asserível disjuntivo e um de seus membros nas premissas, dando lugar a uma conclusão na qual comparece o contraditório do outro membro da disjunção. Assim:

Ou É dia ou É noite.
É dia.
Portanto, não: É noite.

O quinto indemonstrável trabalha com um asserível disjuntivo e o contraditório de um de seus membros nas premissas, estrutura que gera o disjuntivo remanescente como conclusão:

Ou É dia ou É noite.
Não: É dia.
Portanto, É noite.

Depois da fixação deste quadro, pôs-se na Antiguidade o verdadeiro desafio da Lógica estoica: reduzir todo e qualquer argumento a um dos cinco indemonstráveis básicos. Para tanto, havia certas regras a serem seguidas, as *thémata*, metarregras lógico-argumentativas capazes de reduzir argumentos complexos a indemonstráveis[191]. Para ser formalmente válido, um argumento teria de ser reconduzível aos indemonstráveis. Assim, quando queriam testar a validade de determinado argumento, os estoicos utilizavam as *thémata* e o reduziam a um dos cinco indemonstráveis ou a uma combinação deles. Se isso não pudesse ser feito, o argumento analisado era tido por inválido. Apesar de árido, esse exercício lógico foi absolutamente central no sistema da *Stoá*, visto que seus resultados repercutiam na Ética, seara na qual, mais do que em qualquer outra, era imprescindível distinguir o que depende dos seres humanos daquilo que independe, tarefa da qual a Lógica estoica se incumbiu com brilhantismo.

Apesar de bizarra se comparada à Lógica aristotélica, a estoica pode lhe ser complementar, ainda que ambas tenham sido ferozes rivais na Antiguidade. É bem verdade que nessa batalha a Lógica aristotélica saiu vitoriosa, visto que a estoica foi praticamente esquecida e somente vem sendo revalorizada a partir do século XX, em especial graças à obra de lógicos contemporâneos como Jan Łukasiewicz[192]. Após notar que a Lógica estoica contradiz a avaliação de Kant, para quem a Lógica aristotélica seria um *opus absolutum* insuperável, Lima Vaz aplaude o seu ressurgimento na atualidade. Segundo adverte o filósofo brasileiro, a Lógica da *Stoá* tem natureza eminentemente ética, dado que pretende proporcionar ao ser humano critérios seguros e certos para a escolha e a ação virtuosa[193].

---

191. Susanne Bobzien apresenta as *thémata*, que limita a quatro, explicando como se dá a sua aplicação aos argumentos com o fim de reduzi-los a indemonstráveis. Por se tratar de matéria técnica — que inclusive exige conhecimento de notação própria da Lógica Formal — e estranha aos objetivos do presente trabalho, remetemos os interessados a Bobzien, *Lógica*, 123-134.

192. Bochenski, *Ancient formal logic*, 80-81.

193. Lima Vaz, *Escritos de filosofia IV*, 150-151.

Como afirmado no início desta subseção, a Lógica estoica não se resume apenas à sua vertente formal, abarcando ainda a Gramática, a Teoria da Linguagem e a Epistemologia, searas que passo a expor de modo sucinto.

Graças à sua Lógica temporal ou das consequências, os estoicos praticamente fundaram a disciplina hoje chamada de Gramática[194], ainda que não se possa destacar uma parte de seu sistema que a preveja como disciplina autônoma. O estoico Crates de Melos, discípulo de Diógenes de Babilônia, é conhecido por ter introduzido o estudo da Gramática em Roma, conforme noticia Suetônio. Tendo quebrado uma perna no Palatino, Crates passou todo o tempo de sua convalescença em Roma, quando pôde dar lições públicas sobre uma grande variedade de temas[195].

No que diz respeito à controvérsia que dividiu os sábios da Antiguidade quando se tratava de definir a natureza do fenômeno linguístico, Tatakis afirma que os estoicos se filiaram a uma explicação própria, que enxergaria na linguagem uma anomalia. Segundo tal teoria, a linguagem não seria o resultado de construção racional; ao contrário, moldar-se-ia pelos usos e necessidades dos seres humanos, o que explicaria a grande quantidade de flexões, de idiomas e de sentidos para as palavras, que somente podem ser compreendidas no contexto frasal. De acordo com esse entendimento, não há paralelismo entre o pensamento e a linguagem, pois o primeiro seria uma expressão pura do *lógos*, bem superior às efêmeras e mutáveis necessidades comunicativas humanas. Contra a teoria grama-

---

194. As fontes para o estudo da Gramática estoica são notavelmente escassas em um cenário já naturalmente deficitário. Cf. ATHERTON; BLANK, *Contribuição estóica à gramática tradicional*, 343-344.

195. SUETONIO TRANQUILO, *Gramáticos ilustres*, II (*Los doce césares*, 343-344).

tical estoica da anomalia havia a da analogia, desenvolvida pelos gramáticos alexandrinos, para quem a linguagem, filha da Lógica, seria sempre harmônica e simétrica, bastando apenas estudos mais profundos para descobrir o seu sentido intrínseco de ordem. Tal posição, inaceitável para o estoicismo, foi defendida por Aristarco de Samotrácia[196].

Atherton e Blank veem uma falácia na oposição entre anomalistas e analogistas exposta por Tatakis, explicando que a tese estoica foi mal compreendida pelos estudiosos do século XIX que fundaram tal distinção[197]. Na verdade, a polêmica reflete um desacordo mais profundo entre racionalistas e empiristas no que se relaciona à possibilidade da existência de algo como uma gramática racional e geral, que se contraporia às regras gramaticais particulares e mutáveis segundo condições temporais, sociais, econômicas, culturais etc. Segundo afirmam Atherton e Blank, para os estoicos a linguagem era uma manifestação da razão divina, o que os impediria de defender a tese anomalista, segundo a qual não há regularidades linguísticas. De fato, a *Stoá* só criticou algumas anomalias semânticas que se destacaram diante do "[...] maciço pano de fundo da natureza lógica e regular da linguagem"[198]. E, se realmente tivesse havido um confronto entre gramáticos empiristas e gramáticos racionalistas na Antiguidade, certamente a *Stoá* teria tomado o partido da razão, dado que o estoicismo era hostil diante de qualquer tipo de relativismo. A explicação de Atherton e Blank me parece mais convincente do que a de Tatakis no que concerne à relação dos estoicos com o estudo da Gramática.

No campo da Teoria da Linguagem, deve-se a Crisipo a distinção entre o lugar dos significados e o dos significantes. Para

---

196. TATAKIS, *Panétius de Rhodes*, 70-72.
197. ATHERTON; BLANK, *Contribuição estóica à gramática tradicional*, 352.
198. Ibidem, 353.

tanto, foi fundamental a noção de *lektón*, importante contribuição estoica para a análise lógico-linguística. Termo de difícil tradução, mas que alguns como Sêneca entendem corresponder a "dito" (*dictum*)[199] e outros, a exemplo de Bréhier e Brun, traduzem como "exprimível"[200], o *lektón* — que se classifica como um incorpóreo (*asómata*) ao lado do tempo, do vazio e do espaço — se relaciona ao sentido das palavras e das frases enquanto entidades lógicas capazes de portar a verdade.

Apesar do seu *status* ontológico discutível, os incorpóreos constituem peças centrais no sistema estoico, pois possibilitam o discurso sobre o *lógos* que conforma a filosofia. Obviamente, a natureza e o próprio *lógos* existem de modo independente em relação aos incorpóreos, mas para falar do *lógos*, realidade corpórea, o filósofo precisa de mais do que o mundo corpóreo lhe oferece. Não bastam a emanação do ar e o som que sai de sua boca. É imprescindível que seu discurso tenha sentido. Ora, tal inteligibilidade se dá pela ação dos incorpóreos, especialmente os *lektá*[201]. Sons e palavras são corpos, ou seja, porções de ar ou representações escritas. Ao contrário, os *lektá* são os conteúdos dos pensamentos e das sentenças que os exprimem — e não o próprio pensamento —, podendo ser compartilhados pela

---

199. ILDEFONSE, *Os estóicos I*, 102-103.
200. BRÉHIER, *La théorie des incorporels dans l'ancien stoïcisme*, 14, e BRUN, *O estoicismo*, 51.
201. "*La voix et le mot sont choses distinctes: la voix est seulement le son, le mot est articulé. Le mot diffère du langage; le langage a un sens, mais il y a des mots dénués de sens, comme* blituri, *ce qui n'est pas le cas du langage. Il faut distinguer parler et prononcer; on prononce des paroles, mais on parle des choses, qui, à cet égard, sont des 'exprimables'*" ["A voz e a palavra são coisas distintas: a voz é apenas o som, a palavra é articulada. A palavra difere da linguagem; a linguagem tem um significado, mas existem palavras sem significado, como *blituri*, o que não é o caso da linguagem. Deve-se distinguir falar e pronunciar; pronunciamos palavras, mas falamos de coisas que, nesse sentido, são os 'exprimíveis'".] (DIOGÈNE LAËRCE, *Vies et opinions des philosophes*, VII, 57 [*Les stoïciens*, 35]).

comunidade linguística de uma maneira que estados psicológicos não o são[202]. Conforme Brunschwig, o *lektón* está entre a coisa significada (*semainómenon*) e o pensamento (*diánoia*), apresentando-se, na esteira dos demais incorpóreos, talvez não como uma condição para os processos físicos, mas ao menos como um *a priori* para sua análise e inteligibilidade[203].

O *lektón* se identifica, portanto, com o significado das proposições. Se alguém diz: "Ali está Zenão", o *lektón* não é nem Zenão nem o ar que sai da boca para vocalizar a frase, mas antes o seu significado, ou seja, o "dizível". Para Bobzien, os *lektá* se situam entre os simples sons vocais e o mundo, classificando-se, *grosso modo*, como significados[204]. Se um grego e um bárbaro escutam uma palavra falada na língua grega — *skotía* ("escuridão"), por exemplo —, só o primeiro a compreenderá, não obstante ambos a tenham escutado e o objeto referido ser fenomenicamente o mesmo para ambos. Isso ocorre porque o objeto evocado pela palavra grega possui um atributo incorpóreo inteligível apenas para o grego, que é exatamente o fato de ser designado por aquela palavra específica. Tal atributo é o *lektón*, definido por Amonnius como o intermediário entre o pensamento e a coisa pensada. O conceito de *lektón* se mostra absolutamente necessário na Lógica estoica porque, ao se afirmar algo sobre algo, os estoicos entendem que não se conhece os corpos em si, mas apenas em determinadas situações, conforme antes explicitado. Sendo o predicado aquilo que acontece, o *lektón* serve como critério doador de sentido à frase, constituindo, assim, o verdadeiro objeto da Lógica, visto que tudo que é exprimível se exprime pelo *lektón*.

---

202. Atherton; Blank, *Contribuição estóica à gramática tradicional*, 348.
203. Brunschwig, *Metafísica estóica*, 243.
204. Bobzien, *Lógica*, 95-96.

Contudo, não se deve exagerar o poder da Lógica e da linguagem no sistema da *Stoá*. Os estoicos entendem que as coisas são como são independentemente do entendimento humano. Incorpóreos como o *lektón* representam projeções mentais que só servem para que se possa compreender o universo. Como tal, eles não existem fisicamente, apenas subsistem na mente. Tempo e espaço, por exemplo, não estão nas coisas, mas na consciência que as capta, tal como Kant irá ensinar séculos depois. As coisas são racionais para além de sua "exprimibilidade", o que significa que a ordem cósmica não se dá por obra da razão discursiva e demonstrativa do ser humano. Por outro lado, como a ordem universal não existe em função da sua compreensibilidade por parte dos seres humanos, é bem possível que eles sejam incapazes de entendê-la em sua inteireza, o que somente o sábio pode realizar. Ainda que não existisse o humano, o mundo permaneceria racional para o estoicismo.

Talvez a consequência mais notável dessa visão seja o fato de que, para os estoicos, os valores (*axía*) não estão nas coisas. Por não serem objetos corpóreos, os valores se ligam à exprimibilidade lógica dos objetos e não aos objetos mesmos. Por exemplo: não existem atos morais por essência. A moralidade ou a imoralidade não se aquilatam tendo em vista o ato, mas antes o *lektón* que conforma o discurso sobre o ato. Ainda que os estoicos não tenham afirmado explicitamente que os valores se encontram no sujeito, posição tipicamente moderna, a negativa de encerrá-los na esfera dos objetos corpóreos parece-me surpreendente em uma filosofia da Antiguidade. Ao relegar os valores ao campo dos incorpóreos e, dentro dele, ao sentido exprimível do discurso, o pensamento estoico se aproxima das filosofias do sujeito inauguradas quase dois mil anos depois por Descartes e Kant.

Por fim, resta dizer algo sobre a Epistemologia do Pórtico, disciplina mediante a qual o estoicismo construiu uma completa teoria das representações, buscando explicar como se dá o conhecimento humano e, assim, se contrapor aos pontos de vista abertamente céticos da Nova Academia[205]. Liderados por Carnéades, os acadêmicos sustentavam que o mundo jamais poderia ser objeto do conhecimento, pois este seria por demais ineficaz e falho diante da complexidade incognoscível do real. Para combater doutrinas assim, os estoicos ensinavam que as representações ou impressões (*phantasíai*, *uisum*) são os conteúdos da consciência mediante os quais se inicia o conhecimento. Para Zenão e Cleantes, que nesse ponto seguem Platão, as representações se imprimem na alma à maneira de um selo (*typôsis*) na cera, alterando-a na sua parte diretora[206]. Já Crisipo prefere acreditar que as representações não marcam a alma, mas a alteram a cada momento em que nela se gravam. Crisipo não utiliza a imagem platônica do selo, pois um bloco de cera suporta apenas uma única impressão, com o que a *Stoá* teria de negar a multiplicidade das impressões e a memória humana. Por isso Crisipo utilizou no lugar de "gravação" (*alloiôsis*) um termo mais neutro: "alteração"[207].

Entendendo que as representações postas diante da alma podem apresentar variadas naturezas, os primeiros estoicos traçaram uma tipologia[208] que as divide em: (a) sensíveis e não

---

205. A complexa e rica história dos vários ceticismos não cabe neste trabalho. Contudo, é necessário frisar que filósofos céticos pirrônicos como Sexto Empírico não se confundem com acadêmicos como Clitômaco e Carnéades. Se estes não acreditavam ser possível apreender a verdade, aqueles continuavam a procurá-la. Ambas as orientações se opõem às escolas dogmáticas, ou seja, aos peripatéticos, estoicos e epicuristas.
206. Sextus Empiricus, *Against the professors*, VII, 236 (Inwood; Gerson, *Hellenistic philosophy*, 127).
207. Hankinson, *Epistemologia estóica*, 68.
208. Para a explicitação dos sentidos de cada um dos termos da clássica tipologia estoica das representações, o que ultrapassa em muito os limites desta subseção, cf. Ildefonse, *Os estóicos I*, 85-88.

sensíveis; (b) lógicas e não lógicas; (c) técnicas e não técnicas; (d) prováveis; improváveis; prováveis e improváveis; nem prováveis nem improváveis. As representações prováveis podem ser verdadeiras, falsas, verdadeiras e falsas, nem verdadeiras nem falsas. De acordo com o testemunho de Epicteto, as representações se dão de quatro maneiras ao entendimento humano: (a) como algo que existe e assim é percebido; (b) como algo inexistente, mas que é percebido como existente; (c) como algo existente, contudo não percebido enquanto tal; (d) como algo que não existe e também percebido como inexistente[209].

Dentre todos os tipos de representações, interessam-me especificamente as verdadeiras, que podem ser compreensivas ou não compreensivas. A representação compreensiva (*phantasía kataléptike*, *comprehensio*) é a única capaz de gerar conhecimento científico, pois deriva de algo existente que foi impresso na alma. Sendo gravada na alma — ou alterando-a, como quer Crisipo —, a representação compreensiva confere ao sujeito a cognoscibilidade integral do objeto, nele imprimindo suas características à maneira de atributos. Graças ao estoicismo médio, essa rigorosa teoria da representação compreensiva acabou por ser amenizada. Na nova visão, a razão participa do processo de compreensão desde o primeiro momento. Ao receber as impressões sensíveis, ela as julga e modela, dando origem ao conhecimento. Na perspectiva reformada, a verdade não está gravada nos objetos, tratando-se antes de um feito da razão, que a constrói ao julgar as impressões externas e ao fazê-las passar pelos seus filtros.

Tatakis deplora o dogmatismo *naïf* presente na Epistemologia tradicional do Pórtico, segundo a qual só se compreende graças a certas qualidades próprias existentes nas coisas e não pela força da razão, com o que se gera um paradoxo insolúvel:

---

209. ÉPICTÈTE, *Entretiens*, I, XXVII, 1 (*Les stoïciens*, 868).

somente o sábio seria capaz de encontrar a verdade nos entes postos sob sua análise, sendo que tal verdade está no objeto e não no sujeito. Caberia então ao sábio, único entre os seres humanos a possuir a razão reta, distinguir entre os objetos que possuem em si a verdade e, portanto, podem ser objeto da representação compreensiva, e aqueles que não a possuem e por isso geram falsas compreensões[210]. Entretanto, esquece-se Tatakis de que a representação compreensiva, como todas as demais representações estoicas, somente pode ser gravada na alma graças a um ato de vontade próprio do humano, o assentimento (*sygkatáthesis, assensio*).

Brennan aduz que é tentador imaginar o processo de conhecimento descrito pela *Stoá* como algo deliberado ou discursivo, tal e qual quando examinamos a boa-fé de uma testemunha antes de ouvi-la em juízo. Contudo, ele mesmo admite que essa configuração é rara, ocorrendo apenas quando o agente suspende o juízo antes do ato de assentimento[211]. Com efeito, o assentimento a uma impressão cataléptica não é ainda conhecimento. A mente precisa aceitar as suas credenciais — clareza e distinção, como dirá Descartes séculos mais tarde — para endossá-la e tê-la como verdadeira.

Esse argumento epistemológico de natureza dogmática foi duramente criticado no século III a.C. pelo ceticismo acadêmico de Arcesilau, que se perguntava como saber antes do processo de conhecimento se a representação cataléptica é clara e distinta. E, mais importante, "[...] se esses termos se referem a algo objetivo, a fatos externos sobre a proveniência da impressão (ela realmente vem de um objeto real, do modo apropriado), como reconheceremos que ela as possui?"[212] Em síntese, se a

---

210. Tatakis, *Panétius de Rhodes*, 83.
211. Brennan, *Psicologia moral estóica*, 291.
212. Hankinson, *Epistemologia estóica*, 73.

verdade está na coisa e não na mente, como assegurar-se de que se pode obtê-la? Ainda que a crítica seja cabível e, de certo modo, irrespondível, é preciso entender a função não apenas epistemológica da noção de representação compreensiva, mas principalmente seu valor ético. O sistema da *Stoá* é um todo unitário e qualquer compartimentação analítica gera intensa perda de sentido. A ideia de representação compreensiva serve para que os estoicos resguardem a liberdade interior humana, pois ninguém pode constranger outrem a conferir assentimento àquilo que ele julga ser falso[213]. O assentimento é um ato de vontade e não de cognição, equivalendo, quando se trata de uma representação cataléptica, a uma adesão interna ao verdadeiro capaz de proporcionar a compreensão da qual deriva a ciência. Esta era definida pelos estoicos como uma espécie de compreensão imutável ou como uma disposição racional no modo de receber as sensações[214]. Daí por que Crisipo conceituou "definição" como "explicação do próprio".

É interessante esquematizar o processo de cognição tal como descrito pelos estoicos: os seres humanos recebem impressões externas que em um primeiro momento não podem ser controladas, visto que são dadas à mente de maneira imediata. Posteriormente, para que essas impressões sejam gravadas na alma, o ser humano deve assentir em relação a elas de modo consciente. É por isso que o sábio estoico pode até mesmo tremer, mas jamais sentir medo. Virgílio parece ter utilizado essa tese do Pórtico para arquitetar a dolorosa imagem da despedida de Eneias e Dido, dizendo que a alma do herói estava tranquila, não obstante lhe rolassem dos olhos lágrimas vãs[215]. Segundo

---

213. ÉPICTÈTE, *Entretiens*, III, XXII, 40-42 (*Les stoïciens*, 1007).
214. DIOGÈNE LAËRCE, *Vies et opinions des philosophes*, VII, 49 (*Les stoïciens*, 32).
215. *"Mens imota manet; lacrimae volvuntur inanes"* (VIRGÍLIO, *Eneida*, IV, 449).

Sêneca, o que impressiona de forma casual e momentânea o espírito não é um sentimento, mas um "arranque do corpo", dado que o espírito mais o sofre do que o causa. Nesse ponto o cordobense se refere às "pré-paixões" (*propátheiai*), sentimentos apaixonados que não se confundem com as paixões propriamente ditas, pois não envolvem assentimento, não se relacionam a crenças e não conduzem a ações intencionais de maneira necessária. O problema surge quando o indivíduo se entrega às impressões fugidias (*prolêpsis*), passando então a interiorizá-las como sentimentos e a prolongá-las enquanto emoções causais[216]. Assim, diante de um fato capaz de amedrontar a maioria dos seres humanos, a primeira reação mental do sábio consiste em ter medo, mas logo depois, ao passar para a fase do assentimento, ele depura o falso julgamento e, apesar de tremer, não sente medo. Tal se dá dessa maneira porque o estoico sabe distinguir entre a descrição e o julgamento da realidade. São dois estágios diferentes que, contudo, se apresentam à mente de modo unificado, motivo pela qual devem ser separados. Diante de uma tempestade em alto-mar, repentinamente pode surgir na mente do estoico a seguinte impressão: "Há uma tempestade e isso é terrível". Cabe-lhe assentir apenas em relação à descrição do evento ("Há uma tempestade") e rejeitar o juízo de valor ("Isso é terrível"), dado que este se baseia em uma falsa e incompleta compreensão da realidade. Uma tempestade não é algo terrível, pois se trata apenas de uma expressão perfeitamente normal do *lógos*. Ademais, o máximo que ela pode causar é a morte, fato que, para o filósofo estoico, nada envolve de negativo ou de desesperador, como será discutido à frente.

Os estoicos diferenciam de forma bem clara a cognição (*katalèpsis*) e o conhecimento ou sabedoria (*epistéme*), possível apenas

---

216. Sêneca, *Sobre la ira*, II, 3, 1-3 (*Diálogos*, 162).

para o sábio. No contexto da Epistemologia da *Stoá*, o assentimento conferido pelos seres humanos comuns às impressões são atos de cognição, não de conhecimento. Este surge apenas quando os assentimentos são organizados sistematicamente em uma estrutura na qual cada parte se relaciona ao todo e o todo reflete as características das partes. Nas eloquentes palavras de Cícero, citando Zenão:

> Zenão diz que você ignora tudo, Antíoco também. "Como pode ser! você responderá, eis que sustentamos que mesmo aquele que não é sábio percebe muitas realidades". No entanto, você diz que ninguém sabe nada, exceto o sábio. Zenão o demonstrou com gestos. Ele mostrou sua mão aberta, os dedos estendidos: "Aqui está a representação", disse; depois contraiu ligeiramente os dedos: "Aqui está o assentimento". Então ele fechou a mão e cerrou o punho, dizendo: "Aqui está o entendimento"; é, aliás, a partir dessa imagem que ele deu a esse ato um nome que não existia antes, o de *catalêpsis*; depois, com a mão esquerda, que ele aproximou, segurou fortemente o punho direito dizendo: "Aqui está o conhecimento, que ninguém possui exceto o sábio"[217].

O que Zenão quis dizer com seus gestos é que todos os seres humanos são capazes de cognição. Tal ocorre quando assentem tendo em vista impressões adequadas que funcionam

---

217. *"Zénon dit que vous ignorez tout, Antiochus aussi. 'Comment! répondras-tu, mais nous soutenons que même celui qui n'est pas sage perçoit bien des realités'. Pourtant vous dites que personne ne sait rien, sinon le sage. Zénon le démontrait par des gestes. Il montrait sa main ouverte, les doigts étendus: 'Voici la représentation', disait-il; puis il contractait légèrement les doigts: 'Voici l'assentiment'. Puis il fermait la main et serrait le poing, en disant: 'Voici la compréhension'; c'est d'ailleurs d'après cette image qu'il a donné à cet acte un nom qui n'existait pas auparavant, celui de catalêpsis; puis avec la main gauche, qu'il approchait, il serrait fortement le poing droit en disant: 'Voici la science, que personne ne possède sinon le sage'"* (CICÉRON, *Premiers académiques*, II, XLVII, 144-145 [*Les stoïciens*, 255]).

como critérios de verdade[218]. Todavia, o verdadeiro conhecimento sistematizado — que hoje é chamado de filosófico e não de científico — cabe apenas ao sábio estoico, apto a entender os eventos de forma total, não local e universal. Por antever e compreender a enorme engrenagem do universo, o estoico não teme a tempestade em alto-mar, ao contrário do homem comum, incapaz de conhecer verdadeiramente o mundo por estar jungido a um particularismo esmagador que o impede de participar de modo consciente na sinfonia cósmica do *lógos*.

2. A construção da Ética estoica

2.1. Virtude, vício e felicidade

As três principais fontes de que se dispõe para o estudo da Ética estoica são o terceiro livro do tratado *De finibus bonorum et malorum* de Cícero, a "Epítome de ética estoica" de Ário Dídimo — recolhida pelo antologista bizantino Estobeu em sua *Anthologii libri duo priores (Eclogae physicae et ethicae)* — e os parágrafos 84 a 131 do sétimo livro da doxografia de Diógenes Laércio dedicada à vida e à obra dos filósofos antigos. Todos esses textos parecem refletir o mesmo plano original, sendo possível inferir uma ordem sistemática de tópicos em Estobeu e Diógenes Laércio[219]. Os três escritos refletem a estrutura firmemente sistematizada da Ética do Pórtico, na qual, à semelhança de um edifício, nenhum elemento pode ser alterado, sob pena de ruína do todo[220]. Lima Vaz aduz que a Ética estoica

---

218. Diogène Laërce, *Vies et opinions des philosophes*, VII, 54 (*Les stoïciens*, 34).
219. Schofield, *Ética estóica*, 262-263.
220. Cicéron, *Des fins des biens et des maux*, III, X, 74 (*Les stoïciens*, 289-290).

pende do tronco da Física como seu fruto natural e maduro, completando a imagem de coerência e beleza que a *Stoá* gravou na história do pensamento antigo. Nesse sentido, ainda que a Ética tenha experimentado certa tendência em se desprender do tronco, especialmente na evolução imperial da doutrina, suas raízes estão profundamente enterradas na Física[221]. Contudo, conforme adverte Schofield, o elevado nível de elaboração teórica da Ética da *Stoá* não deve obscurecer a sua verdadeira função: ela era pensada para a vida concreta como uma terapia das paixões cujo objetivo final consistia na conquista da verdadeira liberdade[222]. As fontes primárias que chegaram até hoje relativas à Ética da escola imperial — os livros de Sêneca, de Epicteto e de Marco Aurélio — não são tratados sistematizados de Ética teórica, mas vívidos manuais de Ética prática de uso particular ou coletivo. Dessa forma, depende-se integralmente de doxógrafos e de antologistas para a reconstrução teórica do sistema ético do Pórtico, razão pela qual devem ser redobrados os cuidados ao analisar temas controversos ínsitos à matéria.

Cícero contrapõe em seu texto a Ética estoica às formulações das escolas rivais, descrevendo as ideias do estoicismo com elegância e propriedade. Ao contrário do trabalho de Cícero, os escritos de Ário Dídimo e de Diógenes Laércio se ressentem de certa falta de qualidade literária, embora o valor de ambos seja inegável, dado que parecem ter sido escritos como manuais dirigidos a estudantes que aspiravam a se tornar filósofos estoicos. No livro de Diógenes Laércio transparece a intenção de comparar a Ética estoica com a cínica, objetivando demonstrar a superioridade do Pórtico nessa matéria. Diógenes, que viveu no terceiro século depois de Cristo, expõe o que pode ser chamado de ortodoxia ética do estoicismo, dado

---

221. LIMA VAZ, *Escritos de filosofia IV*, 154.
222. SCHOFIELD, *Ética estóica*, 281.

que ele se preocupa em traçar a linha fundamental do pensamento do Pórtico enquanto escola unitária, desprezando a contribuição de pensadores heterodoxos como Aristo de Quios[223]. Por seu turno, Ário Dídimo parte da distinção entre os preferíveis, rejeitáveis e indiferentes para propor uma espécie de guia prático de Ética dirigido àqueles que pretendiam progredir rumo ao ideal de sábio estoico. O texto de Ário é extremamente importante, pois tudo indica que foi escrito durante o Principado de Augusto. Os especialistas divergem sobre a identidade de Ário Dídimo. Há registros de três personagens com esse nome no século I d.C.: um deles foi amigo e conselheiro de Augusto; o segundo, um compilador de obras filosóficas; e o último, um filósofo estoico citado por Diógenes. David Hahm entende que os três Ários são o mesmo homem[224], hipótese arbitrária que, contudo, ainda parece ser a melhor graças à sua simplicidade e força persuasiva. Não há dúvida de que as doxografias de Diógenes e de Ário descendem de obras mais antigas, provavelmente do século I a.C., sendo que muitos estudiosos alegam que ambos os autores utilizaram a mesma fonte-base, o que se comprovaria pelo grande número de coincidências existentes em seus respectivos escritos[225]. De qualquer maneira, basta

---

223. Aristo de Quios fundava-se diretamente na autoridade de Sócrates, razão pela qual entrava em constantes conflitos com Zenão. Pregando uma ética minimalista e ainda mais rigorosa do que a de seu mestre, Aristo não reconhecia a diferenciação entre indiferentes preferíveis e rejeitáveis, sustentando, assim como seu colega Hérilo, que a virtude é o único bem e o vício o único mal, sendo todas as demais realidades igualmente indiferentes. Ademais, Aristo de Quios entendia que a virtude era una e não poderia dar lugar a outras, ainda que entendidas como emanações ou aspectos particulares da única virtude, qual seja, a inteligência prática (*phrônesis*). Cf. SCHOFIELD, *Ética estóica*, 275-276.

224. HAHM, *The ethical doxography of Arius Didymus*, 3046.

225. *Prefazione* de Carlo Natali a ARIO DIDIMO; DIOGENE LAERZIO, *Etica stoica*, XIII.

saber que os dois textos se basearam em fontes antigas do século I a.C. e, por isso, estão aptos a transmitir as ideias estoicas originais com um grau mínimo de deformação.

Cícero, Diógenes e Ário não dissentem quanto ao princípio fundamental que guia a Ética estoica, consistente no viver em conformidade com a natureza, dado que somente assim o ser humano pode obter o bem supremo, qual seja, a felicidade (*eudaimonía*)[226], no que a *Stoá* não se diferencia das demais escola filosóficas gregas. Todas elas se apresentavam como um tipo de *praeparatio beatitudinis*[227]. Entretanto, os métodos de busca da felicidade e de obtenção da segurança espiritual no estoicismo são radicalmente diferentes daqueles do platonismo, do aristotelismo e do epicurismo, assemelhando-se muito mais a uma ascese (do grego *askésis*, i.e., exercício prático) mediante a qual o ser humano ajusta sua conduta e seu querer à lei comum que governa o universo. Segundo Irwin, a posição ética do Pórtico se assenta sobre uma tríplice doutrina, a um só tempo eudemonista — porque o fim último de qualquer ação racional é a felicidade do agente —, naturalista — já que a felicidade consiste em viver de acordo com os ditames naturais — e moralista, pois a virtude moral tem valor em si mesma[228].

A simples exposição da tríplice doutrina é suficiente para entender que a posição estoica a respeito da felicidade não se confunde com as propostas das outras escolas filosóficas gregas. Para a *Stoá*, a prática da virtude é superior à felicidade. Assim, a Ética estoica somente pode ser considerada eudemônica caso se identifique virtude e felicidade por meio de um processo altamente artificial. Caso contrário, não será possível evitar uma leitura utilitarista da Ética do Pórtico, conforme adverte

---

226. Ario Didimo, *Etica stoica*, 6e, p. 49.
227. Tatakis, *Panétius de Rhodes*, 56.
228. Irwin, *Naturalismo estóico e seus críticos*, 385-388.

Long[229]. Tal constatação leva Tatakis a tachar o estoicismo de antifilosófico, uma vez que não se preocuparia com a busca da felicidade *tout court*, subordinando-a a finalidades morais, assim como submete a Física e a Lógica a imperativos éticos[230].

Na ortodoxia estoica a virtude ocupa o lugar de *summum bonum*; a sua obtenção já é, em substância, a felicidade mesma[231]. A virtude não é perseguida pelo sábio por medo de ser punido ou por esperança de que ela lhe possa ser vantajosa, mas simplesmente porque a felicidade consiste na virtude[232]. No estoicismo a virtude não apresenta valor instrumental. De fato, Zenão dizia que basta a prática da virtude para ser feliz[233], visto que a felicidade estoica é o resultado do exercício da virtude, o que somente pode ser alcançado por quem vive conforme à natureza. Esses três conceitos — *eudaimonía*, *aretê* e *phýsis* — se equivalem. Diante deles os indiferentes preferíveis e rejeitáveis não contam e assumem valores neutros, semelhantes aos dos indiferentes propriamente ditos. Segundo os estoicos, o verdadeiro valor — positivo ou negativo — radica-se apenas na virtude e no vício. Os indiferentes se caracterizam pelo que Brennan chama de "valor de planejamento" (*axía eklektiké*), sendo relevantes somente para orientar ações futuras[234]. Ora, o futuro é um incorpóreo e não existe enquanto tal, dando lugar a ilusões mentais que escravizam os seres humanos. Quando se está diante de valores de planejamento como algo atual e não enquanto projeto ilusório pensado para o futuro — *v.g.*, o

---

229. LONG, *Stoic studies*, 143-144.
230. TATAKIS, *Panétius de Rhodes*, 62.
231. ARIO DIDIMO, *Etica stoica*, 5g, p. 45.
232. DIOGÈNE LAËRCE, *Vies et opinions des philosophes*, VII, 89 (*Les stoïciens*, 44-45).
233. Ibidem, VII, 127 (*Les stoïciens*, 57).
234. BRENNAN, *Psicologia moral estóica*, 292.

prazer da saúde ou o desprazer da doença —, nada resta a fazer senão aceitá-los com dignidade, uma vez que não dependem do sujeito. Só o exercício da virtude traz a verdadeira felicidade, motivo pelo qual são as atitudes e as intenções do agente que importam para atingir a *eudaimonía*, independentemente do sucesso ou do fracasso das ações virtuosas. Atacados pelas correntes rivais, os estoicos de todas as gerações, de Zenão a Epicteto, jamais abriram mão desse ponto de vista, defendendo-o com tenacidade e obstinação. De fato, é esta a característica fundamental da *Stoá*.

Adotando posturas mais realistas, os peripatéticos afirmavam que a felicidade se relaciona a elementos materiais, sendo a virtude apenas um meio de alcançá-la, e não a felicidade mesma. Para Aristóteles, dizer que a felicidade corresponde ao bem supremo equivale a um truísmo[235]. Diferentemente do estagirita, no eudemonismo do Pórtico o meio se confunde com o fim, dado que virtude, felicidade e bem são uma única e inseparável realidade. É nesse sentido que Sêneca fala da felicidade de não precisar da felicidade[236]. Informado pela identificação entre virtude e felicidade, o Pórtico ensina que o verdadeiro castigo para o criminoso não é a pena, mas o mal que se aloja em seu interior e o impede de alcançar a virtude. O homem virtuoso encontra a felicidade no ato constantemente renovado de ser o que ele é e não nas consequências de sua conduta moralmente correta, que inclusive pode ocasionar-lhe males aparentes. É que os bens e males exteriores em nada influenciam na busca da felicidade estoica, posição diametralmente oposta à tese de Aristóteles[237]. Para o estoicismo, a virtude é suficiente

---

235. ARISTÓTELES, *Ética Nicômacos*, I, 1097b, p. 22.
236. SÉNÈQUE, *De la providence*, VI, 5 (*Les stoïciens*, 772).
237. A concepção de Aristóteles se opõe à dos estoicos de modo tão claro que vale a pena transcrever um trecho original do estagirita para fins

para uma vida feliz. Ademais, a felicidade não cresce ou decresce, pois em sua estabilidade a virtude não se sujeita a adição ou diminuição[238].

De acordo com Crisipo, tudo deve ser realizado em harmonia com o demônio (*daémon*) que habita em cada um e é uno com a vontade do governador do Universo[239]. Nessa conformação à natureza propugnada pelo filósofo grego não há dualismo. O estoicismo é uma filosofia da totalidade e da unidade. Para a *Stoá*, o ser humano é a natureza e a natureza é o ser humano. A Ética não pretende violentar o humano e obrigá-lo a viver em conformidade com normas que lhe são exteriores. Ao contrário, cabe ao homem descobrir sua filiação natural ao *kósmos* e sujeitar-se à lei da razão[240] da qual ele

---

de comparação com o pensamento do Pórtico: "Mas evidentemente, como já dissemos, a felicidade também requer bens exteriores, pois é impossível, ou na melhor das hipóteses não é fácil, praticar belas ações sem os instrumentos próprios. Em muitas ações usamos amigos e riquezas e poder político como instrumentos, e há certas coisas cuja falta empana a felicidade — boa estirpe, bons filhos, beleza —, pois o homem de má aparência, ou malnascido, ou só no mundo e sem filhos, tem poucas possibilidades de ser feliz, e tê-las-á menores ainda se seus filhos e amigos forem irremediavelmente maus ou se, tendo sido bons filhos e amigos, estes tiverem morrido" (ARISTÓTELES, *Ética a Nicômacos*, 1099a-b, 27).

238. CICÉRON, *Des fins des biens et des maux*, III, XIV, 48 (*Les stoïciens*, 279).
239. DIOGÈNE LAËRCE, *Vies et opinions des philosophes*, VII, 88 (*Les stoïciens*, 44).
240. "*De même que, grâce à une seule et même nature, le Monde reste compact et s'appuie sur des parties, toutes se répondent les unes aux autres; de même, tous les hommes confondus entre eux par la nature ont beau se disputer par méchanceté, ils ne comprennent pas qu'ils sont parents par le sang et assujettis à une seule et même puissance qui les protège: s'ils avaient conscience de ce fait, à coup sûr les hommes vivraient la vie des dieux*" ["Assim como, graças a uma só e mesma natureza, o Mundo permanece compacto e se apoia em partes, todas respondem umas às outras; da mesma forma, todos os homens confusos entre si pela natureza podem argumentar por maldade, eles não entendem que são parentes de sangue e sujeitos a um único poder que os protege: se tivessem consciência disso, os homens certamente viveriam a vida dos

faz parte de modo tão privilegiado quanto os deuses[241]. Com efeito, a Ética estoica somente pode ser adequadamente compreendida se fundada na Física, em especial na Teologia e na Cosmologia. Segundo Plutarco, Crisipo teria sustentado que temas como a natureza universal e a organização do universo devem ser obrigatoriamente considerados quando se pretende discutir questões éticas[242].

Para o humano, agir em conformidade com a natureza significa se comportar de maneira racional, pois a razão é sua natureza. A razão que está nos seres humanos não é outra coisa senão uma parte do espírito divino posto dentro dos seus corpos[243]. Não há conflito, portanto, entre a natureza do homem e a natureza do universo: a fórmula que ordena a agir em conformidade com a natureza refere-se, ao mesmo tempo, à natureza individual humana e à natureza enquanto universo total, pois ambas as realidades se identificam[244]. Inevitável a referência a Spinoza, que parece resgatar a essência do pensamento ético do Pórtico ao sustentar ser impossível a existência de um ser humano fora da natureza[245]. Segundo Spinoza, agir de maneira virtuosa significa preservar-se mediante a orientação da razão[246]. Assim, na medida em que algo está de acordo com a natureza racional humana, ela é necessariamente boa[247], do mesmo modo

---

deuses."] (CICÉRON, *Traité des lois*, fragment perdu du livre premier [In: LACTANTIUS, *Inst. diu.*, V, 8, 10], 109).

241. MARCO AURÉLIO, *Meditações*, VI, 35 (*Os pensadores*, 296).

242. PLUTARCH, *On stoic self-contradictions*, 1035CD (LONG; SEDLEY, *The hellenistic philosophers*, 368).

243. SÉNECA, *Cartas a Lucilio*, LXVI, 12, 173.

244. DIOGÈNE LAËRCE, *Vies et opinions des philosophes*, VII, 87 (*Les stoïciens*, 44).

245. SPINOZA, *Ethica*, IV, prop. 4.

246. Ibidem, IV, prop. 24.

247. Ibidem, IV, prop. 31.

que quando alguém se sujeita às paixões deixa de se comportar em conformidade com a natureza[248].

Sellars entende que para viver em conformidade com a natureza o sábio estoico precisa adequar a visão interna que tem de si à visão externa que lhe oferece o mundo. Mediante o ponto de vista interno, o estoico coaduna os seus atos aos mandamentos da virtude, procurando não se render às paixões e controlar racionalmente seus julgamentos e assentimentos. No que concerne ao ponto de vista externo, o sábio estoico deve se enxergar como parte de uma estrutura complexa — o cosmos regido pelo *lógos* — e não como um ser isolado[249], diferentemente do que se faz na época contemporânea, individualista por excelência. Apenas desse modo o sábio compreenderá que a voz da natureza coincide com o correto raciocínio humano, que sempre aquiesce com o modo como as coisas são, ou seja, jamais está em desacordo com as determinações da providência impessoal.

Para atingir seus objetivos — tidos pelas escolas rivais como irrealizáveis —, é preciso que o estoico viva uma experiência fenomenal do presente prolongável na consciência (*aidôs*) e não o presente mesmo, enquanto tempo atual oposto ao passado e ao futuro[250]. Só assim ele pode se concentrar em seus objetivos éticos e eliminar todas as outras ideias estranhas a tal fim (*télos*). Apenas o tempo presente pode garantir a liberdade, pois é nele que se processam as ações virtuosas derivadas da vontade. Há que se viver sempre o presente prolongável, recusando o *status* de real ao tempo ido e ao tempo por vir, que, por serem falsas representações, não geram conhecimento verdadeiro e precisam

---

248. Ibidem, IV, prop. 32.
249. SELLARS, *Stoicism*, 127-128.
250. RODRIGUES, *A Eneida virgiliana entre a vivência e a narração*, 15.

ser rechaçadas como ilusões[251]. Com efeito, o passado e o futuro não dependem de atos voluntários e, portanto, são fontes de paixões e sofrimentos.

O estoicismo se apresenta como uma filosofia da interiorização do eu mediante a qual apenas se consegue saber o que a natureza quer caso se saiba de antemão o que a razão individual exige. Cabe então ao ser humano construir um saber interno do qual as exterioridades não participem. Os juízos sobre a realidade devem desconsiderar todos os bens e males ilusórios, chegando a uma abstração do tipo: "não são as coisas externas que me perturbam, mas eu mesmo quando lhes dou indevida importância"[252]. Nessa perspectiva, Sêneca narra a

---

251. Aqui é necessária uma rápida digressão sobre o problema do tempo na doutrina da *Stoá*, um dos tópicos mais difíceis da Física, abordado nesta nota de maneira simplificada tendo em vista apenas a necessidade de compreender temas éticos. O tempo é definido por Crisipo como o intervalo do movimento do mundo (Diogène Laërce, *Vies et opinions des philosophes*, VII, 141 [*Les stoïciens*, 61]), com o que, para usar a expressão de Bergson, o filósofo grego acaba por espacializar o tempo. Como visto na subseção II.1.2, o tempo é um incorpóreo, compartilhando com o vazio as características da continuidade, infinitude e divisibilidade indefinida. Todavia, ao contrário do "tempo inteiro", as suas "partes" sofrem limitações, pois passado e futuro são ilimitados apenas de um lado, dado que nas suas outras respectivas extremidades lindam com o presente, limite de duração que conecta o que foi e o que ainda não é. Na doutrina do Pórtico, o presente tem um grau de realidade mais alto do que o passado e o futuro, uma vez que os estoicos o concebem como algo estendido (*katà plátos*), contendo uma parte de si já passada e outra a passar. Para Crisipo, só o presente existe; o passado e o futuro subsistem. Todavia, no presente uma parte já é futuro e a outra ainda é passado (Plutarque, *Des notions communes contre les stoïciens*, XLI [*Les stoïciens*, 174-175]). O presente nada mais seria então do que uma porção limitada de passado e de futuro, uma vez que estes são ilimitados — para trás ou para frente —, enquanto o presente é limitado, o que lhe traria maior realidade.

252. "Se uma causa exterior te magoa, não é ela que te molesta, mas o juízo que dela fazes. Está em tuas mãos apagá-la prontamente. Se alguma das tuas próprias disposições te aflige, quem impede que retifiques o teu critério?" (Marco Aurélio, *Meditações*, VIII, 47 [*Os pensadores*, 309-310]).

história do estoico Estílpon, habitante de Megara, cidade grega que fora arrasada por Demétrio. Na ocasião Estílpon foi alijado de todo o seu patrimônio, suas filhas acabaram raptadas e sua cidade foi subjugada por cruéis estrangeiros. Após o butim, do alto de seu trono o tirano perguntou ao filósofo se ele havia perdido muito no conflito. Estílpon respondeu-lhe com altivez dizendo que nada havia perdido e que levava consigo tudo de que necessitava[253].

Assim como Estílpon, o filósofo estoico recolhe-se à sua interioridade, não tendo como meta a mudança do mundo; na verdade, ele objetiva transformar o modo de compreendê-lo. Nesse sentido, é bastante característica a oração que Marco Aurélio aconselha a fazer. Não se trata de um pedido endereçado a seres superiores, como ocorre nas rezas populares, mas de um orgulhoso dirigir-se a si mesmo[254]. A oração estoica constitui uma forma de meditação que privilegia o autocontrole e a ideia de que os deuses estão dentro dos seres humanos, não se resolvendo em um grito desesperado de socorro, mas em uma majestosa rememoração da verdade fundamental das coisas: "Fulano roga: '[...] que fulana me receba'. Roga tu: '[...] que eu não deseje ser recebido por ela'. Um outro: '[...] que eu fique livre de beltrano'. Tu: '[...] que eu não precise livrar-me dele'. Um outro: '[...] que eu não perca o meu filho'. Tu: '[...] que eu não sinta o medo de perdê-lo'. Em suma, passa a rezar assim e observa o resultado"[255].

Segundo o Pórtico, cada ser tem certa função a cumprir no mundo: *kathékonta*, palavra grega que os romanos traduziram por *officcium*, vocábulo latino que também significa "dever" em sentido amplo. Com efeito, no *De officiis* Cícero não se re-

---
253. SÉNÈQUE, *De la constance du sage*, 5 (*Les stoïciens*, 640).
254. ALGRA, *Teologia estóica*, 194-196.
255. MARCO AURÉLIO, *Meditações*, IX, 40 (*Os pensadores*, 315).

fere apenas aos deveres exigíveis do ser humano, pretendendo antes localizá-lo na tessitura ético-funcional do cosmos. Ora, se o impulso do *lógos* se manifesta nos seres como aquilo que lhes é próprio, cabe à planta vegetar de forma perfeita, crescer, se multiplicar e morrer. Ao ser humano reserva-se outro destino, pois o que lhe é próprio radica-se na razão. Brennan aduz que, caso se tenha em mente que os estoicos eram racionalistas, eudemonistas e monistas psíquicos, pode-se supor que acreditavam que toda e qualquer ação humana deveria se orientar rumo à concepção que o agente moral tem do bem. Assim, o que quer que ele persiga, o faz *sub specie boni*, sendo o bem o fundamento do pensamento motivador da ação[256]. Em uma de suas saborosas passagens, Sêneca compara os atributos do ser humano com os dos demais animais — força, beleza, velocidade etc. — para concluir que o humano é sempre inferior às bestas, a não ser no que concerne à razão, que seria não apenas o mais importante bem, mas também o único[257], tese que os demais estoicos repetem em relação à virtude, tida como uma espécie de excelência do espírito que se contrapõe ao vício. Ademais, a exemplo do mundo e da alma, a virtude é um ser vivo, pois em sua essência ela se identifica com o pensamento racional que informa o universo[258].

As virtudes e os vícios eram concebidos pelos estoicos como qualidades de corpos, o que significa, em última instância, que também são corpos. A virtude é uma razão firme e imutável pela qual se consegue viver de modo consistente, ou seja, em conformidade com a natureza, o que em si já é a felicidade, pois os

---
256. Brennan problematiza essa posição, não a aceitando de forma simples. Contudo, a discussão foge ao objeto deste trabalho, razão pela qual remeto o leitor a Brennan, *Psicologia moral estóica*, 314-321.
257. Séneca, *Cartas a Lucilio*, LXXVI, 9-11, pp. 217-218.
258. Ario Didimo, *Etica stoica*, 5b7, p. 40.

que vivem em conflito são infelizes. A felicidade estoica identifica-se com o fluir da vida, desde que virtuosa. Tal corresponde não a uma prescrição para alcançar a felicidade, mas a uma descrição do fato de que os seres humanos são determinados a viver de maneira virtuosa. Só se age contrariamente à felicidade quando se violenta o ser específico do humano, abandonando-se à violência das paixões.

Segundo a ortodoxia estoica, a virtude é o único bem graças a três motivos[259]: (a) sendo o ser humano um animal racional, só aquilo que preserva sua natureza no mais alto grau pode ser tido como bem, papel reservado apenas à virtude; (b) bens físicos como a saúde e a riqueza não possuem valor moral intrínseco, pois podem ser utilizados para finalidades viciosas, concepção que os estoicos compartem com Platão no diálogo *Eutidemo*[260]; (c) a posse de objetos externos não garante a felicidade, o que somente a virtude consegue realizar. Trata-se, afinal, de uma feliz coincidência, pois o único bem verdadeiro — a virtude — reside na única faculdade em relação à qual o ser humano tem total controle — o assentimento ou a escolha (*háiresis*) — e não em qualquer outro elemento exterior[261]. Eis, portanto, o núcleo da Ética estoica, que se constrói sob o fundamento da possibilidade de escolha. Para os seres racionais, viver em conformidade com a natureza equivale a viver segundo a razão[262], mas por escolha própria e não por imposição de autoridades externas transcendentes. A virtude equivale ao bem supremo, sendo desejável e boa em si e por si mesma, não em razão do medo ou da esperança de algo exterior[263].

---

259. SELLARS, *Stoicism*, 110-111.
260. ANNAS, *L'etica stoica secondo Ario Didimo e Diogene Laerzio*, p. 16.
261. SELLARS, *Stoicism*, 114.
262. DIOGÈNE LAËRCE, *Vies et opinions des philosophes*, VII, 86 (*Les stoïciens*, 43-44).
263. Ibidem, VII, 89 (*Les stoïciens*, 44-45).

Pois bem, a severa moralidade estoica se estrutura com base na noção daquilo que é próprio ao ser racional e do que lhe é impróprio, considerando também os impulsos que se ligam a ambas as realidades. Cabe ao ser humano realizar sua natureza racional comportando-se conforme os ditames da virtude, o único verdadeiro bem. Este seria, nas palavras de Cícero, o acordo do homem com a natureza que os primeiros estoicos chamavam de homologia[264]. Ora, o bem equivale à virtude que, por seu turno, se identifica com a sabedoria, a qual engloba todas as demais virtudes, mostrando-se como justiça quando se requer a distribuição, como moderação em assuntos relativos a tomadas de decisões e como coragem quando está em jogo a resistência. A consequência dessa tripla identificação entre bem, virtude e sabedoria é radical, pois fundamenta a tese estoica segundo a qual apenas o sábio é tranquilo (*ataráxos*) e virtuoso, sendo loucos todos os demais humanos[265], dado que só o sábio consegue resistir ao ataque das paixões, mantendo-se equilibrado e apático.

Apesar de a virtude estar implantada no ser humano como uma pré-noção (*prolêpsis*)[266] que o exercício habitual pode desenvolver à perfeição[267], os homens comuns sucumbem facilmente; suas almas não se voltam para a conformidade com a natureza racional que as informa e, deixando de praticar a virtude, tornam-se presas fáceis das doenças da alma[268]. Marco Aurélio afirma que "o movimento em direção às injustiças, à licença, às paixões, às dores e aos temores não passa de uma deserção da

---

264. Cicéron, *Des fins des biens et des maux*, III, X, 33 (*Les stoïciens*, 273-274).
265. Ario Didimo, *Etica stoica*, 5b13, p. 43, e Diogène Laërce, *Vies et opinions des philosophes*, VII, 124 (*Les stoïciens*, 55-56).
266. Cicéron, *Premiers académiques*, II, X, 30-32 (*Les stoïciens*, 201-203).
267. Épictète, *Entretiens*, I, XXII, 9-16 (*Les stoïciens*, 858-859).
268. Cicéron, *Les tusculanes*, III, IV-V, 8-11 (*Les stoïciens*, 296-298).

natureza"[269]. Para entender essa ideia deve-se considerar que a moral estoica é inflexível e não admite graus, pois não há *peccata minuta* no estoicismo[270]. A virtude não é algo que se desenvolve no tempo, não sendo possível que alguém esteja se tornando virtuoso. Ou se é virtuoso ou se é vicioso[271]. Entre ambos os estados há um abismo praticamente intransponível[272]. Ainda que

---

269. MARCO AURÉLIO, *Meditações*, XI, 20 (*Os pensadores*, 324).
270. BERRAONDO, *El estoicismo*, 72.
271. Daí por que não concordo com a solução proposta por Gazolla para o problema da perfeição do sábio. Segundo ela, a sabedoria e a estultice, mais do que qualificativos dos seres humanos, seriam estados passageiros, pois haveria "[...] um movimento lógico constante entre sabedoria e insensatez porque são noções paradigmáticas nessa leitura de duplo registro" (GAZOLLA, *O ofício do filósofo estóico*, 91). Apesar de interessante, a interpretação de Gazolla não encontra apoio em nenhum dos fragmentos estoicos que chegaram até os dias atuais. Muito pelo contrário, tais textos são insistentes e até mesmo redundantes na afirmação da total separação existente entre o sábio e o insensato, que seriam tão diferentes como duas raças distintas de seres humanos. Diz Ario Dídimo: "*Zenone e i filosofici stoici suoi seguaci ritengono che vi siano due generi di uomini, i saggi e gli stolti*" (ARIO DÍDIMO, *Etica stoica*, 11g, p. 65). Contraditoriamente, Gazolla lança mão de muitos excertos semelhantes a este no decorrer de seu estudo. Cf., *v.g.*, GAZOLLA, *O ofício do filósofo estóico*, 84 et seq.
272. Algo muito semelhante ocorre no budismo, dado que a iluminação não se adquire por força de exercícios e de métodos ascéticos, dando-se de maneira repentina e imediata. A ideia encontra-se magistralmente ilustrada no *Sidarta* de Herman Hesse, romance que, apesar de não se vincular, como parece sugerir o título, à vida de Sidarta Gautama, o Buda, apresenta laços inegáveis com a sabedoria búdica, especialmente depois da reforma a que foi submetida graças ao trabalho de Nagárjuna. Sidarta, o personagem-título, explica por que não se pode falar em um processo de gradual iluminação. Sua fraseologia é estranhamente estoica, contendo também ecos da teoria aristotélica do ato e da potência: "O pecador que eu sou, e que tu és, é pecador, mas um dia voltará a ser *Brama*. Em determinado momento alcançará o Nirvana e será o Buda. Mas, olha bem: esse 'um dia' é apenas uma ilusão, um termo convencional. O pecador não se encontra a caminho do estado de Buda; não está em plena evolução, muito embora o nosso cérebro seja incapaz de imaginar as coisas de outro modo. Pelo contrário, no pecador já se acha contido, hoje, agora mesmo, o futuro Buda. Todo o seu porvir já está

os estoicos admitam a existência de maneiras de transformar um tolo vicioso em um sábio virtuoso, tal se verifica de forma instantânea após um longo exercício. Tal tema será abordado em detalhes na próxima subseção.

A vida do ser humano virtuoso se assemelha às artes do ator e do dançarino, nas quais nem todos os movimentos são permitidos. Tais artes não podem ser conduzidas de qualquer maneira, mas apenas de modo equilibrado e harmonioso[273]. Contudo, à diferença do teatro e da dança, que por mais perfeitas que sejam realizadas não contêm em si toda a Arte, a prática da virtude encerra em si todos os seus elementos[274]. Essas comparações não são gratuitas. Para o estoicismo, trata-se mesmo de transformar a vida em uma obra de arte moral, uma forma-de-vida inseparável de si mesma. Assim como aquele que maneja a lira e a flauta deve evitar a dissonância, o homem virtuoso precisa pautar suas ações pela harmonia, buscando a perfeição moral, mais sublime, no dizer de Cícero, do que a perfeição dos sons[275]. Da mesma forma que um músico experiente percebe na execução de certa melodia leves dissonâncias que o ouvido do vulgo não consegue captar, o estoico deve ser capaz de reconhecer e corrigir as menores imperfeições morais antevistas

---

presente. Tu deves respeitar na pessoa desse pecador, na tua própria pessoa, na de qualquer homem, o Buda em botão, o Buda possível, o Buda oculto. O mundo [...] não é imperfeito e não se encaminha lentamente rumo à perfeição. Não! A cada instante é perfeito. Todo e qualquer pecado já traz em si a graça. Em todas as criancinhas já existe o ancião. Nos lactentes já se esconde a morte, como em todos os moribundos há vida eterna" (HESSE, *Sidarta*, 166).

273. Certamente inspirado pela exposição de Cícero, Marco Aurélio prefere equiparar a vida à luta e não à dança, já que viver significa manter-se ereto e preparado para acontecimentos imprevistos (MARCO AURÉLIO, *Meditações*, VII, 61 [*Os pensadores*, 304]).

274. CICÉRON, *Des fins des biens et des maux*, III, VIII, 24 (*Les stoïciens*, 270).

275. CÍCERO, *Dos deveres*, I, 145, pp. 68-69.

em sua conduta, ainda que os demais não as entendam como elementos reprováveis[276]. Isso leva o sábio a se portar de maneira integralmente virtuosa, pois as virtudes se comunicam de modo recíproco, identificando-se, ao fim e ao cabo, com uma só realidade[277].

Caso certo ato seja praticado de modo que uma virtude em particular seja desconsiderada, ainda que todas as outras tenham sido respeitadas não se pode dizer que quem o praticou seja virtuoso. Há que se buscar a conduta absolutamente correta (*katorthómata*), que em si reúne todas as virtudes e não pode ser decomposta, consistindo no total acordo com a natureza. Tal acordo não admite adição[278] e não cresce ou diminui com o tempo, motivo pelo qual a vida não é mais ou menos feliz em razão da duração[279]. Uma vida virtuosa pode durar trinta anos, dez mil vezes mais ou muito menos que isso; o tempo, um dos incorpóreos, pouco importa para o estoicismo[280]. Sêneca aconselha a viver bem e não muito, pois a vida vale, à semelhança dos objetos preciosos, pelo seu peso e não pela sua extensão. A vida se cumpre — independentemente da sua duração — quando se alcança a sabedoria[281]. Se alguém viveu como um tolo por oitenta anos, não se pode dizer que realmente viveu, a não ser que se tome o termo "viver" no mesmo sentido aplicado às árvores: fulano existiu durante oitenta anos. Não tendo alcançado a sabedoria, esse hipotético ancião jamais viveu, tendo antes experimentado uma grande morte que se dilatou por oito décadas, conclui Sêneca[282]. Só vive aquele que

---

276. Cícero, *Dos deveres*, I, 146, p. 69.
277. Plutarque, *Des contradictions des stoïciens*, XXVII (*Les stoïciens*, 116).
278. Cicéron, *Des fins des biens et des maux*, III, XIV, 45 (*Les stoïciens*, 278).
279. Ibidem, III, XIV, 46 (*Les stoïciens*, 279).
280. Marco Aurélio, *Meditações*, II, 14 (*Os pensadores*, 278).
281. Séneca, *Cartas a Lucilio*, XCIII, 8, p. 319.
282. Ibidem, XCIII, 3, p. 318.

experimenta o sabor puro proporcionado pela sabedoria-virtude-razão. Todo o resto é indiferente[283]. Tão radical é a diferença que separa de um lado a virtude e o vício e, do outro, a sabedoria (*epistéme*) e a estultice (*aphrosynê*), que se assemelha à linha traçada entre vivos e mortos. De fato, o tolo morre muitas vezes antes de sua dissolução corporal[284].

A felicidade proporcionada pela virtude não se identifica com a expansão no tempo, mas com a postura digna daqueles que estão prontos a enfrentar quaisquer situações[285]. Um ser humano será virtuoso apenas se reunir em si a perfeição da ação reta[286]. Cícero a identifica com a honestidade, que ostentaria o *status* de único bem verdadeiro, conglobante de todas as demais virtudes[287]. A honestidade, esse outro nome da virtude nas obras de Cícero e de Sêneca, configura-se como o único bem porque aquele que julga outros objetos como verdadeiros bens cai sob o domínio da fortuna e passa a depender do

---

283. "A morte e a vida, a fama e o olvido, a dor e o prazer, a riqueza e a pobreza, tudo isso acontece igualmente na Humanidade a bons e maus, sem constituir honra ou labéu; portanto, não são bens nem males" (MARCO AURÉLIO, *Meditações*, II, 11 [*Os pensadores*, 278]).
284. SÉNECA, *Cartas a Lucilio*, XCIII, 4, p. 319.
285. Plutarco julga encontrar nessa afirmação uma contradição interna na doutrina estoica, pois o Pórtico sustenta que a felicidade proporcionada pela virtude não aumenta ou diminui, sendo constante e igual em qualquer momento. Todavia, os estoicos afirmam também que não vale a pena levantar um dedo pela sabedoria momentânea, pois esta se evola como a luz. Ora, como poderia haver "sabedoria momentânea" se sabedoria e virtude são uma única realidade que não aumenta nem diminui? (PLUTARQUE, *Des contradictions des stoïciens*, XXVI [*Les stoïciens*, 115-116]). O mesmo argumento encontra-se em PLUTARQUE, *Des notions communes contre les stoïciens*, VIII (*Les stoïciens*, 140-141). A mais óbvia solução para o paradoxo consiste em considerar a "sabedoria momentânea" como uma falsa ou aparente sabedoria.
286. CICÉRON, *Des fins des biens et des maux*, III, XIV, 45 (*Les stoïciens*, 278-279).
287. Ibidem, III, VII, 26 (*Les stoïciens*, 270-271).

arbítrio alheio[288]. Todavia, bem antes de Cícero e de Sêneca a tradição estoica grega já havia afirmado que todas as virtudes estão ligadas. E quem possui uma delas possui todas[289]. Para Crisipo, a virtude é una, mas apresenta vários estados relativos que podem levar a imaginar uma pluralidade de virtudes[290]. Não obstante, para efeito de exposição teórica os estoicos gregos diferenciavam as quatro virtudes básicas, quais sejam, a temperança, a coragem, a justiça e a prudência. Cada uma delas ensinaria ao ser humano, respectivamente, de que maneira deve perseverar, suportar, distribuir e querer. Ademais, possuem objetos próprios: a ordem e a conveniência (temperança); a constância e o esforço (coragem); a equidade e o bem (justiça); o bom conselho e a inteligência (prudência)[291]. No contexto do médio estoicismo, Panécio adotou uma divisão quadripartida muito similar. Haveria uma virtude contemplativa — a *sapientia* — e uma virtude prática que, sem se subordinar à primeira, é por ela coordenada, subdividindo-se em três espécies: *iustitia*, *fortitudo* e *temperantia*[292].

A diferença que separa em compartimentos incomunicáveis a virtude (*aretê*, *uirtus*) e o vício (*kakía*, *uoluptas*) é insuperável. O estoicismo não admite interpenetração entre ambas as realidades. Em uma página memorável, Sêneca distingue-as para afirmar, por um lado, a perenidade do sumo bem, dado que a alma íntegra não se estraga, e por outro lado, a perecibilidade do vício, que se extingue à medida que dele se goza, pois nada

---

288. Séneca, *Cartas a Lucilio*, LXXIV, 1, p. 206.
289. Diogène Laërce, *Vies et opinions des philosophes*, VII, 125 (*Les stoïciens*, 56). A mesma posição pode ser encontrada em Aristóteles, *Ética a Nicômacos*, VI, 1144b, p. 126.
290. Ibidem, VII, 161 (*Les stoïciens*, 68).
291. Ibidem, VII, 126 (*Les stoïciens*, 56).
292. Tatakis, *Panétius de Rhodes*, 173.

que está em movimento, como é o caso das paixões, pode possuir consistência[293]:

> Por que juntar coisas diferentes e até mesmo opostas? A virtude é algo de elevado, de incansável; a volúpia é baixa, servil, fraca, insignificante; seu lugar, seu domicílio são os lupanares e as tavernas. Você encontrará virtude no templo, no fórum, na cúria, de pé junto às muralhas, coberta de poeira, corada de sol, com as mãos calosas; a volúpia, geralmente, furtiva e em busca das trevas, nas proximidades dos banhos, das saunas, dos lugares que temem a polícia, mole, abatida, com vinho e perfumes a escorrer, pálida, rebocada, embalsamada como um cadáver.[294]

Como restou dito, o único bem radica-se na virtude, pois somente ela pode garantir a felicidade[295]. Entretanto, além da virtude e do vício existem os objetos indiferentes. Apesar de não gerarem felicidade[296], eles têm um papel fundamental no sistema ético do Pórtico. Já me referi brevemente aos indiferentes, contudo, vale a pena rememorar alguns conceitos. Deve-se ter cuidado com o uso do termo "indiferente", que possui dois sentidos no vocabulário técnico do estoicismo: o primeiro, lato e genérico, o contrapõe à virtude e ao vício, únicos bens e males verdadeiros. O segundo, específico e restrito, corresponde aos indiferentes neutros — objetos que não portam em si valor positivo ou negativo[297] —, estando entre os indiferentes preferíveis e os indiferentes rejeitáveis[298]. Tomando o termo em seu sentido

---

293. Sêneca, *Sobre a vida feliz*, VII, 4, p. 37.
294. Ibidem, VII, 3, p. 35.
295. Ario Dídimo, *Etica stoica*, 6d, p. 49.
296. Ibidem, 7g, pp. 54-55.
297. Cicéron, *Des fins des biens et des maux*, III, XV, 50-59 (*Les stoïciens*, 280-284).
298. Diogène Laërce, *Vies et opinions des philosophes*, VII, 104-105 (*Les stoïciens*, 49).

lato, Gazolla ensina que os indiferentes não são uma espécie de meio-termo ou de intermediário entre o bem e o mal, como entende equivocadamente boa parte da doxografia antiga[299]. Na verdade, eles conformam uma instância específica em que as escolhas podem se orientar rumo a valores bons ou maus sem se confundirem com a virtude ou o vício. A categoria dos indiferentes se revela então imprescindível para a Ética prática do Pórtico, pois, sendo a virtude realizável em sua plenitude apenas pelo sábio perfeito, será em relação aos indiferentes que o ser humano comum se exercitará em busca da perfeição moral, como exposto na próxima subseção. Os indiferentes são, portanto, o "material da virtude"[300]. Isso porque não há dois fins na vida, tais como ser virtuoso e saber escolher entre os indiferentes. Ao contrário, se é virtuoso quando — e porque — se escolhe corretamente entre os bens indiferentes, sejam eles preferíveis, rejeitáveis ou neutros[301].

Os indiferentes que trazem em si um valor positivo (*áxia*), tais como as honras, a saúde e a riqueza[302], são chamados de

---

299. Serve de exemplo do citado erro o seguinte trecho de Plutarco: "*Le couronnement dont Chrysippe fait surmonter sa doctrine nous dispense d'en dire davantage à ce sujet. Il y a, dans la nature, des biens, des maux, et des intermédiaires entre les biens et les maux, qu'on appelle indifférents*" (PLUTARQUE, *Des notions communes contre les stoïciens*, XII [*Les stoïciens*, 144-145]). Também Ário Dídimo entende incorretamente que os indiferentes são um tipo de meio-termo entre a virtude e o vício, pois não seria necessário persegui-los nem repudiá-los (ARIO DIDIMO, *Etica stoica*, 7, pp. 50-51).

300. ANNAS, *L'etica stoica secondo Ario Didimo e Diogene Laerzio*, 24.

301. CICÉRON, *Des fins des biens et des maux*, III, VI, 22 (*Les stoïciens*, 269).

302. Segundo Sêneca, a riqueza seria um indiferente preferível porque confere às virtudes um modo de ser "mais amplo" ("*et maiorem uirtuti suae materiam subministrari uult*". Cf. SÊNECA, *Sobre a vida feliz*, XXI, 4, p. 77). O tema da riqueza interessou vivamente a Sêneca, que escreveu um tratado inteiro para justificar a posse de bens materiais pelo sábio: *Sobre a vida feliz* (*Annaei Senecae ad Gallionem de vita beata*). Como é evidente, o célebre senador advogou em causa própria, já que, além de filósofo, era um dos homens mais ri-

indiferentes preferíveis, sendo lícito buscá-los desde que não ameacem a obtenção do verdadeiro bem. Os objetos que portam valor negativo (*apáxia*), a exemplo da dor, da desonra e da doença, são denominados indiferentes rejeitáveis. Pode-se tentar evitá-los, mas não a todo custo, pois o ser humano virtuoso não sacrifica a virtude para se ver livre de um rejeitável qualquer. É o que ensina Sêneca em seu famoso elogio ao suicídio contido na Carta LXX: o homem virtuoso não deve conservar a vida a qualquer preço, renunciando à tranquilidade e à moralidade em razão da mera existência biológica.

Nessa perspectiva, parece interessante terminar esta subseção com uma breve digressão sobre o suicídio, tema típico da ética estoica e que tem sido mal compreendido pelos leitores contemporâneos. Apesar de os estudiosos relacionarem o suicídio estoico primordialmente aos representantes imperiais da escola, Bonhöffer assegura que uma teoria formal do suicídio já podia ser encontrada no estoicismo médio[303]. Contra boa parte da tradição acadêmica, Reydams-Schils demonstrou que o suicídio estoico constitui um ato profundamente altruístico e não egoísta. De fato, o *hegemonikón* encontra-se conectado ao princípio divino do *lógos* e este pode exigir, em certas situações, que o ser particular se extinga em benefício do todo[304]. Para a *Stoá*, o sábio vive enquanto deve e não enquanto pode, compreendendo que morrer bem significa evitar o risco de viver mal[305]. O suicídio não é algo negativo a exemplo de uma fuga da ação, mas sim positivo, tal e qual uma ação propriamente dita. Diógenes Laércio ensina que é lícito ao sábio tirar

---

cos de Roma na sua época, fato que lhe valia inúmeras e duras críticas. Cf. introdução a SÊNECA, *Sobre a vida feliz*, 8-15.

303. BONHÖFFER, *The ethics of the stoic Epictetus*, 239.
304. REYDAMS-SCHILS, *The roman stoics*, 45-52.
305. SÉNECA, *Cartas a Lucilio*, LXX, 5-8, pp. 188-189.

a própria vida em favor da pátria e dos amigos ou quando estiver sofrendo em razão de mutilações e doenças incuráveis[306]. Com base em Olimpiodorus, Reydams-Schils lista os motivos tidos por razoáveis e que poderiam justificar aos olhos estoicos a prática do autoextermínio: (a) proteção dos amigos ou da comunidade; (b) desonra, como quando se é obrigado por um tirano a defender posições falsas ou a praticar atos vergonhosos; (c) sentimento de proximidade da loucura; (d) doenças incuráveis ou outras condições que impeçam a alma de usar o corpo como instrumento para seus fins; (e) pobreza extrema[307]. Não obstante o esquematismo da listagem, deve-se recordar que o sábio somente tira a própria vida quando compreende que tal corresponde à vontade do *lógos*. Ao contrário do tolo, que se suicida para fugir dos problemas, ao se matar o sábio apenas obedece às ordens integralmente racionais e invariáveis da razão[308]. Marco Aurélio vê a filosofia como a sabedoria que ensina a morrer bem[309]. Por isso mesmo o seu diário pessoal, intitulado *Para mim mesmo*, constitui uma grandiosa meditação sobre a morte. Com o estilo elegante que lhe é peculiar, Sêneca afirma que "ninguém tem poder sobre nós enquanto a morte estiver sob nosso poder"[310]. Enxergando no aniquilamento voluntário a máxima expressão da liberdade interior, escreve o cordobense:

---

306. Diogène Laërce, *Vies et opinions des philosophes*, VII, 130 (*Les stoïciens*, 57).
307. Reydams-Schils, *The roman stoics*, 46.
308. Bonhöffer, *The ethics of the stoic Epictetus*, 241.
309. "Da vida humana, a duração é um ponto; a substância, fluida; a sensação, apagada; a composição de todo o corpo, putrescível; a alma, inquieta; a sorte, imprevisível; a fama, incerta. Em suma, tudo que é do corpo é um rio; o que é da alma, sonho e névoa; a vida, uma guerra, um desterro; a fama póstuma, olvido. O que, pois, pode servir-nos de guia? Só é unicamente a Filosofia" (Marco Aurélio, *Meditações*, II, 17 [*Os pensadores*, 279]).
310. Seneca, *Letters from a stoic*, XCI, p. 183.

Para onde quer que olhe, lá está o fim de suas desgraças. Vê aquele lugar escarpado? Por ali se desce à liberdade. Vê aquele mar, aquele rio, aquele poço? A liberdade está lá no fundo. Vê aquela árvore esquálida, ressecada, estéril? Dela pende a liberdade. Vê seu pescoço, sua garganta, seu coração? São meios de escapar da escravidão. Mostro saídas demasiado penosas para você e que exigem muito ânimo e coragem? Quer saber qual é o caminho para a liberdade? Qualquer veia de seu corpo[311].

O suicídio é uma saída digna posta à disposição do estoico, que não pode se rebaixar a tudo com o fim de manter a vida. Assim, o poeta Juvenal reprova em suas *Satirae* a conduta dos romanos sitiados em Calahorra durante as guerras sertorianas na Espanha (73-72 a.C.)[312]. Para sobreviver eles tiveram de recorrer à antropofagia, atitude digna de bárbaros iletrados e não de verdadeiros homens instruídos pelo estoicismo greco-romano, que jamais se humilhariam com o fim único de preservar a mera sobrevivência corporal. Lucano aplaude na *Farsália* aqueles que, tal como ele próprio faria diante de Nero, preferem dar cabo da própria vida em vez de se submeterem a tiranos[313]. Bonhöffer se refere horrorizado à "terrível arrogância" dos estoicos que louvam o suicídio e nele enxergam a suprema confirmação prática da liberdade interior[314]. Tão cristão quanto Bonhöffer, mas bem menos científico, Duhot

---

311. *"A donde quiera que mires, allí está el final de tus desgracias. ¿Ves aquel lugar escarpado? Por allí se baja a la libertad. ¿Ves aquel mar, aquel río, aquel pozo? La libertad esta allí en lo hondo. ¿Ves aquel árbol escuálido, reseco, estéril? De él cuelga la libertad. ¿Ves tu cuello, tu garganta, tu corazón? Son medios de escapar a la esclavitud. ¿Te muestro salidas demasiado penosas para ti y que exigen mucho ánimo y entereza? ¿Quieres saber cuál es el camino hacia la libertad? Cualquier vena de tu cuerpo"* (SÉNECA, *Sobre la ira*, III, 15, 4 [SÉNECA, *Diálogos*, 228]).
312. JUVENAL, *Satires*, XV, vv. 93-110.
313. LUCANO, *Farsalia*, IV, v. 579.
314. BONHÖFFER, *The ethics of the stoic Epictetus*, 244.

tenta extrair dos textos de Epicteto uma condenação ao autoextermínio, pois tal equivaleria a desertar do posto que Deus assinalou para cada um na vida[315]. Mas a evidência textual é insofismável. Pondera Epicteto: assim como em um quarto abarrotado de fumaça, a porta da vida está sempre aberta para quem deseja abandonar uma existência miserável[316]. Em outra passagem textual o filósofo-escravo aduz que o sábio não se salva quando foge da morte, mas morrendo com dignidade é que se salva[317].

De acordo com Montesquieu, o suicídio foi ensinado aos romanos pela "seita estoica", escola que lhes revelou as inúmeras vantagens envolvidas nesse ato[318]. Suicidando-se, o indivíduo salva a honra e o patrimônio, que assim pode ser repartido entre os herdeiros e não confiscado pelos julgamentos injustos, como ocorria sob o jugo dos césares. Ademais, ao morrer por vontade própria o romano escapava à sanha desumana do inimigo vencedor e afirmava sua liberdade ao abandonar o drama da vida no ponto que lhe parecesse mais adequado. De fato, o suicídio constitui uma "grande comodidade para o heroísmo"[319] e graças a ele nem se percebe a morte chegar, dado que a alma se ocupa inteiramente com os detalhes do seu fim e se esquece de temer a morte, já que "O amor próprio, o amor à nossa conservação, transforma-se de tantas maneiras e age segundo princípios tão contraditórios que nos leva a sacrificar o nosso

---
315. Duhot, *Epicteto e a sabedoria estóica*, 130.
316. Épictète, *Entretiens*, I, XXV, 18 (*Les stoïciens*, 864).
317. Ibidem, IV, I, 165 (*Les stoïciens*, 1059).
318. Montesquieu, *As causas da grandeza dos romanos e da sua decadência*, 201-203.
319. Grandes figuras da Antiguidade — heroicas ou não — terminaram seus dias com as próprias mãos. Basta lembrar os nomes de Aníbal, Demóstenes, Caio Graco, Catão de Útica, Metelo Cipião, Cleópatra, Marco Antônio, Bruto, Cássio, Petrônio, Sêneca, Lucano e Nero.

ser por amor ao nosso próprio ser"[320]. Bem aprendida a lição estoica, Cícero entendia o suicídio como o resultado de uma fria e racional matemática segundo a qual, após sopesar vantagens e desvantagens, o sábio conclui que o mais conveniente é deixar a vida[321]. Assistidos pela pedagogia estoica, andavam longe os romanos dos dogmas cristãos que os iriam capturar na fase da decadência.

2.2. A sabedoria perfeita grega e o progresso moral romano

Como visto, para o estoicismo não há acesso gradativo à moralidade. Zenão e seus seguidores acreditam que os seres humanos não podem ser parcialmente virtuosos porque não há intermediário entre a virtude e o vício[322]. Assim como um bastão é reto ou torno, um homem é justo ou injusto[323]. Os vícios não podem ser vencidos de modo gradual. Quando a virtude se impõe, extermina-os todos de uma só vez[324]. Assim, ou se está no campo da moralidade ou no do vício[325]: *tertium non datur*. Cícero ilustra esse postulado evocando a situação de alguém que está se afogando. Não importa se o nadador está submerso no fundo do mar ou se há apenas alguns centímetros de água sobre a sua cabeça: em ambos os casos ele se afoga[326]. Tal concepção deriva da Física estoica e se liga à ideia de alma-polvo, essa

---

320. MONTESQUIEU, *As causas da grandeza dos romanos e da sua decadência*, 203.
321. CICÉRON, *Des fins des biens et des maux*, III, XVIII, 60-61 (*Les stoïciens*, 284-285).
322. ARIO DIDIMO, *Etica stoica*, 5b8, 40.
323. DIOGÈNE LAËRCE, *Vies et opinions des philosophes*, VII, 127 (*Les stoïciens*, 56).
324. SÊNECA, *Consolação a minha mãe Hélvia*, XIII, 3 (*Os pensadores*, 200).
325. ARIO DIDIMO, *Etica stoica*, 11l, p. 72.
326. CICÉRON, *Des fins des biens et des maux*, III, XIV, 48 (*Les stoïciens*, 279).

espécie de unidade psíquica aberta de formação e de deformação do espírito humano na qual não existe compartimentação e tudo está interligado, conformando um "[...] meio plástico e condutor dentro do qual toda impulsão local se transmite ao conjunto da alma"[327].

Ora, se para alcançar o bem supremo é necessário ser virtuoso em todos os atos da vida, torna-se praticamente impossível atingir o *status* de sábio, uma vez que, para o estoicismo grego, apenas o sábio possui a verdadeira virtude. Em razão de tal radicalismo, os próprios filósofos do Pórtico não se consideravam sábios (*phrônimos*), enxergando na sociedade formada pelos seres humanos comuns um gigantesco manicômio, uma reunião de feras piores do que os lobos — estes, ao menos, não se devoram — que não espelha a ordem e a harmonia do universo[328]. Epicteto roga para que lhe mostrem ao menos um único verdadeiro estoico, ou seja, um sábio perfeito. Em sua longa vida, confessa o filósofo, ele nunca teve acesso ao espetáculo mediante o qual alguém permanece feliz mesmo estando doente, ameaçado, exilado ou desprezado. Ele jamais encontrou um ser humano que, vivendo em conformidade total com a natureza, pretendesse se comparar aos deuses[329]. Nem mesmo Sócrates, modelo da Ética estoica, alcançou plenamente a sabedoria. Ainda que alguns estoicos tenham apontado Hércules, Catão de Útica e Diógenes, o Cínico, como prováveis candidatos ao posto de sábio, a maioria dos adeptos da *Stoá* entendia que nunca houve um verdadeiro sábio no planeta. Afirma-se, assim, a existência do estoicismo, mas não de filósofos estoicos[330]. Tal constatação leva a uma conclusão ainda mais emba-

---

327. Ildefonse, *Os estóicos I*, 140.
328. Veyne, *Séneca y el estoicismo*, 76.
329. Épictète, *Entretiens*, II, XIX, 20-27 (*Les stoïciens*, 935).
330. Veyne, *Séneca y el estoicismo*, 82.

raçosa para o Pórtico, dado que para alguém se tornar sábio é preciso ser virtuoso e agir conforme à natureza. Contudo, só o sábio conhece a virtude e as reais determinações da natureza. Trata-se de um típico círculo vicioso grego segundo o qual para ser sábio é preciso conhecer a verdade, mas somente o sábio conhece a verdade.

Há ainda outro paradoxo igualmente inquietante. Conforme descrito na subseção anterior, possuir uma virtude equivale a possuir todas as demais, visto que seus princípios teóricos são comuns[331]. Em razão disso, aqueles que se tornam sábios estão imunes a qualquer vício ou transgressão; eles simplesmente não podem cometer falhas e tudo que fazem é bom e correto[332]. Com fundamento nesse argumento, o estoicismo grego sugere que ao sábio tudo é permitido[333], desde o incesto com a própria filha até o estupro e a antropofagia[334]. Por mais repugnantes que pareçam, os atos exteriores nada significam para o sábio. A virtude é uma disposição da alma e, portanto, só importam seus momentos internos, tais como a *inclinatio*, a *intentio* e a *voluntas*[335].

---

331. DIOGÈNE LAËRCE, *Vies et opinions des philosophes*, VII, 125 (*Les stoïciens*, 56).

332. ARIO DIDIMO, *Etica stoica*, 5b10, p. 41.

333. Do mesmo modo, no budismo os conceitos de "bem" e "mal" não se aplicam àqueles que alcançaram a iluminação. As ações dos santos que atingiram o Nirvana antes da morte não produzem carma algum e por isso não dão lugar a penas ou recompensas. Com efeito, o ser humano que se libertou em vida já não se sujeita mais ao ciclo de renascimentos, não praticando ações boas ou más. Na verdade, ele não pratica quaisquer ações no sentido convencional do termo (BORGES; JURADO, *Que es el budismo*, 271).

334. DIOGÈNE LAËRCE, *Vies et opinions des philosophes*, VII, 121 (*Les stoïciens*, 55), PLUTARCH, *On stoic self-contradictions*, 1044F-1045A (LONG; SEDLEY, *The hellenistic philosophers*, 430), e SEXTUS EMPIRICUS, *Outlines of pyrrhonism*, 3, 247-248 (LONG; SEDLEY, *The hellenistic philosophers*, 430-431). Cf. também os comentadores contemporâneos, *v.g.*: BERA, *Pensamiento estoico*, 20, e BERRAONDO, *El estoicismo*, 73.

335. ARNOLD, *Roman stoicism*, 286.

À semelhança de um Midas moral, o sábio tornaria virtuoso tudo aquilo que tocasse, posição radical não adotada pela vertente romana do Pórtico, muito mais preocupada com a moral positiva do que os utópicos (ou distópicos?) escolarcas atenienses. De fato, ao contrário do estoicismo romano, a versão grega da *Stoá* nunca se libertou dos traços antissociais cínicos presentes em sua origem.

Na verdade, a figura do sábio perfeito sempre foi problemática para o estoicismo, a ponto de ter sido abandonada por Panécio e outros filósofos da média *Stoá*. Cícero lançou mão dela para apresentar três dos seis mais espantosos paradoxos do Pórtico, segundo os quais todos os não sábios são tolos (*omnes stultos insanire*)[336], apenas o sábio é livre e todos os tolos são escravos (*omnes sapientes liberos esse et stultos omnes seruos*)[337] e só o sábio é rico (*quod solus sapiens diues*)[338]. Foi também tendo em vista o ideal inatingível da sabedoria que Plutarco censurou os estoicos por exigirem que o ser humano passasse do extremo vício à extrema virtude, abandonando a mais miserável das vidas em favor de uma existência similar à dos deuses[339], o que lhe parecia impossível. Todavia, não procede o reproche. Antes de criticar a ideia de sábio perfeito, é necessário compreender sua função no sistema unitário da filosofia estoica, na qual tal postulação representa o papel de garantia da verdade, pois somente o sábio consegue chegar à representação compreensiva capaz de desnudar a essência racional do real. Ademais, a inacessível moralidade teórica da *Stoá*, própria do sábio, admite ao seu lado uma moral prática mediante a qual o ser humano

---

336. CICERONE, *I paradossi degli stoici*, parad. IV, I-II, 27-32, pp. 132-145.
337. Ibidem, V, I-III, 33-41, pp. 154-171.
338. Ibidem, VI, I-III, 42-52, pp. 178-191.
339. PLUTARQUE, *Des notions communes contre les stoïciens*, VIII (*Les stoïciens*, 140-141).

comum pode obter o *status* de virtuoso[340]. Trata-se, obviamente, de uma moral de segundo grau que se aplica aos homens em seu cotidiano, ensinando-os a cumprir funções convenientes na cidade e no mundo.

A "moral do conveniente" se desenvolveu com particular brilho em Roma, em especial graças às obras de Panécio e de Cícero. Aplicando as máximas dessa moralidade, que se dirige aos bens indiferentes preferíveis e não à virtude perfeita do sábio, o ser humano comum pode chegar a ser virtuoso. Para tanto, faz-se necessário um rígido aprendizado (*askêsis*) mediante o qual se tenha sempre em mente a figura do sábio. Tal figura não dá lugar a uma contradição interna no sistema do Pórtico, como quer Berraondo[341], representando antes o padrão de conduta a ser seguido por todos aqueles que pretendem progredir moralmente. A sabedoria estoica corresponde a um modelo moral abstrato que talvez não possa — nem deva — ser concretizado, visto que isso ameaçaria a implacável e quase inumana racionalidade característica do sábio. Sellars entende, a meu ver com razão, que a noção de sábio corresponde a um "*purely abstract regulative ideal*"[342]. Independentemente da existência fática do sábio, sua figura representa um arquétipo talvez inimitável, mas útil no caminho do progresso moral, de sorte que Epicteto não exigia que seus alunos *fossem* efetivamente Sócrates — o que seria impossível —, mas sim que agissem *como* Sócrates[343]. Na mesma linha interpretativa, Gazolla ensina que o progresso está no exercício rumo à virtude e não na virtude em si, inalcançável para o ser humano comum[344].

---

340. É somente nesse sentido que se fala em dupla moralidade estoica. Cf. Bréhier, *Chrysippe et l'ancien stoïcisme*, 234 *et seq*.
341. Berraondo, *El estoicismo*, 83-99.
342. Sellars, *Stoicism*, 38.
343. Ibidem, 41.
344. Gazolla, *O ofício do filósofo estóico*, 87.

A *prokopê*, bem como os demais aparentes paradoxos do estoicismo — a república cosmopolita de Zenão, a perfeição e a consequente inexistência do sábio, a aniquilação das paixões, a equivalência de todas as virtudes etc. —, se revela como um paradigma criado para a educação, tratando-se de uma estratégia retórica que põe a descoberto a grandeza pedagógica da doutrina estoica. Pouco importa se o aspirante a sábio atingirá ou não sua meta; o simples ato de buscar tornar-se um ser humano melhor já corresponde a um incremento moral. Tendo em vista o modelo perfeito do sábio, cabe ao ser humano buscar aperfeiçoar-se de modo que a cada dia e a cada minuto de sua vida ele esteja mais próximo da meta inatingível da *Stoá* que impressionou a Antiguidade e continua a impressionar hoje. Nietzsche, por exemplo, entende que os estoicos estão comprometidos em um processo de autodominação, a mais alta forma da "vontade de poder"[345]. Ao seu turno, Sartre descreve o estoicismo como uma filosofia que pretende realizar uma transformação existencial total na vida do indivíduo[346]. Com efeito, ensina o Pórtico que ser sábio e virtuoso corresponde a uma arte que somente se aprende quando constantemente exercitada. Sêneca aduz que a virtude não é algo dado pela natureza fenomênica, e sim aprendido tendo em vista a natureza racional do cosmos. As virtudes não são características de um suposto ser humano primevo e inocente que viveu na era de ouro, recém-saído das mãos dos deuses. Ao contrário, são produtos refinados da civilização e identificam o homem culto e instruído que nelas se exercita e, diferentemente do primitivo, não deixa de praticar os vícios por desconhecê-los, mas, ao conhecê-los, rejeita-os de maneira consciente[347].

---

345. NIETZSCHE, *Daybreak*, § 251.
346. SARTRE, *War diaries*, 82.
347. SÉNECA, *Cartas a Lucilio*, XC, 46, p. 305.

Tal posição caracteriza todas as escolas estoicas, sejam gregas ou romanas, estando presente nas obras de Cleantes, Crisipo, Posidônio e Hécaton. Eles acreditam na possibilidade de aprender e ensinar a virtude, tal como prova o fato de alguém mau poder se transformar em um indivíduo bom[348]. O estoicismo médio, especialmente a partir de *Dos convenientes* — tratado de Panécio publicado por volta de 138 ou 139 a.C. e basilar para a redação de *Dos deveres* de Cícero em 44 a.C. (ano 710 de Roma) —, cuidou de aprofundar essa ideia e assim humanizar o sábio imaculado e inatingível, substituindo-o pelo ser humano comum perdido no torvelinho do cotidiano e que procura, de boa vontade, se orientar rumo ao bem. Graças a Panécio, o centro da Ética estoica passou a se localizar no homem concreto. Por obra de Panécio assiste-se ao processo de interiorização da moral responsável por um novo período na história da filosofia cujo ápice será, como se sabe, a obra de Epicteto, coroamento da filosofia autárquico-quietista do Pórtico. Sem dúvida, o triunfo romano do estoicismo só foi possível devido a Panécio. Todavia, o sacrifício exigido foi grande. Além de ter adaptado a intrincada Física do Pórtico a uma visão mais realista e superficial, de modo a poder responder às cáusticas críticas de Carnéades, Panécio abriu mão de vários aspectos característicos da Ética estoica em um processo que foi visto por Arnold como uma vitória da Literatura sobre a Lógica, da razoabilidade sobre a razão e do compromisso sobre a consistência[349].

Assim como todos os demais estoicos, Panécio afirma que a virtude pode ser objeto de atividades educativas teóricas e práticas, uma vez que só conhece o bem aquele que o realiza

---

348. Diogène Laërce, *Vies et opinions des philosophes*, VII, 91 (*Les stoïciens*, 45).
349. Arnold, *Roman stoicism*, 103.

cotidianamente[350]. Panécio dá um passo fundamental para o estoicismo imperial: ao humanizar a virtude concebendo-a como o mais alto fim moral do ser humano, o filósofo de Rodes dela expurgou o caráter sagrado e inacessível, traço característico do antigo estoicismo, para o qual todas as virtudes eram, ao fim e ao cabo, uma espécie de piedade dirigida aos deuses. Uma das mais importantes inovações do sistema moral de Panécio reside na sua quase completa desvinculação da metafísica[351]. Nos outros estoicos e em pensadores anteriores como Platão, a compreensão integral dos deveres morais pressupunha o conhecimento da trama do universo em que ele, o ser humano, se inseria, correspondendo a uma derivação de princípios superiores cujo entendimento era vedado ao indivíduo comum, cabendo apenas ao sábio ou àquele capaz de se elevar ao plano do mundo das Ideias. Panécio obrigou a virtude a descer dos céus metafísicos, tornando-a factível, real e, portanto, exigível na realidade social. Foi esse ideário reformado de excelência moral que orientou o estoicismo romano, preocupado muito mais com as condutas convenientes (*kathékonta*) — os *officiis* de Cícero — do que com as ações perfeitas (*katorthómata*) e pouco realistas do sábio idealizado pelos gregos.

Na linha de Panécio, Sêneca admite que os seres humanos comuns não se assemelham aos sábios[352]. Mas ainda assim ele dirige uma violenta crítica aos detratores do estoicismo que ridicularizam seu ideal de perfeição moral. Sêneca lhes diz que em vez de não poderem ser sábios, na verdade eles não querem. Duhot parece concordar com tal tese ao aduzir que a figura do sábio não consiste apenas em um postulado ideal, tratando-se antes de uma realidade atualizável que só é tida como intrans-

---

350. TATAKIS, *Panétius de Rhodes*, 172.
351. Ibidem, 194.
352. SÉNECA, *Cartas a Lucílio*, CXVI, 5, p. 427.

ponível porque o limitado horizonte mental dos seres humanos comuns a torna opaca. Ainda que o sábio estoico seja um caso-limite, suas características são vivenciáveis, como prova a vida de Epicteto[353]. Este, aliás, dizia que a escola do filósofo é como um consultório médico onde se encontra não o prazer, mas a dor, uma vez que nela chegam doentes que precisam ser curados[354]. O aprendizado filosófico não é uma tarefa fácil, o que não significa que seja impossível. É o que sustenta Sêneca:

> Agora me apresentarão aquele argumento vulgar contra os estoicos: "Você promete coisas excessivamente grandes, ordena coisas demasiado duras. Nós somos uns pobres pequenos homens; não podemos nos negar todas as coisas. Nos queixaremos, mas pouco; teremos desejos, mas de forma moderada; nos irritaremos, mas nos aplacaremos". Sabe por que não podemos [realizar] essas coisas? Porque acreditamos que não podemos. E mais, por Hércules!, há ainda outro elemento nisso tudo: porque amamos nossos vícios, os defendemos e preferimos desculpá-los e não jogá-los fora. A natureza deu ao homem força suficiente se dela lançamos mão, se reunimos nossas energias e as usamos a nosso favor [ou], ao menos, não as colocamos contra nós mesmos. O não querer é a causa; o pretexto [é] não poder[355].

---

353. DUHOT, *Epicteto e a sabedoria estóica*, 70.
354. ÉPICTÈTE, *Entretiens*, III, XXIII, 30 (*Les stoïciens*, 1018-1019).
355. "*En este lugar me presentarán aquel dicho vulgar contra los estoicos: 'Prometes cosas excesivamente grandes, mandáis cosas demasiado duras. Nosotros somos unos pobres pequeños hombres; no podemos negarnos todas las cosas. Nos doleremos, pero poco; tendremos deseos, pero de manera moderada; nos irritaremos, pero nos aplacaremos'. ¿Sabes por qué no podemos [cumplir] esas cosas? Porque creemos que nosotros no podemos. Es más, ¡por Hércules!, otra cosa hay en ello: porque amamos nuestros vicios, defendemos y preferimos excusarlos a arrojarlos. La naturaleza dio al hombre suficiente fuerza si usamos de ella, si reunimos nuestras energías y las lanzamos en favor nuestro [o], por lo menos, no contra nosotros. El no querer es la causa; el pretexto [es] no poder*" (SÉNECA, *Cartas a Lucilio*, CXVI, 7-8, p. 428).

O progresso moral consiste na gradual adequação da vontade humana ao sumo bem indicado pela razão. Por isso o estoicismo se mostra como uma doutrina muito mais voluntarista do que intelectualista. Diferentemente do que pregava o Sócrates de Platão[356], não basta apenas libertar-se das trevas da ignorância e conhecer o bem — a verdade — para se tornar bom: é preciso também *querer* o bem. A virtude estoica só se dá de forma total, o que inclui *cognitio* e *voluntas*. Ela não é algo que possa ser obtido pouco a pouco pela gradual adição de itens a outros itens, revelando-se antes como realidade unitária[357]. Contudo, ainda que a virtude só possa ser possuída como um todo, ela pressupõe a superação de vários estágios de aprendizado. Para ser virtuoso é preciso um enorme esforço, visto que a virtude não é dada pela *natura*, mas apreendida como *ars*[358]. Ora, o aprendizado daquele que progride — chamado de *proficiens* — assemelha-se a uma espécie de contabilidade moral em que se deve, ao final do dia, fazer o exame de consciência aludido por Epicteto[359] e pelo filósofo romano Sextio, dono de ideias muito similares às do Pórtico. É preciso se perguntar, à moda de Sêneca: no que melhorei hoje? A que paixões e males consegui resistir? Estou progredindo moralmente? Tendo que render contas diariamente a um tal juiz, os vícios hão de se comportar melhor, graceja o filósofo cordobense[360]. A cada minuto de sua existência o ser humano precisa estar atento, pois *"[e]n la vida de un estoico, cada minuto cuenta; el tiempo es inapreciable. No porque sea breve y se tema carecer de él (a cada minuto su premio, que consiste en haber empleado racionalmente el minuto), sino porque no*

---

356. PLATÃO, *A república*, VI, 505a-509b, 301-310.
357. CICÉRON, *Des fins des biens e des maux*, III, X, 34 (*Les stoïciens*, 274).
358. *"Non dat natura virtutem; ars est bonum fieri"* (SÊNECA, *Cartas a Lucilio*, XC, 44, p. 304). Trad.: "A natureza não dá a virtude. Ser bom é uma arte".
359. ÉPICTÈTE, *Entretiens*, III, X, 2-4 (*Les stoïciens*, 982).
360. SÉNECA, *Sobre la ira*, III, 36, 1-4 (*Diálogos*, 253-254).

se le debe perder con irreflexión"[361]. O exame de consciência constitui o primeiro dever para quem deseja conhecer a si mesmo. Paralelamente, para agir conforme à natureza, dogma central do Pórtico, torna-se necessário conhecer a própria natureza, além daquela do universo como um todo:

> Devemos agir deste modo de maneira que não tenhamos de nos opôr às leis universais da natureza e a que, preservada esta, sigamos nossa própria índole[362] [...]. Que cada um esteja, pois, ciente do seu próprio carácter e se revele um juiz criterioso das suas próprias qualidades e defeitos, consequentemente assim se evitando que possa a gente do teatro parecer ser mais prudente do que nós próprios[363].

No entanto, a aprendizagem do estoico não se constitui propriamente como um avanço do menos virtuoso (tolo) ao mais virtuoso (sábio), mas sim como obtenção total e imediata da virtude, que não é o limite de um progresso, mas uma coisa nova[364]. Como dito antes, essa súbita transformação deve ser preparada por diversos atos e estados mentais, o primeiro deles consistindo na diferenciação dos indiferentes preferíveis, indiferentes rejeitáveis e indiferentes neutros. Além disso, a *prokopè* estoica pressupõe o exercício constante da virtude, de modo que se torne um hábito[365]. Ário Dídimo cita um antigo provérbio capaz de justificar tal proposta: *"l'esercizio protratto a lungo si trasforma in natura"*[366]. Não basta, portanto, apenas querer ser sábio. O aprendiz de estoico precisa se exercitar diutur-

---

361. VEYNE, *Séneca y el estoicismo*, 87.
362. CÍCERO, *Dos deveres*, I, 110, p. 55.
363. Ibidem, I, 114, p. 56.
364. BRÉHIER, *Chrysippe et l'ancien stoïcisme*, 218.
365. ARIO DIDIMO, *Etica stoica*, 5k, p. 46.
366. Ibidem, 11m, p. 72.

namente, fortalecendo os músculos da alma em uma atividade que pode levar toda a vida.

As sensações (dor, fome, desejo sexual, efeitos dos cinco sentidos etc.) são dados físicos involuntários e poderosas fontes de paixões. Por serem comuns a todos os seres humanos, nem mesmo o sábio pode se livrar do seu ataque. O estoico sente dor e prazer como qualquer um. A diferença consiste na maneira como tais dados sensíveis são interpretados por quem progride no caminho da sabedoria; uma coisa é a dor, outra é o medo da dor, reprovável em um estoico. Os chamados *incommoda extrinseca* podem perturbar o corpo, mas não a razão legisladora. Por isso o sábio treme, mas jamais é presa de temor. Sêneca admite que o sábio sente, como todos os demais, a dor corporal, a fraqueza, a perda de entes queridos e até mesmo os azares da pátria na guerra. O diferencial está na atitude mental que ele adota e não em uma suposta fortaleza corporal e psíquica semelhante à da pedra ou à do ferro. Aliás, se nada sentisse, menor seria a glória moral do sábio. De fato, não há mérito em suportar aquilo que não se sente.

A situação daquele que progride é das mais difíceis, pois ele sabe ser um tolo e não um sábio, ao contrário do restante da humanidade, que ignora a própria baixeza moral e assim consegue viver comodamente[367]. Cientes de seu estado graças ao avanço na aprendizagem estoica, os aspirantes sabem que nenhum de seus atos é virtuoso, pois somente os sábios estão aptos a praticar a verdadeira virtude. O homem comum goza de momentos de distração e de lazer nos quais pode fazer o que desejar com seu tempo. O aprendiz de estoico não se permite tal luxo. Com exceção do repouso que o corpo exige e durante as raras oportunidades em que a austeridade pode ser abandonada em nome de certo relaxamento da tensão men-

---

367. BRENNAN, *Psicologia moral estóica*, 316-317.

tal[368], o futuro estoico precisa estar sempre atento para reconhecer e debelar o traiçoeiro ataque dos vícios e construir, até mesmo com os mais insignificantes atos e pensamentos, uma epopeia da virtude[369]. Ainda que somente os sábios pratiquem a virtude, os aspirantes precisam buscar realizá-la, mesmo que de maneira formal, pois desse modo dão lugar a um padrão de solidificação moral que, em longo prazo, poderá se converter em virtude[370]. De fato, não há descanso para quem pretende progredir moralmente, ensina Sêneca[371]. Por isso o estoico é o seu próprio acusador, mediador, defensor e carrasco[372]. Veyne cita Luciano de Samósata, que se ri dos estoicos porque passam toda a vida aprendendo a viver[373]. Sêneca, ao contrário, afirma que o estoicismo é uma arte que ensina a morrer[374]. A maioria dos seres humanos flutua de maneira miserável entre o medo da morte e as penas da vida e, não sabendo morrer, não quer realmente viver[375]. Para além da frívola ironia do grego, brilha o pensamento lapidar do estoicismo romano, segundo o qual apenas a vida inteira basta para a simples aprendizagem do desprezo pela vida.

---

368. Nas ocasiões de descanso é lícito ao sábio inclusive embebedar-se, sem que, contudo, tal se transforme em hábito, com o que o espírito se acostumaria mal. Ao tratar do vinho, Sêneca lembra que seu criador é chamado entre os romanos de *Liber* — um dos nomes de Baco — não porque tal bebida solta a língua, mas porque liberta o ser humano de suas aflições e torna sua alma mais forte e audaz, opinião que soa paradoxal em um estoico tão estrito como Sêneca. Cf. SÊNECA, *Sobre a tranquilidade da alma*, XVII, 4-11 (SÊNECA. *Sobre a tranquilidade da alma/Sobre o ócio*, 69-73).
369. VEYNE, *Séneca y el estoicismo*, 87-88.
370. BRENNAN, *Psicologia moral estóica*, 319.
371. SENECA, *Letters from a stoic*, LIII, 100-103.
372. SÉNECA, *Cartas a Lucilio*, XXVIII, 10, p. 88.
373. VEYNE, *Séneca y el estoicismo*, 80.
374. SÉNÈQUE, *De la brièveté de la vie*, VII, 4 (*Les stoïciens*, 701-702).
375. SÉNECA, *Cartas a Lucilio*, IV, 5, p. 27.

Mas o estoico não se assemelha ao ser sem emoções com o qual se costuma identificá-lo[376], às vezes de forma maliciosa como fez o neoepicurista La Mettrie[377]. Duhot afirma que se costuma pensar no estoico como um personagem marmorizado, um fantasma sem atualidade que vaga no imaginário evocando um heroísmo passivo e sem esperança. Tal imagem é falsa e mascara o fato de terem sido os estoicos um dos grupos fundadores do humanismo[378]. Todo conhecimento proporcionado pela *Stoá* tem por objetivo a ação, motivo pelo qual o estoico não se retira à sua interioridade por mero capricho. A apatia e a ataraxia estoicas não são formas de se evadir do mundo, mas sim métodos para a obtenção da estabilidade da alma diante da multiplicidade factual e da ameaça constante das paixões. Ao contrário do que leituras pouco profundas do Pórtico podem fazer crer, a *apátheia* estoica não se dá pela completa ausência de emoções, antes caracterizando uma mente que se libertou das más emoções, ou seja, das paixões[379]. Portanto, o estoico não é uma "máquina intelectual" como quer Tatakis[380]. Apesar de ser seu dever extirpar as paixões da alma, lhe é permitido e mesmo necessário que cultive três tipos de boas emoções (*eupátheiai*): a alegria (*charán*), essa espécie de prazer racionalmente

---

376. Para uma crítica da imagem popular do estoico como ser desprovido de emoções, cf. SORABJI, *Emotion and peace of mind*.

377. *"We shall be Anti-Stoics! Those philosophers are sad, strict, and unyielding; we shall be cheerful, sweet-natured, and indulgent. They are all soul and ignore their bodies; we shall be all body and ignore our souls. They appear impervious to pleasure or pain; we shall glory in feeling both"* ["Devemos ser antiestoicos! Esses filósofos são tristes, rígidos e inflexíveis; nós devemos ser alegres, de natureza doce e indulgentes. Eles são todos alma e ignoram seus corpos; devemos ser todos corpo e ignorarmos nossas almas. Parecem imunes ao prazer ou à dor; nos devemos nos vangloriar por sentirmos ambos."] (LA METTRIE, *Machine man and other writings*, 119).

378. DUHOT, *Epicteto e a sabedoria estóica*, 9-10.

379. LONG, *Epictetus*, 233 e 244.

380. TATAKIS, *Panétius de Rhodes*, 182.

eleito; a cautela (*eulábeias*), que não se confunde com o medo, por provir da razão; e a vontade (*boulésin*, traduzível também como "querer" ou "volição"), que se diferencia do simples desejo por se tratar de um apetite racional. Para Brennan, as *eupátheiai* não são sentimentos. Em seu estudo ele reserva tal expressão para definir os impulsos apaixonados. Por seu turno, as *eupátheiai* são vistas como impulsos consistentes em episódios de conhecimento, dado que o sábio compreende que só a virtude é boa e só o vício é mau[381]. As *eupátheiai* básicas podem dar origem a outras que lhe são tributárias, tais como a benevolência, a bondade, o pudor, a satisfação, o contentamento, o bom-humor, a modéstia, a ternura etc[382].

Com base na moralidade estoica humanizada de Panécio, Cícero afirma que mesmo as diversões não são proibidas ao ser humano virtuoso que caminha pela dura senda da *Stoá*. Basta apenas que ele saiba não ter sido gerado para jogos e prazeres, aos quais pode, contudo, entregar-se de maneira moderada, assim como ao sono e ao descanso e sempre após o cumprimento dos deveres impostos pelo *decorum*[383]. Entretanto, mesmo o ato de se divertir deve ser iluminado pela razão, de modo que a recreação seja elegante, refinada, espirituosa e de bom gosto, e não vulgar, petulante, escandalosa e indecente, como é próprio das massas populares[384]. Como se vê, a Ética estoica romanizada servia perfeitamente para justificar o modo de vida elitista do patriciado, desejoso de se diferenciar da plebe em todos os aspectos da vida social, inclusive quando se tratava de diversões e breves esquecimentos dos assuntos sérios.

---

381. Brennan, *Psicologia moral estóica*, 299-300.
382. Diogène Laërce, *Vies et opinions des philosophes*, VII, 116 (*Les stoïciens*, 53).
383. Cícero, *Dos deveres*, I, 103, 52.
384. Ibidem, I, 104, 52-53.

É claro que o progresso moral proposto pelo estoicismo romano corresponde a um ideal modesto se comparado ao praticamente inexistente sábio estoico, senhor de uma vontade infinitamente devoradora capaz de vencer qualquer obstáculo. A moralidade reformada do estoicismo romano indica ao ser humano como viver com suas próprias limitações de maneira eticamente aceitável. É neste ponto que uma das aparentes contradições do Pórtico se desvanece. Se a Física torna o universo completamente racional ao identificá-lo a deus, como resolver o problema do Mal? A resposta cabe à Ética, que nele enxerga apenas uma ilusão proporcionada aos não sábios — ou seja, a toda a humanidade — pelos objetos que lhes são exteriores. As dores, os sofrimentos, a cobiça, a crueldade e todas as demais manifestações do Mal nada mais são do que opiniões errôneas de mentes que não conseguem contemplar a realidade verdadeira, integralmente racional. Todavia, mesmo tais reflexos da insensatez humana têm utilidade no plano do universo, pois a virtude não existe sem o vício e o Bem (*ágathos*) nada seria sem o Mal (*kakôs*). No sistema da *Stoá* este se reduz a mero suporte do Bem, necessário ao progresso moral. Assim, no estoicismo a aparente oposição entre Bem e Mal se resolve em identidade, bastando que se aprenda a compreender o Mal como o Bem, dado que as situações adversas servem para o aperfeiçoamento moral e o enfrentamento de tudo aquilo que impede o homem de ser um verdadeiro sábio. Ademais, a coexistência dos opostos é necessária para a manutenção da ordem cósmica, assim como a consonância e a dissonância são imprescindíveis para a estruturação de uma sinfonia cujo resultado, contudo, deve ser racional[385]. Tal e qual no sistema de Leibniz, o Mal se apresenta de forma relativa na filosofia estoica, configurando-se como condição para a beleza e a perfeição do conjunto. O Mal

---

385. LONG, *Epictetus*, p. 154.

só parece contradizer o Bem caso a observação se limite à superfície da realidade[386].

Por fim, é preciso diferenciar o mal moral, imputável unicamente ao ser humano e à sua limitada compreensão da realidade, e o Mal cósmico, que se mostraria incoerente com a infinita bondade e o ilimitado poder do demiurgo estoico. De acordo com a leitura de Algra, o Mal cósmico se explica de maneira epistêmica — o conceito de Bem exige o de Mal —, mas também ontológica, dado que o Bem enquanto tal não pode existir sem o Mal. No plano físico o Mal cósmico se põe como um tipo de efeito colateral das ações boas da divindade, com o que Algra sugere não ser o deus estoico onipotente à semelhança do cristão[387]. Entretanto, o que importa é que para o estoicismo, como para os gregos em geral, o Mal não tem substância. Ele nasce e subsiste no pensamento equivocado, jamais na realidade concreta. Seu *status* ontológico é o de *lektón*, dizível sem corporalidade, mero sentido criado pela mente humana viciada pelas paixões ou enganada por visões parciais da realidade. Isso significa que o Mal não possui substância autônoma, ou seja, não se trata de uma potência contrária ao *lógos* que com ele batalharia pela sujeição do universo. Do ponto de vista da natureza, o Mal não existe. Só o homem o concebe. E isso não porque haja no ser humano uma metade malévola, mas sim porque ele ignora o Bem — a virtude — e se rende às determinações apaixonadas da irracionalidade. O lugar do Mal é o pensamento, o desejo e a ação, sendo resultado de um erro que pretende descrever a natureza mediante perspectivas centradas no humano e no *self*. Contudo, "[a] ordem do mundo implica restrições que não nos agradam necessariamente. O Pórtico não reivindica conforto, ele quer seguir a natureza, na

---

386. Duhot, *Epicteto e a sabedoria estóica*, 63.
387. Algra, *Teologia estóica*, 190-191.

medida em que é racionalidade divina"[388]. Segundo Schofield, quando Crisipo ensina que se deve viver em conformidade com a natureza, ele se refere não apenas à natureza humana, mas também à natureza em geral, da qual os humanos fazem parte. O atributo da racionalidade coroa a natureza humana, mas é necessariamente compartilhado com o cosmos, motivo pelo qual os homens não podem se fechar em posições egoístas e enxergar o bem apenas quando são atendidos seus interesses particulares mais imediatos[389]. O ponto de vista do Pórtico radica-se sempre na totalidade do processo cósmico.

2.3. As paixões: o lado sombrio do *lógos*

A paixão (*páthos* ou *epithymía*) surge dos excessos[390] — a antiga e ameaçadora *hýbris* dos gregos — ou quando o ser humano trata indiferentes preferíveis como se fossem bens verdadeiros, o que desequilibra a alma e a lança em um estado doentio. Etimologicamente, a paixão é um signo da passividade, caracterizando quem já não é mais senhor de si. Segundo um dito de Zenão recolhido por Cícero, a paixão se identifica com um abalo na alma que se opõe à reta razão (*orthò lógos*, *recta ratio*) e, por conseguinte, à própria natureza racional do ser humano, tratando-se de uma tendência maligna do espírito que se afasta do equilíbrio natural (*aphormê*)[391]. Apesar de se desenvolverem no *hegemonikón*, as paixões são movimentos irracionais e antinaturais da alma[392]. Ário Dídimo as conceitua como impulsos excessivos opostos às escolhas racionais. Na Psicologia do Pór-

---

388. Duhot, *Epicteto e a sabedoria estóica*, 104.
389. Schofield, *Ética estóica*, 272-273.
390. Cicéron, *Les tusculanes*, IV, IX, 22 (*Les stoïciens*, 336).
391. Ibidem, IV, VI, 11 (*Les stoïciens*, 332-333).
392. Ario Didimo, *Etica stoica*, 10, p. 57. Esclarece Ário no trecho citado que os termos "irracional" e "antinatural" não são usados no sentido do

tico o termo "impulso" deve ser entendido não como capricho ou ato impensado[393], mas enquanto movimento psíquico que leva à ação, à semelhança da tradição platônica, que concebe o querer e o não querer como movimentos da alma[394]. O impulso é a condição para a ação, razão pela qual as paixões não estão fora do controle dos seres humanos. Contudo, toda paixão é coativa. Quem se encontra sob seu domínio, ainda que saiba que não deve fazer certas coisas, as faz escravizado pela sua veemência, como se fosse um cavalo indócil[395].

As paixões levam o ser humano a inobservar a ordem cósmica e a se comprometer com o excesso[396]. Por não serem naturais, elas desviam a alma da conduta conforme à natureza, impedindo-a de realizar seu ofício, consistente na correta utilização da razão. Portanto, a paixão se define como algo profundamente ilógico (*alógos*), já que interfere na adequada relação entre o particular (o humano) e o universal (o *lógos* cósmico). Em suma: a paixão se revela enquanto movimento desordenado da alma e se identifica com inclinações excessivas[397]. Tendo em vista que a alma estoica se assemelha a um polvo que lança seus tentáculos sobre todo o ser, aquela que se deixou impregnar pelas paixões inevitavelmente será dominada em sua inteireza. Com efeito, as paixões afetam o indivíduo por completo, afastando-o da razão até reduzi-lo a algo menos do que humano. Quando as paixões atacam, elas dominam o

---

senso comum, mas como sinônimos, respectivamente, de "rebelde à razão" e "contrário à razão verdadeira", sempre reta e natural.

393. Brennan, *Psicologia moral estóica*, 295-296.
394. Platão, *A república*, IV, 473bc, pp. 192-193.
395. Ario Didimo, *Etica stoica*, 10a, pp. 57-58.
396. Galen, *On Hippocrates' and Plato's doctrines*, IV, 2 (Long; Sedley, *The hellenistic philosophers*, 413-414).
397. Diogène Laërce, *Vies et opinions des philosophes*, VII, 110 (*Les stoïciens*, 51).

hegemonikón[398] de maneira total e não apenas uma parte da alma[399], uma vez que para os estoicos há um monismo psíquico absoluto, seja ele racional ou irracional.

Ao bloquear a ligação do ser humano com o *lógos*, as paixões o rebaixam a níveis inferiores até mesmo aos dos animais irracionais, que por seguirem seus instintos agem em conformidade com aquilo que lhes é próprio. Se o humano deixa de viver de acordo com sua natureza racional, sua existência se torna desequilibrada e desarmônica, transformando-se em um torvelinho de infelicidades no qual imperam uma ou algumas das quatro principais paixões: o sofrimento, o desejo, o temor e o prazer, este entendido por Cícero como um tipo de volúpia desequilibrada[400]. Crisipo explica que o sofrimento (ou a tristeza) corresponde a uma opinião presente referida a um mal atual. Por seu turno, o prazer se identifica com uma opinião presente sobre um suposto bem atual, quando o homem julga agradável se sentir arrebatado. O temor se relaciona a um mal futuro e intolerável. Por fim, o desejo se liga a um bem futuro e desejável[401]. Das quatro paixões principais[402] derivam várias outras, tais como a inveja, o ciúme, o ódio, o tédio, a ira, a dor e a confusão[403]. Brennan nota que esse arranjo teórico pressupõe um cognitivismo extremo por meio do qual o Pórtico

---

398. Stobaeus, *Anthologium*, II, 88 (Long; Sedley, *The hellenistic philosophers*, 410).

399. Plutarch, *On moral virtue*, 446F-447A (Long; Sedley, *The hellenistic philosophers*, 412).

400. Cicéron, *Des fins des biens e des maux*, III, X, 35 (*Les stoïciens*, 274).

401. Ario Didimo, *Etica stoica*, 10b, pp. 58-59, Diogène Laërce, *Vies et opinions des philosophes*, VII, 111-114 (*Les stoïciens*, 51-53), e Cicéron, *Les tusculanes*, IV, VI, 11 (*Les stoïciens*, 333).

402. Ibidem, 10, p. 57, e Diogène Laërce, *Vies et opinions des philosophes*, VII, 110 (*Les stoïciens*, 51).

403. Diogène Laërce, *Vies et opinions des philosophes*, VII, 111 (*Les stoïciens*, 51-52).

transforma os sentimentos em crenças e seus efeitos em meros epifenômenos (*epigénnema*)[404]. Assim, o prazer é antes de tudo uma opinião atual sobre um bem presente e não uma sensação. Se dele decorre algum efeito psíquico ou corporal, já não se trata do sentimento de prazer em si mesmo, mas de um subproduto. Ao contrário da visão epicurista, na teoria estoica dos sentimentos "[...] não há nenhum papel para o 'prazer' em seu sentido não cognitivo de tonalidade do sentimento"[405].

Crisipo descreve as paixões como julgamentos incorretos, enquanto Zenão prefere classificá-las como produtos de julgamentos incorretos[406], o que me parece mais correto. De fato, as paixões não são apenas erros de avaliação ou opiniões falsas, caracterizando-se antes como verdadeiras doenças da alma (*nósema*)[407] que, ao se apoderarem de suas potências racionais, as desnaturam e as pervertem até a medula, ocasionando, como efeito secundário, o erro de julgamento e a opinião equivocada. A paixão é, assim, um *lógos* distorcido que toma o lugar da razão reta, viciando-a e transformando-a também em paixão (*in adfectum ipse mutatur*). A racionalidade não pode se mobilizar para enfrentar o invasor porque se tornou inimiga de si mesma. Onde as paixões dominam, não há mais razão. É o que sustenta Sêneca ao se referir de modo particular à ira:

> O melhor é desprezar sem rodeios o primeiro incentivo da ira e combater seus próprios gérmens, fazendo um esforço para não cair na ira. Com efeito, se ela começa a nos enredar, é difícil regressar ao estado normal, dado que não resta nenhuma razão

---

404. BRENNAN, *Psicologia moral estóica*, 304-307.
405. Ibidem, 308.
406. GALEN, *On Hippocrates' and Plato's doctrines*, 4, 3, 2-5 (LONG; SEDLEY, *The hellenistic philosophers*, 414).
407. DIOGÈNE LAËRCE, *Vies et opinions des philosophes*, VII, 115 (*Les stoïciens*, 53).

ali onde, ainda que seja uma única vez, dado sentimento tenha se introduzido e nossa vontade lhe tenha outorgado algum direito: fará com o resto o que quiser, não o que você permite. É nos postos fronteiriços que se deve fazer o inimigo retroceder; de fato, quando já penetrou e destroçou as portas, não admite regras da parte de seus prisioneiros. Pois o espírito não está apartado e não perscruta a partir de fora os sentimentos, não o deixando avançar para além do conveniente, antes torna-se ele próprio um sentimento e por isso não pode restabelecer aquela sua força útil e eficaz, depois de ser rendida e debilitada. Pois, como eu disse, sentimento e razão não têm suas sedes separadas e apartadas, tratando-se de mutações do espírito para melhor ou para pior. Então, como a razão que cedeu à ira ressurgirá, se está ocupada e oprimida pelos vícios[408]?

Uma vez instalada a paixão, não há mais diferença entre ela e a razão. Ambas as realidades se fundem para tornar impossível a resistência da alma contra a terrível difusão da irracionalidade. Brunschwig fala então de uma "[...] lei de expansão do irracional, invadindo todo o espaço psíquico disponível [...]. Quando a paixão abre uma brecha, é o *front* da razão que é to-

---

408. "*Lo mejor es despreciar sin rodeos el primer incentivo de la ira y combatir sus propios gérmenes y hacer un esfuerzo para no caer en la ira. En efecto, si empieza a llevarnos de través, resulta difícil el regreso al estado normal, puesto que no queda razón ninguna allí donde sólo una vez un sentimiento se ha introducido y nuestra voluntad le ha otorgado algún derecho: hará del resto lo que quiera, no lo que permitas. En los puestos fronterizos hay que hacer retroceder al enemigo; en efecto, cuando ha penetrado y se ha metido por las puertas, no admite reglas de parte de sus prisioneros. Pues el espíritu no está desapegado y no se otea desde fuera los sentimientos, para no consentirles avanzar más allá de lo conveniente, sino que él mismo se convierte en sentimiento y por eso no puede restablecer aquella fuerza suya útil y eficaz, tras ser rendida y después debilitada. Pues, como he dicho, éstos no tienen sus sedes separadas y apartadas, sino que sentimiento y razón son mutaciones del espíritu a mejor o a peor. Entonces ¿cómo la razón que ha cedido a la ira resurgirá, si está ocupada y oprimida por los vicios?*" (SÉNECA, *Sobre la ira*, I, 8, 1-3 [SÉNECA, *Diálogos*, 137-138]).

talmente rompido e se desagrega"[409]. Sêneca afirma que os vícios não apenas sujam, mas infectam, motivo pelo qual não é fácil se livrar deles[410]. Tal concepção faz surgir uma experiência psíquica da responsabilidade total do eu, um monismo mental e moral ineludível, típico do Pórtico. Ao mesmo tempo em que confiam na liberdade essencial do ser humano, que é livre para se viciar ou não, para se deixar dominar pela paixão ou não, para ser virtuoso ou não, os estoicos lhe imputam um grande fardo moral ao sustentar a impossibilidade de abrandar a culpa do eu diante do domínio das paixões. Se alguém se comprometeu com excessos, julgamentos errôneos e falsas opiniões e escolheu bens indiferentes preferíveis no lugar da virtude, a culpa é toda sua. Conceber uma parte irracional da alma para incriminar e assim aliviar a dor moral seria uma oportunidade aberta à má-fé, o que a *Stoá* não pode aceitar. Para os estoicos, a escolha moral precisa ser sempre argumentável. Resultado de um esforço reflexivo, a escolha adequada expressa a harmonia entre o ser, o conhecer e o agir, refletindo a *homología* cósmica[411]. Do mesmo modo, a escolha incorreta espelha a desarmonia profunda reinante na integralidade do ser, que não consegue se reconhecer no mundo racional que o contém.

No estoicismo não há um "bode expiatório" mental para as imperfeições do ser humano. Talvez com a única exceção de Panécio — que acredita haver no *hegemonikón* uma parte racional (*psyché*) e outra irracional (*phýsis*)[412], esta última responsá-

---

409. Brunschwig, *Études sur les philosophies hellénistiques*, 177-178.
410. Séneca, *Cartas a Lucilio*, LIX, 9, p. 157.
411. Gazolla, *O ofício do filósofo estóico*, 106.
412. Panécio entende que a alma humana é um composto de fogo, veículo da razão, e de ar, parte irracional, enxergando nessa mistura o motivo das imperfeições humanas (Tatakis, *Panétius de Rhodes*, 157). Ao contrário

vel pelas funções de nutrição e de geração e pelos movimentos instintivos —, todos os demais estoicos são rigorosamente monistas ao descrever o domínio psíquico humano como uma seara unívoca. Não existe um "outro eu" dentro do indivíduo — um "inconsciente" à moda freudiana — responsável pelos atos imorais e contra o qual a "parte boa" da mente lutaria em vão. É todo o ser que se torna responsável pelos atos morais ou imorais que pratica, responsabilizando-se de modo integral. O vício não existe como algo exterior ao indivíduo, pois se trata do próprio ser humano enquanto dominado pelo irracional. A luta contra as paixões apresenta, portanto, natureza interior. Nela o homem não é mero espectador da batalha, representando antes o papel de ambos os lutadores e até mesmo o de arena. As torpezas da suposta "metade má" da mente comprometem integralmente o indivíduo, pois não há partes boas ou más na alma estoica, apenas a razão integral, reta ou viciada. A rígida moralidade estoica não concorda com a tese segundo a qual a paixão se instala na alma como algo alheio, levando o ser humano a praticar atos pervertidos e reprováveis. Ao contrário, é a própria razão que se corrompe, é o *hegemonikón*, a parte diretora da alma, que se transmuda e perde sua ligação primeva com o *lógos*, mantenedor da ordem do *kósmos*[413]. Uma vez associado às paixões, o *hegemonikón* se

---

dos outros estoicos, Panécio não enxerga na passagem da virtude para o vício um movimento total de transformação do *hegemonikón*, mas antes uma revolta da parte apetitiva da mente contra a sua metade intelectiva (TATAKIS, *Panétius de Rhodes*, 176-177). Sob outra perspectiva e segundo a leitura de Goldschmidt, Marco Aurélio divergiria da ortodoxia estoica grega ao afirmar que a inteligência humana, por ser um fragmento da divina, não se confunde com o corpo e a alma, sendo invulnerável ao ataque das paixões. Cf. a *notice* constante de MARC-AURÈLE, *Pensées*, p. 1137, e MARCO AURÉLIO, *Meditações*, IV, 3 (*Os pensadores*, 283).

413. PLUTARCH, *On moral virtue*, 440E-441D (LONG; SEDLEY, *The hellenistic philosophers*, 377-378).

alia ao *kháos*, essa espécie de lado sombrio do *lógos* que pretende dissolver a ordem do real.

Os estoicos enxergam as paixões como pandemias que se alastram por todo o mundo, dado que o agente ético médio não se adapta aos estritos padrões da escola, segundo os quais só a virtude é um bem e apenas o vício é um mal. Nesse sentido, Cícero sustenta que a alma de todos os não sábios (*phaúloi*) é doente quando dominada pela loucura (*insania*) e pela demência (*dementia*), dado que a saúde (*sanitas*) consiste na tranquilidade, na constância da alma e na posse de todas as luzes da inteligência (*mentis*), o que falta àqueles que não são sábios[414], conforme os citados vocábulos latinos demonstram com seus claros prefixos de negação *in-* e *de-*. Para a cura dos insensatos — ou seja, dos não sábios, dos não sanos (*insanos*) —, há somente uma opção, tão radical como toda a Ética estoica: as paixões devem ser aniquiladas e não simplesmente moderadas ou controladas[415]. Na perspectiva totalizante da *Stoá*, as paixões não se deixam limitar, devendo ser anuladas por completo. Do contrário, dominarão integralmente a razão[416].

Uma vez mais o *total simul* estoico se faz presente. Se a paixão não for erradicada, espalhar-se-á por todo o ser mediante os tentáculos da alma-polvo. Não é possível, como sugere Aristóteles, que paixões como a ira e o desejo sejam refreadas ou controladas pela razão[417]. O homem apaixonado não domina sua razão, que está doente, dominada pelos vícios. Na alma una do ser humano não há nenhuma parte naturalmente irracional; é o domínio da paixão que a torna viciosa em sua in-

---

414. CICÉRON, *Les tusculanes*, III, IV-V, 9-10 (*Les stoïciens*, 296-297).
415. Ibidem, IV, XXVI, 57 (*Les stoïciens*, 350-351).
416. Ibidem, IV, XVII-XVIII, 39-42 (*Les stoïciens*, 343-344).
417. SÉNECA, *Sobre la ira*, III, 3, 1-2 (SÉNECA, *Diálogos*, 210).

teireza. Com efeito, a alma estoica não tem partes que possam se enfrentar. Ela é uma unidade orgânica perfeita que só pode ser turbada por julgamentos errôneos ou viciados. Solicitar à razão que modere as paixões é não apenas contraditório como também perigoso, uma vez que onde há paixão a razão desaparece, assim como a liberdade. Influenciado pelo estoicismo reinante em Roma, o poeta latino Sexto Propércio sentenciou em suas *Elegiae* que não há liberdade para o homem apaixonado: "*Libertas nulli restat amanti*"[418].

Como as paixões não são necessárias nem naturais, o ser humano é livre para extirpá-las, tudo dependendo de sua vontade (*prohaíresis*). Cícero e os estoicos em geral têm em alta conta a liberdade essencial do pensamento e do querer, razão pela qual afirmam que as paixões estão sob o poder dos homens, livres para serem sem paixões[419]. E mais: aqueles que não se livram das paixões por ignorância são tão culpáveis como os que voluntariamente preferem o prazer à virtude e o gozo sensual à sabedoria. Tendo a natureza dotado os seres humanos de capacidade racional, é dever de cada um superar as paixões, capacitando a si mesmo para discernir entre a verdade e a mentira. Se não o faz por negligência, comete impiedade[420].

Ainda que não saibam, todos os seres humanos vivem mergulhados em um mundo de miséria e sofrimento criado e mantido pelas paixões que os escravizam. O homem comum submetido às paixões não passa de um escravo de si mesmo e apenas ele próprio pode se libertar. Por outro lado, o sábio é sem paixões (*apathés*) porque orienta sua ação de forma reta e virtuosa, não conferindo assentimento ao que é falso e não confundindo a virtude, único bem verdadeiro, com objetos in-

---

418. PROPERCE, *Elégies*, II, 23.
419. CICÉRON, *Les tusculanes*, IV, XXVIII, 60-61 (*Les stoïciens*, 352-353).
420. MARCO AURÉLIO, *Meditações*, IX, 1 (*Os pensadores*, 311).

diferentes preferíveis. Justifica-se, assim, o paradoxo do Pórtico segundo o qual somente o sábio é livre. Os demais não passam de escravos de seus próprios excessos[421].

As paixões não são sensações, ou seja, exterioridades sobre as quais não se tem controle algum. Como visto, elas são ou dão lugar a julgamentos errôneos a que se pode assentir ou não. Daí a possibilidade de libertação e a função pedagógica da Ética do Pórtico. Por exemplo: a morte e a doença são eventos naturais, o que não ocorre com o juízo que os qualifica como realidades temíveis. Para que se deixe de temer a morte — e o medo constitui uma das paixões mais insidiosas —, basta não julgá-la de maneira incorreta, conferindo-lhe qualificações alarmantes que ela não possui. Não são as coisas que perturbam o ser humano, mas sim seu julgamento sobre elas[422]. O sábio não se inquieta com a morte porque ela não pode afetá-lo. Estando vivo, não está em contato com a morte, pois ela ainda não chegou. Tendo morrido, não há mais uma consciência individual que possa se preocupar com o problema de sua própria extinção[423]. É o clássico dito grego, aceito inclusive pelos

---

421. Ario Didimo, *Etica stoica*, 11i, p. 67.
422. Épictète. *Manuel*, V (*Les stoïciens*, 1113).
423. Paul Veyne critica a "insipidez" das ideias estoicas sobre a morte: "*Sí, si se la considera en el aspecto del más allá, la muerte no es nada ya que, cuando se está muerto, no se está ahí para saberlo... En cambio, si se ve la muerte del lado de la vida, con ojos de carne, la idea de la nada es tan insostenible como la vista del sol. Y esta angustia no es una ilusión disipable a fuerza de ejercicios: está inscrita en el corazón de nuestra existencia, pues ésta no traza una línea sobre el balance de cada instante, sino que se desarrolla en un falso presente instantáneo que es un futuro perpetuo; hasta tal punto que la idea terrible de que un día nos faltará el porvenir está inscrita en el corazón del presente; [...] El tiempo no se vive por minutos sucesivos, salvo en las máquinas de lavar y otras autómatas que no piensan de antemano en la continuación de su programa sino que 'viven' las cosas a medida que les llegan. Los hombres son distintos: tienden sin cesar hacia el porvenir un miembro de carne, que la muerte mutilará en cualquier momento que sobrevenga*" ["Sim, se for considerada na dimensão do além, a morte não é nada, já que quando se está morto, não

epicuristas: "Se somos nós, não é a morte. Se é a morte, não somos nós"[424]. Depois de lamentar a falta de fibra moral reinante em sua época, Sêneca conclui que, por dever temer bem pouco a morte, nada mais se deve temer[425]. Para Epicteto a morte é coisa pouco importante. Graças à lei do eterno retorno a vida e a morte são como um contínuo movimento[426] de homens entrando e saindo de uma cidade, que é o mundo, essa festa da qual o estoico sabe se retirar com elegância, sem gritos e sem desespero[427].

Todo o mal que há no ser humano — tudo que o leva ao sofrimento — independe da natureza, sendo antes produto de julgamentos viciados ou de opiniões falsas, devendo o aprendiz de estoico se libertar do jugo terrível das paixões pela des-

---

se está aqui para sabê-lo... Por outro lado, se a morte é vista na dimensão da vida, com olhos de carne, a ideia do nada é tão insustentável como a visão do sol. E esta angústia não é uma ilusão dissipável com base em exercícios: está inscrita no coração da nossa existência, pois esta não faz balanços a cada instante, desenvolvendo-se antes em um falso presente instantâneo que é um futuro perpétuo; a ideia terrível de que um dia não teremos amanhã está inscrita no coração do presente; [...] O tempo não é vivido por minutos sucessivos, salvo no caso das máquinas de lavar e outros autômatos que não pensam de antemão na continuação de seu programa, mas 'vivem' as coisas à medida que lhes acontecem. Os homens são diferentes: estendem sem cessar em direção ao porvir um membro de carne que a morte mutilará em qualquer momento que sobrevenha."] (VEYNE, *Séneca y el estoicismo*, 94).

424. Tal argumento lembra o paradoxo de Diodoro Cronos segundo o qual é impossível destruir um muro. Quando os tijolos estão unidos, o muro está de pé; quando são separados, o muro como tal já não existe. Cf. BORGES; JURADO, *Que es el budismo*, 278.

425. SÉNECA, *Cartas a Lucilio*, XXIV, 11, 78.

426. Eis mais uma concepção do estoicismo que deve muito a Heráclito. Ele também entendia que a vida e a morte correspondem a um ininterrupto movimento: "Para as almas, a morte é transformarem-se em água, para a água, a morte é transformar-se em terra; a água nasce da terra, e da água, a alma" (KIRK; RAVEN; SCHOFIELD, *Os filósofos pré-socráticos*, Cap. VI: "Heráclito de Éfeso", fr. 36, p. 211).

427. ÉPICTÈTE, *Entretiens*, IV, I, 103-110 (*Les stoïciens*, 1052-1053).

consideração apática de todos os objetos exteriores, sejam eles indiferentes preferíveis, indiferentes rejeitáveis ou indiferentes neutros. Por isso Sêneca sustenta que o sábio jamais pode ser caluniado, dado que, se a ofensa for justa, ele a aceita com dignidade; se for injusta, é como se não existisse[428]. A vitória do filósofo não está no mundo, mas na forma como ele o encara. Em seu *Epigrammaton*, o poeta Marcial ridiculariza os pobres estoicos que se julgam virtuosos por abrirem mão de um naco de pão e das palhas que utilizam como cama. Segundo Marcial, a virtude somente se mostraria de modo efetivo se o estoico recusasse a posse de bens realmente tentadores, como almofadas bem fornidas e belas cortesãs. Parece-lhe fácil desprezar a vida na pobreza, pois os mais valentes são justamente os que vivem mais miseravelmente: *"Rebus in angustis facile est contemnere vitam:/ Fortier ille facit qui miser esse potest"*[429]. O chiste de Marcial poderia ser respondido por Sêneca, que diferencia o âmbito interior, único *locus* da virtude, e o âmbito exterior, sempre propenso aos vícios proporcionados pelas paixões:

> Ponha-me na mais opulenta das casas, em que se misturem indistintamente o ouro e a prata, eu não vou ficar extasiado diante dessas coisas que, embora estejam em minha casa, estão, no entanto, fora de mim. Leve-me à ponte Sublício e me jogue no meio dos indigentes: eu não ficarei com vergonha de estar sentado entre os que estendem a mão pedindo esmola. Pois que importa que falte um pedaço de pão a quem não falta a possibilidade de morrer?[430]

Marco Aurélio ensina que para o ser humano reviver e estar sempre de pé basta-lhe lembrar que aquilo que está fora do

---

428. SÉNÈQUE, *De la constance du sage*, 16 (*Les stoïciens*, 651).
429. MARCIAL, *Epigrammes*, XI, 56.
430. SÊNECA, *Sobre a vida feliz*, XXV, 1, p. 87.

intelecto absolutamente não existe[431]. Ao aprender a controlar os anseios do corpo, moldando a alma de maneira virtuosa e desinteressando-se de tudo que não corresponde à sabedoria, o homem escapa do senhorio das paixões, tornando-se apático, ou seja, indiferente em relação ao que não lhe serve enquanto ser plenamente racional e integrado na dignidade superior do *lógos*. Receita da felicidade: ser indiferente aos indiferentes. Ora, em relação à virtude tudo o mais é, em termos amplos, indiferente, dado que apenas ela é verdadeiramente boa[432].

Ildefonse enxerga na recusa consciente do que é exterior ao pensamento e à virtude o germe da moralidade kantiana. Esta se instala no mundo ético como liberdade plena do ser racional somente a partir da suspensão dos efeitos negativos proporcionados pelas afecções sensíveis, o que se obtém por intermédio do imperativo categórico, que em sua universalidade abstrata e formal evocaria o *lógos* dos estoicos[433]. Na verdade, são muitos os autores que aproximam o estoicismo do kantismo. Veyne rastreia um eco da Ética estoica no rigorismo moral de Kant, segundo o qual o dever precisa ser cumprido tendo por móvel o próprio dever[434]. No mesmo sentido, Berraondo e Gazolla veem claramente prefigurada na teoria estoica das virtudes — em que a prática do ato virtuoso constitui em si mesma a verdadeira felicidade — a distinção kantiana entre ações realizadas por dever, porque assim a razão ordena, e ações efetivadas em conformidade com o dever, mas sem a adesão íntima do sujeito e tendo em vista uma conveniência qualquer[435]. Por outro lado, Berraondo diferencia a base naturalista da moral

---
431. Marco Aurélio, *Meditações*, VII, 2 (*Os pensadores*, 299).
432. Ibidem, XI, 16 (*Os pensadores*, 323).
433. Ildefonse, *Os estóicos I*, 153-159.
434. Veyne, *Séneca y el estoicismo*, 85-86.
435. Berraondo, *El estoicismo*, 102-103, e Gazolla, *O ofício do filósofo estóico*, 106.

estoica e a Ética kantiana, dado que a *Stoá* recomenda a ação conforme à natureza enquanto Kant entende ser necessária a supressão das afecções sensíveis para que reluza a verdadeira moralidade[436]. Parece-me que tal distinção desaparece quando se recorda que a natureza conformadora da ação moral estoica é integralmente racional e não comporta, pelo menos no âmbito ético, as afecções sensíveis, que são bens indiferentes preferíveis (prazer) ou indiferentes rejeitáveis (dor) segundo cada caso, mas nunca a virtude mesma, irredutível à sensibilidade, exatamente como Kant a descreve. Já Sellars prefere sublinhar a semelhança entre o *De officiis* de Cícero e a *Fundamentação da metafísica dos costumes* de Kant, pois em ambas as obras só a vontade interna apresenta valor moral, independentemente de quaisquer elementos externos[437]. Todavia, apesar das aparentes semelhanças entre Kant e os estoicos[438], Long é bastante cauteloso na comparação entre ambas as correntes filosóficas. Para ele há mais diferenças do que similitudes entre a *Stoá* e Kant, visto que os primeiros eram eudemonistas, deterministas e teístas, além de conferirem um poder cognoscitivo absoluto à razão humana do sábio, ideia que contraria os postulados mais básicos da *Crítica da razão pura*[439].

---

436. BERRAONDO, *El estoicismo*, 35.
437. SELLARS, *Stoicism*, 149-150.
438. Para comparações aprofundadas entre Kant e os estoicos, cf. a obra coletiva: ENGSTROM; WHITING (eds.), *Aristotle, Kant and the stoics*. Merece especial atenção o artigo de Jerome B. Schneewind, intitulado *Kant and stoic ethics*, 285-302.
439. LONG, *Estoicismo na tradição filosófica*, 431-432.

3. Destino e liberdade

3.1. Introdução

Um dos pontos mais polêmicos da doutrina estoica radica-se na teoria do destino. Foi com base na aparente contradição entre a independência (*autárkeia*) do sábio e a inevitabilidade do *fatum* que autores como Plutarco, Calcídio e Nemésio fundaram suas veementes condenações ao estoicismo, vista então como uma escola que se assentava sobre um inescapável paradoxo. Brun sustenta que uma das maiores dificuldades da filosofia estoica consistiu em encontrar o lugar da liberdade na sua tessitura determinista e assim conceber o humano como ser moral ao qual se pode premiar ou censurar pelos seus atos e não em razão do imodificável plano do universo[440]. De fato, como coadunar a liberdade essencial do ser humano, base da Ética estoica, com o fatalismo de um destino planificado desde sempre?

O problema do destino é antes de tudo existencial. Com o desaparecimento do horizonte seguro da *pólis* e o germinar do indivíduo no cenário político, tal problema passou a reclamar solução imediata. A resposta dada pelo Pórtico em nada se assemelha às filosofias intelectualistas de Platão e de Aristóteles, sendo também diversa da cômoda *ataraxía* pregada por Epicuro. Ademais, os estoicos não compreenderam o paradoxo da liberdade como se fez a partir da Modernidade. Aliás, antes do estoicismo e do cinismo a liberdade não era tratada enquanto questão propriamente filosófica, sendo antes mera condição sociopolítica para separar os seres humanos em livres e escravos. Por outro lado, sabe-se que os filósofos greco-romanos não desenvolveram conceitos aprofundados de liberdade política[441].

---

440. BRUN, *O estoicismo*, 66-67.
441. SCHOFIELD, *The stoic idea of the city*, 54.

Ainda que a noção de *eleuthería* apresente certa vinculação ao campo do social, ela foi utilizada no debate filosófico sobre o destino com conotações diferentes e muito mais tarde do que se imagina[442]. Quanto ao sentido trágico do destino que vigorou entre os gregos até Platão, tal ideia não encontrou eco no pensamento estoico. Nele o destino (*heimarmenê*) identifica-se com as forças éticas, teológicas e lógicas que se inscrevem na ordem do mundo, correspondendo a uma das expressões do *lógos*[443].

O doxógrafo grego Aécio define o destino estoico como uma sequência de causas, ou seja, uma interconexão inevitável e ordenada[444]. O destino seria a causa sequencial dos seres ou a razão segundo a qual o mundo é dirigido[445], identificando-se com Zeus[446] e agindo como causa primeira que impulsiona à ação, mas não a determina. Teodoreto reporta que Crisipo não via diferença entre o destino e aquilo que é necessário, pois o primeiro se definiria como movimento eterno, contínuo e ordenado. Na mesma notícia, Teodoreto afirma que Zenão enxergava o destino como um poder capaz de mover a matéria, sendo também chamado de Providência ou natureza. Note-se o rude materialismo presente na definição de Zenão. Foram seus sucessores os responsáveis pelo conceito abstrato de destino, visto como cadeia causal ou princípio racional administrado pela lei cósmica[447]. Estobeu aduz que Crisipo identificava o destino com a racionalidade do mundo, dado que por racionalidade

---

442. Bobzien, *Determinism and freedom in stoic philosophy*, 276-290.

443. Brun, *O estoicismo*, 56.

444. Aetius, *Doxographi graeci*, I, 28, 4 (Long; Sedley, *The hellenistic philosophers*, 336).

445. Diogène Laërce, *Vies et opinions des philosophes*, VII, 149 (*Les stoïciens*, 64).

446. Plutarque, *Des contradictions des stoïciens*, XLVII (*Les stoïciens*, 132).

447. Theodoretus, *Graecarum affectionum cura*, VI, 14 (Inwood; Gerson, *Hellenistic philosophy*, 177-178).

poder-se-ia entender também verdade, explicação, natureza e necessidade[448]. O autor romano Aulo Gélio assevera que o destino dos estoicos constitui-se enquanto disposição inviolável do todo correspondente à eternidade de cada coisa particular, cuja missão consiste em seguir e acompanhar as demais[449].

Pode-se extrair dessas definições uma conclusão inicial segundo a qual o destino se conecta ao monismo do *lógos* estoico, manifestando-se enquanto estrutura que garante a ordem cósmica mediante o entrelaçamento das causas que a mantêm operante. O destino passa a ser então o *nexus causarum* do universo e não mais uma força fatal e cega, a exemplo das Erínias e das Moiras da mitologia grega. Para os estoicos o destino se confunde com a razão do mundo, a lei de todas as coisas regidas e governadas pela Providência. Trata-se, de acordo com o Pseudo-Plutarco citado por Brun, da razão pela qual as coisas passadas foram, as presentes são e as futuras serão[450]. Na subseção II.3.2 são discutidos os dois sentidos básicos e complementares — causal e teleológico — do determinismo na doutrina estoica. Em seguida, na subseção II.3.3 será demonstrado como o destino estoico se compatibiliza com a postulação da liberdade. Mas antes resta algo a dizer sobre as fontes.

Os principais filósofos da Antiguidade escreveram obras nas quais tratam, às vezes de modo incidental, do problema do destino. Entre os mais conhecidos estão Platão (*A república* e *Timeu*), Aristóteles (*Ética a Nicômacos*, *Sobre a interpretação*, *Metafísica* e *Física*), Xenócrates (*Sobre o destino*) e Epicuro

---

448. STOBAEUS, *Anthologium*, I, 79 (LONG; SEDLEY, *The hellenistic philosophers*, 337).
449. GELIUS, *Noctes atticae*, VII, 2, 3 (LONG; SEDLEY, *The hellenistic philosophers*, 336).
450. PSEUDO-PLUTARQUE, *Des opinions des philosophes*, I, XXVIII (*Apud* BRUN, *O estoicismo*, 56). Cf. também STOBAEUS, *Anthologium*, I, 79 (LONG; SEDLEY, *The hellenistic philosophers*, 337).

(*Sobre a natureza* e *Sobre o destino*). Crisipo foi o mais importante autor estoico a estudar a matéria, embora seu tratado tenha se perdido. Depois dele instalou-se um longo silêncio. O assunto foi retomado apenas na época de Panécio por Boetus de Sídon, pupilo de Diógenes de Babilônia. A partir do século II a.C. a discussão relativa ao determinismo se solidificou na pauta filosófica. Quase todos os filósofos e comentadores de então trataram do tema, tal como Panécio, autor de pelo menos dois livros sobre o destino[451]. Diógenes Laércio informa que Zenão e Posidônio também escreveram tratados sobre o assunto[452]. Contudo, todas as obras estoicas sobre o destino estão irremediavelmente perdidas. Os dois melhores testemunhos de que se dispõe para a análise desse tópico na doutrina da *Stoá* são um tratado de Alexandre de Afrodísias[453] e outro de Cícero.

A maioria dos comentadores destaca a dificuldade e a falta de originalidade do texto de Cícero[454], que teria se limitado a agrupar e a comentar opiniões emitidas por filósofos como Crisipo, Diodoro, Epicuro e Carnéades. Mas uma análise mais profunda demonstra que Cícero não se limitou a expor ideias alheias, tendo ensaiado uma teoria própria do destino graças à qual se afastou do fatalismo indeciso de Crisipo, com certeza a sua maior influência na composição do trabalho em questão, que infelizmente chegou aos dias atuais bastante mutilado. A afirmação de que o estoicismo romano não teria inovado a teoria

---

451. BOBZIEN, *Determinism and freedom in stoic philosophy*, 2-4.
452. DIOGÈNE LAËRCE, *Vies et opinions des philosophes*, VII, 149 (*Les stoïciens*, 64).
453. Sobre esse importante texto, cf. os estudos de FREDE, The dramatization of determinism, e LONG, Stoic determinism and Alexander of Aphrodisias *De fato* (i-xiv).
454. Cf. o posfácio de Zélia de Almeida Cardoso a CÍCERO, *Sobre o destino*, 93-98.

do destino é um lugar-comum[455]. Entretanto, como será mostrado no presente capítulo, a versão romana da *Stoá* apresentou uma teoria do destino própria, irredutível à matriz grega e que buscou resolver o problema da liberdade humana. O tratado de Cícero, apesar dos seus argumentos preponderantemente físicos e lógicos, teria sido a primeira tentativa no gênero, revelando certo ecletismo que posteriormente seria purificado e sistematizado por Sêneca, Epicteto e Marco Aurélio.

3.2. Determinismo teleológico e causal

O determinismo estoico não pode ser comparado ao fatalismo ou ao necessitarismo, sendo antes plenamente compatível com as noções de contingência, ação e responsabilidade moral. Segundo Bobzien, um erro interpretativo comum consiste em confundir o causalismo da *Stoá* com as modernas teorias causais que proclamam a contínua comunicação entre causas e efeitos, forças necessárias que mantêm o mundo coeso de maneira que o efeito de certo fenômeno é entendido como a causa de outro e assim sucessivamente, em uma cadeia ininterrupta[456]. Para o pensamento causalista moderno, causa e efeito são intercambiáveis entre si porque pertencem ao mesmo plano ontológico. Tal não ocorre, contudo, na doutrina estoica, que qualifica causas e efeitos como entidades ontologicamente diversas, dado que apenas os corpos podem ser causas, já que somente eles agem ou sofrem ações. Os efeitos não passam de predicados[457], ou seja, entidades incorpóreas classificadas na ampla categoria dos *lektá*, conforme descrito na subseção II.1.3.

---

455. BOBZIEN, *Determinism and freedom in stoic philosophy*, 4.
456. Ibidem, 18.
457. STOBAEUS, *Anthology*, I, 13, 1c, vol. 1, p. 138, 14-22 (INWOOD; GERSON, *Hellenistic philosophy*, 169).

De acordo com Sexto Empírico, os estoicos acreditam que toda causa é um corpo que age sobre outro corpo e assim dá lugar a um efeito incorpóreo. Por exemplo: a faca, entidade corpórea, causa na carne, outro corpo, o efeito incorpóreo de "ser cortada", predicado temporalizado (*lektón*) estudado pela Lógica estoica. Da mesma maneira o fogo causa na madeira o efeito de "ser queimada"[458]. A causa configura o "porquê" capaz de explicar os fatos do mundo[459]. Graças ao rigor da Física estoica, somente são possíveis relações de causação entre corpos; uma causa (*aítion*), ente corpóreo, jamais se transforma em efeito (*apotelésma*), ente incorpóreo, o que impossibilita a geração de cadeias infinitas de causalidade como ocorre na teoria causal tradicional. Toda relação de causação estoica envolve pelo menos três elementos[460]: um corpo que causa, outro que é o objeto da causação e o efeito causado, predicado imaterial cujo suporte se radica na esfera ontológica do segundo corpo. O efeito é totalmente passivo e incapaz de agir, dado que os incorpóreos — o vazio, o espaço, o tempo e os *lektá* — não existem, mas apenas subsistem no pensamento. Conforme ensina Frede, o vocábulo "causa" indica um corpo envolvido em certo processo ou responsável por determinado estado, motivo pelo qual deve-se compreender o destino não enquanto concatenação de causas e efeitos, mas sim como rede de causas interativas[461].

Esclarecidos os conceitos iniciais, põe-se o problema de saber em que medida se pode falar em determinismo na tessitura

---

458. Sextus Empiricus, *Against the professors*, IX, 211 (Inwood; Gerson, *Hellenistic philosophy*, 170).
459. Stobaeus, *Anthologium*, I, 138, 23 - 139, 2 (Long; Sedley, *The hellenistic philosophers*, 333).
460. Sextus Empiricus, *Against the professors*, VIII, 11-12 (Inwood; Gerson, *Hellenistic philosophy*, 168-169).
461. Frede, *Determinismo estóico*, 209-210.

teórica do estoicismo[462]. O primeiro e mais importante sentido dessa ideia na *Stoá* é de natureza teleológica, pois nada no universo pode escapar à ordem racional que o governa, outra característica marcante que diferencia o determinismo do Pórtico dos modernos causalismos, segundo os quais não há ordem diretora racional das inúmeras cadeias causais que integram o mundo. O implacável determinismo teleológico dos estoicos revela-se enquanto força universal que não permite ação ou movimento contrário ao curso dos eventos racionalmente determinados pela Providência, uma vez que tudo é exatamente o que deve ser. Diz Crisipo: *"For it is impossible for any of the parts, even the smallest one, to turn out differently than according to the common nature and its reason"*[463]. O mundo estoico e seus eventos jamais são caóticos, tratando-se antes de um todo organizado que se desenvolve de maneira ordenada seguindo os ditames do *lógos*, razão divina que perpassa — na verdade, *é* — todas as coisas. Tal postulado rendeu muitas críticas ao Pórtico, que se via obrigado a demonstrar a perfeição de um mundo que, aos olhos humanos, não parecia nada racional. Apesar de seus inegáveis fundamentos estoicos, Spinoza evitou esse problema declarando que Deus não dirige todas as coisas, visto que a natureza não tem finalidades específicas a cumprir. Caso contrário, seria necessário reconhecer a imperfeição divina, conclui Spinoza, pois, se Deus age tendo em vista um fim, ele necessariamente objetiva algo que lhe falta[464]. É óbvio que os estoicos não poderiam admitir soluções assim, sob pena da ruína de todo o seu edifício ético-cosmológico.

---

462. É muito útil neste ponto o debate entre Botros e Sharples. Cf. BOTROS, Freedom, causality, fatalism and early stoic philosophy, e SHARPLES, Soft determinism and freedom in early stoicism.
463. PLUTARCH, *Stoic self-contradictions*, 1050a (INWOOD; GERSON, *Hellenistic philosophy*, 180).
464. SPINOZA, *Ethica*, I, *appendix*.

O princípio racional que dirige o universo é imanente ao todo e às partes, estas compreendidas como entidades particulares que compõem o mundo, a exemplo do ser humano. Todavia, isso não significa que as partes do universo necessariamente desenvolverão todas as suas potencialidades. A gestão dos eventos do mundo é complexa e se firma sobre inúmeras relações entre fatos, circunstâncias e acontecimentos que podem impedir a realização integral e natural de certos entes particulares. Tal pode parecer irracional. Entretanto, do ponto de vista cósmico não há dificuldade, pois às vezes o sacrifício de algumas partes se impõe para a saúde do todo[465]. Pode-se, assim, responder à crítica de Plutarco, que se pergunta como é possível a existência de coisas vergonhosas e viciosas no mundo criado e mantido pela racionalidade divina[466]. Nas palavras de Crisipo citadas pelo próprio Plutarco,

> Visto que a natureza comum se estende a todas as coisas, será necessário que tudo o que ocorre de alguma maneira no uni-

---

465. *"However, it is not the case that all objects realize their individual nature in all aspects. Rather, some objects prevent others from performing their natural movements, and some objects force others to perform certain counter-natural movements. The world is such that the objects are, as it were, left to battle the conflicts out between themselves. Yet — from the cosmic perspective — the way this happens does not include any element of chance; for it is in accordance with the reason of the world, wich works from the inside of these objects"* ["No entanto, não é o caso de todos os objetos realizarem sua natureza individual em todos os aspectos. Em vez disso, alguns objetos impedem que outros realizem seus movimentos naturais, e alguns objetos forçam outros a realizar certos movimentos contranaturais. O mundo é tal que os objetos são, por assim dizer, deixados para lutar os combates entre si. No entanto — assumindo a perspectiva cósmica —, a forma como isso acontece não inclui nenhum elemento de acaso; pois está de acordo com a razão do mundo, que funciona a partir do interior desses objetos."] (BOBZIEN, *Determinism and freedom in stoic philosophy*, 32).

466. PLUTARCH, *Stoic self-contradictions*, 1050b (INWOOD; GERSON, *Hellenistic philosophy*, 180-181).

verso e em qualquer uma de suas partes ocorra de acordo com ela [a natureza comum] e sua razão, em forma própria e desimpedida, porque não há nada fora dela que possa impedir sua organização, nem nenhuma de suas partes pode ser movida ou estar em um estado diferente daquele que está de acordo com a natureza comum[467].

Não há nada externo ao cosmos que ameace obstruí-lo ou destruí-lo. Com efeito, nada existe fora do universo além do vazio, ente incorpóreo totalmente passivo que, como tal, não existe, apenas subsiste na mente. Os aparentes obstáculos irracionais opostos ao desenvolvimento dos entes particulares também fazem parte do mundo, o que significa que estão embebidos de *lógos*. Eles realizam o que devem realizar para manter o equilíbrio universal. Este se mostra como deve ser, ou seja, um movimento que sempre e continuamente dá lugar ao melhor dos mundos possíveis[468]. Segundo Crisipo, "Já que a organização do universo procede assim, é necessário que sejamos como somos, de acordo com ela, quer sejamos doentes ou coxos, contrários à nossa natureza individual, quer tenhamos nos tornado gramáticos ou músicos"[469]. Como o mundo

---

467. "*For since the common nature extends into everything, it will be necessary that everything which occurs in any way in the universe and in any of its parts should occur according to it [the common nature] and its reason, in proper and unhindered fashion, because there is nothing outside it which could hinder its organization nor could any of its parts be moved or be in a state otherwise than according to the common nature*" (PLUTARCH, *Stoic self-contradictions*, 1050c-d [INWOOD; GERSON, *Hellenistic philosophy*, 181]).

468. BOBZIEN, *Determinism and freedom in stoic philosophy*, 30.

469. "*Since the organization of the universe proceeds thus, it is necessary for us to be such as we are, in accordance with it, whether we are ill or lame, contrary to our individual nature, or whether we have turned out to be grammarians or musicians*" (PLUTARCH, *Stoic self-contradictions*, 1050a [INWOOD; GERSON, *Hellenistic philosophy*, 180]).

engloba todas as coisas, ele é perfeito em tudo[470] e não pode ser determinado senão por si mesmo.

Além da dimensão teleológica, o determinismo estoico apresenta também aspecto causal. Negando o movimento espontâneo, Crisipo afirma que nada acontece no universo sem uma causa. O alvo de seu argumento parece ser o motor imóvel dos peripatéticos. Para Crisipo, tudo que é, o é em razão de alguma causa. Contra os filósofos que defendem, por exemplo, a existência de impulsos mentais incausados por forças externas, Crisipo declara que há causas para tudo no universo, ainda que muitas vezes elas possam ser desconhecidas. O incausado e o automático são totalmente não existentes no plano ontológico[471]. Surpreendentemente, a noção de acaso (*tyché*) é aceitável na Física do estoicismo: trata-se apenas de uma causa não evidente (*aitía ádeloi*) que em certas circunstâncias produz efeitos consideráveis. Mais uma vez parece que os estoicos gregos anteciparam as estruturas do pensamento físico contemporâneo. Assim como os efeitos de causas não evidentes podem ser devastadores para o universo, a noção de diferenças mínimas nas condições iniciais — o chamado "ruído causal" — representa um papel importante na teoria do caos, uma vez que tais ruídos são capazes de alterar sensivelmente os efeitos da matriz caótica[472]. Tanto a causa não evidente — possível no ordenado universo estoico — quanto o ruído causal — conatural à desordem do universo caótico — são incognoscíveis e, por isso mesmo, preocupantes. Esse ponto de vista é confirmado por estoicos do período tardio. Alexandre de Afrodísias reporta a crença geral dos estoicos de sua época segundo a qual um mo-

---

470. Cicéron, *De la nature des dieux*, II, XIV, 38 (*Les stoïciens*, 422).
471. Plutarch, *Stoic self-contradictions*, 1045c (Inwood; Gerson, *Hellenistic philosophy*, 184).
472. White, *Filosofia natural estóica*, 156.

vimento incausado romperia a unidade do universo e poderia fazê-lo explodir[473]. Por outro lado, a tese física que postula a existência de causas incognoscíveis auxilia na fundamentação do imperativo moral que determina tratar os seres humanos como seres autônomos. Por não conhecerem a mecânica cósmica em sua inteireza, os homens devem se comportar da melhor maneira possível. Nunca se sabe de antemão se o que se faz trará o que se anseia. Só a razão universal possui a resposta. Cabe então aos seres humanos agir do modo que lhes pareça ser o mais correto.

Ao princípio geral da causalidade enunciado por Crisipo — tudo acontece em razão de causas — agrega-se um princípio específico segundo o qual para cada movimento há uma série de causas que lhe dão origem. Se algum fator da cadeia causal for alterado, o resultado será diferente do originalmente previsto, dando origem a cadeias causais alternativas[474]. Isso indica que o cosmos se organiza mediante complexas — mas não infinitas — relações causais mantidas entre os corpos. De acordo com informações de Calcídio contidas em seu comentário ao *Timeu*, de Platão, as séries causais completas que conformam o mundo da *Stoá* são chamadas de Providência, identificando-se com a vontade de deus, quer dizer, o destino. Cleantes discorda da perspectiva totalizante porque para ele nem tudo ocorre graças à Providência divina, incapaz de produzir, por exemplo, eventos malignos[475]. A simplória exegese de Cleantes foi superada por Crisipo, para quem o bem e o mal percebidos pelos seres humanos em suas existências particulares têm outros significados no plano universal em que se radica a von-

---

473. BOBZIEN, *Determinism and freedom in stoic philosophy*, 39.
474. Ibidem, 43.
475. CALCIDIUS, *Timaeus*, 144 (LONG; SEDLEY, *The hellenistic philosophers*, 337-338).

tade de deus: tudo acontece como deve acontecer, quer dizer, da melhor maneira possível e no melhor dos mundos possíveis[476], onde ser (realidade) e dever ser (idealidade) se confundem. Tatakis julga encontrar nessa ideia o motivo da impassibilidade do sábio estoico. Sabendo que o mundo está organizado de antemão, o sábio enxerga no contraste entre a ordem universal e a desordem das pequenas vidas terrestres uma antinomia apenas aparente[477]. Assim, realizar algo diferente do que está determinado seria impraticável. Ademais, sendo integralmente racional e periodicamente recriado em bases idênticas às anteriores, o mundo já apresenta a melhor organização de todas quantas são imagináveis[478]. Tal concepção tradicionalmente estoica lembra o otimismo de Leibniz, ridicularizado por Voltaire em *Cândido*, romance no qual o filósofo alemão comparece como o ingênuo Doutor Pangloss, personagem satírico que em meio às maiores desgraças, tais como o terremoto de Lisboa, costuma afirmar que tudo está bem no melhor dos mundos possíveis[479]. Mas o

---

476. Quando sustentam que tudo acontece graças ao destino, os estoicos conferem sentido atemporal ao verbo "acontecer", normalmente empregado no presente do indicativo, visto que se trata de compreender todo o universo mediante uma perspectiva global. Os entes corpóreos contêm em si parte do destino porque, de certa maneira, eles são o próprio destino. No que se refere aos incorpóreos — espaço, tempo, vazio e exprimíveis —, tem-se que eles *se dão* de acordo com o destino, pois não possuem o mesmo *status* ontológico dos objetos corpóreos, estes sim identificados materialmente com o destino.

477. TATAKIS, *Panétius de Rhodes*, 109.

478. CICÉRON, *De la nature des dieux*, II, XXXIV, 87 (*Les stoïciens*, 440).

479. Sirva de exemplo o seguinte trecho: "Pangloss dizia vez por outra a Cândido: 'Todos os acontecimentos estão encadeados no melhor dos mundos possíveis; pois afinal, se não tivesse sido expulso de um lindo castelo com uma saraivada de pontapés no traseiro por amor da senhorita Cunegundes, se não tivesse sido perseguido pela Inquisição, se não tivesse perdido todos os carneiros do bom país de Eldorado, não estaria aqui comendo cidras cristalizadas e pistaches'. 'Isto está certo', disse Cândido, 'mas devemos cultivar nosso jardim'" (VOLTAIRE, *Cândido*, 94).

otimismo cósmico dos estoicos nada tem de tolo ou de ingênuo, tendo fundamentado a resposta preferida de várias gerações de gregos e romanos preocupados com o sentido da existência. Sem dúvida, trata-se de uma tese eticamente mais profunda do que o mecanicismo amorfo dos atomistas e o quietismo solipsista dos céticos. Ambas as escolas não viam sentido ético no mundo. Diferentemente, os estoicos compreendem o universo mediante um ponto de vista moral: tudo é o que deve ser, ou seja, o melhor possível.

Conforme ensina Crisipo, o destino corresponde a uma complexa série eterna e imodificável de ocorrências, responsável pelo encadeamento cósmico das causas[480]. Por isso a tradicional imagem da corrente não serve para ilustrar o processo estoico de causação universal. Na causação-corrente cada elo funciona como causa e efeito concomitantemente, pressupondo perspectivas lineares e autoisolantes de tempo e espaço. Por outro lado, na doutrina causal do Pórtico há inúmeras causas concorrentes, participando todas elas em novos e intrincados processos causais. Não é à toa que os estoicos foram acusados de descreverem um "enxame de causas" com o qual tentaram abrandar o rigoroso causalismo determinista próprio da doutrina[481]. Caso se imaginem as diferentes cadeias causais estoicas como correntes, é forçoso aceitar que seus elos se comunicam entre si no tempo e no espaço e em todas as direções. Assim, a imagem mais adequada para evocar a interconexão causal proposta por Crisipo é a da teia[482]. Há uma única Causa no mundo — o destino — que se ramifica em inúmeras causas menores, conformadoras dos fios da teia cósmica. O destino é,

---

480. GELLIUS, *Noctes atticae*, VII, 2, 1 (INWOOD; GERSON, *Hellenistic philosophy*, 184-185).
481. WHITE, *Filosofia natural estóica*, 160.
482. BOBZIEN, *Determinism and freedom in stoic philosophy*, 51.

então, a Causa, ou seja, a concatenação lógica, racional e necessária de todas as causas menores. Deus, Inteligência, *lógos* e destino são apenas nomes diferentes para designar um único ser, qual seja, a Causa[483].

A Causa universal penetra os entes corpóreos, sendo responsável por suas formas e movimentos. Todos os corpos são partes da teia racional que integra o universo. Não há externalidades tais como um plano geral divino a reger o cosmos: cada coisa carrega em si esse plano. Melhor ainda: cada coisa *é* esse plano. O deus estoico não se mostra como deidade onisciente que, à moda do Deus cristão, supervisiona o universo. Ao contrário, o deus da *Stoá* está imerso na natureza. Aqueles que experimentam tristezas e males na vida não podem culpar a Providência dizendo que suas penas lhes foram atribuídas desde sempre, dado que "[n]ão há um plano divino preexistente ou um decreto secreto do destino que dê a cada ser lugar e papel. Há, antes, em cada objeto do mundo alguma porção do elemento divino que responde por seu comportamento. Essa porção do *pneûma* interno não é um elemento estranho"[484]. Os corpos não seguem ordenação divina que lhes seja externa e, portanto, heterônoma; eles *são* deus. O demiurgo estoico desenvolve o mundo progressivamente, conectando todas as coisas em seu corpo único e inteiriço, chamado de "o inteiro" (*tò hólon*). Cada pequena causa configura — ao seu modo limitado e temporal, mas ainda assim ontologicamente — a Causa[485].

Para ilustrar a relação existente entre a Causa e as causas, sempre corpóreas, os estoicos imaginam deus localizado no

---

483. Diogène Laërce, *Vies et opinions des philosophes*, VII, 135 (*Les stoïciens*, 59).
484. Frede, *Determinismo estóico*, 223.
485. Bobzien, *Determinism and freedom in stoic philosophy*, 54.

éter como uma forma de racionalidade pura e condensada[486]. Da mesma maneira que o *hegemonikón* utiliza o sistema nervoso e expede comandos às partes do corpo para que ajam segundo a vontade nascida na mente, deus envia às suas partes componentes — as causas corpóreas — determinações para que se movam nesse ou naquele sentido[487]. Em ambos os casos não há externalidade nem violência, mas um único corpo agindo mediante as determinações da razão dominante. Outra metáfora utilizada pelos estoicos é a da semente, que contém em si todas as determinações necessárias à sua realização completa enquanto vegetal. Do mesmo modo que o ser humano, a semente se desenvolverá ao ser nutrida pela razão circundante, pois no mundo estoico tudo é razão, tudo é *lógos*. Com uma teoria causal assim, cai por terra a concepção tradicional de destino, de nítida feição pessoalista. O destino como preordenação dos fatos integrantes das vidas dos seres humanos — a vitória de Augusto sobre Marco Antônio, o assassinato de César nos idos de março, o retorno de Ulisses a Ítaca, a cegueira de Homero etc. — interessa muito pouco aos estoicos[488]. Não porque esses eventos estejam afastados da determinação causal, mas porque são meros momentos parciais de uma teia muito maior, não cabendo ao filósofo, que sempre se ocupa do geral, perder tempo com divagações acerca de tais ninharias.

Tudo estando conectado, a perfectibilidade e a imutabilidade espaço-temporal do mundo se dão pela força da memória de deus, que se recorda dos infinitos ciclos e das conflagrações, dos inícios e dos reinícios do mundo na roda do eterno retorno. Tudo sempre foi, é e será o que deve ser. Há uma inexorabi-

---

486. BOBZIEN, *Determinism and freedom in stoic philosophy*, 54.
487. DIOGÈNE LAËRCE, *Vies et opinions des philosophes*, VII, 138 (*Les stoïciens*, 60).
488. LONG; SEDLEY, *The hellenistic philosophers*, 342 e 392-393.

lidade no universo por meio da qual todos os fatos ocorrem graças ao destino[489]. É o que os helenistas chamam de "princípio do destino": *fato omnia fiunt*[490]. Ora, é exatamente em razão da natureza total e imutável do destino que se põe o problema da responsabilidade humana. Como compatibilizar a liberdade com um universo totalmente estruturado em que as escolhas parecem já ter sido feitas de uma vez para sempre pela potência impessoal de deus? Eis o tema da próxima subseção.

3.3. Compatibilização

Segundo Sérvio, há uma definição de destino em um dos fragmentos perdidos do *De fato* de Cícero que sepulta qualquer polêmica quanto ao caráter *sui generis* do tema no estoicismo romano, bem como quanto à possibilidade de compatibilizar o determinismo causal e teleológico do Pórtico com a liberdade humana. Tal fragmento esclarece que o destino ordena a lei da eterna variedade no universo: "O destino é a conexão das coisas entre si através da eternidade, mantendo-se alternativamente, que varia pela sua ordem e lei, de tal modo, porém, que a própria variedade possua a eternidade"[491]. Ora, a eternidade dura mediante oposições: o dia sucede a noite; após a calmaria vem a tempestade; um céu azul dá lugar a escuras nuvens de chuva etc. Do mesmo modo, a existência humana se compõe de alegrias e de tristezas, de desgraças e de triunfos. Compreendendo essa verdade profunda, o ser humano se reconcilia consigo mesmo, com sua motivação primária (*oikeíosis, commendatio*) e com o *lógos*, alcançando a felicidade. É o que Heráclito chama

---

489. DIOGÈNE LAËRCE, *Vies et opinions des philosophes*, VII, 149 (*Les stoïciens*, 64).
490. BOBZIEN, *Determinism and freedom in stoic philosophy*, 56.
491. CÍCERO, *Sobre o destino*, 37.

de sabedoria: saber, com juízo verdadeiro, como todas as coisas são governadas por todas as coisas[492].

A liberdade humana não se opõe ao determinismo do destino, pois o sábio estoico se integra à harmonia universal de modo voluntário e consciente. O insensato, que se revolta, será sempre vítima do ódio e das demais paixões, sem com isso mudar nada na ordem cósmica, da qual os seres humanos são apenas soldados que devem obediência ao grande general Zeus[493]. Entretanto, graças à identificação entre homens e deuses, estes não são vistos pelo estoicismo como seres superiores aos humanos. Ambos são cidadãos do Estado universal cósmico, de maneira que o sábio não se curva ao destino. Ele não obedece a deus, mas compartilha de sua opinião (*non pareo deo, sed adsentior*). Quanto mais a razão particular se aproxima da razão universal do cosmos-deus, mais livre o ser humano se torna. A harmonização do indivíduo com a cadência divina do mundo gera a verdadeira e única felicidade[494], idêntica à dos imortais,

---

492. KIRK; RAVEN; SCHOFIELD, *Os filósofos pré-socráticos*, Cap. VI: "Heráclito de Éfeso", fr. 41, p. 210.
493. SENECA, *Letters from a stoic*, CVII, p. 199.
494. A tese estoica relativa à submissão do sábio à ordem natural pode ser aproximada de algumas correntes do pensamento oriental. O taoísmo, por exemplo, vê na integração do ser humano aos ritmos cíclicos da natureza — o *Tao* — a única via para sua libertação. De fato, é impressionante a semelhança existente entre a descrição taoísta do sábio e a figura idealizada pela *Stoá*. A título de ilustração, confira-se o seguinte trecho: "E, tendo conhecido o jogo secreto da realidade em que vive, o sábio taoísta se molda a ele. Tendo compreendido o próprio destino, não vai contra ele, mas com sinceridade o segue e, assim, encontra sua mais autêntica liberdade. Provocando o fluxo das forças naturais, anulando-se, encontra o verdadeiro eu em uma profunda sensação de paz" (RAVERI, *Índia e extremo oriente*, 162). Em sentido igualmente estoico, afirma o Sidarta de Hesse: "Na meditação profunda oferece-se-nos a possibilidade de aniquilarmos o tempo, de contemplarmos, simultaneamente, toda a vida passada, presente e futura. Então tudo fica bem; tudo, perfeito; tudo *Brama*. Por isso, o que existe me parece

razão bastante para Crisipo ensinar que a felicidade do sábio não é menos bela ou nobre do que a de Zeus[495].

A razão e a vontade dos seres humanos, desde que retas, são imunes à ação do destino. Na verdade, elas são o próprio destino. O estoicismo está muito distante do causalismo fatalista de que o acusam seus detratores, apresentando-se antes como rigoroso finalismo no qual tudo que é bom e virtuoso se orienta em conformidade com o *lógos*. Na concepção do Pórtico, a liberdade não se confunde com a imprevisibilidade e a mutabilidade dos atos humanos. Ao contrário, ela se identifica com o dinamismo de sua constante retomada pelos homens. Há, no entanto, outra via — a dos insensatos — que leva à desgraça e à infelicidade. Cabe aos humanos escolher, o que demonstra que a Moira dos estoicos não é fatal. A Providência divina organiza o teatro do mundo e confere aos seres humanos a razão individual e certas capacidades inatas que lhes permitem atingir a felicidade, ou seja, serem virtuosos e sábios. A partir de então, cabe a cada um desenvolver-se e se tornar seu próprio libertador[496]. Tal ocorre assim porque a direção do universo realizada pela Providência não se assemelha a uma ditadura cósmica à qual o ser humano precisaria se submeter, sendo antes a expressão da ordem maior a que todas as coisas se afinam para verem reveladas suas essências. Veyne entende que a Providência es-

---

bom. A morte, para mim, é igual à vida; o pecado, igual à santidade; a inteligência, igual à tolice. Tudo deve ser como é. Unicamente o meu consenso, a minha vontade, a minha compreensão carinhosa são necessários para que todas as coisas sejam boas, a ponto de somente me trazerem vantagens, sem nunca me prejudicarem" (Hesse, *Sidarta*, 166-167). Não obstante tais similitudes, deve-se recordar que independentemente de suas controversas origens orientais, a *Stoá* não é misticismo ou protorreligião, conformando uma rigorosa filosofia racionalista que concebe o destino como força impessoal e impulso teleológico-causal.

495. Ario Didimo, *Etica stoica*, 11g, p. 65.
496. Veyne, *Séneca y el estoicismo*, 161.

toica aproxima-se muito mais de um governo liberal do que de regimes autoritários, pois ela vela pela humanidade em geral, ou seja, pela espécie humana, não se imiscuindo nos destinos individuais desenvolvidos pelos homens mediante suas escolhas[497]. Os deuses dão riquezas, saúde e indiferentes similares, mas não a virtude[498]. Ser virtuoso ou não depende unicamente dos seres humanos. Não sem certo humor, Cícero afirma que o céu tênue de Atenas não leva seus habitantes a se dedicarem à filosofia nem o céu espesso de Tebas garante aos seus guerreiros a coragem necessária à vitória na batalha[499].

Segundo a *Stoá*, tendo distribuído a todos os seres humanos uma centelha da racionalidade cósmica que lhes possibilitará a verdadeira libertação, a Providência ocupa-se apenas em manter viva a espécie, sem se preocupar com o entrelaçamento das causalidades físicas e espirituais que moldam o destino de cada ser particular. Tal construção filosófica torna possível a liberdade humana em termos de responsabilização, dado que a Providência não é culpável pelos males que assolam os indivíduos. Sendo um agente livre, o humano pode escolher entre ser virtuoso ou se entregar aos vícios, que o levarão à infelicidade. Ainda que estes possam derivar de causas naturais, Cícero entende que o ser humano é capaz de extirpá-los mediante o uso racional da vontade e da disciplina[500]. No mesmo sentido, Marco Aurélio sustenta que o livre-arbítrio é independente, de sorte que o homem vicioso é o único culpado pelo mal que a si mesmo causa[501]. Não há sentido em incriminar a divindade pelos vícios humanos, como bem ilustra um episódio anedó-

---

497. VEYNE, *Séneca y el estoicismo*, 160.
498. PLUTARQUE, *Des notions communes contre les stoïciens*, XXXII (*Les stoïciens*, 164).
499. CÍCERO, *Sobre o destino*, IV, 7, p. 12.
500. Ibidem, V, 11, p. 14.
501. MARCO AURÉLIO, *Meditações*, VIII, 56 (*Os pensadores*, 310-311).

tico da vida de Zenão. Tendo encontrado um escravo que recebia penalidades corporais por ter roubado, este lhe disse: "Era o meu destino roubar". Zenão respondeu-lhe: "E também ser castigado"[502]. O estoicismo jamais abriu mão da responsabilização ampla do indivíduo, visto que ele não está determinado, mas determina.

O singular amálgama de causalismo, determinismo teleológico e autonomia moral que informa a teoria estoica do destino permite a Marco Aurélio afirmar que a Causa universal constitui uma torrente que tudo carrega[503]. Por isso o Imperador aconselha impassibilidade diante dos acontecimentos oriundos de causas exteriores e justiça nas obras que dependem de decisões humanas[504]. É que, segundo a leitura que Plutarco faz dos textos estoicos, o assentimento, as opiniões e os julgamentos — sejam tais estados mentais corretos ou incorretos, falsos ou verdadeiros — não dependem do destino[505]. Plutarco refere-se então a uma suposta contradição no pensamento da *Stoá*, pois ao mesmo tempo em que os estoicos louvam a fatalidade do destino, rebaixam-na do *status* de causa completa — ou seja, causa de todas as coisas, capaz de suprimir a liberdade — à posição de simples causa antecedente[506]. Com isso, o destino perderia muito de sua potência e eficácia[507]. A ideia de causa an-

---

502. DIOGÈNE LAËRCE, *Vies et opinions des philosophes*, VII, 23 (*Les stoïciens*, 25).
503. MARCO AURÉLIO, *Meditações*, IX, 29 (*Os pensadores*, 314).
504. Ibidem, IX, 31 (*Os pensadores*, 314).
505. CÍCERO, *Sobre o destino*, XVII, 40, p. 29.
506. Alexandre de Afrodísias define causa antecedente como aquela que existe anteriormente a seu efeito e que, sendo conhecida de maneira suficiente, permite prevê-lo. Cf. ALEXANDER, *On fate*, 191, 30 e 192, 28 (LONG; SEDLEY, *The hellenistic philosophers*, 337-338) e *Du destin*, 173, 14 (*Apud Les stoïciens*, n. 476.2, p. 1293).
507. "*Should we, then, say that assents are not in our power, and neither are virtues, vices, [morally] perfect actions, and [moral] errors; or should we say that fate*

tecedente[508] não evoca nenhum fatalismo, referindo-se antes à mera sucessão temporal[509]: só por vir antes de outro um fato não precisa necessariamente ser tido como sua causa; pelo menos não como sua causa eficiente, figura que, para os antigos, era a "verdadeira" causa. Pois bem, quando se trata do ser humano, a causa "verdadeira" não se diferencia da liberdade. Daí a diferenciação estoica entre causa antecedente, externa ao indivíduo, e causa principal, que lhe é interna. Conforme ensina Frede, tal divisão torna possível a responsabilidade moral[510]. A autora resgata um exemplo de Clemente: mesmo para um homem desgovernado, a visão da beleza constitui apenas uma causa antecedente, ou seja, uma impressão externa. Mas a maneira como ele reagirá diante dela depende da causa principal. Esta se relaciona com "o que depende de nós", para utilizar a clássica terminologia de Epicteto. Assim, não se deve ver nesse dualismo causal uma contradição. Ainda que na esfera intracósmica os

---

is deficient and that Firmly Fixed is indeterminate and that Zeus' motions and dispositions are unfulfilled? For some of these result from fate being a sufficient cause, some from it merely being an initiating cause. For if it is a sufficient cause of all things it destroys what is in our power and the voluntary, and if it is initiating, it ruins the unhinderable and fully effective character of fate" ["Devemos, então, dizer que os assentimentos não estão em nosso poder, nem virtudes, vícios, ações (moralmente) perfeitas e erros (morais); ou deveríamos dizer que o destino é deficiente e que aquele Firmemente Fixo é indeterminado e que os movimentos e disposições de Zeus não são cumpridos? Pois algumas coisas resultam de o destino ser uma causa suficiente, outras de ser apenas uma causa inicial. Pois, se fosse a causa suficiente de todas as coisas, destruiria o que está em nosso poder e a voluntariedade, e se fosse a causa inicial, arruinaria o caráter irrestrito e plenamente eficaz do destino."] (PLUTARCH, *Stoic self-contradictions*, 1056c-d [INWOOD; GERSON, *Hellenistic philosophy*, 189]). Cf. também PLUTARQUE, *Des contradictions des stoïciens*, XLVII (*Les stoïciens*, 132-133).

508. Para aprofundamento do tema, cf. HANKINSON, Evidence, externality and antecedence.

509. Sobre o tema, cf. WHITE, Time and determinism in the hellenistic philosophical schools.

510. FREDE, *Determinismo estóico*, 212-213.

estoicos tenham descrito várias causas — o "enxame" aludido por Alexandre de Afrodísias — em razão das diferentes funções que elas realizam, no nível cósmico — que é o que importa — há apenas uma única Causa que governa o mundo. Ativa no indivíduo, na pedra, nos deuses etc., ela se manifesta como uma intrincada teia. Trata-se da Causa que faz[511], que corresponderia à causa eficiente na classificação de Aristóteles. No contexto do estoicismo, esta *causa causarum* é o destino. Sendo única e informando todo o universo, ela não violenta o ser, dado que não se processa como algo exterior ao ser humano; ao contrário, ela é o próprio ser humano em sua mais profunda interioridade.

O destino identifica-se com a Causa real que determina teleologicamente todos os eventos. Não se trata de uma lei segundo a qual os fatos se determinam uns aos outros, o que daria lugar à moderna noção de pluralidade de causas regentes do universo[512]. Como são muitos os seres e os acontecimentos no mundo, pode parecer que várias também são as causas que os condicionam. Entretanto, o destino age como teia cósmica e conecta entre si as causas parciais. Elas se relacionam não aos seus respectivos efeitos, formando cadeias causais limitadas, mas sim entre si, todas elas se reportando ao deus único — o *lógos* —, que as compreende integralmente. Na verdade, as causas se subordinam umas às outras em uma sucessão plenamente racional dirigida à Causa. A ideia de causa antecedente revela-se, então, como um sagaz estratagema criado pelos estoicos para salvar a ideia de liberdade — às vezes chamada de causa principal ou perfeita[513] — da ação alienante do determi-

---

511. "*Stoici placet unam causam esse, id quo facit*" (Séneca, *Cartas a Lucilio*, LXV, 4, p. 167).

512. Bréhier, *La théorie des incorporels dans l'ancien stoïcisme*, 35.

513. "[...] *sería una causa antecedente para nuestra acción el hecho de que se nos haga presente un determinado estímulo; pero la causa perfecta sería nuestro asentimiento o rechazo del estímulo en cuestión (*De fato*, 39). El destino representaría el*

nismo mantido pela simpatia universal[514], essa espécie de potência cósmica que interliga todos os elementos do universo e lhes impõe contínua interação. Nas palavras de Cícero,

> Ora, a causa é aquela que produz aquilo de que é causa: como da morte a ferida, da doença a indigestão, do ardor o fogo. Por conseguinte, não se deve entender uma causa assim como: aquilo que anteceda cada coisa lhe seja a causa, mas como: aquilo que eficientemente anteceda a cada coisa. Porque tenha eu descido ao Campo de Marte, isso não tem servido de causa para que eu jogasse péla; nem Hécuba, porque a Alexandre tenha gerado, foi a causa da destruição dos troianos; nem Tíndaro a causa da destruição de Agamenão, porque a Clitemnestra o tenha gerado. Pois desse modo dir-se-á haver também o viajante bem vestido servido de causa a um salteador, para que por este fosse espoliado.[515]

Parece-me inegável que a concepção estoica de destino não se subsume à causalidade estrita e absoluta, o que Plutarco deplora. Ele não percebeu — ou não quis perceber — que estoicos

---

papel de causa antecedente y la libertad el de la perfecta [...]" ["(...) seria uma causa antecedente para nossa ação o fato de que se nos apresente determinado estímulo; mas a causa perfeita seria o nosso assentimento ou rechaço do estímulo em questão (*De fato*, 39). O destino representaria o papel de causa antecedente e a liberdade o de causa perfeita (...)."] (BERRAONDO, *El estoicismo*, 132).

514. "*Ainsi la liberté, cause principale, mais qui ne s'exerce que sous l'impulsion d'une cause adjuvante liée à la totalité des causes antécédentes, pouvait-elle s'insérer sans contradiction dans l'enchaînement universel du destin*" ["Assim, a liberdade, causa principal, mas que se exerce apenas sob o impulso de uma causa coadjuvante ligada à totalidade das causas antecedentes, poderia ser inserida sem contradição no encadeamento universal do destino."] (*Notice* de P. Aubenque a CICÉRON, *Traité du destin*, 472). Em outra passagem, Aubenque sustenta que o dualismo — causas antecedentes e principais — contradiz a unidade causal exigida pela simpatia universal (*Les stoïciens*, n. 490.1, p. 1295).

515. CÍCERO, *Sobre o destino*, XV, 34, p. 26.

como Crisipo admitem na seara lógico-formal vários tipos particulares de efeitos e de causas que, no contexto da Física, se fundem no monismo absoluto da Causa universal. Assim, no terreno da Lógica há efeitos necessários e contingentes. Ora, se toda causa particular produz dado efeito, tal não significa que ele se imponha sempre como necessário[516]. No que concerne propriamente às causas, existem as que independem do assentimento e as que dele necessitam[517]. As causas naturais são da primeira espécie, porque a vontade humana não determina fenômenos como a rotação da terra ou o crescimento das plantas. Fatos assim compõem a cadeia do destino contra a qual os homens nada podem. Contudo, a maneira como eles se conduzem diante das causas naturais depende unicamente do assentimento. O fato natural morte, por exemplo, pode levar alguns a se desesperarem e outros a se alegrarem. Não há uma reação mental gravada desde sempre no espírito humano em relação a tal fenômeno.

Para explicar sua proposta acerca da compatibilidade existente entre o destino e a liberdade, Crisipo recorre à célebre metáfora do cilindro e do cone, que impressionou Leibniz e serviu ao estoico para responder aos seus opositores. De fato, muitos filósofos rivais se perguntavam como seria possível a responsabilização moral em um mundo como o do Pórtico, no qual todas as ações — inclusive as más e desprezíveis — já estariam inscritas nas malhas imodificáveis do destino[518]. Em uma realidade assim as noções de culpa, responsabilidade, dever e direito não teriam sentido. Objetivando calar seus detratores, Crisipo afirma que um cone e um cilindro, uma vez

---

516. Ibidem, IX, 19, pp. 18-19.
517. Ibidem, XVIII, 41, pp. 29-30.
518. GELLIUS, *Noctes atticae*, VII, 2, 5 (INWOOD; GERSON, *Hellenistic philosophy*, 185).

postos a girar, apresentam movimentos bem diferentes. O giro independe deles porque uma força os obrigou a tanto — seria a causa natural ou antecedente —, mas o movimento traçado por cada um desses objetos não depende da força original que os impulsionou, derivando antes da forma cônica ou cilíndrica que possuem como aquilo que lhes é próprio[519]. Isso significa que, embora as causas antecedentes iniciem todos os processos no universo, elas não estão envolvidas nas atividades que posteriormente se verificam. Assim, o destino estoico não se identifica com a totalidade da estrutura causal universal, mas apenas com as causas iniciadoras de processos ou ações, ou seja, com os estímulos externos que dão lugar ao movimento. Desse modo, o estímulo para buscar alimento pode se fundar na impressão sensível de algo comestível. Todavia, se o indivíduo vai ou não comer o objeto percebido depende, em certa medida, de decisões orientadas pelo seu sistema de crenças internas. Existem muitas coisas que independem do ser humano; no entanto, a maneira segundo a qual ele se comporta diante delas é algo totalmente livre e que se refere ao que lhe é próprio: a racionalidade. Segundo os estoicos, não se pode constranger o assentimento de alguém, já que na seara espiritual o ser humano experimenta uma liberdade absoluta. Em síntese, "[...] quando as causas tenham antecedido, [e] não esteja em nosso poder que de outro modo aqueles fatos ocorram, eles acontecem pelo destino, porém as coisas que estejam em nosso poder, dessas o destino está afastado"[520].

Frede ironiza a teoria crisipiana dizendo que a comparação de seres humanos com cones e cilindros parece reforçar ainda mais a ideia de que os homens são peças em um tabuleiro di-

---
519. CÍCERO, *Sobre o destino*, XVIII, 42-43, pp. 30-31.
520. Ibidem, XIX, 45, p. 32, e GELLIUS, *Noctes atticae*, VII, 2, 11 (INWOOD; GERSON, *Hellenistic philosophy*, 185).

vino. Ademais, a diferenciação entre causa antecedente — que faz o cilindro rolar — e causa principal — a sua forma cilíndrica, que lhe permite rolar de maneira diversa da do cone — pouco auxiliaria na fundamentação da responsabilidade moral ou jurídica. Nenhum Tribunal do planeta absolveria alguém que empurrou outrem, causando-lhe danos físicos, sob o argumento de que o empurrão foi uma simples causa antecedente, sendo que os ferimentos se devem à forma do indivíduo ou ao seu estado interno[521]. Logo Frede abandona essa crítica algo superficial para desvendar o verdadeiro sentido da tese de Crisipo, dado que o ponto central de seu argumento não está na inevitabilidade da interação entre duas causas, mas na natureza do objeto que se move. No caso dos seres humanos, a natureza interna não reside na noção de "empurrabilidade", mas sim em seus estados mentais e caráteres específico. Por isso quem recebe propina pode ser responsabilizado moral e juridicamente. O oferecimento do suborno constitui apenas uma causa antecedente, ao passo que aceitá-lo ou não depende da conformação mental daquele a quem é ofertado[522], que efetivará sua escolha com base na vontade e levando em conta seus próprios padrões de comportamento, em grande medida invariáveis. Mas a existência de padrões regulares de comportamento — o assassino mata, o ladrão furta, o mentiroso mente etc. — não diminui a responsabilidade moral, apenas destaca o fato de que os seres humanos são pré-condicionados por suas personalidades, o que não significa que sejam incapazes de mudar e adotar outros padrões morais[523].

Conforme assevera Duhot, ainda que não haja liberdade absoluta em relação aos eventos externos, os seres humanos

---

521. FREDE, *Determinismo estóico*, 215.
522. Ibidem, 215-216.
523. Ibidem, 217.

são moralmente responsáveis por seus atos porque as situações exteriores os obrigam a mostrarem o que realmente são. Prova disso é que indivíduos diversos reagem de maneiras diferentes diante de situações similares. A cada momento da vida humana há um "eu" responsabilizável que age segundo escolhas racionais ou irracionais: "Basta que seja eu para que eu seja responsável. Meu comportamento manifesta minha personalidade, longe de diluí-la em um conjunto de reações superficiais. As circunstâncias não poderiam justificar nem atenuar, elas colocam em evidência aquilo que somos realmente"[524]. Brennan aduz que não há na doutrina estoica uma "porta corta-fogo" separando o mundo exterior e o mundo interior: as reações e as escolhas humanas são tão causalmente determinadas como tudo o mais no universo. As almas fazem parte da realidade corpórea e se subsumem à causalidade universal tal e qual os demais corpos[525]. Contudo, mesmo a causação psicológica a que os seres humanos estão sujeitos enquanto partes do cosmos depende do caráter individual. Não há força externa capaz de obrigar alguém a conferir assentimento a uma impressão que não lhe pareça verdadeira segundo seus hábitos mentais. Por isso Bobzien assevera que a moral de um homem radica-se no perfil individual de sua mente, esfera que determina a que impressões ele dará seu assentimento[526]. Conclui Brennan acerca do que ele chama de "estratégia estoica" para preservar a responsabilização moral: "somos responsáveis por nossas ações porque elas provêm de nossos impulsos (isto é, de nossos assentimentos), e estes são determinados por nosso caráter (isto é, por nossa disposição a dar assentimento)"[527]. Ainda que tal raciocínio pareça pouco sa-

---
524. DUHOT, *Epicteto e a sabedoria estóica*, 66.
525. BRENNAN, *Psicologia moral estóica*, 324.
526. BOBZIEN, *Determinism and freedom in stoic philosophy*, 325.
527. BRENNAN, *Psicologia moral estóica*, 326.

tisfatório, deve-se lembrar da natureza do cosmos estoico para bem compreendê-lo. O mundo está organizado do modo mais racional possível, o que inclusive se reflete na conformação psíquica dos seres humanos, vocacionados — ou seja, determinados — a serem livres por força da natureza racional do universo, que neles se manifesta enquanto razão autoconsciente.

Crisipo também refuta os raciocínios que Cícero chama de preguiçosos (*argòs lógos*) e que, se aceitos, levariam os seres humanos a nada realizar durante suas vidas[528], como no seguinte exemplo: estando alguém doente e sendo seu destino convalescer, em nada adianta consultar um médico, pois irá se restabelecer de qualquer maneira. Por outro lado, se seu destino for morrer, a visita ao médico é inútil[529]. Esse argumento da inação, provavelmente construído pelos paradoxologistas megáricos[530], deve ter parecido bastante reprovável para as mentes pragmáticas dos romanos, uma vez que, se levado às últimas consequências, torna vã qualquer conduta: independentemente de quaisquer atos, tudo já está decidido; toda ação é dispensável[531]. Para invalidar o argumento preguiçoso, Crisipo-Cícero utiliza a noção de confatalidade (*confatalia*). Na afirmação "Édipo nascerá de Laio" não se pode acrescentar "quer Laio tenha estado ou não com uma mulher", pois esta última causa é um confatal ou "fato associado" em relação ao primeiro fato, qual seja, o necessário nascimento de Édipo[532]. No exemplo do doente,

---

528. CÍCERO, *Sobre o destino*, XII, 28, p. 23.
529. Ibidem, XII, 28-29, p. 23.
530. FREDE, *Determinismo estóico*, 224.
531. CÍCERO, *Sobre o destino*, XIII, 29, pp. 23-24.
532. No exemplo de Cícero há um erro de Lógica, pois o fato de Laio ter estado com mulher não é um fato associado — um confatal — que influencia no nascimento de Édipo, mas sim uma condição, e mais, uma *conditio sine qua non*. Diferentemente, convalescer e consultar um médico não se ligam pelo vínculo da condicionalidade.

convalescer e consultar um médico são também confatais[533]. O argumento preguiçoso não passa de um sofisma, nada tendo a ver com o destino. Na mesma linha, Cícero rebate os argumentos lógicos de Diodoro tendentes a validar o fatalismo por meio das regras da não contradição do discurso. Um exemplo: Diodoro aduz que o passado não pode ser mudado porque não pode deixar de ser o que foi. Então, "[...] quando for futuro, não poderá deixar de ser o que viria a ser"[534]. Contra esse raciocínio capcioso pode-se arguir que as regras lógicas existentes no plano abstrato não acarretam fatalismo no mundo real. A argumentação de Diodoro se funda em simples jogos de palavras incapazes de refletir as amplas possibilidades do plano da realidade[535].

O destino não se traduz para o ser humano como um convite ao imobilismo, refletindo antes a racionalidade do real, que não é cega nem arbitrária. O destino age na vida do homem como potência racional e não como fúria desvairada. A vontade humana e a capacidade de discernir e escolher entre o bem e o mal não são anuladas pelo destino, mas sim potencializadas. É o que Cícero pressupõe ao afirmar que para a vontade não existem causas externas e antecedentes: *"Voluntatis enin nostrae non esse causas externas et antecedentis"*[536]. No mesmo sentido, sustenta Marco Aurélio:

> [...] temos de exortar-nos a nós mesmos e aguardar a dissolução natural, sem lastimar a demora, mas repousando apenas nestes pensamentos: primeiro, nada me sucederá que não esteja de acordo com a natureza universal; segundo, é-me dado nada fazer

---

533. Cícero, *Sobre o destino*, XIII, 30, p. 24.
534. Ibidem, n. 50, p. 55.
535. Ibidem, IX, 20, p. 19.
536. Ibidem, XI, 23, p. 21.

em desacordo com a minha divindade e o meu nume. Porque ninguém me forçará a transgredir seus ditames.[537]

Marco Aurélio se expressa de forma bastante clara e demonstra que o destino não se identifica com a fatalidade anuladora da liberdade. Trata-se de uma força cósmica ordenadora e propiciadora do agir livre, próprio do ser racional. O Imperador afirma que não lhe é dado fazer coisa alguma em desacordo com a divindade. Se tal lhe é dado e não imposto, seguir a lei da *recta ratio* corresponde a um ato volitivo. Ninguém pode forçar outrem a transgredir os comandos da natureza. Só é livre o homem que segue seu destino, ou seja, comporta-se em conformidade com a natureza universal. Por seu turno, esta se apresenta ao ser humano como racionalidade, ou seja, aquilo que lhe é próprio, tal como a forma cilíndrica é própria ao cilindro. Conforme afirma Brun, caso a noção estoica de destino seja afastada do campo determinístico-teleológico, ela pode inclusive legitimar os positivismos humanistas modernos[538]. Com efeito, o sábio estoico é o homem livre que vive segundo a lei da razão e busca descrever um universo ordenado e coerente no qual a liberdade se revela enquanto compreensão do determinismo natural. Marco Aurélio entende que apenas o ser humano cumpridor dos mandamentos da razão é livre, com o que ele se aproxima bastante da Ética kantiana, segundo a qual só se encontra a liberdade quando a razão domina e supera o irracionalismo proporcionado pelas afecções sensíveis. Reflete Marco Aurélio: "Se o vagalhão te arrebata, que arraste a tua carne, o teu alento e o mais; a mente ele não arrebatará"[539].

---

537. Marco Aurélio, *Meditações*, V, 10 (*Os pensadores*, 290).
538. Brun, *O estoicismo*, 96-97.
539. Marco Aurélio, *Meditações*, XII, 16 (*Os pensadores*, 327).

As ideias de Marco Aurélio não são originais. Já no contexto do estoicismo médio o destino era compreendido de modo a afinar-se com a liberdade. Para Panécio, o destino corresponde à natureza dos seres humanos, cabendo-lhes apenas decifrá-la e realizá-la[540]. O destino não é algo exterior, mas sim o próprio ser humano no que ele possui de mais íntimo: o *lógos*. Tatakis afirma que Panécio substituiu a noção de destino transcendente pela ideia de destino imanente, retornando assim às fontes primevas do Pórtico, especialmente Zenão. Este detectava a ação do destino primeiro no indivíduo e depois, por meio de abstrações, a intuía no cosmos[541]. O grande erro das escolas adversárias da *Stoá* consiste em compreender o destino mediante perspectivas gerais e dedutivas que desconsideram o ser humano e acabam por localizá-lo em uma posição secundária, classificando-o como mero joguete da *tyché*. A proposta original do estoicismo grego — recuperada por Panécio e desenvolvida pelo estoicismo imperial — parte do humano e daquilo que lhe é próprio. De fato, depois de identificar a ação do destino na esfera humana, o Pórtico ensaia considerações de caráter mais amplo. Fundado nesse movimento indutivo do pensar, Panécio respondeu a provocações como a de Carnéades, que lhe perguntou se era por vontade de Zeus que certos pássaros voavam para a esquerda e outros para a direita. O filósofo de Rodes afirmou que tal não se dava por decreto divino, e sim porque cada pássaro segue sua própria natureza[542]. De maneira similar, os seres recebem do destino aquilo que lhes é próprio. Cada planta foi criada para produzir certo tipo de fruto, do mesmo modo que os animais têm impulsos instintivos[543]. Por

---

540. TATAKIS, *Panétius de Rhodes*, 115.
541. Ibidem, 116.
542. Ibidem, 116-117.
543. NEMESIUS, *De natura hominis*, 291 (LONG; SEDLEY, *The hellenistic philosophers*, 317).

sua vez, o ser humano nasceu para conferir seu assentimento ao que é verdadeiro e negá-lo ao que é falso. Só ele pode representar o papel de agente moral, uma vez que está apto a escolher e a agir conforme à razão. Os demais seres são programados para viverem de acordo com a reta razão, dado que uma macieira gerará maçãs e não laranjas e as abelhas necessariamente morarão em colmeias. Dentre todos os entes mortais, apenas ao humano foi concedida a liberdade de se autodestruir ao renegar sua natureza racional. Posta a questão nesses termos, deixa de soar paradoxal a afirmação de Long e Sedley segundo a qual o determinismo teleológico-causal e a responsabilidade moral não só são compatíveis no estoicismo, mas também se exigem mutuamente[544].

"*In regno nati sumus: deo parere libertas est*", sentencia Sêneca. Por se ter nascido em um reino, a liberdade consiste em obe-

---

544. "*What may seem less clear is why, in such an inflexibly structured world, the notion of individual morality should have any place at all. Now if the dominating causal nexus were purely mechanical, as in an atomistic universe, Chrysippus might accept that this theory did not vindicate morality, but merely accounted for the illusion of it. On the Stoic view, however, morality belongs first and foremost to the entire cosmic plan. It is from there that it filters down to individual human lives [...]. Far from conflicting with morality, fate is the moral structure of the world [...]. Our minds are fragments of the divine mind, and by lining up our own impulses with the pre-ordained good we can achieve individual goodness, and the only true freedom*" ["O que pode parecer menos claro é por que, em um mundo tão inflexivelmente estruturado, a noção de moralidade individual deveria ter algum lugar, afinal. Ora, se o nexo causal dominante fosse puramente mecânico, como em um universo atomístico, Crisipo poderia aceitar que essa teoria não justificava a moralidade, mas apenas explicava a ilusão que se tem dela. Na visão estoica, no entanto, a moralidade pertence em primeiro lugar e sobretudo ao inteiro plano cósmico. É a partir daí que ela se filtra para as vidas humanas individuais (...). Longe de entrar em conflito com a moralidade, o destino *é* a estrutura moral do mundo (...). Nossas mentes são fragmentos da mente divina, e alinhando nossos próprios impulsos com o bem pré-ordenado, podemos alcançar a bondade individual e a única liberdade verdadeira."] (LONG; SEDLEY, *The hellenistic philosophers*, 394).

decer a deus e em suportar os inconvenientes da vida mortal, não se deixando perturbar por aquilo que "não depende de nós" (*ôuk eph'hêmin, aprohairetikós*)⁵⁴⁵. O reino a que se refere o filósofo romano é o universo entendido como totalidade, assim como o deus por ele aludido representa a racionalidade cósmica do *lógos*. Portanto, o ser humano livre se insere na harmonia universal e adapta sua vontade ao ritmo da natureza, aceitando o destino. Ademais, os seres verdadeiramente livres compreendem o caráter específico de suas responsabilidades, que se conectam àquilo que "depende de nós" (*eph'hêmin, prohairetikós*). Tudo o mais cabe a deus, ao qual se deve adaptar a vontade⁵⁴⁶. Epicteto ensina que não se deve desejar nada além do que deus deseja. Quem poderá constranger ou opor obstáculos a alguém cuja vontade é igual à do senhor de todas as coisas⁵⁴⁷? Segundo White, por não poderem — e não quererem ou precisarem, acrescento — negar o determinismo universal, os estoicos, na mesma linha de Spinoza, transferem a ênfase antes reservada à responsabilidade humana para sua dignidade e seu valor moral intrínseco. Daí o parentesco com os imortais: "Como agentes racionais, 'fragmentos' da razão divina, podemos considerar-nos ministros da razão divina que constitui o princípio regulamentador ou *tò hegemonikón* do cosmos"⁵⁴⁸.

Apenas a natureza personificada como deus é integralmente livre, pois nada lhe é exterior⁵⁴⁹, não havendo coisa alguma fora do universo, a não ser o vazio incorpóreo, ou seja, um não ser. Diferentemente, o ser humano é um ente finito posto em um mundo de coisas exteriores que não dependem de sua vontade

---

545. Sêneca, *Sobre a vida feliz*, XV, 7, p. 61.
546. Long, *Epictetus*, 153.
547. Épictète, *Entretiens*, II, XVII, 22-28 (*Les stoïciens*, 926-927).
548. White, *Filosofia natural estóica*, 162.
549. Cicéron, *De la nature des dieux*, II, XIII, 35 (*Les stoïciens*, 419).

particular, motivo pelo qual somente pode ser totalmente livre nos domínios puros do pensamento. É por isso que ele só alcança a felicidade ao adaptar seu demônio interior à vontade de Zeus, idêntica à lei comum da *recta ratio* que circula pelo cosmos, mantendo-o coeso e ordenado[550]. As relações entre o ser humano e a natureza não são de dominação, mas de adequação. Só a razão — esse outro nome da natureza — qualifica o que é próprio aos seres humanos e aos deuses: "No vivente racional, ato natural e ato racional é tudo um"[551]. Mais do que permitir ao homem agir de forma livre, a razão-natureza lhe oferece as condições necessárias para distinguir aquilo que "depende de nós" e o que "não depende de nós"[552]. A sabedoria consiste em

---

550. DIOGÈNE LAËRCE, *Vies et opinions des philosophes*, VII, 88 (*Les stoïciens*, 44).
551. MARCO AURÉLIO, *Meditações*, VII, 11 (*Os pensadores*, 300).
552. Trata-se da já indicada distinção apresentada no início do *Manual* de Epicteto: "*Il y a ce qui dépend de nous, il y a ce qui ne dépend pas de nous. Dépendent de nous l'opinions, la tendance, le désir, l'aversion, en un mot toutes nos oeuvres propres; ne dépendent pas de nous le corps, la richesse, les témoignages de considération, les hautes charges, en un mot toutes les choses qui ne sont pas nos oeuvres propres. Les choses qui dépendent de nous sont naturellement libres, sans empêchement, sans entrave; celles qui ne dépendent pas de nous sont fragiles, serves, facilement empêchées, propres à autrui. Rappelle-toi donc ceci: si tu prends pour libres les choses naturellement serves, pour propres à toi-même les choses propres à autrui, tu connaîtras l'entrave, l'affliction, le trouble, tu accuseras dieux et hommes; mais si tu prends pour tien seulement ce qui est tien, pour propre à autrui ce qui est, de fait, propre à autrui, personne ne te contraindra jamais ni t'empêchera, tu n'adresseras à personne accusation ni reproche, tu ne feras absolument rien contre ton gré, personne ne te nuira; tu n'auras pas d'ennemi; car tu ne souffriras aucun dommage*" ["Existe o que depende de nós, existe o que não depende de nós. Dependem de nós as opiniões, a tendência, o desejo, a aversão, em uma palavra: todas as nossas próprias obras; não dependem de nós o corpo, a riqueza, os testemunhos de consideração, os altos cargos, em uma palavra: todas as coisas que não são nossas próprias obras. As coisas que dependem de nós são naturalmente livres, sem impedimentos, sem entraves; as que não dependem de nós são frágeis, servis, facilmente impedidas, pertencentes aos outros. Lembre-se, então, disto: se você tomar por livres as coisas naturalmente escravas, por próprias para

diferenciar ambas as realidades e não em se preocupar com o que é exterior e, assim, independente da vontade particular[553].

Os estoicos não compreendiam o livre-arbítrio como hoje, quando nele se vê a indeterminação de um futuro sempre aberto a várias alternativas ou escolhas. No pensamento do Pórtico, o livre-arbítrio não implica imunidade à causalidade, o que seria incongruente com os postulados da Física, além de contrário à Lógica. O livre-arbítrio estoico é a capacidade intelectual de se colocar acima das contingências externas e emprestar o querer apenas àquilo que é racional e, portanto, virtuoso. O livre-arbítrio não se confunde com um dado psicológico universal, sendo antes o resultado de um árduo projeto consistente no domínio da sabedoria estoica. São lapidares as palavras de Duhot: "A liberdade não consiste em escolher entre possíveis, menos ainda em recusar um provável ou em se opor ao mundo. É um estado interior de adesão à ordem divina do mundo, da qual, longe de sermos seus joguetes, participamos plenamente"[554].

O determinismo estoico "[...] não conduz à resignação, mas ao estudo cuidadoso de nossas aptidões e de nossas limitações"[555]. A liberdade resulta então do autocontrole que o sábio exerce sobre suas representações e opiniões, de modo que a *recta ratio* tem por missão impedir que a vontade se dirija

---

você as coisas próprias para os outros, você conhecerá o obstáculo, a aflição, o problema, você acusará deuses e homens; mas se você tomar por seu apenas o que é seu, por próprio dos outros aquilo que é, de fato, dos outros, ninguém jamais o obrigará nem impedirá você, você não dirigirá a ninguém acusação nem reprovação, não fará absolutamente nada contra sua vontade, ninguém o prejudicará; você não terá nenhum inimigo; pois não sofrerá nenhum dano".] (ÉPICTÈTE, *Manuel*, I, 1-3 [*Les stoïciens*, 1111]). Sobre o tema, cf. também ÉPICTÈTE, *Entretiens*, I, I, 7-32 (*Les stoïciens*, 809-811), e MARCO AURÉLIO, *Meditações*, III, 11 (*Os pensadores*, 281-282).

553. ÉPICTÈTE, *Entretiens*, IV, I, 81 (*Les stoïciens*, 1049).
554. DUHOT, *Epicteto e a sabedoria estóica*, 70.
555. FREDE, *Determinismo estóico*, 227.

àquilo que dela independe. Por isso a liberdade não se obtém pela saciedade do desejado, mas pela supressão do desejo[556]. Ao se atingir o almejado estágio de tranquilidade, o indivíduo — ser particular por definição — acaba sendo preenchido pela universalidade do racional-real-natural. Sêneca lamenta a escravidão que se abate sobre a grande massa dos homens, servos dos dois mais tirânicos e caprichosos senhores: os prazeres (*uoluptas*) e os sofrimentos (*dolores*). É preciso, objeta Sêneca, encontrar uma saída rumo à liberdade[557]. Epicteto parece responder ao filósofo de Córdoba: o que "não depende de nós" deve ser relegado à ordem natural, que, ao fim e ao cabo, apresenta estrutura ontológica tão racional quanto à do ser humano, ainda que tal constatação não represente garantia de segurança para o indivíduo particular. Este, fechado em sua cidadela interior — a razão isenta de paixões —, ocupa-se apenas com a própria evolução moral. Quem não conhece essa cidadela inexpugnável é um ignorante. Quem a conhece e nela não se refugia, um infeliz, conclui Marco Aurélio[558]. Somente são capazes de realizar a compatibilização entre a liberdade e a necessidade aqueles que utilizam a inteligência divina ofertada a todos igualmente pelo *lógos*. Portanto, ser sábio e compreender a mecânica do cosmos revela-se como o ato livre e inteligente por excelência, realizável — mas não efetivamente realizado — por todos os seres humanos.

Epicteto ensina que a razão liberta. Aliás, no vocabulário estoico a palavra "razão" é sinônimo de livre-arbítrio. Aduz o filósofo-escravo que Zeus criou o mundo livre, embora dividido em partes que devem se auxiliar mutuamente para a manutenção do compasso universal. Entre todos os animais, apenas o ser

---

556. ÉPICTÈTE, *Entretiens*, IV, I, 175 (*Les stoïciens*, 1060).
557. SÊNECA, *Sobre a vida feliz*, IV, 5, p. 31.
558. MARCO AURÉLIO, *Meditações*, VIII, 48 (*Os pensadores*, 310).

humano possui a consciência do governo do universo, sendo-lhe possível entender como deve participar da ordem cósmica, ao contrário dos outros seres, totalmente subjugados pelo fatalismo natural. Por ser racional, o homem nasce livre, relacionando-se a elementos que dependem dele próprio — e por isso não podem ser fontes de constrangimento externo — e a outros que independem de si. A liberdade humana reside naquilo que independe de qualquer constrangimento externo: a vontade, ou seja, o livre-arbítrio[559]. Livre é quem utiliza corretamente sua vontade, que lhe ensina a desdenhar as coisas que dela não dependem[560]. Por outro lado, se o ser humano pretende obter para si vantagens e bens exteriores, elementos independentes de sua vontade, parece a Epicteto impossível que ele não se torne escravo daqueles que dominam os objetos que deseja, com o que ofende a Zeus, se amesquinha e se torna injusto[561]. Nenhum ser humano vicioso é livre, dado que ele escraviza a si mesmo ao negar sua natureza racional e virtuosa[562]. É por isso que Clean-

---

559. ÉPICTÈTE, *Entretiens*, I, XII, 9 (*Les stoïciens*, 838).

560. "Se consideras para ti um bem ou um mal alguma das coisas que não são de teu arbítrio, fatalmente, conforme esse mal te ocorra ou esse bem te falte, te queixarás dos deuses e odiarás os homens causadores ou suspeitos de causadores possíveis da falta ou da ocorrência. Cometemos muitas injustiças por causa de disputas a esse respeito. Se, porém, considerarmos como bens ou males apenas o que de nós depende, nenhum motivo resta quer de acusar os deuses, quer de manter uma atitude hostil para com o homem" (MARCO AURÉLIO, *Meditações*, VI, 41 [*Os pensadores*, 297]).

561. ÉPICTÈTE, *Entretiens*, IV, VII, 6-11 (*Les stoïciens*, 1080).

562. *"Est libre qui vit comme il veut, qu'on ne peut ni contraindre ni empêcher ni forcer, dont les volontés sont sans obstacles, dont les désirs atteignent leur but, dont les aversions ne rencontrent pas l'objet détesté. Qui veut vivre dans le péché? — Personne. — Qui veut vivre dans le erreur, l'emportement, l'injustice, l'intempérance, la plainte de son sort, l'avilissement? — Personne. — Donc nul méchant ne vit comme il veut, donc nul méchant n'est livre. Et qui veut vivre dans le chagrin, la crainte, l'envie, la pitié, les désirs non satisfaits, la rencontre des objets qu'on déteste? — Personne. — Or y a-t-il un méchant qui soit sans chagrin, sans crainte, qui ne rencontre jamais ce*

tes roga a Zeus, pedindo que lhe dê a sabedoria necessária para compreender que o desejo do destino é também o seu desejo. Vale a pena transcrever o argumento de Cleantes, contido em um breve poema citado por Epicteto:

> Leva-me, ó Zeus, e tu também, Destino,
> Lá para onde um dia fixaram meu lugar;
> Seguirei sem hesitação! Quando eu não quiser mais,
> Tendo me tornado perverso, já não seguirei.
> Qualquer um que voluntariamente se rende à Necessidade
> *É um sábio aos nossos olhos, e conhece as coisas divinas.*
> Bem, Críton, se essa é a vontade dos deuses, que assim seja.
> Anytos e Melitos podem me matar, mas não me machucar[563].

O consentimento ao destino não é mera retórica estoica, mas antes uma maneira de realizar o perfeito acordo de todas as funções da alma no seu mais alto grau. Sendo ato voluntário por excelência, a compatibilização entre o querer individual e

---

qu'il déteste et n'ait pas d'échec dans ses désirs? — Pas un. — Donc pas un n'est libre" ["É livre quem vive como deseja, quem não pode ser compelido, impedido ou forçado, cujas vontades não têm obstáculos, cujos desejos alcançam seu objetivo, cujas aversões não encontram o objeto odiado. Quem quer viver em pecado? — Ninguém. — Quem quer viver no erro, na ira, na injustiça, na intemperança, na reclamação do seu destino, na degradação? — Ninguém. — Portanto, nenhum maldoso vive como deseja; portanto, nenhum maldoso é livre. E quem quer viver na tristeza, no medo, na inveja, na pena, nos desejos não satisfeitos, encontrando os objetos que detesta? — Ninguém. — Ora, existe um maldoso que não tenha pena, não tenha medo, que nunca encontre o que detesta e não falhe em seus desejos? — Nenhum. — Portanto, nenhum é livre."] (ÉPICTÈTE, *Entretiens*, IV, I, 1-5 [*Les stoïciens*, 1041]).

563. *"Mène-moi, ô Zeus, ainsi que toi, Destinée, / Là où vous m'avez un jour fixé ma place; / Comme je suivrai sans hésiter! Quand bien même je ne le voudrais pas, / Devenu méchant, je ne suivrai pas moins. / Quiconque se rend de bonne grâce à la Necessité / Est un sage à nos yeux, et il connaît les choses divines. / Eh bien, Criton, si telle est la volonté des dieux, qu'il en soit ainsi. / Anytos et Mélitos peuvent bien me tuer, mais non me nuire."* (ÉPICTÈTE, *Manuel*, LIII, 1-4 [*Les stoïciens*, 1132]).

a ordem universal só pode ser realizada por seres racionais, ou seja, entes capazes de reconhecer a força do *lógos* que se alastra no universo e de antever nos eventos particulares a marca do universal mediante o qual todas as coisas são governadas com sabedoria pela Providência. O ser humano é livre para escolher entre o racional e o irracional, mas apenas quando opta por aquele e desdenha este ele concretiza sua liberdade essencial. Ser livre em substância equivale a escolher ser livre. Aquele que prefere ser irracional se avilta e se torna escravo das paixões, negando paradoxalmente a liberdade que lhe foi confiada.

A interpretação finalista do mundo revela-se como um objetivo divino destinado à inteligência humana[564]. Os homens foram criados não só para serem os espectadores do mundo, mas também seus exegetas[565]. Há que se dar testemunho do *lógos* e assim ser um mártir da razão. O consentimento ao destino não se resolve como resignação passiva dedicada ao inevitável, pondo-se antes como ato de assentimento — livre, portanto — mediante o qual o ser humano se integra à verdade e à perfeição do todo. Tal ajuste concretiza a colaboração entre a natureza particular do homem e a universalidade do cosmos. Cabe ao ser livre realizar constantes esforços a fim de adaptar seus desejos hostis — porque irracionais — ao curso da ordem cósmica. Quando isso se realiza, nada ocorre de maneira contrária ao seu querer, já que não é possível a existência de eventos contrários à vontade racional universal[566]. Para realizar essa monstruosa empresa — graças a qual, por exemplo, se alguém sabe que seu destino é ficar doente, deve então desejar a doença[567] — é preciso ouvir o conselho de Sêneca:

---

564. VOELKE, *L'idée de volonté dans le stoïcisme*, 98.
565. ÉPICTÈTE, *Entretiens*, I, VI, 19 (*Les stoïciens*, 822).
566. Ibidem, II, XIV, 7 (*Les stoïciens*, 914).
567. Ibidem, II, VI, 10 (*Les stoïciens*, 894).

Esforça-te para nunca fazer nada à força; algo que é para quem sente uma aversão, não o é para aquele que quer. Por isso te digo: quem aceita de bom grado uma ordem está livre da parte mais amarga da escravidão: fazer o que não quer. Não é infeliz aquele que faz algo porque lhe foi ordenado, mas aquele que o faz pela força. Assim, disponhamos nosso espírito para que queiramos qualquer coisa que a situação exija e principalmente para que pensemos sem tristeza em nosso fim[568].

O consentimento estoico ao destino nada tem a ver com pitorescas análises psicológicas. A identificação entre a vontade do ser humano e a de deus constitui um efeito da simpatia universal que governa o cosmos, expressando a sintonia harmônica que mantém coesa a substância universal. De fato, como a vontade da parte poderia ser diferente do querer do todo? Não estão todas as coisas entretecidas, não são todas amigas umas das outras, não participam todas de uma espécie de concerto gigantesco[569]? Todas as almas estão ligadas a deus, todas elas são uma só realidade — o corpo esférico do universo —, de sorte que a divindade sente todos os movimentos particulares como seus[570]. O ser humano é livre quando seu querer corresponde à vontade de deus, o todo de que ele é a parte, a parte de que ele é o todo. A natureza exterior corresponde à depositária das leis eternas que organizam e sustentam o universo, mas só o

---

568. *"Esfuérzate en no hacer nunca nada a la fuerza; cualquier cosa que es para el que siente aversión, no lo es para el que quiere. Por eso [te] digo: el que acepta de buen grado una orden, se ve libre de la parte más amarga de la esclavitud: hacer lo que no quiere. No es desgraciado el que hace una cosa por haber sido mandado, sino el que la hace por fuerza. Así, pues, dispongamos nuestro espíritu para que queramos cualquier cosa que la situación exige y principalmente para que pensemos sin tristeza en nuestro fin"* (SÉNECA, *Cartas a Lucilio*, LXI, 3, p. 161).

569. MARCO AURÉLIO, *Meditações*, VI, 38 (*Os pensadores*, 297).

570. ÉPICTÈTE, *Entretiens*, I, XIV, 6 (*Les stoïciens*, 842).

ser humano é capaz de refletir no mundo a liberdade e a inteligência divinas.

Os estoicos aconselham a progressiva adaptação da vontade particular à ordem universal, e não a anulação daquela em nome desta. Não há violência, exterioridade ou servidão; apenas o redescobrimento do Ser, que está em tudo. E tudo está nele. Basta que o ser humano, instruído pela Física e pela Lógica do Pórtico, recoloque-se em sua posição divina, centro nervoso de um universo que está todo contido em si mesmo, independentemente das supostas determinações particularistas que a vida impõe a cada qual e que devem ser vencidas com nobreza. A única missão do Pórtico — grego ou romano; físico, lógico ou ético — consiste em devolver ao ser humano o conhecimento profundo de si mesmo, perdido no sono da pretensa "realidade" cotidiana. Em uma palavra: trata-se de transformar o homem em deus. Para tanto, a vontade do sábio deve ser modelada em conformidade com o querer divino, de maneira que cheguem ambos a se tornar inseparáveis[571]. Nas palavras de Lima Vaz, "O audaz gesto especulativo do Estoicismo consistiu fundamentalmente em absorver a obscuridade do Destino na claridade sem sombras do *Logos* universal, na Providência (*pronoia*) que dirige infalivelmente coisas e acontecimentos"[572]. Cabe, assim, ao ser humano dirigir sua tendência racional em direção ao governo do mundo, querendo o que querem os imortais[573]. O estoico

---

571. VOELKE, *L'idée de volonté dans le stoïcisme*, 100.
572. LIMA VAZ, *Escritos de filosofia IV*, 147.
573. "*Quant à moi je ne suis jamais ni arrête dans ce que je veux, ni contraint à ce que je ne veux pas. Comment serait-ce possible? J'ai uni ma volonté à Dieu. Dieu veut que j'aie la fièvre, je le veux. Il veut que ma volonté aille dans tel sens, je le veux. Il veut que j'aie tel désir, je le veux. Il veut que j'atteigne tel objet, je le veux; il ne le veut pas, je ne le veux pas. Je veux donc mourir, je veux donc être torturé. Qui peut encore m'empêcher de faire ce que me paraît bon ou me forcer à faire le contraire? On ne le peut pas plus qu'on ne peut contraindre Zeus*" ["Quanto a mim, nunca

sabe que o caminho da liberdade repousa na entrega da alma ao destino, diferentemente do tolo, que em vez de se adaptar aos deuses pretende que estes a ele se adaptem[574].

O termo "adaptação" utilizado no parágrafo anterior deve ser compreendido corretamente. O sábio não passa a querer como deus quis depois do fato ocorrido, com o que se teria apenas a aceitação do destino, a resignação, o *amor fati* de Nietzsche[575]. Não se trata de uma relação temporal do tipo "*quero* assim porque deus *quis* assim". Nesse sentido, não me parece convincente a interpretação de Voelke, para quem o estoico quer ao mesmo tempo que deus, fazendo sua vontade coincidir com a divina no exato momento em que se dão os fatos que solicitam assentimento[576]. No que se refere ao futuro, incognoscível para o ser humano, Voelke aduz que o estoico se prepara para enfrentá-lo mediante a representação interna e incessante de tudo aquilo que lhe pode ocorrer, de modo a poder responder às desgraças com frieza, como fez Anaxágoras aos que lhe trou-

---

sou impedido no que quero, nem forçado a fazer o que não quero. Como é possível? Eu uni minha vontade a Deus. Deus quer que eu tenha febre, eu quero. Ele quer que minha vontade seja assim, eu quero. Ele quer que eu tenha tal desejo, eu quero. Ele quer que eu alcance tal objetivo, eu quero; ele não quer, eu não quero. Então eu quero morrer, quero ser torturado. Quem pode de fato me impedir de fazer o que me parece bom ou me obrigar a fazer o contrário? Ninguém pode, do mesmo modo que ninguém pode obrigar Zeus."] (ÉPICTÈTE, *Entretiens*, IV, I, 89-90 [*Les stoïciens*, 1050]).

574. SÉNECA, *Cartas a Lucilio*, CVII, 12, p. 392.

575. Em várias passagens de sua obra Nietzsche lança mão de argumentos relacionados ao *amor fati*. Contudo, parece que o termo foi por ele utilizado pela primeira vez no seguinte trecho de *A gaia ciência*: "Quero cada vez mais aprender a ver como belo aquilo que é necessário nas coisas: assim me tornarei um daqueles que fazem belas as coisas. '*Amor fati*' [amor ao destino]: seja este, doravante, o meu amor. Não quero fazer guerra ao que é feio. Não quero acusar, não quero nem mesmo acusar os acusadores. Que minha única negação seja 'desviar o olhar'! E, tudo somado e em suma: quero ser, algum dia, apenas alguém que diz sim" (NIETZSCHE, *A gaia ciência*, § 276).

576. VOELKE, *L'idée de volonté dans le stoïcisme*, 102.

xeram a notícia da morte de seu filho, dizendo: "eu já sabia que havia engendrado um ser mortal"[577]. Entendo que a pretensão do Pórtico é muito mais ousada, muito mais sublime: a vontade do sábio é, pura e simplesmente, a vontade de deus, sem determinação temporal. O que deus quis, quer e quererá corresponde exatamente ao que o ser humano deseja. Ainda aqui o tempo, esse incorpóreo ardiloso, esconde uma última armadilha, uma derradeira ilusão a ser vencida pela Física da *Stoá*. Esta ensina que não existe passado, presente e futuro, somente uma imensidão fluida, o acontecer, o estar, o sendo. A identificação entre o querer humano e a vontade divina, ponto nodal para a afirmação da liberdade, não é atingida por meio de uma ascese ou de exercícios preparatórios, pois se assim fosse não se trataria de algo natural, mas artificial. Ao contrário, a fusão entre o querer humano e o divino não é construído pouco a pouco, mas revelada. Agora resta claro um dos mais criticados paradoxos do Pórtico, já comentado na subseção II.2.2, segundo o qual não há acesso gradativo à sabedoria: ou se é ou não se é sábio. É que alguém somente se torna sábio quando iluminado pela súbita revelação de sua natureza divina, tal como já ensinado há milhares de anos nos *Upanishads*: "Isto é o que tu és" (तमास्त्वमार, *tát túvam ási*)[578].

---

577. Voelke, *L'idée de volonté dans le stoïcisme*, 103.
578. *Chandogya Upaniṣad*, 6.8.7.

Capítulo III
POLÍTICA ESTOICA

1. Cosmopolítica

1.1. A cidade crítico-ideal de Zenão

Cumpre anotar de início que estou ciente da advertência de Veyne, para quem não existe propriamente uma teoria política estoica, visto que a *Stoá* teria construído uma moral voltada para a salvação individual. Com os termos vagos do estoicismo, que impossibilitam pensar em políticas concretas e reduzem o problema da moralidade ao da racionalidade, seria possível justificar ou refutar tudo, desde filosofias da submissão até libelos revolucionários[1], outro motivo que indicaria a inexistência de uma específica política filosófica estoica. No mesmo sentido, Tatakis se espanta pelo fato de o estoicismo, doutrina prática por excelência, não ter produzido nenhum grande homem de Estado, explicando tal paradoxo mediante a tese central do Pórtico segundo a qual a liberdade deve ser

---

1. VEYNE, *Séneca y el estoicismo*, 154.

construída no recesso íntimo e não no mundo exterior, onde não há lugar para a autonomia[2].

As duas críticas são infundadas. Apesar de somente Cleantes ter designado a Política como parte autônoma do *curriculum* filosófico do Pórtico[3], boa parte dos demais filósofos estoicos gregos e romanos se dedicaram a tal tema no contexto da Ética. Pelo menos três deles — Zenão, Crisipo e Panécio[4] — escreveram tratados políticos sistemáticos, sem contar os de Cícero, amplamente inspirados pelo estoicismo. Se é verdade que os estoicos gregos não participaram ativamente da política, ideia discutível tendo em vista o que será exposto nas próximas seções, tal conclusão é absolutamente falsa em relação ao estoicismo médio e ao Pórtico imperial, correntes que produziram um Panécio, conselheiro de Cipião; um Cícero, cônsul e senador da República Romana; um Sêneca, senador e preceptor de Nero; e, por fim, um Marco Aurélio, Imperador de Roma. O unitarismo informa todo o pensamento estoico, de modo que a proposta de construção do novo homem encontra sua contrapartida necessária na instituição das condições sociais concretas capazes de educar e formar o ser humano universal. Arnold repudia a crença segundo a qual a teoria política estoica seria secundária e se subordinaria à sua Ética individualista. Na verdade, a Ética estoica não é individualista e se fundamenta na lei cósmica, comum a todos os seres. A normatividade universal e a lei moral interior são apenas faces da mesma moeda.

---

2. TATAKIS, *Panétius de Rhodes*, 211.

3. DIOGÈNE LAËRCE, *Vies et opinions des philosophes*, VII, 41 (*Les stoïciens*, 30).

4. Assim como nos casos de Zenão e de Crisipo, o texto de *A república* de Panécio encontra-se perdido. Sobreviveram apenas alguns poucos fragmentos nos quais se percebe que a obra versava sobre o tópico tradicional da melhor forma de governo, tendo Panécio se inspirado em diversos argumentos platônicos e aristotélicos. Cf. TATAKIS, *Panétius de Rhodes*, 40.

Dessa maneira, não se pode desprezar a concepção política gestada pelo estoicismo[5].

Independentemente de classificações acadêmicas, a sociedade política enquanto tal foi objeto da assídua reflexão da *Stoá*, seja em sua versão grega seja, com muito mais profundidade, na sua versão imperial. O tema-base que animou ambas as correntes foi o incipiente internacionalismo cosmopolita político-jurídico, ou seja, a cidadania universal fundada em uma noção também universal de direito e de justiça. Nessa perspectiva, a obra política mais importante dos estoicos gregos é a *República* (*Politéia*) de Zenão. Apesar de ter sido muito célebre na Antiguidade, tal tratado está irrevogavelmente perdido[6].

A tradição doxográfica ensina que a *Politéia* é uma obra da juventude de Zenão, tendo sido influenciada pelo magistério cínico de Crates, de quem o futuro fundador da *Stoá* foi um aplicado discípulo. Diógenes Laércio informa que a *Politéia* foi escrita na "cauda do cão"[7], ou seja, enquanto Zenão encontrava-se influenciado pelos cínicos, filósofos que se autodenominavam cães (*kýon*), uma vez que sua ética naturalista e afrontosa à moral média grega se desenvolveu no ginásio e templo dedicado a Hércules chamado *Kynósarges* (cão ágil). Filodemo, epicurista do século I d.C., aduz que Zenão escreveu a *Politéia* durante os anos de sua juventude, motivo pelo qual a obra seria desavergonhada e ímpia. Erskine é bastante cauteloso e entende que as evidências doxográficas são insuficientes para que se qualifique a *República* de Zenão como obra juvenil[8]. Tanto Diógenes Laércio quanto Filodemo escreveram em contextos

---

5. ARNOLD, *Roman stoicism*, 274-275.
6. Além das já citadas obras monográficas de Erskine e de Schofield, o texto básico sobre a república zenoniana é o artigo de BALDRY, *Zeno's ideal state*.
7. DIOGÈNE LAËRCE, *Vies et opinions des philosophes*, VII, 4 (*Les stoïciens*, 18).
8. ERSKINE, *The hellenistic stoa*, 9-14.

nos quais se buscava reabilitar o estoicismo diante da sociedade romana, o que incluía o encobrimento de seus traços cínicos ou pelo menos a relativização da importância de escritos obscenos e moralmente agressivos como a *Politéia* de Zenão, que causava grande embaraço aos estoicos de Roma. Diógenes Laércio conta que Atenodoro — filósofo estoico e chefe da biblioteca de Pérgamo — chegou a suprimir dos textos estoicos todas as passagens julgadas indecentes e vergonhosas; elas foram reintegradas às respectivas obras somente após a descoberta da ilegítima censura levada a efeito por Atenodoro[9]. Mas por que encobrir uma simples obra de juventude? Por que os estoicos do século I d.C. se preocupavam tanto em afirmar o caráter imaturo do texto político de Zenão? A Erskine tais atitudes parecem claras indicações da feição madura do tratado. Ademais, a *Politéia* se mostra coerente com diversos aspectos da teoria do Pórtico que somente poderiam ter sido desenvolvidos por Zenão no final de sua carreira filosófica[10]. Erskine também nega a natureza cínica do tratado em questão, que deveria muito mais a Platão do que a Antístenes e seus discípulos[11].

Sendo ou não uma obra de juventude, a *República* de Zenão constitui o primeiro trabalho estoico inteiramente dedicado à discussão de temas político-jurídicos e como tal deve ser considerado, ainda que muitas das posições de Zenão sejam realmente polêmicas e apresentem nítida inspiração cínica. As suas concepções políticas se relacionam de modo direto à Ética dos cínicos, que desprezavam os padrões morais convencionais e pregavam formas utópico-anarquistas de organização social. Contudo, a proposta central do texto parece ser legitimamente estoica: Zenão afirma que os seres humanos não

---

9. Diogène Laërce, *Vies et opinions des philosophes*, VII, 34 (*Les stoïciens*, 28).
10. Erskine, *The hellenistic stoa*, 15.
11. Ibidem, p. 27.

devem se subordinar a cidades particulares e a ordenamentos jurídicos específicos porque todos são cidadãos da *pólis* governada pela lei comum da razão[12]. Mas ele rapidamente acrescenta que a irmandade somente se dá entre seres humanos virtuosos. Os demais, independentemente de posição social, grau de parentesco, poder econômico ou qualquer outro fator, devem ser tratados como inimigos, escravos e estrangeiros[13]. Segundo Zenão, apenas os virtuosos — ou seja, os sábios — são livres, pois só eles se mostram capazes de ações autônomas[14]. Todos os outros não passam de servos e, como tal, não participam da cidadania universal.

Na cidade imaginária de Zenão estão abolidas a propriedade privada e a moeda, além de ser proibida a construção de ginásios, templos e tribunais. O *curriculum* educacional tradicional grego (*enkúklios paidéia*) é declarado inútil[15]. Homens e mulheres devem vestir-se de idêntica maneira; todavia, é preferível que exponham ao ar livre o corpo descoberto[16]. As mulheres são compartilhadas por todos os homens[17] e o trabalho manual é permitido aos cidadãos, o que não lhes acarreta desonra, ideia abertamente contrária à cultura greco-romana do *otium* intelectual, que reservava aos escravos todas as tarefas servis e braçais. Ainda há mais: na cidade ideal o sábio pode

---

12. PLUTARCH, *On the fortune of Alexander*, 329 A-B (LONG; SEDLEY, *The hellenistic philosophers*, 429).

13. DIOGÈNE LAËRCE, *Vies et opinions des philosophes*, VII, 32 (*Les stoïciens*, 27-28).

14. CICÉRON, *Premiers académiques*, II, XLIV, 136 (*Les stoïciens*, 251), e DIOGÈNE LAËRCE, *Vies et opinions des philosophes*, VII, 121 (*Les stoïciens*, 55).

15. DIOGÈNE LAËRCE, *Vies et opinions des philosophes*, VII, 32 (*Les stoïciens*, 27-28).

16. Ibidem, VII, 33 (*Les stoïciens*, 28), e PLUTARCH, *On stoic self-contradictions*, 1034 B (LONG; SEDLEY, *The hellenistic philosophers*, 430).

17. Ibidem, VII, 33 (*Les stoïciens*, 28).

se prostituir para ganhar a vida, o filho faminto está autorizado a devorar o cadáver de seu pai e as conversas longas entre homens nas barbearias são vetadas (não se sabe a razão dessa pitoresca proibição)[18]. Ademais, não existem ritos funerários, pois os corpos dos mortos são entregues ao tempo ou às feras. Segundo Crisipo, o cadáver não tem mais importância do que as unhas ou os cabelos perdidos ao longo da vida[19]. Aliás, Crisipo também escreveu um tratado político — *Sobre a república* — em que expõe concepções polêmicas muito semelhantes às de Zenão. Na cidade crisipiana é lícito que os filhos copulem com os pais, bem como a antropofagia[20] e a prática da sofística, já que para ganhar seu pão o sábio pode vender seus

---

18. ARNIM, *Stoicorum veterum fragmenta*, I, 254.
19. Ibidem, III, 752.
20. O canibalismo era um dos temas favoritos dos cínicos quando queriam chocar a sociedade grega. Segundo diziam, nada poderia haver de mais natural, pois existe somente uma única substância que se modifica incessantemente. Assim, ao se comer pão ou carne humana não se realizam atos ontologicamente diversos, já que o ser humano sempre se alimenta do mesmo corpo: o do universo. A respeito do canibalismo, é interessante a notícia de Diógenes Laércio relativa a Diógenes, o Cínico: "*Ni siquiera le parecía impío el devorar trozos de carne humana, como ejemplificaba con otros pueblos. Incluso comentaba que, según la recta razón, todo estaba en todo y circulaba por todo. Así, por ejemplo, en el pan había carne y en la verdura pan, puesto que todos los cuerpos se contaminan con todos, interpenetrándose a través de ciertos poros invisibles y transformándose conjuntamente en exhalaciones*" ["Não lhe parecia ímpio nem mesmo devorar pedaços de carne humana, como exemplificava com outros povos. Inclusive comentava que, segundo a reta razão, tudo estava em tudo e circulava por tudo. Assim, por exemplo, no pão havia carne e na verdura pão, dado que todos os corpos se contaminam com todos, interpenetrando-se através de certos poros invisíveis y transformando-se conjuntamente em exalações."] (DIÓGENES LAERCIO, *Vidas de los filósofos ilustres*, VI, 73, p. 312). Não é preciso sublinhar que essa tese cínica se harmoniza perfeitamente com a Física da *Stoá*. Todavia, os estoicos ortodoxos justificavam a antropofagia apenas em casos específicos (DIOGÈNE LAËRCE, *Vies et opinions des philosophes*, VII, 121 [*Les stoïciens*, 54]). O exemplo clássico é o do naufrágio (ARNIM, *Stoicorum veterum fragmenta*, III, 748).

conhecimentos, colocar-se a serviço de um rei ou buscar a proteção de amigos[21].

Opiniões assim perturbaram tanto os estoicos de Roma que alguns foram obrigados a sustentar que a *República* de Zenão era uma obra esotérica, voltada apenas para os discípulos mais avançados no estudo da doutrina do Pórtico[22]. Outros, como Filodemo, viram nas licenciosidades da *República* o signo da imaturidade posteriormente superada pelo "verdadeiro" Zenão, comprometido com a ortodoxia estoica. Talvez com os olhos postos na *Politéia*, o circunspecto Cícero condenou os cínicos e alguns estoicos pela linguagem obscena que utilizavam em seus escritos. De acordo com o romano, é preciso diferenciar a indecência presente nos atos daquela que se verifica nas palavras, regra de *decorum* que Zenão certamente desprezaria. Assim, o roubo, a fraude e o assassinato são coisas moralmente más e vergonhosas. Entretanto, ao se referir a elas não se comete nenhuma falta moral. Lado outro, gerar filhos é moralmente bom, mas não se pode descrever o ato em si sem ser indecoroso[23]. Com considerações assim, Cícero se afasta da formulação original do Pórtico, que não admitia regras limitativas da linguagem, uma vez que ela existe para descrever o mundo tal como é, ainda que para tanto seja necessário lançar mão de termos pouco polidos ou torpes. Trata-se de chamar as coisas pelos seus verdadeiros nomes.

Apesar do ridículo de algumas das propostas antissociais do estoicismo grego — que valeram muitas críticas a todos os estoicos, até mesmo aos que eram avessos à *Politéia* de Zenão,

---

21. Diogène Laërce, *Vies et opinions des philosophes*, VII, 188-189 (*Les stoïciens*, 78).

22. Clement, *Miscellanies*, V, 9, 58, 2 (Long; Sedley, *The hellenistic philosophers*, 430).

23. Cícero, *Dos deveres*, I, 128, pp. 61-62.

como os romanos —, elas representam um inegável desafio, à moda irônica dos cínicos, aos costumes e às instituições então reinantes na decadente sociedade grega. O projeto zenoniano objetivava desmascarar a profunda irracionalidade que sub-repticiamente havia se infiltrado no pensamento grego. Na época de Zenão, o irracionalismo já havia se cristalizado em argumentos conservadores que mantinham vivos preconceituosos rituais cívico-religiosos, a crença na inferioridade intelectual das mulheres e dos escravos e a valorização de elementos externos como marcas de virtude. Assim, a proibição da produção de moedas na cidade de Zenão representa uma provocação à ordem constituída, dado que a cunhagem configura-se como metáfora conglobante de todas as demais convenções sociais. Do mesmo modo, a abolição de templos, ginásios e cortes de justiça representa um feroz ataque às principais instituições da vida cívica grega. A interdição da construção de templos na cidade de Zenão indica que se deve honrar os deuses não com suntuosos monumentos, mas pela prática constante da virtude, único adorno digno da *pólis* dos sábios. Por envolverem aspectos competitivos que não devem ser estimulados nos cidadãos, Zenão condena também os ginásios, inúteis na sua comunidade perfeita. As cortes de justiça são igualmente dispensáveis em uma cidade na qual todos são amigos, assim como a moeda parece ser de pouca valia em uma sociedade comunal na qual não há propriedade privada e tudo é partilhado[24]. Por fim, com a instituição familiar e os tabus sexuais suprimidos, homens e mulheres devem usar roupas iguais para demonstrarem às crianças — ainda imaturas e, portanto, impressionáveis pelo aspecto exterior das coisas — a igualdade essencial existente entre todos os cidadãos[25]. Por fim, os estoicos gregos não

---

24. ERSKINE, *The hellenistic stoa*, 24.
25. Ibidem, 25.

viam problema no incesto, afinal de contas, em última análise todos os seres humanos são irmãos. Aliás, na tradição grega Hera foi descrita como irmã e esposa de Zeus. A compreensão do incesto mediante a perspectiva racionalista dos estoicos levará Orígenes a questionar a sua proibição geral, postulando uma situação hipotética em que toda a raça humana tenha se extinguido, restando apenas um homem e sua irmã no planeta. Reproduzir-se seria um dever do casal, de modo a garantir a salvação da espécie, o que demonstraria a inexistência de vedação natural ao incesto. Sua proibição seria apenas mais uma convenção social[26].

Não obstante o caráter chocante — e por isso mesmo pouco factível — de alguns dos planos sócio-políticos de Zenão, sua proposta não se confunde com os delírios fantásticos de muitos utopistas da época. A *Politéia* zenoniana é radicalmente racional. Todos os seus excessos derivam da sistemática desconsideração da realidade histórica, postura típica de correntes que, como o estoicismo grego — não o romano —, adotam um rigoroso racionalismo abstrato como fundamento. Por isso Gazolla pretende ver na *pólis* zenoniana mais um exemplo do que ela chama de "duplo registro da *Stoá*". Segundo explica a estudiosa, o discurso do estoicismo apresentaria feição ambivalente e contraditória em razão de estratégias retóricas, de sorte que Zenão teria intenções críticas e paradigmáticas ao descrever sua cidade ideal[27], que não se destinaria a existir na realidade

---

26. ARNOLD, *Roman stoicism*, 277-278.

27. "Imaginar uma cidade que não seja a vivenciada, ou futuramente vivenciável, é criar um *tópos* negativo. Sem limites, sem arquitetura, sem moeda, sem as diferenças habituais entre ricos e pobres, homens e mulheres, a *Stoa* quer, pela inviabilidade prática da teoria, conscientizar o homem histórico de sua própria indigência, de suas falsas instituições, dos sufocantes limites e injustas diferenças que a edificação das cidades carrega na história" (GAZOLLA, *O ofício do filósofo estóico*, 72).

concreta, servindo apenas como modelo para o julgamento das sociedades reais[28]. Na interpretação de Gazolla, a *República* de Zenão assume nítido caráter pedagógico, assim como o ideal do sábio perfeito. Ambas as ideias se revelam como metas a serem buscadas, não atingidas.

Por sua vez, Schofield apresenta três possibilidades de leitura para a *República* de Zenão: (a) antinômica, da qual nenhuma doutrina política emergiria, dado que Zenão estaria preocupado apenas em criticar as instituições existentes e não em propor reformas sociais; (b) revisionista, segundo a qual Zenão teria inovado a Filosofia Política da Antiguidade ao delinear uma comunidade só de sábios fundada na virtude; (c) comunitária, na linha da *República* de Platão. Assim, por mais incríveis que possam parecer as propostas de Zenão, ele não teria concebido uma cidade utópica, e sim uma comunidade possível e relativamente perfeita na qual as virtudes dos cidadãos seriam garantidas por Eros, deus que manteria apertados os laços políticos graças à amizade e à concórdia que inspiraria aos indivíduos[29]. Nesta última chave de leitura — que Schofield entende ser a mais adequada —, a *pólis* de Zenão nada teria de irrealizável, tendo sido destinada à concretização histórica mediante novas e racionais instituições sociais que promoveriam as virtudes cívicas dos seres humanos.

Como prova de correção da sua visão, Schofield cita duas passagens doxográficas. A primeira delas é um trecho de Diógenes Laércio no qual, de maneira semelhante a Platão, afirma-se que Zenão e Crisipo entendiam que as mulheres deveriam ser tidas em comum pelos homens da cidade[30]. Elas manteriam

---

28. GAZOLLA, *O ofício do filósofo estóico*, 55-56.
29. SCHOFIELD, *The stoic idea of the city*, 22.
30. DIOGÈNE LAËRCE, *Vies et opinions des philosophes*, VII, 131 (*Les stoïciens*, 57-58).

relações sexuais de maneira indiscriminada para que as crianças delas nascidas fossem alvo de sentimentos paternais por parte de todos cidadãos[31]. Como vantagem adicional da poligamia ter-se-ia ainda a extinção dos ciúmes e adultérios, males extremamente prejudiciais à coesão social de qualquer comunidade política. Tal testemunho parece suficiente a Schofield para comprovar que a cidade de Zenão pretende assegurar laços sociais muito fortes entre seus cidadãos, o que não teria sentido em uma comunidade destinada a permanecer no plano da utopia. Sem dúvida, Zenão se opunha aos convencionalismos legais, dentre os quais se contam aqueles que regulam o casamento. Ao postular que o matrimônio não existe *per naturam*, nada mais lógico do que admitir a quebra das barreiras sociais, econômicas e políticas por meio da miscigenação indiferenciada dos cidadãos, todos iguais em sabedoria, inclusive as mulheres.

O segundo texto citado por Schofield em abonamento à sua tese é de Ateneu. Ei-lo: "Pontiano disse que Zenão de Cítio con-

---

31. Nesse projeto há uma contradição insuperável quando confrontado com outra passagem de Diógenes Laércio, segundo a qual Zenão teria afirmado na *República* que os homens deveriam se casar, o que não parece possível em uma cidade encorajadora da poligamia (DIOGÈNE LAËRCE, *Vies et opinions des philosophes*, VII, 121 [*Les stoïciens*, 54]). Schofield acredita tratar-se de um erro — talvez voluntário — do doxógrafo, que já demonstrou não ser muito confiável por cometer vários equívocos ao descrever alguns aspectos das obras de Platão e de Aristóteles (SCHOFIELD, *The stoic idea of the city*, 126-127). Contudo, a defesa do casamento constitui uma opinião comum no seio do estoicismo mais convencional, tendo sido recolhida e confirmada por Cícero, para quem o sábio se ocupa dos negócios públicos, casa-se e tem filhos, cumprindo assim a lei da natureza (CICÉRON, *Des fins des biens et des maux*, III, XX, 68 [*Les stoïciens*, 287]). Reydams-Schils dedica boa parte do seu estudo à análise do casamento no estoicismo, concluindo que se trata de um dever do sábio comprometido com a comunidade, da qual participa por força de um imperativo da razão (REYDAMS-SCHILS, *The roman stoics*, 143-176).

siderava o amor um deus que traz amizade e liberdade, e novamente a concórdia, mas nada mais. É por isso que na *República* ele disse que o Amor é um deus, um ajudante na promoção da segurança da cidade"[32]. Segundo a leitura de Schofield, a *pólis* de Zenão seria algo como uma "cidade do Amor" na qual Eros manteria os vínculos sociais estreitamente unidos de modo a originar e a preservar a virtude entre os cidadãos. Arnim recolhe um fragmento de Zenão no qual este diz que o Amor é o deus da cidade, sendo responsável pela manutenção da sua segurança[33]. Arnold entende que o amor e a amizade surgiriam naturalmente entre os sábios da cidade perfeita de Zenão, pois eles partilham a mesma razão universal que comanda o universo[34]. Para fundamentar sua proposta, Zenão teria se baseado na figura histórica de Esparta, pólis na qual a homossexualidade cumpria funções políticas ao servir aos propósitos da rígida educação militar graças à qual os jovens lacedemônios se submetiam à autoridade adulta de forma absoluta. Schofield cita também o Pavilhão Sagrado de Tebas, guarnição militar de elite considerada invencível na Antiguidade. Ora, o Pavilhão era formado exclusivamente por duplas de amantes. Acreditava-se que os enamorados lutariam de modo mais encarniçado para assim preservarem a vida um do outro[35].

Ainda segundo Schofield, a ideia de sublimidade do amor homossexual entre os gregos — que não se resolveria como paixão negativa, mas levaria à celebração da amizade e da concórdia entre os cidadãos —, encontraria base doxográfica em

---

32. "*Pontianus said that Zeno of Citium took love to be a god who brings about friendship and freedom, and again concord, but nothing else. That is why in the Republic he said that Love is a god, there as a helper in furthering the safety of the city*" (ATENEU, *Deipnosophists*, 561c).
33. ARNIM, *Stoicorum veterum fragmenta*, I, 263.
34. ARNOLD, *Roman stoicism*, 275.
35. SCHOFIELD, *The stoic idea of the city*, 35-42.

certa passagem de Diógenes Laércio[36]. Nela se lê que os sábios amam a beleza dos efebos porque a veem como um reflexo da virtude[37], tópico que se refere à antiga associação que o pensamento grego estabeleceu entre beleza e verdade. Mas Zenão não despreza as mulheres. Na linha de Platão[38] e contrariando Aristóteles, ele entende que elas podem cumprir funções políticas tão bem quanto os homens, motivo pelo qual Zenão não diferencia os dois gêneros e exige que ambos usem vestimentas iguais em sua cidade. De fato, o pensamento estoico se concentra na essência racional do ser humano, igual em machos e fêmeas da espécie, presente tanto em cidadãos livres quanto

---

36. A homossexualidade de Zenão é tida como certa por Diógenes Laércio, que ainda informa que o filósofo às vezes se relacionava sexualmente com mulheres para que não o julgassem hostil ao gênero feminino (DIOGÈNE LAËRCE, *Vies et opinions des philosophes*, VII, 13 [*Les stoïciens*, 21]). Entretanto, ao contrário de Epicuro, Zenão não se rende a qualquer sensualismo. Em certa ocasião, ele afirmou que os mestres que passam tempo demais com os efebos são tão insensatos quanto estes (DIOGÈNE LAËRCE, *Vies et opinions des philosophes*, VII, 23 [*Les stoïciens*, 23]). Na verdade, os estoicos idealizavam o amor ao concebê-lo como desejo de amizade e não de união carnal. Por isso diziam que a eclosão da beleza era a flor da virtude (DIOGÈNE LAËRCE, *Vies et opinions des philosophes*, VII, 130 [*Les stoïciens*, 57]). Sobre o tema, cf. STEPHENS, Epictetus on how the stoic sage loves.

37. DIOGÈNE LAËRCE, *Vies et opinions des philosophes*, VII, 129 (*Les stoïciens*, 57).

38. Cf., *v.g.*, PLATÃO, *A república*, V, 453c-e, pp. 216-217, trecho relativo às diferenças entre homens e mulheres que dão lugar a atribuições de funções diversas a cada gênero na república, apesar de Platão entender que ambos são iguais em termos de racionalidade, sendo que as mulheres também podem ser guardiãs e filósofas (PLATÃO, *A república*, V, 456a, pp. 220-221). Contudo, "[...] as qualidades naturais estão distribuídas de modo semelhante entre ambos os sexos, e a mulher participa de todas as atividades, de acordo com a natureza, e o homem também, conquanto em todas elas a mulher seja mais débil do que o homem" (PLATÃO, *A república*, V, 455d-e, p. 220). O tratamento dispensado por Platão às mulheres em *A república* é dúbio e obscuro. Em algumas passagens, louva-as, em outras diz que elas têm pouco entendimento e até mesmo as compara aos cães (*v.g.*, PLATÃO, *A república*, V, 469d-e, p. 245).

em escravos, traço igualitarista que será desenvolvido posteriormente em Roma, onde a mulher exerceu papéis políticos muito mais importantes do que na Grécia[39]. O que diferencia realmente os seres humanos é a virtude, não o gênero. Há mulheres virtuosas ou viciosas, bem como homens bons ou maus. Cleantes escreveu um livro, hoje perdido, cujo título demonstra o que pensavam os estoicos sobre as mulheres: *Da virtude como idêntica entre os homens e as mulheres*[40]. A mulher pode e deve participar da cidade zenoniana na mesma medida que o homem. Em tal hipótese, será ainda o amor — heterossexual ou homossexual — que garantirá a perfeita inclusão funcional na *pólis*.

Fundado nesses numerosos argumentos, Schofield afirma que a cidade de Zenão nada tem de utópica, tendo sido pensada como forma de organização política realizável, ao contrário da *pólis* de Platão, perdida em seu idealismo fora do tempo e do espaço[41]. Diferentemente da de Platão, a cidade de Zenão não

---

39. FAVEZ, *Un féministe romain* e FAVEZ, *Les opinions de Sénèque sur la femme*.

40. DIOGÈNE LAËRCE, *Vies et opinions des philosophes*, VII, 175 (*Les stoïciens*, 73).

41. "[...] se a filósofos eminentes se deparou a necessidade de se ocuparem do governo, na imensidão do tempo passado, ou se ela actualmente existe em qualquer país bárbaro, situado longe das nossas vistas, ou se vier algum dia a existir, nós estamos dispostos a sustentar, a esse respeito, que existiu a dita constituição, que existe e que existirá, quando essa Musa [a da Filosofia] se assenhorear do Estado, embora também da nossa parte se concorde que é difícil" (PLATÃO, *A república*, VI, 499c-d, p. 292). Para alguns estudiosos, Platão tinha plena ciência da irrealizabilidade de sua cidade ideal. Tal leitura parece se coadunar com a conclusão do Livro IX: "Referes-te à cidade que edificámos há pouco na nossa exposição, àquela que está fundada só em palavras, pois creio bem que não se encontra em parte alguma da terra. — Mas talvez haja um modelo no céu, para quem quiser contemplá-la e, contemplando-a, fundar uma para si mesmo. De resto, nada importa que a cidade exista em qualquer lugar, ou venha a existir, porquanto é pelas suas normas, e pelas de mais nenhuma outra, que ele [o legislador] pautará o seu comportamento" (PLATÃO, *A república*, IX, 592a-b, p. 447).

exige condição especial, material ou técnica, para se concretizar, bastando apenas que os cidadãos se decidam, como em um passe de mágica, a serem virtuosos. Dentro da melhor tradição estoica, requer-se apenas uma mudança interior no indivíduo para que a sociedade perfeita, exterior ao ser, passe a existir[42].

Para Schofield, a cidade de Zenão inclusive já existia de certo modo na realidade histórica grega, sendo formada por ele e seus discípulos estoicos, amigos ligados por vínculos de concórdia e harmonia cujas ações virtuosas pretendiam se guiar pela influência racional do *lógos*[43]. Mas, se a *pólis* de Zenão foi por ele mesmo definida como uma cidade de sábios, poder-se-ia objetar que a comunidade reunida em torno da *Stoá Poikíle* não deve ser entendida como a prefiguração da cidade ideal, uma vez que não era integrada por sábios. Como visto na subseção II.2.2., os estoicos jamais se julgaram sábios e apenas com muitas reservas apontaram alguns personagens que talvez pudes-

---

42. "*In Zeno's city there is no legislation, no eugenic programme, no stratification of society or military organisation, and so no need for the absolute powers of a philosopher ruler — a ruler likely to be found only in some time or at some place far distant from now or here. All that is necessary for the realisation of Zeno's vision is that people begin to exercise their capacity for virtue: a strenuous undertaking, but something wholly within their own power right here and now. To put the point more crisply, Zeno's message in the* Republic *is perhaps best construed as an injunction: make your own city, with your friends, now, wherever you happen to live*" ["Na cidade de Zenão não há legislação, nenhum programa eugênico, nenhuma estratificação da sociedade ou organização militar e, portanto, não há necessidade dos poderes absolutos de um governante filósofo — um governante que provavelmente seria encontrado apenas em algum tempo ou em algum lugar bem distantes do aqui e do agora. Tudo o que é necessário para a realização da visão de Zenão é que as pessoas comecem a exercer sua capacidade de virtude: um empreendimento árduo, mas totalmente dentro de nosso próprio poder, aqui e agora. Para colocar de forma mais clara, a mensagem de Zenão na *República* talvez seja melhor construída como uma injunção: faça sua própria cidade, com seus amigos, agora, onde quer que você viva"] (SCHOFIELD, *The stoic idea of the city*, 148-149).

43. SCHOFIELD, *The stoic idea of the city*, 150-151.

sem ser tidos nessa alta conta, tais como Sócrates e Diógenes, o Cínico. Sêneca compara o sábio à fênix: ambos surgem, com sorte, de quinhentos em quinhentos anos, o que não lhe parece nada notável, dado que as coisas comuns são produzidas pela Fortuna aos borbotões, enquanto as excelentes se recomendam pela sua própria raridade[44]. Schofield rebate tal argumento sustentando que o tópico relativo à inexistência do sábio — um dos principais paradoxos da *Stoá* — possivelmente foi desenvolvido no contexto de polêmicas mantidas com os epicureus bem depois da redação da *República* de Zenão. Com efeito, os epicuristas se julgavam os únicos homens verdadeiramente sábios, e os estoicos buscavam maneiras de se contrapor a tal presunção. O citado paradoxo seria apenas uma estratégia do Pórtico para marcar sua posição contrária aos delírios vaidosos dos seguidores de Epicuro, não representando entrave funcional à concretização da cidade de virtuosos propugnada por Zenão.

Em síntese, para Schofield a *República* de Zenão não se revela como obra de inspiração cínica. Trata-se antes de um texto que se encaixa na tradição fundada pela *República* de Platão, proposta político-jurídica paradigmática à qual o fundador do estoicismo teria pretendido oferecer uma vigorosa objeção. Erskine chega à mesma conclusão. Diante da sociedade hierarquizada e dividida em classes pensada por Platão, Zenão teria oposto uma comunidade sem classes e sem hierarquia social na qual todos são igualmente sábios e não há propriamente um governo, algo desnecessário quando os cidadãos são todos amigos[45]. Ao contrário, em uma cidade de desiguais o superior deve comandar o inferior, impondo-lhe a observância da razão[46]. O problema da harmonia política (*homónoia*), vivenciado por

---

44. SÉNECA, *Cartas a Lucilio*, XLII, 1, p. 113.
45. ERSKINE, *The hellenistic stoa*, 20-26.
46. PLATÃO, *A república*, IX, 590c-d, p. 444.

Platão nos anos da decadência de Atenas e aprofundado dramaticamente no contexto do helenismo alexandrino, quando diversas perturbações sociais acabaram por destruir o regime de liberdades da *pólis* grega, encontra, assim, duas soluções distintas: na obra platônica mantém-se o organismo político saudável mediante a subordinação das classes inferiores às superiores[47]. Por isso *A República* de Platão é uma justificação da aristocracia. A resposta dada por Zenão ao referido problema é muito mais radical e, surpreendentemente, mais utópica do que a do "idealista" Platão: suprime-se a noção de classe, bem como os objetos sobre os quais se funda a hierarquia causadora de distúrbios. Tendo em vista que a alma estoica é una e que o *hegemonikón* estende seus tentáculos por todo o corpo, não é possível a Zenão adotar a solução platônica. Na alma-corpo estoica não há subordinação entre as partes. Não existem sequer partes, apenas um todo igualmente racional, imagem que, transplantada para o terreno da política, explica a preferência dos estoicos gregos pela democracia, forma de exercício do poder em que não há superiores ou inferiores, mas apenas iguais. A proibição da cunhagem de moedas e a posse comunitária — até mesmo das mulheres — são expedientes que objetivam garantir a igualdade e a harmonia na cidade zenoniana. Discordando de Platão, Zenão não pretende alcançar a paz social subordinando as classes inferiores às superiores; ele não é um aristocrata, mas um igualitarista para quem não deve haver classes. Alguns ecos da posição zenoniana parecem ter repercutido no estoicismo imperial de Epicteto, que, citando a *Odisseia* de Homero (XIV, v. 56 *et seq.*), afirma que não se pode tratar os estrangeiros e os mendigos com desprezo, pois todos vêm de Zeus[48].

---

47. PLATÃO, *A república*, IV, 431a-e, pp. 181-183.
48. ÉPICTÈTE, *Entretiens*, IV, XI, 4 (*Les stoïciens*, 984).

Contudo, Zenão é antes de tudo um pensador grego. Seu igualitarismo não deve ser confundido com ideias como o socialismo de Marx. A condição para que todos sejam iguais na *pólis* zenoniana é a sabedoria. A cidade de Zenão consiste em uma comunidade de sábios autorreguladora na qual os tolos são tratados como inimigos, postura muito mais elitista do que a platônica, e, assim, a tese democrática de Erskine pode ser questionada. Ele próprio admite que, se há alguma igualdade na cidade zenoniana, tal se dá pela ação da virtude e não da riqueza, do nascimento ou da classe social[49]. Ora, sendo certo que pouquíssimos seres humanos são virtuosos, Zenão acaba fundando uma comunidade política ainda mais elitista e limitadora do que a platônica. De fato, Platão resolve o problema da diferença de classes subordinando as inferiores às superiores, garantido assim que ambas possam conviver na mesma cidade. Zenão sequer suporta a presença dos tolos. Ele simplesmente elimina do horizonte político os seres humanos considerados inferiores, pois é impossível para o sábio conviver com o tolo.

É revelador notar que as soluções políticas para o problema da harmonia social pensadas por Platão e Zenão encontram paralelo nas suas respectivas Psicologias[50]. Em Platão, a razão deve dominar os desejos irracionais para que o ser humano justo alcance o equilíbrio da alma[51]. Da mesma maneira, o equilíbrio político é atingido quando os sábios, únicos conhecedores da verdadeira razão, governam as demais classes. Por seu turno, Zenão e os estoicos recomendam a extinção das paixões para que apenas a razão presida a alma. Conforme discutido na subseção II.2.3, não é possível controlar ou moderar a irracionalidade, como sugeria Aristóteles, motivo bastante para que

---

49. Erskine, *The hellenistic stoa*, 72.
50. Ibidem, 31.
51. Platão, *A república*, IV, 431b, p. 181.

ela seja extirpada da alma una concebida pelos estoicos. Assim como o sábio anula as paixões de seu quadro psíquico, analogamente os tolos devem ser impedidos de viver na *pólis* zenoniana. A uma alma completamente racional corresponde uma cidade integralmente composta de sábios, com o que se garante a completa aniquilação do *alógos*. Compreende-se assim o motivo pelo qual a qualificação "democrático" não se adapta bem ao pensamento político dos estoicos gregos.

Adotando por modelo o amor cívico-homossexual espartano, a cidade de Zenão conformaria uma provocação irônica ao aspecto marcadamente ateniense e estratificado do projeto político de Platão. A *Politéia* de Zenão seria, então, uma resposta consciente ao projeto político platônico[52]. Zenão teria levado a sério os princípios de Licurgo, célebre legislador espartano que, segundo Plutarco, comparava as cidades aos homens, sustentando que em ambos os casos a felicidade somente pode ser atingida mediante a virtude e a harmonia interna. Tal ideal teria levado Zenão a propor uma *pólis* integrada por seres humanos iguais e moralmente perfeitos, vivendo em uma comunidade sem contendas e distante da realidade caótica das *póleis* helênicas, mergulhadas na revolta social e em lutas de classe rapidamente degeneradas em duradouras guerras civis que levaram os gregos a perderem definitivamente suas liberdades políticas, primeiro para a Macedônia e depois para Roma. Segundo Schofield, em um nível mais profundo de leitura o texto de Zenão representaria um diálogo entre Licurgo (Zenão/Esparta) e Sócrates (Platão/Atenas) sobre a melhor forma de governo. Assim como os espartanos, Zenão teria feito do amor um elemento essencial para a estruturação da sua cidade, ainda que se trate de uma forma radicalmente sublimada de amor, não sensual

---

52. ERSKINE, *The hellenistic stoa*, 30.

e homossexual por excelência, mas que, todavia, não exclui a heterossexualidade[53].

Apesar do vigor da argumentação de Schofield, discordo de sua posição, que se fundamenta em interpretações mais ou menos livres de fragmentos isolados e desconsidera várias passagens doxográficas incômodas para sua hipótese, em especial aquela na qual Diógenes Laércio explica que na cidade ideal de Zenão todos os não sábios devem ser tratados como escravos e inimigos[54], o que dificilmente se coaduna com a ideia de uma comunidade regida por Eros e garantida pela amizade e a concórdia mantidas entre os cidadãos. Também não se pode olvidar que Esparta — modelo histórico da "cidade erotizada" que Zenão teria em mente — era beligerante e militarista, o que entra em choque com a filosofia pacifista que desde sempre caracterizou o Pórtico. Além disso, diferentemente da cidade de Platão, a *pólis* de Zenão não conta com programas eugênicos para selecionar os melhores guerreiros e os mais competentes entre os sábios[55]. Sem dúvida, nada disso seria necessário em uma cidade igualitarista e pacifista que jamais se envolvesse em guerras. Contudo, como poderia a *pólis* zenoniana sobreviver em um mundo no qual as demais cidades, comandadas por tolos, estariam prontas para destruí-la por meio da guerra? Erskine entende que eventuais relações — pacíficas ou hostis — da cidade de Zenão com cidades reais não devem ser consideradas, uma vez que a *pólis* zenoniana deve ser compreendida de maneira isolada, como um experimento laboratorial cuidadosamente controlado e apartado da realidade[56]. Ainda que a interpreta-

---

53. SCHOFIELD, *The stoic idea of the city*, 56.
54. DIOGÈNE LAËRCE, *Vies et opinions des philosophes*, VII, 32-33 (*Les stoïciens*, 27-28).
55. ERSKINE, *The hellenistic stoa*, 32-33.
56. "*Zeno is not concerned with placing this society in a historical or geographical context, but with examining it in isolation. The assumption is made that there are*

ção de Erskine pareça interessante, caso ela seja adotada, será preciso abrir mão de qualquer possibilidade de implementação do projeto político zenoniano, transformando-o, assim como a *pólis* de Platão, em uma cidade ideal fora da história. Tal parece contradizer os objetivos de Zenão, que de acordo com Schofield pretendia apresentar um plano político apto a se concretizar no mundo real. Inevitável, portanto, a crítica ao pacifismo da *pólis* zenoniana, incapaz de se defender de outras cidades e assim existir no plano político real. A cidade de Zenão seria tão exigente — e tão irrealizável — quanto o ideal-tipo do sábio perfeito integralmente racional e incapaz de praticar atos viciosos.

Nesse contexto, entendo que a compreensão mais plausível da *República* zenoniana é aquela que Schofield chama de "revisionista", informada pelo cinismo que impregnou o estoicismo grego e o jovem Zenão de Cício, discípulo de Crates. Ainda que a *República* de Zenão não tenha sido escrita durante sua juventude — o que nunca se saberá —, os traços dos ensinamentos cínicos podem ter se mantido fortemente em seu espírito. Mais do que idealista (Platão) ou realista (Schofield), a intenção de Zenão é crítica e, como tal, muito próxima da atitude central do cinismo. Por um lado, a *Politéia* consiste em um vigoroso

---

no other states co-existing with the ideal state. [...] What Zeno put forward in the Politeia was not a description of a world state or community as some have supposed but a philosophical inquiry. It is an ideal and natural society not located in any particular time or place. It is not limited to a single polis, *but nor are its limits clearly defined, because this is irrelevant to the purpose of the inquiry*" ["Zenão não se preocupa em situar essa sociedade em um contexto histórico ou geográfico, mas em examiná-la isoladamente. A suposição é feita de modo que não existem outros Estados coexistindo com o Estado ideal. (...) O que Zenão apresentou na *Politeia* não foi uma descrição de um Estado ou uma comunidade mundial como alguns supuseram, mas uma investigação filosófica. É uma sociedade ideal e natural que não se localiza em nenhum tempo ou lugar particular. Não se limita a uma única *pólis*, mas tampouco seus limites são claramente definidos, porque isso é irrelevante para o objetivo da investigação."] (ERSKINE, *The hellenistic stoa*, 23).

ataque dirigido ao idealismo platônico; por outro, trata-se de um libelo bem concreto contra o despotismo de Demétrio de Falera, tirano em Atenas de 317 a 307 a.C. Sem dúvida Zenão pretendia que sua obra gerasse reflexos práticos, mas não acho que ele tenha proposto um plano a ser aplicado *tout court* à realidade. Ao contrário de muitos dos burocratas contemporâneos, parece que Zenão não imaginava ser possível conter o mundo nos limites de algumas folhas de papel mágicas chamadas de "projetos de reestruturação", "planos de gestão" ou algo assim. Tal soaria por demais *naïf* para um estoico. Os propósitos de Zenão são crítico-universais e, por isso mesmo, filosóficos. O problema que inspirou a redação de sua *Politéia* decorreu da decadente situação política grega, mas não se limitou a tal contexto. A cidade zenoniana não está localizada em nenhum tempo específico e em nenhum espaço determinado porque serve para todo tempo e para qualquer espaço. Zenão espera influir na realidade política — em todo tempo e lugar — apresentando uma comunidade ideal para que se perceba quão longe se está desse projeto.

1.2. A superação dos dualismos políticos

Como filosofia da totalidade, o estoicismo celebrizou-se na história do pensamento pela sistemática superação dos inúmeros dualismos que fragmentavam o discurso racional do *lógos*. Grandes conciliadores, os estoicos pensavam por assimilação, não por oposição[57]. Com efeito, diferentemente da tradição grega de Anaxágoras, de Sócrates e de Platão, o Pórtico não tentou subordinar as causalidades físicas à Ética ou o corpo ao espírito, motivo pelo qual seu sistema filosófico não se enqua-

---
57. Cf. Bréhier, *Chrysippe et l'ancien stoïcisme*, 3, e Duhot, *Epicteto e a sabedoria estóica*, 84.

dra no panorama do idealismo antigo. Conforme já exposto, os estoicos procederam à união de virtude e felicidade, destino e liberdade, validade e verdade, alma e corpo[58], entre muitas outras célebres díades. Na presente subseção será discutida a ultrapassagem estoica de dois importantes dualismos políticos comuns no mundo antigo, quais sejam, direto natural/direito positivo e indivíduo/comunidade.

No que se refere à oposição direto natural/direito positivo, é preciso recordar que ao estoicismo, doutrina filosófica desenvolvida em um momento de perda da centralidade política da Grécia, foi necessário conceber a natureza como matriz fundamental de qualquer lei para assim forjar seu sistema político. É a natureza o fundamento indiscutível do Pórtico, à qual se juntam as normas criadas pelos seres humanos. Todavia, a identificação teórica entre lei natural e lei natural humana levada a efeito pela *Stoá* revela-se para Gazolla como uma das grandes armadilhas retóricas da escola. Segundo a autora, o Pórtico afirma a junção teórica do divino e do humano e em seguida transplanta as consequências desse postulado para os campos da Física, da Lógica e da Ética. Com isso, o estoicismo expõe a penúria cultural e política que se verificava na Grécia helenizada, algo bem distante do domínio de uma legislação natural porque universal e racional[59]. Desse modo, o estoicismo parte de uma visão centrada na natureza com o fito de possibilitar a integração entre *nómos* e *phýsis*, ao contrário do pensamento grego arcaico, que efetivamente vivenciou tal integração, como demonstra Heráclito: "Os que falam com juízo devem apoiar-se no que a todos é comum, como uma cidade deve apoiar-se na

---

58. Esta última divisão é de nítida extração platônica e atenta contra os princípios totalizantes que informam a filosofia do Pórtico. Cf. LONG, Soul and body in stoicism.

59. GAZOLLA, *O ofício do filósofo estóico*, 25-26.

lei, e com muito mais confiança. Pois todas as leis humanas são alimentadas por uma só, a lei divina; é que ela tem tanto poder quanto quer, e para tudo ela é bastante e ainda sobra"[60].

De acordo com a ortodoxia estoica, há uma lei comum (*koinós nómos*) que governa toda a realidade, independentemente da designação que lhe seja dada. Logo no segundo verso do *Hino a Zeus* de Cleantes — único texto do estoicismo grego que chegou íntegro até à contemporaneidade —, o filósofo elogia Zeus por governar o mundo segundo a lei, utilizando no poema a palavra grega *nómos* para designar o ordenamento cósmico natural[61]. Já no verso 35 *nómos* passa a significar "justiça"[62]. Ora, no pensamento grego clássico a palavra *nómos* evoca uma norma criada pelos seres humanos e não pelas potências divinas. Em seu poema, Cleantes fundiu ambos os sentidos do vocábulo. A mesma identificação entre lei humana e lei divina está presente na definição que abre o tratado ético-jurídico perdido de Crisipo, *Sobre a lei*, obra na qual o estoico antecipa o conceito romano de *iuris prudentia* como ciência das coisas humanas e divinas. Graças ao jurista romano Marciano, o fragmento inicial do tratado de Crisipo foi preservado, tendo sido mais tarde recolhido no *Corpus Iuris Civilis*:

> A lei é a rainha de todas as coisas divinas e humanas. É preciso, pois, que seja superior tanto aos bons quanto aos maus e que seja condutora e mestra dos animais que a natureza quis que

---

60. KIRK; RAVEN; SCHOFIELD, *Os filósofos pré-socráticos*, Cap. VI: "Heráclito de Éfeso", fr. 114, p. 219.
61. CLÉANTHE, *L'hymne à Zeus* (*Les stoïciens*, 7). Para a explicação do termo grego original, cf. na mesma edição: p. 1251, n. 7.1. Para uma boa tradução castelhana do hino de Cleantes, cf. BERRAONDO, *El estoicismo*, 17-18. Por fim, para uma completa discussão dos vários sentidos da palavra grega *nómos*, cf. ZARTALOUDIS, *The birth of nomos*.
62. Ibidem (*Les stoïciens*, 8).

convivessem civilmente, daí então que seja a norma do justo e do injusto, que obriga serem feitas as coisas que devem ser feitas, que proíba as que não devem ser feitas.[63]

Não há distinção entre ser e dever ser no estoicismo. Ao postular uma natureza racional e total, o Pórtico acredita que tudo é exatamente o que deve ser. O típico dualismo direito posto *versus* direito natural não tem valor intrínseco no estoicismo, corrente filosófica segundo a qual todas as leis são postas, ou seja, dadas ao ser humano pelo *lógos*. Segundo a *Stoá*, não há diferença entre a razão universal e deus, pois ambos se confundem enquanto fontes primárias de normatividade. Tal posição será repelida por Francisco Suárez, para quem a conformidade com a lei natural não é redutível diretamente à *recta ratio*, devendo haver entre essas instâncias certo número de normas positivas concretamente dadas à razão humana, tais como os imperativos e a legislação divina. Segundo Suárez, "Direito Natural é o conjunto de princípios universais, absolutos e imutáveis que se individualizam e se concretizam em outras normas e preceitos, derivados por conclusão e por determinação, para regular as diversas relações e situações da vida social humana"[64]. A redução da lei natural geral e abstrata, de sabor nitidamente estoico, a fórmulas positivas parece necessária a Suárez porque "[...] a lei natural não procede de Deus como legislador, porque não depende da vontade de Deus, e assim, em virtude dela, Deus não procede como superior que manda ou que proíbe" ["*la ley natural no procede de Dios como legislador, porque no depende de la voluntad de Dios, y así, en virtud de ella, Dios*

---

63. *Corpus Iuris Civilis*, ed. Mömmsen-Kruger, *Digesto*, 1.3.2, pp. 45-46.
64. "*Derecho Natural es el conjunto de principios universales, absolutos e inmutables que se individualizan y concretan en otras normas y preceptos, derivados por conclusión y por determinación, para regular las diversas relaciones y situaciones de la vida social humana*" (Suárez, *De legibus*, II, 13).

no procede como superior que manda o que prohíbe"], sendo, portanto, imprescindível a tradução da razão universal em modos normativos demonstrativos. A posição de Suárez será aprofundada na Modernidade por autores como Pufendorf, que também exige atos empíricos de legislação para conferir validade à lei, negando-se a aceitar o modelo de lei subjacente pensado pelos estoicos[65]. As consequências de posturas assim serão fatais para o jusnaturalismo. Ainda que as teses de Suárez e de Pufendorf não pressuponham diferenciação ontológica entre a reta razão e as normas que dela dimanam, é fora de dúvida que possibilitam a cisão no ordenamento jurídico jusnatural, o que se aprofundará ao longo dos séculos, acabando por justificar o monismo legalista-empirista próprio do juspositivismo, que nega validade a qualquer esfera normativa subjacente como aquela pensada pelos estoicos.

Ao contrário de Suárez, a *Stoá* acredita que a mera existência do *lógos* basta para determinar a conduta humana, motivo pelo qual o pensamento jurídico imediatamente inspirado pelo Pórtico — qual seja, o romano clássico — não experimentará fratura fundamental, compreendendo o direito positivo e o direito natural como faces da mesma moeda. Nesse sentido, o estoicismo constituiu uma das mais altas expressões do jusnaturalismo, tendo acolhido e unificado todas as concepções de direito natural existentes na Antiguidade. No entanto, é preciso concordar com Erskine, para quem a concepção de lei natural dos estoicos gregos é muito mais fluida do que normalmente se imagina, indicando apenas certos princípios básicos aos quais o ser humano deve se submeter para ser virtuoso. Somente a partir do labor de Cícero e do estoicismo médio a lei natural passa a ser entendida como um rígido código moral composto de regras

---

65. IRWIN, *Naturalismo estóico e seus críticos*, 393.

objetivas e fixas⁶⁶. Nada obstante, em ambos os momentos de sua formulação a lei natural estoica guarda os mesmos axiomas: por advir da divindade, é universal, configurando-se como comando abstrato da razão e emanação da regularidade físico-natural do cosmos. De modo muito semelhante, os direitos naturais são definidos nas *Institutas* de Justiniano como aqueles que são observados igualmente por todos os povos; tendo sido constituídos por um tipo de Providência divina, são sempre firmes e imutáveis⁶⁷. Por seu turno, o jurista Paulo ensina que o direito não encontra sua fonte primária nas leis positivas. Ao contrário, estas são feitas tendo em vista o direito que é, ou seja, o natural: *"sed ex iure quod est regula fiat"*⁶⁸.

A lei foi concebida no contexto romano estoicizado como um tipo de regulador da *hýbris*, identificada com a violência excessiva do poder presente em qualquer associação política. Assim como o ser humano precisa encontrar na virtude o *métron* e não se render às paixões, ao *lógos* cabe intervir na dinâmica violenta do poder para regulá-lo internamente. Desse modo, o poder encontra na ordenação da razão proporcionada pela lei sua causa formal e também sua legitimidade, sem a qual ele não permanece e não revela seu verdadeiro ser. O poder legítimo instituído pela lei é "[...] um poder no qual o exercício da força é regido pela justiça e no qual a *hybris* da violência cede e se retira diante da eqüidade da *dike*"⁶⁹. Por isso o estoicismo sustenta que o verdadeiro comando jurídico nasce sempre da natureza — que é também deus e razão —, ou seja, da interioridade de cada ser humano que carrega o *lógos* dentro de si. Assim, como será visto à frente, as determinações ditas

---

66. Erskine, *The hellenistic stoa*, 16, n. 13.
67. *Corpus Iuris Civilis*, ed. Mömmsen-Kruger, *Institutiones*, I, II, 11, p. 2.
68. Idem, *Digesto*, 50.17.1, p. 920.
69. Lima Vaz, *Escritos de filosofia II*, 137.

"legais" dos tiranetes gregos não apresentavam *status* jurídico para a *Stoá* porque decorriam da exterioridade histórica e não se fundamentavam na lei comum da razão. O direito real corresponde àquele posto pela natureza, visto que as leis humanas, ou melhor, o sentido de dever ser objetivo que expressam — para utilizar uma expressão técnica cara a Hans Kelsen em sua *Teoria pura do direito* — são realidades incorpóreas, *lektá* incapazes de atuar no mundo caso não estejam fundadas na ordem cósmica racional[70].

Os estoicos fundem ser e dever ser porque a natureza lhes parece uma potência legisladora dotada de vontade, de modo que suas leis não são apenas regularidades naturais que os seres humanos podem descrever, mas antes verdadeiras prescrições, quer dizer, comandos racionais dirigidos ao cosmos. Os estoicos acreditavam que apenas a natureza investida no papel de legisladora seria capaz de pôr diante do ser humano as normas que ele deveria cumprir para alcançar a felicidade e se equiparar aos deuses. Se ele as cumpre ou não, tal diz respeito ao seu âmbito de liberdade. O importante é que há a lei natural do *lógos*, plenamente comunicável ao humano, criatura feita da mesma matéria racional que os deuses.

Nómos e *phýsis* — lei humana e lei natural — comparecem como realidades complementares no pensamento estoico, não se tratando apenas de um recurso retórico, como sugere Gazolla. Cabe ao legislador aproximá-las cada vez mais sem que, contudo, destrua os antigos costumes e instituições de um só

---

70. "[...] a Stoa passa a considerar a juridicidade das regras institucionais desprovida de peso ontológico, de verdade, porque distanciada da *physis*. O jurídico é incorpóreo, é interpretação, é contingência elaborada pelos homens. A natureza estóica surge como única maneira de resgatar o fundamento do Direito, da lei, da norma porque, para a doutrina, as leis estarão em consonância com a racionalidade e a normatividade se emanadas do *lógos* da *physis*" (GAZOLLA, *O ofício do filósofo estóico*, 187-188).

golpe, advertência importante para os jurisprudentes de Roma. Segundo a *Stoá*, o legislador deve laborar de maneira lenta e progressiva, mesmo porque a lei humana não difere substancialmente da lei natural, a menos que esteja corrompida por elementos irracionais. Ademais, se a lei natural for aplicada em sua integralidade, os particularismos que inspiram as legislações positivas — *v.g.*, cidades e contratos — se dissolverão imediatamente[71], motivo bastante para que o dualismo *nómos/phýsis* pareça altamente artificial aos olhos estoicos.

A lei humana — particular, contingente e não necessária — necessita do universalismo da lei natural como seu fundamento de validade, de modo que a legislação da natureza represente sempre o padrão normativo aplicável à mutável lei positiva, presa aos incorpóreos espaço-temporais e por isso mesmo falível. A única lei que os estoicos reconhecem como incondicionalmente válida radica-se na razão, nascedouro do qual dimana a normatividade natural e humana. Segundo Cícero, os princípios do Direito são universais e idênticos para todas as nações e indivíduos[72]. É inclusive por força da legislação universal da razão que se pode dizer que seres humanos e deuses são cidadãos de uma mesma comunidade, da qual os deuses são os legisladores e os humanos os súditos[73].

No que diz respeito à díade indivíduo/comunidade, apesar de transcenderem o pensamento particularista da *pólis*, os estoicos gregos inicialmente aceitaram a concepção orgânica de comunidade presente nas obras de Platão e de Aristóteles. Estes filósofos concebiam a sociedade política à semelhança de um grande corpo do qual os cidadãos seriam os membros. Apro-

---

71. VEYNE, *Séneca y el estoicismo*, 142.
72. CÍCERO, *Da república*, III, IX, p. 177.
73. EUSEBIUS, *Evangelical preparation* 15, 15 (LONG; SEDLEY, *The hellenistic philosophers*, 431).

fundando tal concepção, a *Stoá* imperial postula que o ser humano é naturalmente sociável, motivo pelo qual o bem do ser racional radica-se sempre na sociedade[74]. Se nos seres irracionais — dotados de almas mais primitivas — já é possível notar enxames, manadas, ninhadas e algo como "amores", nos seres racionais o instinto gregário é particularmente intenso, ensina Cícero, o que os leva a constituir regimes políticos, amizades, famílias, reuniões, guerras, tratados e tréguas, de sorte que é mais fácil encontrar um objeto de terra sem contato com outro objeto de terra do que um homem desligado da humanidade[75]. Marco Aurélio exige que toda ação individual produza ecos benéficos na sociedade, considerando sediciosa a ação do indivíduo que não guarde relação próxima ou remota com o bem comum, visto que, ao se afastar do interesse comum, as ações individuais laceram a vida social e a impedem de ser una[76]. Mais realista do que o Imperador-filósofo, Ário Dídimo noticia que só o sábio estoico é capaz de governar e ser governado segundo a reta razão, sempre tendo em vista os interesses da comunidade. Por sua vez, os estultos buscam vantagens próprias; tirânicos e cruéis, são selvagens e ignorantes em relação às leis da natureza e da cidade[77].

A comunidade de todos os seres humanos — a humanidade — equivale a um único e descomunal corpo: *membra sumus magni corporis*, proclama Sêneca em sua Carta XCV. A consequência óbvia é que todos — em especial os governantes — devem atuar tendo em vista o bem comum, o que repercute na vida de cada um dos indivíduos isolados. Bem antes de Sêneca, Cícero reconhecera ser dever de todos cultivar, conservar e sal-

---

74. Marco Aurélio, *Meditações*, V, 16 (*Os pensadores*, 291).
75. Ibidem, IX, 9 (*Os pensadores*, 312-313).
76. Ibidem, IX, 23 (*Os pensadores*, 313).
77. Ario Didimo, *Etica stoica*, 11i-k, pp. 67-69.

vaguardar a união e a conciliação da espécie humana[78]. Sêneca afirma no *De clementia* que o imenso corpo do Império (*immane imperii corpus*) depende das forças que lhe são insufladas pela cabeça, o Imperador[79], que administra as coisas do Estado como se fossem os membros do seu próprio corpo[80]. O povo (*corpus*) e o Imperador (*caput*) compõem o todo social, metáfora que expressa uma justificativa metafísica para as conquistas romanas. Segundo Cícero, Roma teria alargado os limites da antiga cidade-Estado grega e congregado o mundo em uma totalidade sem a qual seria impossível aspirar à perenidade e à paz, como provaria amargamente o último século da República Romana, arrasada por inúmeros particularismos políticos[81].

Mas não se deve exagerar o valor do organicismo estatal na teoria política estoica. Os filósofos do Pórtico tinham em alta conta o indivíduo, não se prestando a sacrificá-lo em nome do que hoje se conhece por "interesse público". O ser humano, portador de uma centelha da racionalidade divina, sempre foi o centro das preocupações do estoicismo, que por isso mesmo não deu lugar a um transpersonalismo como ocorreu com o platonismo e o aristotelismo[82]. Além do mais, com a

---

78. CÍCERO, *Dos deveres*, I, 149, p. 70.
79. SÉNÈQUE, *De la clémence*, I, II [II, 2], 1, p. 8.
80. Ibidem, III, XI [I, 13], 4, p. 32.
81. "Suponha-se, então, que cada membro do corpo estivesse disposto a pensar ser ele capaz de vigorosamente se desenvolver à custa da força do membro vizinho, todo o corpo necessariamente se enfraqueceria e extinguir-se-ia; do mesmo modo, se cada um de nós pudesse chamar para si as vantagens que a outros pertencem e apoderar-se dos bens dos outros, a comunidade e a sociedade humanas seriam automaticamente destruídas" (CÍCERO, *Dos deveres*, III, 22, p. 122).
82. Cf., *v.g.*, o início da *Ética a Nicômacos*: "Ainda que a finalidade seja a mesma para um homem isoladamente e para uma cidade, a finalidade da cidade parece de qualquer modo algo maior e mais completo, seja para a atingirmos, seja para a perseguirmos; embora seja desejável atingir a finalidade

superação da realidade política da *pólis* graças ao advento dos impérios — primeiro o de Alexandre e depois o de Roma —, o vínculo entre Ética e Política se rompeu na Antiguidade. De fato, o indivíduo já não enxergava nas decisões públicas uma expressão de sua liberdade política coletiva, razão pela qual a teoria política da época helenística se identifica com moralismos individualistas e não com éticas comunitárias como as de Platão e de Aristóteles. Tal se deve especialmente à grave crise política que os gregos vivenciaram logo após a morte de Alexandre. Com as instituições democráticas asfixiadas, as cidades gregas foram palco de violentas disputas pelo poder envolvendo grupos sociais antes integrados na tessitura orgânica da *pólis*, o que inclusive levou o estoicismo a propor o governo individual do sábio em detrimento das decisões colegiadas de assembleias cujos membros estavam sujeitos ao ataque e ao domínio das paixões, diferentemente do rei instruído pela doutrina do Pórtico[83].

Buscando coadunar a necessidade de viver em sociedade presente em cada ser humano com a sua igualmente necessária liberdade individual, Marco Aurélio resume a posição política estoica em um admirável dito: "Crescer no mesmo tronco, sim; adotar os mesmos princípios, não"[84]. Como será discutido na próxima seção, mesmo no estoicismo imperial não há espaço para a submissão do indivíduo a um Estado despótico. Antes de Sêneca, de Epicteto e de Marco Aurélio, sustentava Cícero caber ao governante da República cuidar para que cada cidadão tenha aquilo que lhe pertence, não sendo possível que o Estado penalize o indivíduo no que diz respeito aos seus legíti-

---

apenas para um único homem, é mais nobilitante e divino atingi-la para uma nação ou para as cidades" (ARISTÓTELES, *Ética a Nicômacos*, I, 1094 b, p. 18).

83. PENA, *Le stoïcisme et l'empire romain*, 11 *et seq*.

84. MARCO AURÉLIO, *Meditações*, XI, 8 (*Os pensadores*, 322).

mos bens[85]. Na verdade, ao estoicismo parece remota qualquer contradição entre os interesses do indivíduo e os da comunidade de que participa, uma vez que, se ambos são virtuosos, basta ao ser humano — individual ou coletivamente — viver em conformidade com a natureza para alcançar a felicidade. Entendendo que tal princípio se encontra não apenas na natureza, mas também no sistema de direito das nações e nas leis dos povos civilizados, Cícero entende ser impossível haver qualquer conflito entre o homem de bem e sua comunidade[86]. De acordo com a definição de Papiniano, conselheiro pessoal do Imperador Septímio Severo, a lei simboliza o compromisso comum de toda a *res publica*[87]. Para Marco Aurélio, o que não é daninho à cidade tampouco o pode ser para o cidadão[88]. Por outro lado, o que não convém ao enxame também não convém à abelha[89].

Graças ao estoicismo o pensamento ocidental pôde vislumbrar um individualismo moderado por intermédio do qual o cidadão não mais se identificava de maneira acrítica com uma parte da cidade; ele passou a ser visto como membro da comunidade dos seres racionais que, ao mesmo tempo, está toda inteira nele. O ser humano virtuoso não pode ser definido apenas como fração do todo racional, pois, se "[...] disseres que és uma parte, ainda não amas de coração a Humanidade, ainda não te alegra evidentemente o bem fazer; ainda o praticas como uma simples obrigação, não como um benefício para ti mesmo"[90]. Contudo, pragmático e realista, Marco Aurélio aconselhava a si mesmo que, estando à testa do Estado, não esperasse con-

---

85. Cícero, *Dos deveres*, II, 73, p. 107.
86. Ibidem, III, 23-24, pp. 122-123.
87. *Corpus Iuris Civilis*, ed. Mömmsen-Kruger, *Digesto* 1.3.1, p. 33.
88. Marco Aurélio, *Meditações*, V, 22 (*Os pensadores*, 291).
89. Ibidem, VI, 54 (*Os pensadores*, 298).
90. Ibidem, VII, 13 (*Os pensadores*, 300).

cretizar a república de Platão, dado que os progressos éticos, ainda que pequenos, são preciosos[91]. Ao agir assim o Imperador comprovava sua proverbial modéstia estoica, avessa à intransigência de políticos que, à semelhança de Catão, só aceitam o ideal e acabam descurando do real. Como Imperador, Marco Aurélio tinha de estar pronto a fazer concessões e não governar vaidosamente como o rei-filósofo de Platão. Sua posição à frente do Império Romano era das mais difíceis, pois lhe cabia realizar a filosofia o melhor que pudesse, sem ostentação e esperando apenas resultados muito modestos[92]. Com efeito, para concretizar o Estado ideal em que indivíduo e comunidade estivessem unidos, seria preciso mudar os princípios que governam o espírito dos seres humanos e não simplesmente sujeitá-los pela força. Do contrário, haveria apenas a servidão de gemebundos a fingir que obedecem, como ocorreu na era Júlio-Claudiana.

Ainda que a moral estoica grega tenha se desenvolvido inicialmente como uma Cosmologia universalizante na qual o indivíduo pouco importa, cabendo-lhe apenas agir conforme à natureza geral das coisas, a partir de Panécio o ser humano real começa a ser valorizado, tornando-se o único objeto das doutrinas éticas do estoicismo imperial. Segundo Panécio e os filósofos estoicos do Império, a natureza deve ser buscada no indivíduo para depois ser transposta para o plano social e, finalmente, para a seara cósmica[93]. Ao contrário da matriz grega, o estoicismo médio e o imperial querem saber primordialmente não da natureza do universo, mas sim do que é próprio ao ser humano, à sua natureza individual, que, ao fim e ao cabo, se identifica com o todo racional que sustenta o cosmos.

---
91. MARCO AURÉLIO, *Meditações*, IX, 29 (*Os pensadores*, 314).
92. REYDAMS-SCHILS, *The roman stoics*, 88.
93. TATAKIS, *Panétius de Rhodes*, 164-165.

Não obstante a similitude das conclusões dos estoicos gregos e romanos, parece-me inegável que o caminho percorrido por ambas as correntes foi muito diverso. Privilegiando o geral em detrimento do individual, os estoicos gregos construíram um imponente sistema cosmológico, base fundamental da escola. Por seu turno, os estoicos de Roma já não precisavam fundar ou legitimar as teses da *Stoá*, assentadas que estavam por uma tradição secular. Eles então descuidaram da Física e da Lógica e concentraram seus esforços no desenvolvimento de um sistema moral em que o indivíduo representasse o papel principal. Com isso o estoicismo imperial deu origem a um pensamento ético voltado para a análise dos problemas cotidianos que logo viria a se expressar por meio de uma riquíssima casuística de aconselhamento e de análise de casos concretos, cujo primeiro exemplo vigoroso é o *De officiis* de Cícero, seguido pelas obras de Sêneca, Epicteto e muitos outros estoicos menores ligados aos círculos político-jurídicos romanos.

1.3. A cidadania universal

O ponto de partida dos estoicos no que concerne à teoria política é idêntico ao de Aristóteles. Cícero ensina que os humanos não são apenas animais sociais, e sim seres em que os laços de sociabilidade são os mais estreitos possíveis, motivo pelo qual um homem não deve jamais ser um estrangeiro para outro homem[94]. O amor que os pais sentem pelos seus filhos constitui a prova inequívoca e o primeiro estágio da sociabilidade ínsita à espécie humana; se adequadamente desenvolvido, culminará de modo inevitável na postulação da sociedade universal[95]. O estoico romano Hierócles acredita que os seres huma-

---

94. CICÉRON, *Des fins des biens et des maux*, III, XIX, 63 (*Les stoïciens*, 285).
95. Ibidem, III, XIX, 62 (*Les stoïciens*, 285).

nos estão inseridos em vários círculos concêntricos: o primeiro inclui os corpos individuais e o último comporta todos os seres humanos, não sem antes passar pelas instâncias da família, dos amigos e dos concidadãos. Cabe ao sábio assimilar progressivamente um círculo ao outro, buscando concentrá-los em um só, de maneira que enxergue todos os seres humanos como elementos integrantes do primeiro círculo, ou seja, partes do próprio corpo[96]. De acordo com Epicteto, a sociabilidade é natural ao humano, assim como as formas políticas mediante as quais tal impulso se concretiza[97]. Ao contrário do que afirmarão os contratualistas da Modernidade, para o Pórtico a vida social não nasce de pactos de não agressão ou das deficiências do indivíduo, incapaz de sobreviver sozinho, mas de necessidades naturais — ou seja, racionais — dos humanos. Assim, a sociabilidade natural se relaciona diretamente à moralidade porque o outro constitui não apenas o meio e a condição da virtude[98], mas também o seu próprio objetivo[99]. Nada existe de mais precioso para o ser humano do que aqueles que compõem sua espécie, dado que os humanos se possibilitam mutuamente as circunstâncias necessárias para a vida, cada qual realizando determinada função tendo em vista o perfeito funcionamento do todo social[100].

Aos estoicos parecia necessário infundir o sopro da razão cósmica na sociedade política, o que significa organizá-la por meio de esquemas racionais. Como visto, o primeiro passo

---

96. HIEROCLES *apud* STOBAEUS, *Anthologium*, IV, 671-673 (LONG; SEDLEY, *The hellenistic philosophers*, 349-350). Cf. também INWOOD, Hierocles e PARENTE, *Ierocle stoico*.
97. ÉPICTÈTE, *Entretiens*, II, XX, 6-8 (*Les stoïciens*, 937).
98. CICÉRON, *Des fins des biens et des maux*, III, XX, 65-66 (*Les stoïciens*, 286-287).
99. Ibidem, III, XX, 67-68, (*Les stoïciens*, 287).
100. CÍCERO, *Dos deveres*, II, 12-14, pp. 81-82.

para tanto consistiu na assimilação dos típicos dualismos do poder político-jurídico da Antiguidade: de um lado, direito natural/direito positivo; do outro, comunidade/indivíduo. Dessa maneira, o Pórtico tornou possível a superação da nova díade surgida no período helenístico pós-alexandrino: cidade/império. Tendo adotado tal perspectiva, Marco Aurélio afirma que todo homem é cidadão da cidade suprema do universo; lugares como Roma e Atenas nada são senão casas[101]. Por sua vez, Sêneca entende que se vive em duas repúblicas: a primeira, grande e verdadeiramente pública, diz respeito a todos os seres humanos; a outra é a pátria assinalada a cada um pelo acidente do nascimento[102]. Diferentemente dos romanos, ao definirem "cidade" como uma comunidade de virtuosos vivendo sob a guarda de uma lei comum[103], os estoicos gregos concluíram que não existem verdadeiras cidades no mundo. Por isso Diógenes de Babilônia disse que Roma não era uma cidade, uma vez que entre os loucos não há civilidade nem direito[104]. É que os estoicos gregos tinham por paradigma a cidade ideal imaginada por Zenão em sua *Politéia*, como já indicado na seção III.1.1.

Ao conceber um universo integralmente racional em que o ser humano é parte ativa, a *Stoá* garante a preeminência de uma ordem cósmica que tudo governa. Nela o particular cede terreno ao universal e a compreensão da economia do cosmos permite a fusão da liberdade e do destino. Do mesmo modo, a identificação entre lei e natureza reforça a concepção unitá-

---

101. Marco Aurélio, *Meditações*, III, 11 (*Os pensadores*, 282).
102. Sêneca, *Sobre o ócio*, IV, 1 (Sêneca, *Sobre a tranquilidade da alma/Sobre o ócio*, 83).
103. Dio Chrysostom, *Orationes*, 36, 20 (Long; Sedley, *The hellenistic philosophers*, 431), e Stobaeus, *Anthologium*, II, 103 (Long; Sedley, *The hellenistic philosophers*, 431).
104. Cicéron, *Premiers académiques*, II, XLV, 137 (*Les stoïciens*, 252).

ria da filosofia estoica, na qual o domínio da *physis* é pensado como um todo conglobante que unifica em sua universalidade os diversos particularismos reais e históricos.

Sem dúvida, a reflexão relativa ao todo prepondera no espírito estoico. Diferentemente de todas as filosofias gregas anteriores — dos pré-socráticos aos epicuristas —, o *lógos* do Pórtico não é um instrumento para conhecer o mundo ou uma força criadora que percorre a realidade; o *lógos* é o próprio mundo, e o mundo é o *lógos*. Inevitável, portanto, o choque do estoicismo com o ceticismo, uma vez que este nega qualquer filosofia que pretenda afastar a contingência e o casual do cenário do pensar. Segundo a *Stoá*, o universal é dotado de um objetivo racional que se comunica ao particular; o contrário também é verdadeiro, conforme foi notado pelos autores do estoicismo imperial: se o ser humano é racional, o universo forçosamente também deve sê-lo, pois não se pode aceitar que a parte seja superior ao todo. Para o estoico, o mundo inteiro é razão, é *lógos*.

O estoicismo se revela como uma Cosmologia em que o indivíduo só tem significado se compreendido enquanto parte da integralidade cósmica, embora, como visto, tal não implique nenhum transpersonalismo. No sistema estoico não há imposição mecânica do todo à parte. Na contramão da filosofia antiga, o Pórtico se nega a sacrificar o indivíduo ao coletivo ou o particular ao universal. E isso porque a *Stoá* não enxerga verdadeiras oposições entre tais esferas, informadas e irmanadas pelo mesmo fluxo constante de racionalidade que percorre todos os corpos. Zenão afirmava que a fonte da infelicidade se encontra na cisão entre o ser humano e a natureza, divisão que julgava artificiosa e passível de ser superada pelo pensamento unitário do estoicismo. Este pressupõe uma identidade total entre o natural e o racional, o que se reflete no universalismo físico, lógico, ético, político e jurídico do sistema, tanto no campo teórico quanto na seara prática.

A raiz do antigo conceito de "cidadania" residia na noção de liberdade política, já que somente eram considerados livres os cidadãos de uma *pólis* ou *urbs*; o que os tornava livres, essa qualidade derivada da cidadania, também os igualava no plano ético-abstrato da política e na concretude da seara jurídica. Ser cidadão de uma cidade livre: eis a verdadeira garantia da liberdade na Antiguidade clássica. Cidadania e liberdade eram, portanto, faces da mesma moeda. Todavia, graças ao estoicismo a reflexão político-jurídica da Antiguidade deixou paulatinamente de se identificar com a comunidade orgânica da *pólis* para se confrontar com a realidade iminente da cosmópolis. Alexandre destruiu as fronteiras que davam sentido ao pensamento grego, de modo que o desaparecimento da *pólis* criou ao mesmo tempo um vazio e uma oportunidade. A partir de então a filosofia teria de lidar com o universalismo e o indivíduo que surgia dos escombros da cidade-Estado a exigir seu reconhecimento enquanto parte de algo maior.

De acordo com Cícero[105] e Epicteto[106], Sócrates foi o responsável pela cunhagem original do termo "cidadão do mundo" (*kósmou politês*), expressão que iria se tornar o dístico característico do estoicismo[107]. Fundando-se no testemunho de Diógenes Laércio, Sellars afirma que a expressão foi na verdade criada por Diógenes, o Cínico, e não por Sócrates[108]. De fato, Diógenes Laércio noticia que seu homônimo cínico entendia que a única Constituição correta era a do universo, sendo que todos os sinais exteriores de nobreza que desigualam os seres humanos não passam de adornos do vício[109]. Todavia, o cosmopo-

---

105. Cicéron, *Les tusculanes*, V, XXXVII, 108 (*Les stoïciens*, 400).
106. Épictète, *Entretiens*, I, IX, 1 (*Les stoïciens*, 829).
107. Stanton, The cosmopolitan ideas of Epictetus and Marcus Aurelius.
108. Sellars, *Stoicism*, 129.
109. Diógenes Laercio, *Vidas de los filósofos ilustres*, VI, 72, p. 312.

litismo de Diógenes é negativo. Ele próprio se qualifica como um homem sem cidade, sem casa e sem pátria, um vagabundo que vive a vida dia a dia[110]. Da mesma forma, o cínico Crates dizia ter por país a ignomínia e a pobreza, pois a Fortuna não as pode capturar. Ademais, a cidade de Crates seria o próprio Diógenes, por ser este imune à inveja[111]. Não se pode olvidar que os cínicos eram inimigos da civilização, na qual viam apenas uma maneira de complicar a vida dos seres humanos; estes melhor agiriam se dessem livre curso aos seus impulsos naturais[112]. Percebe-se que o niilismo de Diógenes é propiciador de um individualismo radical, oposto a qualquer veleidade totalizante e vocacionado à criação de uma supercultura. Assim, animariam Diógenes os mesmos anseios que levaram Zenão a arquitetar sua *Politéia* com base em paradoxos. De qualquer forma, a noção de cosmopolitismo cínica é bem diversa daquela que informou a filosofia estoica, em especial a de matriz romana.

Vale a pena recordar aqui uma passagem relativa à vida de Panécio, esse filósofo estoico meio grego e meio romano. Quando os atenienses quiseram lhe oferecer a honra da cidadania, Panécio recusou a oferta dizendo que para o homem prudente basta uma pátria[113]. Tal se deveria ao orgulhoso amor de Panécio dedicado à sua terra natal, Rodes. Tatakis prefere ver na recusa a aplicação da teoria do *decorum* pensada pelo ródio, segundo a qual não se deve mudar a natureza das coisas[114]. Entendo que com sua resposta Panécio dava aplicação à mais duradoura consequência do sistema ético do Pórtico, qual seja, a cidadania universal. Sem dúvida, a única pátria aceitável para

---

110. Diógenes Laercio, *Vidas de los filósofos ilustres*, VI, 38, p. 296.
111. Ibidem, VI, 93, p. 322.
112. Para uma descrição da doutrina antissocial dos cínicos, cf. Onfray, *Cinismos*, 107-139.
113. Tatakis, *Panétius de Rhodes*, 32.
114. Ibidem, 33.

o homem prudente é o universo, sendo perigoso para si e para a humanidade reconhecer outras como legítimas. Nada obstante, o cidadão da cosmópolis pensada pelos estoicos gregos era "cósmico" demais para ser humano[115]. A partir de Antípatro de Tarso, mestre de Panécio, a cidade universal começou a se humanizar em Roma. Seus habitantes não eram vistos como entes abstratos, mas sim enquanto indivíduos singulares e concretos. Graças ao influxo da média *Stoá*, o ideário da cosmópolis pôde ser desenvolvido pelos filósofos estoicos do Império, em especial por Sêneca[116] e Epicteto[117], tendo posteriormente recebido sua mais famosa definição nos escritos de Marco Aurélio. Este afirmava que, como Antonino, tinha Roma por pátria; como homem, o mundo. Logo, só lhe seria útil o que também fosse para essas duas realidades[118].

---

115. TATAKIS, *Panétius de Rhodes*, 204.
116. "Saberei que a minha pátria é o mundo e que os deuses o presidem [...]" (SÊNECA, *Sobre a vida feliz*, XX, 5, p. 73). E também: "Por isso, com grandeza de ânimo, nós [não] nos temos encerrado nas muralhas de uma única cidade, mas nos temos lançado em comunicação com todo o orbe e temos professado ser o mundo a nossa pátria, para que nos fosse possível dar à virtude mais amplo campo de ação" (SÊNECA, *Sobre a tranquilidade da alma*, IV, 4 [SÊNECA, *Sobre a tranquilidade da alma/Sobre o ócio*, 31]). Cf. também SÊNECA, *Cartas a Lucílio*, XXIV, 4, p. 87, texto no qual o filósofo sustenta que, quando os seres humanos se livram dos males que eles mesmos criam, se sentem bem em qualquer rincão do planeta, mesmo em países bárbaros, dado que a única pátria digna do filósofo é o mundo. Porém, antes do labor de todos os estoicos imperiais, a ideia de cosmópolis já estava presente em Cícero: "[...] não oprimido pelos muros de uma cidade, habitante de uma região limitada, mas cidadão do mundo inteiro como de uma cidade única" (CICÉRON, *Traité des lois*, I, XXIII, 61, p. 35.). É óbvio que as ideias de Cícero e de Sêneca acerca do cosmopolitismo podem servir a propósitos ideológicos no sentido de justificar o imperialismo romano, tema que, contudo, escapa à presente subseção, dado que exigiria complexos estudos crítico-históricos.
117. ÉPICTÈTE, *Entretiens*, I, IX, 1-9 (*Les stoïciens*, 829-830) e III, XXIV, 10 (*Les stoïciens*, 1021).
118. MARCO AURÉLIO, *Meditações*, VI, 44 (*Os pensadores*, 297).

É importante frisar a evolução em razão dos estoicos de Roma, visto que os fundadores gregos não chegaram ao grau de universalismo alcançado pelo estoicismo imperial. Na cidade de Zenão permanece e se aprofunda a divisão entre os seres humanos. Com efeito, a fruição dos benefícios proporcionados pela *pólis* ideal cabe apenas aos sábios, jamais aos insensatos, vistos com verdadeiros inimigos. Se os estoicos gregos avançaram ao deixar de conceber diferenciações relativas ao gênero, à raça e à fortuna, coube ao estoicismo romano a tarefa de pensar a cosmópolis em que não existem diferenças entre os seres humanos, todos eles igualmente dignos por força da racionalidade, seja ela utilizada sabiamente ou não[119].

Conforme pontua Martha Nussbaum no prefácio à obra de Schofield, antes dos estoicos o pensamento político grego tinha por foco exclusivo a *pólis*, inexistindo doutrinas acerca da necessidade de respeito mútuo entre os seres humanos para além das fronteiras de suas próprias cidades[120]. Com o aporte filosófico do estoicismo, assiste-se a uma progressiva passagem do particular — o cidadão de Roma ou de Atenas — ao universal — o ser humano cosmopolita. Como visto, a noção

---

119. "*Se ha de buscar lo que no se pasa con los días, eso que no encuentre obstáculo ¿Qué es eso? El alma, pero recta, buena, grande. ¿Qué otra cosa la puedes llamar que un dios que habita en un cuerpo humano? Esa alma puede ir a parar tanto a un caballero romano, como a un liberto, como a un esclavo. Pues ¿qué es un caballero romano, o un liberto, o un esclavo? Nombres son que han nacido de la ambición o de la injusticia*" ["Deve-se buscar o que não passa com os dias, o que não encontra obstáculo. Que é isso? A alma, mas reta, boa, grande. De que outra coisa podes chamá-la senão de um deus que habita em um corpo humano? Essa alma pode ir parar tanto em um cavaleiro romano quanto em um liberto ou em um escravo. Pois o que é um cavaleiro romano, ou um liberto, ou um escravo? Nomes que nasceram da ambição ou da injustiça."] (SÉNECA, *Cartas a Lucilio*, XXXI, 11, p. 96). No mesmo sentido: ÉPICTÈTE, *Entretiens*, I, XIII, 3 (*Les stoïciens*, 841), MARCO AURÉLIO, *Meditações*, VII, 22 (*Os pensadores*, 301), e SÉNECA, *Cartas a Lucilio*, XCV, 52, p. 346.

120. SCHOFIELD, *The stoic idea of the city*, p. XII.

de cosmopolitismo não era nova no contexto do estoicismo, dado que Sócrates, Diógenes, o Cínico, e os epicuristas já conheciam e discutiam o tema[121]. A novidade que a *Stoá* trouxe ao debate foi o tratamento sistemático e racional do cosmopolitismo, dando origem a uma verdadeira teoria universal da cosmópolis, algo até então impensável na Antiguidade. Nesse sentido, o cidadão do mundo que marca o discurso estoico enxerga em sua própria natureza o fundamento racional de validade da lei natural, que por isso mesmo é justa e repousa na razão, força universalizante capaz de elevar o ser acima das particularidades históricas.

Contudo, o cosmopolitismo estoico não elide a consciência individual de cada um. Eis ali a riqueza do Pórtico, que soube inserir o particular no universal e o uno no múltiplo sem destruir o indivíduo, visto como substância livre, ou seja, capaz de realizar voluntariamente determinadas funções para que a ordem do mundo se mantenha operante. Tal significa que o estoico deve agir politicamente e não se resignar de modo preguiçoso, como Diógenes em seu tonel. Segundo Berraondo, cabe ao estoico preservar as conquistas da razão universal, motivo pelo qual Marco Aurélio — personagem avesso à guerra — tomou armas para defender o Império[122], o que, obviamente, também pode ser lido de maneira menos ingênua como uma justificação do imperialismo romano. Nada obstante, pelo menos em um primeiro momento os estoicos gregos legitimaram os regimes políticos instaurados pelos diádocos em detrimento das ambições particularistas dos inúmeros déspotas rebeldes da Grécia. Com isso, eles fundaram uma teoria do poder baseada na junção do personalismo individualista à excelência do sábio,

---

121. Cf., p. ex., DIOGENES OF OENOANDA, *Fragments*, 24, 2, 3-11 (LONG; SEDLEY, *The hellenistic philosophers*, 349-350).

122. BERRAONDO, *El estoicismo*, 115-117.

criando as bases para a justificação do universalismo cosmopolita levado a efeito pelo estoicismo imperial[123].

Algumas das profundas transformações experimentadas pelos romanos no modo de enxergar o universo e o ser humano se devem à compreensão da noção ainda germinal de individualidade, conjugada no plano filosófico com a pressuposição de um universo racional e orgânico, à semelhança de uma *pólis* ampliada da qual cada um representa uma parcela. Apenas para citar um exemplo entre muitos, foi o estoicismo que ensinou aos romanos ser necessário haver algo como um "direito da guerra" mediante o qual os combatentes jamais se esqueçam que, apesar de tudo, são humanos e não bestas selvagens às quais tudo é permitido[124]. Tal doutrina, hoje comum no Direito Internacional, destoava das práticas bélicas da Antiguidade, bem menos civilizadas do que se imagina. O "divino" Platão já dissera que a moderação na guerra somente se justificava quando se tratava de disputas entre gregos. Em relação aos bárbaros não seria preciso reconhecer nenhuma regra limitativa da crueldade, sendo permitido devastar-lhes os campos, queimar-lhes as cidades e declarar como inimigo todo homem,

---

123. "Se a inteligência nos é comum, também é comum a razão, em virtude da qual somos racionais; posto isso, a razão determinadora do que devemos ou não devemos fazer é comum; posto isso, a lei também é comum; posto isso, somos cidadãos; posto isso, o mundo é como uma cidade. Com efeito, de que outro organismo político se dirá que todo o gênero humano participa? Daí, dessa cidade comum, deriva nossa mesma inteligência, nossa razão, nossa lei" (MARCO AURÉLIO, *Meditações*, IV, 4 [*Os pensadores*, 283]). Com base neste trecho, Schofield afirma que Marco Aurélio foi o único estoico imperial que não mencionou na sua doutrina da cosmópolis a comunidade entre homens e deuses. Tal demonstraria que o Imperador não acreditava na irmandade mantida entre ambas as raças. Cf. SCHOFIELD, *The stoic idea of the city*, 68, n. 13. Cf. também sobre esse tema: RUTHERFORD, *The meditations of Marcus Aurelius*, 226 *et seq.*

124. Uma breve teoria da guerra justa segundo a perspectiva romana pode ser lida em CÍCERO, *Dos deveres*, I, 34-38, pp. 27-29.

mulher e criança que nelas habitar[125]. Platão afirmava que os gregos são irmãos, não havendo entre eles mais do que discórdias civis indicadoras da doença da sedição que periodicamente se apoderava da Grécia e fazia de seus filhos inimigos temporários. O termo "guerra" deveria ser reservado exclusivamente para os bárbaros, com os quais não seria possível reconciliação, uma vez que são antagonistas naturais da Hélade[126]. Panécio e Cícero — pais da média *Stoá* romanizada — estavam muito distantes de tal concepção. Graças a ambos nasceu a consciência ética do Império de Augusto e dos Antoninos, que concretizaram a *pax romana* imperial. Ainda que não tenha sido perfeita e isenta de contradições, sem dúvida a *pax romana* era eticamente superior à *delenda est Carthago* da República.

2. Entre a ataraxia e a rebeldia: a participação da *Stoá* na política greco-romana

2.1. Estoicismo e cristianismo

No início de sua oitava carta, Sêneca pergunta atônito a Lucílio se com sua argumentação ele realmente criara a falsa impressão de que pregava uma vida de inatividade[127]. A mesma questão poderia ser dirigida hoje a muitos dos intérpretes do estoicismo que, de modo velado ou não, preferem enxergar no filósofo estoico um inofensivo intelectual dedicado apenas a pensar o mundo mediante posições passivas, mansas e resignadas. Há certo número de especialistas que, a fim de enxergar no estoicismo um protocristianismo, buscam a todo custo descobrir traços da moralidade e da piedade cristã nas obras

---

125. PLATÃO, *A república*, V, 471a-b, p. 247.
126. Ibidem, V, 470c-d, p. 246.
127. SÊNECA, *Letters from a stoic*, VIII, p. 44.

de autores como Sêneca, Epicteto e Marco Aurélio, neles enfatizando as virtudes da humildade, da docilidade e da submissão. Não é essa, contudo, a melhor compreensão da *Stoá*.

A identificação arbitrária entre estoicismo e cristianismo se deve em grande parte ao movimento intelectual que ficou conhecido como neoestoicismo, ativo nos séculos XVI e XVII. Seus principais representantes foram Justus Lipsius, Guillaume du Vair, Pierre Charon, Francisco Quevedo e Thomas Gataker. Os neoestoicos eram cristãos que pretendiam reconciliar a doutrina do Pórtico com os ensinamentos de Jesus, rejeitando, portanto, os aspectos materialistas e deterministas característicos do Pórtico[128]. Apesar de terem auxiliado na divulgação do estoicismo, os trabalhos dos neoestoicos — com destaque para Lipsius — foram, nas palavras de Long, um desastre para a interpretação da *Stoá* como doutrina sistemática. Lipsius não utilizava o material mais técnico da escola e limitava sua leitura à Ética de Sêneca, seu filósofo favorito. Ademais, ele "corrigia" e diluía as fontes estoicas que lhe pareciam pouco ortodoxas, usando textos platônicos e cristãos para distorcer as propostas originais do estoicismo. Contudo, o mais grave erro de Lipsius, infelizmente ainda comum em estudiosos contemporâneos, consistia em tomar o cristianismo como critério para o completo entendimento do estoicismo, com o que ele transformou o caráter distinto da *Stoá* em "[...] uma antecipação largamente branda do teísmo cristão"[129].

Long afirma que a intelectualidade cristã se apropriou de boa parte da Ética do Pórtico. Contudo, por não admitir adequadamente tal fato, a Igreja contribuiu para a amalgamação indiferenciadora de teses estoicas ao complexo de ensinamentos

---

128. Duhot, *Epicteto e a sabedoria estóica*, 223-227, Long, *Epictetus*, 262-263, e Sellars, *Stoicism*, 143-144.

129. Long, *Estoicismo na tradição filosófica*, 419.

greco-judaicos que se converteu na teologia cristã[130]. Por isso o estoicismo é uma parte não reconhecida da tradição cristã que, por seu turno, sempre tendeu a "[...] confundir as diferenças profundas que de fato existem entre os dois sistemas de crenças, em detrimento da originalidade dos estóicos"[131]. De qualquer modo, ambas as correntes são muito próximas. Sublinhar a influência do estoicismo — em especial de sua versão romana — nos Padres da Igreja constitui uma tarefa legítima e que pode ser cientificamente orientada, como prova a obra de Long[132]. Atitude bem diversa consiste na tentativa de enxergar no estoicismo um precursor e um justificador de doutrinas cristãs, como se Zenão e Sêneca estivessem de alguma maneira inspirados pelo Espírito Santo ao escreverem seus textos.

Sem desconsiderar os vários e importantes traços que irmanam o estoicismo e o cristianismo primitivo, parece-me forçoso reconhecer que aquele não se reduz à mera preparação deste, ao contrário do que advogam vários estudiosos. Assim, por exemplo, ainda que apresente uma compreensão razoavelmente imparcial dos estoicos gregos, Giovanni Reale se empenha em demonstrar que Sêneca teria sido "quase-cristão" em razão das noções por ele desenvolvidas de deus pessoal, pecado e eternidade da alma. Todavia, Reale reconhece que para os cristãos Deus é quem salva, enquanto Sêneca aduz que somente os próprios seres humanos podem se salvar[133], diferença nada desprezível em termos filosóficos e teológicos. Por seu turno, Laferrière descreve o estoicismo como um movimento de índole moralista que objetivava humanizar os ferozes costumes romanos, preparando, assim, o terreno para o advento do cris-

---

130. LONG, *Estoicismo na tradição filosófica*, 405.
131. Ibidem, 406.
132. LONG, *Epictetus*, 259-260.
133. REALE, *La filosofia di Seneca come terapia dei mali dell'anima*, 151-154.

tianismo no Império¹³⁴. Nem mesmo Bonhöffer conseguiu escapar da tentação de relacionar a Ética estoica ao cristianismo, fazendo notar que tal similitude torna valiosos os escritos de Epicteto para os que creem na mensagem de Cristo. Contudo, Bonhöffer apressa-se a acrescentar que o cristianismo apresenta um sistema moral superior ao do Pórtico¹³⁵.

Imbuído do pietismo característico dos primeiros redescobridores da *Stoá* do século XX, Arnold sustenta que, em razão do surgimento do cristianismo, o estoicismo entrou em uma nova fase que ainda não terminou¹³⁶. Mas antes ele próprio ensinara que o Pórtico do século II a.C. em nada foi influenciado pelo cristianismo, embora alguns seguidores do Nazareno, cujo melhor exemplo seria Paulo, tenham buscado fundamentar algumas doutrinas no sistema filosófico estoico¹³⁷. Em resumo, Arnold classifica estoicos e cristãos como vizinhos estranhos entre si, incapazes de enxergar as semelhanças entre suas estruturas de pensamento¹³⁸. Ainda segundo Arnold, a convergência entre certas doutrinas estoicas e cristãs dever-se-ia ao fato de ambas beberem de fontes comuns. Assim, o persismo está presente tanto na *Stoá* quanto no cristianismo, embora aquela o tenha recebido pela via de Heráclito e este por força de sua herança judaica. Ademais, o "espírito do tempo" inspirava às doutrinas filosóficas e religiosas mais avançadas o ascetismo e a resignação, levando-as a valorizar o âmbito moral interno do indivíduo em detrimento de sua participação ativa nos negócios

---

134. LAFERRIÈRE, *Mémoire concernant l'influence du stoicisme sur la doctrine des jurisconsultes romains*, 54.
135. BONHÖFFER, *The ethics of the stoic Epictetus*, 6.
136. ARNOLD, *Roman stoicism*, 407.
137. Arnold traça uma série de paralelos entre o estoicismo e o paulismo que me parecem irremediavelmente ingênuos e deslocados diante dos conhecimentos que hoje se tem acerca da *Stoá*. Cf. ARNOLD, *Roman stoicism*, 414-432.
138. ARNOLD, *Roman stoicism*, 408.

públicos, o que não julgo ser verdadeiro no que concerne ao estoicismo, como será discutido na próxima subseção. Arnold conclui dizendo que o Pórtico não é apenas uma preparação para o Evangelho, mas sim parte integrante da mensagem de Cristo, e por isso mesmo o pensamento da *Stoá* permaneceria vivo até hoje[139].

Apesar de admitir que o estoicismo não é religião, visto ser desprovido de ritos, cultos e revelações[140], Duhot vai ainda mais longe do que os autores supracitados e dedica boa parte de seu estudo a demonstrar como o estoicismo teria inspirado o judaísmo e o cristianismo. Ele começa apontando uma provável influência unilateral da *Stoá* no judaísmo alexandrino de Flávio Josefo e de Fílon, aduzindo que a Bíblia de Alexandria — a Septuaginta, assim chamada em razão de seus supostos setenta tradutores — teria sido vertida para o grego com base no vocabulário técnico do estoicismo, opinião que não encontra base documental. Com efeito, os termos gregos citados por Duhot — *lógos*, *pneûma* etc. — eram comuns a todas as escolas filosóficas da Grécia. Duhot conjectura também que foi graças a seu contato com o estoicismo que os judeus de Alexandria puderam nomear o Inominável, universalizando o conceito de Deus e inaugurando uma inovadora corrente de pensamento judaico-helenística que acabou sepultada após a destruição do templo pelos romanos[141]. A versão cosmopolita do judaísmo teria sido retomada por Paulo de Tarso, que libertou o deus único das últimas ataduras étnicas impostas pelo judaísmo tradicional e apresentou aos seres humanos o Deus do universo, colorindo-o com as tintas da física vitalista do Pórtico. Ainda há mais: teria sido graças ao estoicismo de Paulo que o cristia-

---

139. Ibidem, 435.
140. Duhot, *Epicteto e a sabedoria estóica*, 55.
141. Ibidem, 177-198.

nismo rompera de uma vez por todas com o judaísmo, e não em razão da discutível culpa dos judeus na morte de Jesus[142]. Sobre a correspondência mantida entre São Paulo e Sêneca, documento hoje já amplamente refutado, tido como falso e proveniente da Idade Média, um consternado Duhot reconhece que o texto "[...] atesta uma vontade de reescrever a história como ela deveria ter acontecido"[143]. Ora, Duhot utiliza procedimentos arbitrários semelhantes ao do apócrifo autor dessas cartas para "reescrever" a história do estoicismo e demonstrar sua influência central no pensamento cristão. De fato, Duhot oferece uma série de comparações gratuitas entre propostas e concepções próprias de ambas as correntes, chegando a afirmar que Cristo, o Deus que se fez homem, é o *lógos* dos estoicos[144]. Contudo, Duhot procede sem nenhuma base crítica ou filológico-histórica, chegando mesmo a forçar correspondências textuais. Assim, no *pneûma* bíblico que acabou traduzido para as línguas neolatinas como "espírito", Duhot teima em ver um legado da Física do Pórtico, segundo a qual o mundo é preenchido pelo sopro vital de Deus, que lhe dá substância[145]. Entretanto, *pneûma* é um termo grego genérico utilizado não só pelos estoicos, mas por várias outras escolas filosóficas anteriores, podendo ser traduzido tanto por "espírito" quanto por "sopro" ou "vento"[146].

Para comprovar o absurdo de teses reducionistas como as de Reale, Laferrière, Bonhöffer, Arnold e sobretudo Duhot, bastaria lembrar que o estoicismo é filosofia e não teologia ou religião. Isso significa que a *Stoá* se ancora na razão, da qual não abre mão em nenhum momento. A busca quase neurótica de

---

142. Ibidem, 204.
143. Ibidem, 218.
144. Ibidem, 199-221.
145. Ibidem, 200-202.
146. HANKINSON, *Estoicismo e medicina*, 331-333.

reflexos estoicos no cristianismo deriva da necessidade infantil de encontrar traços do que é conhecido naquilo que parece alienígena. Sem dúvida, à primeira vista o estoicismo é uma doutrina filosófica estranha e paradoxal. Assim, para torná-la "familiar", muitos estudiosos tentaram conectá-la ao cristianismo. Todavia, as dessemelhanças entre o Pórtico e o cristianismo são marcantes demais para que se possa antever qualquer influência profunda do primeiro em relação ao segundo, ainda que algumas ideias estoicas tenham sido efetivamente aproveitadas e reconfiguradas pelos apologistas do século II d.C., como também ocorreu com o platonismo e o aristotelismo.

Ao contrário dos cristãos, que acreditam na perenidade da alma, para o Pórtico ela é um ser corpóreo e mortal, configurando-se como um simples sopro que habita o ser humano. Zenão diz que a alma não sobrevive muito tempo depois da falência do organismo[147]. O místico Cleantes alonga o prazo até o dia da conflagração universal, enquanto Crisipo reserva tal privilégio apenas para as almas dos sábios. Com Panécio a *Stoá* leva às últimas consequências o seu materialismo[148]. Segundo o filósofo de Rodes, qualquer alma se desvanece com a morte do corpo que lhe dá sustento[149]. Lima Vaz ensina que o estoicismo se funda em um materialismo radical que rejeita a transcendência, as ideias puras, a espiritualidade e a perenidade da alma, dado que para a *Stoá* o *lógos* se confunde com a *phýsis*[150]. Ademais, o cristianismo se funda na crença escatológica

---

147. GOURINAT, *Les stoïciens et l'âme*.
148. Em sentido contrário, Giovanni Reale afirma que o materialismo típico da *Stoá* grega não foi assumido em sua integralidade pelos estoicos romanos. Segundo lhe parece, Sêneca inclusive teria flertado com o idealismo do médio-platonismo. Cf. REALE, *La filosofia di Seneca come terapia dei mali dell'anima*, 107 e 159-160.
149. TATAKIS, *Panétius de Rhodes*, 128-130.
150. LIMA VAZ, *Escritos de filosofia IV*, 147-148.

da salvação final de todas as almas. Por seu turno, o estoicismo é bastante pessimista nesse ponto, acreditando que apenas o sábio — figura irreal, como visto na subseção II.2.2 — pode alcançar a verdadeira bem-aventurança nesta vida, a única que importa para o Pórtico.

A identificação estoica entre deus e o fogo-artesão e a negação da imortalidade da alma eram teses anatematizadas pelos primeiros cristãos, o que pode explicar por que nenhum texto da Física do Pórtico sobreviveu à Idade Média[151]. Por outro lado, desafiando o castigo infernal descrito séculos depois pelos versos mais terríveis de Dante, o estoicismo recomenda o suicídio como medida altamente salutar em casos extremos. Além disso, como demonstrado na subseção II.1.2, a *Stoá* acredita no eterno retorno cíclico das coisas e dos seres, doutrina execrada por Agostinho na *Cidade de Deus*, obra na qual o bispo de Hipona defende a absoluta linearidade do tempo[152]. Por fim, o estoicismo é um sistema de pensamento que não postula a existência de um deus pessoal, posição que muito dificilmente se coaduna com os dogmas do cristianismo.

Entendida enquanto teoria filosófica unitária, a *Stoá* se assemelha pouco ao cristianismo, razão pela qual aqueles que querem aproximar ambas as correntes recorrem apenas a algumas concepções isoladas da Ética dos últimos estoicos, esquecendo-se da Física e da Lógica dos fundadores e suas heréticas concepções sobre deus e o destino. Entretanto, se bem examinada, mesmo a Ética estoica oferece dificuldades insuperáveis ao processo de cristianização ao qual por vezes é arbitrariamente submetida. Quanto à assepsia moral proposta pelo estoicismo, que, de início, poderia ser comparada à moralidade pura do cristão, trata-se de uma exigência própria de uma filosofia da paciência

---

151. LONG, *Estoicismo na tradição filosófica*, 405.
152. AGOSTINHO, *De civitate dei*, livro XII.

e não da esperança, como notou Leibniz, um dos mais empenhados detratores do neoestoicismo do século XVII[153]. Nietzsche, às vezes tão cruel e injusto com o Pórtico[154], entende que a Ética estoica é muito superior à cristã, tendo citado Sêneca e Epicteto como exemplos de grandes moralistas[155]. Além disso, se o sábio estoico adora alguém, não é a Deus, mas a si mesmo, em quem encontra todas as perfeições divinas com exceção da imortalidade. Com efeito, o estoico desconhece qualquer relação de amor com o ser divino, visto como seu igual[156]. Para finalizar, há que se recordar que Marco Aurélio nutria especial desprezo pelos cristãos, os quais julgava por demais sectários e teatrais[157]. Já Epicteto aproximava os "galileus" dos loucos, dizendo que ambos não temem o tirano; estes por força de seu estado mental patológico e aqueles em razão do hábito de afrontá-los[158], nada dizendo acerca de qualquer influência do Pórtico nos cristãos.

2.2. "Abstém-te e suporta"[159]: uma Ética da resignação?

Para além da indevida identificação entre estoicismo e cristianismo, deve-se reconsiderar todo o cenário político des-

---

153. LEIBNIZ, *Philosophical essays*, 282.
154. As relações de Nietzsche com o estoicismo são contraditórias, variando entre a profunda admiração e a crítica acerba. Sobre esse tema, cf. ELVETON, *Nietzsche's stoicism*, e NUSSBAUM, *Pity and mercy*.
155. NIETZSCHE, *Daybreak*, §§ 131 e 139.
156. VEYNE, *Séneca y el estoicismo*, 130-131.
157. MARCO AURÉLIO, *Meditações*, XI, 3 (*Os pensadores*, 321-322).
158. ÉPICTÈTE, *Entretiens*, IV, VII, 6 (*Les stoïciens*, 1080).
159. Brun utiliza esta expressão para resumir os ensinamentos de Epicteto. Cf. BRUN, *O estoicismo*, 24. O fragmento foi originalmente citado por Aulo Gélio (*Noctes atticae*, XVII, 19, 6), que o põe na boca de Epicteto. Cf. VOELKE, *L'idée de volonté dans le stoïcisme*, 99.

figurado que se costuma associar ao Pórtico. Erskine nota que duas são as atitudes básicas dos filósofos em relação ao poder político e às condições sociais concretas em que vivem. Ou se submetem ao *status quo* e o justificam ou, ao contrário, adotam posturas críticas e propõem mudanças na realidade. A maior parte da literatura especializada tende a alocar o estoicismo no primeiro grupo em razão de sua metafísica, segundo a qual tudo é o que deve ser, uma vez que o mundo se governa pela lei imutável e sempre correta do *lógos*[160]. Tal entendimento desconsidera o sistema estoico enquanto todo unitário, dado que a Ética do Pórtico reconhece a existência do Mal, do mesmo modo que a Lógica descreve os erros de representação capazes de viciar as visões de mundo.

O sábio estoico é uma figura excepcional que vive em meio a um ambiente social corrupto no qual a infelicidade e o erro vicejam, uma vez que os seres humanos não se amoldam ao *lógos* universal. Por que outra razão Crisipo descreveria todas as leis e Constituições humanas como enganos[161]? Cícero se espanta com os primeiros estoicos quando eles afirmam que as únicas cidades dignas de tal qualificação são aquelas compostas exclusivamente de sábios, sendo que as prescrições de Sólon e de Licurgo e a Lei das XII Tábuas não seriam verdadeiras leis[162]. Para Erskine, a leitura conformista e conservadora imposta ao Pórtico é pobre, simplista[163] e, ao que me parece, errônea. No mesmo sentido, Reydams-Schils julga inadequadas as interpretações que classificam o estoicismo — em especial o romano — como evasivo e tradicionalista, dado que elas desconsideram a tensão que os estoicos experimentam em sua vida dupla, a

---

160. Erskine, *The hellenistic stoa*, 68.
161. Arnim, *Stoicorum veterum fragmenta*, III, 324.
162. Cicéron, *Premiers académiques*, II, XLIV, 136 (*Les stoïciens*, 251).
163. Erskine, *The hellenistic stoa*, 69.

um só tempo introspectiva e política e cujo fruto maduro se revela na compreensão da filosofia como forma-de-vida e não enquanto mera teoria, posição típica de Epicteto[164].

Em vez de ter fundado justificativas intelectualistas para a submissão, o estoicismo foi uma filosofia da indignação e da denúncia[165]. Seus principais autores, inclusive os romanos, não foram homens humildes nem dóceis, mas sim orgulhosos e determinados. Com que altivez Epicteto zomba dos tiranos! Cícero e Sêneca não perdem a oportunidade de ridicularizar o vulgo e os poderosos, antevendo a verdadeira vida nas coisas que estão acima das pequenezes humanas. Sêneca chega a afirmar que o mérito do sábio supera o dos deuses, pois estes a nada tiveram de renunciar nem superar para ser o que são, ao contrário do sábio, que deve sua pureza racional aos próprios esforços[166]. Marco Aurélio não cessa de lamentar a estultice que campeia no mundo, ao mesmo tempo em que louva aqueles que, como ele e seus colegas estoicos, conhecem a verdade e por isso não são escravos dos vícios e das paixões.

O conservadorismo que muitos enxergam na *Stoá* não passa de uma capa superficial que esconde a verdadeira natureza contestadora da doutrina. Os estoicos romanos, por exemplo, utilizavam técnicas de camuflagem do discurso — algo muito comum nas obras de Sêneca — para que não fossem margina-

---

164. REYDAMS-SCHILS, *The roman stoics*, 5.
165. A visão que adoto é obviamente minoritária, alinhando-se ao pensamento de estudiosos como Pierre-Maxime Schuhl, que afirma de modo categórico: *"Surtout le Stoïcisme est une école de pensée indépendante, où puisent leur force les hommes qui osent résister au despotisme des empereurs. Ceux-ci le considèrent comme un foyer d'insoumission et persécutent ses sectateurs"* ["Acima de tudo, o estoicismo é uma escola de pensamento independente, da qual os homens que ousam resistir ao despotismo dos imperadores extraem sua força. Estes a consideram um foco de insubordinação e perseguem seus seguidores."] (SCHUHL, *Les stoïciens*, p. LI).
166. SENECA, *Letters from a stoic*, LIII, 103.

lizados como rebeldes e pudessem continuar espalhando seus ensinamentos aparentemente inofensivos, mas que, se bem examinados, comportavam claríssimos desafios ao poder irracionalmente constituído. Não é à toa que a oposição estoica ao despotismo imperial contou com excelentes mártires. Sob o governo de Tibério, o historiador estoico Cremúcio Cordo se suicidou após ter escrito que Bruto e Cássio — os assassinos de Júlio César — tinham sido os últimos romanos dignos deste nome. Nos tempos de Nero[167] havia se organizado a famosa resistência senatorial estoica à tirania dos césares[168]. Conforme aduz Arnold, os estoicos não criaram tal movimento, apenas confirmaram e concentraram o espírito difuso de revolta que surgiu durante o governo da dinastia Júlio-Claudiana. Inicialmente a oposição senatorial se contentava com vagas glorificações do tiranicídio, evocando as figuras de Bruto, Cássio e Catão[169]. Ferida de morte pelo poder imperial, a nobreza buscou refúgio e força no estoicismo, que durante o século I d.C. foi a verdadeira alma da reação contra a tirania[170]. O líder do grupo era o estoico Traseas[171]. Em inúmeras oportunidades Traseas denunciou os escândalos e as injustiças da corte, não hesitando em condenar o matricídio perpetrado por Nero, atitudes que lhe custaram a vida no ano 66 d.C., quando se matou por ordem do Imperador. Anteriormente Traseas já havia insultado Nero com sua obstinada ausência às sessões do Senado durante

---

167. Sobre o estoicismo romano durante o governo de Nero, cf. Guarinello, Nero, o estoicismo e a historiografia romana.
168. Em várias passagens de seu texto Reydams-Schils caracteriza a oposição senatorial aos imperadores como um tópico relativo à participação política dos estoicos em Roma. Cf., *v.g.*, Reydams-Schils, *The roman stoics*, 6-7 e 99. Cf. também Veyne, *Séneca y el estoicismo*, 168-184.
169. Arnold, *Roman stoicism*, 382.
170. Duhot, *Epicteto e a sabedoria estóica*, 31.
171. Sizoo, Paetus Thrasea et le stoïcisme.

três longos anos. Um ano antes da morte de Traseas, Nero ordenara que Sêneca e seu sobrinho Lucano se suicidassem. Este expirou com apenas 26 anos de idade e, com as veias abertas, morreu declamando trechos dos seus poemas. Já o estoico Helvídio Prisco — genro de Traseas e exilado por ordem de Nero — foi morto ao retornar à Roma de Vespasiano, pois não acatou a ordem do Imperador no sentido de se abster de discursar no Senado. Seu filho teve o mesmo destino dezenove anos depois durante o Principado de Domiciano, mesma época em que o estoico Aruleno Rústico recebeu a pena capital por ter tido a audácia de elogiar publicamente Traseas e Prisco.

A tensão entre os imperadores e o Senado se aprofundava à medida que a desconfiança e a psicose daqueles se somavam ao medo e às traições deste, de modo que nunca houve, pelo menos após Augusto e antes dos Antoninos, uma verdadeira legitimidade imperial, e sim um regime no qual se fazia necessária a constante e cruel demonstração da força ilimitada dos césares. Por outro lado, a falsa e traiçoeira lisonja do Senado não surtia o efeito desejado, pois sempre explodiam rebeliões e conspirações tramadas pela quase extinta nobreza, com o que se tentava inutilmente reerguer os escombros da antiga República. Em um quadro assim, o avanço do despotismo de matriz oriental parecia inevitável, caso se excetuem os períodos de governo de Augusto e dos Antoninos. Segundo Paul Veyne,

> O regime imperial não tinha nada de liberal, nem mesmo era um Estado de Direito (apesar do direito romano): era um despotismo, inseguro de sua própria legitimidade; a família juliano-claudiana era uma facção que havia se apoderado do Estado; mas se supunha que aquele de seus membros que se tornasse imperador seria o primeiro magistrado de Roma e o primeiro entre seus iguais, os senadores; de toda forma, era também um rei sem nome, a quem se orientava o sincero sentimento mo-

nárquico do povo, sendo objeto de um verdadeiro culto, como nos potentados do antigo Oriente (por exemplo, os retratos do imperador eram sagrados, como ícones). O papel de césar era de uma ambiguidade que poderia enlouquecer seu possuidor[172].

O povo romano via os estoicos como heróis capazes de desafiar reis e imperadores mediante a insolente afirmação da liberdade interior[173]. Já as autoridades os consideravam perturbadores da ordem social por não reconhecerem a legitimidade do poder político imperial. Apesar de não ter sido perseguido em Roma, o estoicismo gradualmente se tornou uma corrente de pensamento malvista pelo governo[174], o que torna o senso crítico dos estoicos romanos e a sua incansável capacidade para a denúncia ainda mais admiráveis, especialmente se forem considerados os contextos políticos de opressão sob os quais viveram. Contudo, é evidente que os estoicos romanos não eram republicanos. Não era a essência do governo imperial que os incomodava, pois desde muito cedo o Pórtico aprendeu a conviver bem com monarquias e impérios, como provam as vidas de Zenão, Crisipo e Panécio. O verdadeiro problema não residia na forma de governo, mas nos homens degenerados que

---

172. *"El régimen imperial no tenía nada de liberal, ni aun era un Estado de derecho (a pesar del derecho romano): era un despotismo, inseguro de su propia legitimidad; la familia juliano-claudiana era una facción que se había apoderado del Estado; pero suponíase que aquel de sus miembros que fuera emperador sería el primer magistrado de Roma y el primero entre sus iguales, los senadores; de todas maneras, también era un rey sin nombre, hacia quien ascendía el sincero sentimiento monárquico del pueblo y era objeto de un verdadero culto, a la manera de los potentados del antiguo Oriente (por ejemplo, los retratos del emperador eran sagrados, como iconos). El papel de césar era de una ambigüedad que habría podido volver loco a su poseedor"* (VEYNE, *Séneca y el estoicismo*, 24).

173. CHEVALIER, Le milieu stoïcien à Rome au 1ᵉʳ siècle ap. J.-C. ou l'âge héroïque du stoïcisme romain.

174. VEYNE, *Séneca y el estoicismo*, 41.

ocupavam o trono do Capitólio. Daí a resistência estoica, que afrontava o poder imperial por meio de ações inofensivas, mas altamente simbólicas e irônicas, tais como a composição de loas a Catão, a celebração dos aniversários de Bruto e de Cássio, os constantes suicídios e uma soberba resistência passiva que recorda os métodos de Gandhi. Arnold aduz que ações assim teatrais pareceriam ridículas diante de uma Administração honesta. Como na época da dinastia Júlio-Claudiana os negócios públicos eram escandalosamente imorais, elas foram suficientes para transformar em heróis os homens que as praticavam[175].

Cícero escreveu sua grande obra político-jurídica no calor das guerras civis que deram fim à República, sobrevivendo à ditadura de César, à qual se opôs com veemência. Denunciou corajosamente os abusos de Marco Antônio e de Octaviano e, por tentar restaurar sua amada República, foi morto por ordem do futuro Imperador. Suas mãos e sua língua — a mais temível das armas — foram expostas no Senado de Roma.

Sêneca viveu sob o jugo do terror de Nero, o que não o impediu de tentar purificar o espírito pervertido do Imperador, de quem foi preceptor até certa altura, tendo influenciado positivamente o jovem César durante pelo menos cinco anos de seu governo, fato que leva muitos historiadores a julgarem incorreta a caracterização de Nero como um simples tirano[176]. Entretanto, ao perceber que sua benfazeja influência sobre Nero já não surtia efeito, Sêneca optou pelo suicídio, abrindo as veias das mãos e dos pés, não sem antes dirigir um feroz libelo ao antigo pupilo, denunciando as atrocidades e as indignidades do então regente do mundo. Longe de se resignar, Sêneca pretendeu vencer o medo da morte. Finalmente entendendo que esta nada era, nisto a transformou: "Sêneca nunca fala de resig-

---

175. ARNOLD, *Roman stoicism*, 397.
176. VIZENTIN, *Imagens do poder em Sêneca*, 65-66.

nação; os verbos que aparecem repetidamente sob sua pluma são 'desdenhar', 'desprezar' ou 'desafiar'"[177].

Logo nas primeiras linhas de seu tratado *Da constância do sábio*, Sêneca elogia Catão, varão comparável a Hércules e a Ulisses. Entre outros motivos para tanto, o cordobense celebra a coragem e a firmeza de Catão, que durante toda a sua vida se dedicou a proteger o Estado romano da tirania e da ganância desmesurada, tombando junto com a antiga República. Para Sêneca, nem Catão viveu mais do que a liberdade nem a liberdade viveu mais do que Catão[178]. Ora, o elogio de Sêneca a Catão reveste-se de inegável conteúdo político contestatório, uma vez que o senador republicano foi um ferrenho opositor de César, tendo liderado em diversas oportunidades as forças legalistas fiéis ao Senado, que se defrontaram com as legiões que, mais tarde, serviriam ao Imperador Augusto. Na época em que compôs o citado tratado, Sêneca ainda não havia se indisposto com Nero. Todavia, no final da vida[179] o filósofo compreendeu que seu antigo aluno era um homem horrivelmente corrompido. Não obstante os riscos que qualquer ataque à majestade imperial envolvia, Sêneca denunciou nas *Cartas a Lucílio* os crimes que Roma perpetrava em prejuízo dos povos que subjugava[180]:

> Reprimimos os homicídios e os assassinatos individuais; [mas] o que [são] as guerras e o glorioso crime de matar nações? A avareza e a crueldade não conheceram medidas. E esses crimes,

---

177. "*Séneca no habla nunca de resignación; los que aparecen una y otra vez bajo su pluma son los verbos 'desdeñar', 'despreciar' o 'desafiar'*" (VEYNE, *Séneca y el estoicismo*, 68).

178. SÉNÈQUE, *De la constance du sage*, 2 (*Les stoïciens*, 636).

179. Para a compreensão da vida e da obra de Sêneca, cf., além da já citada obra de Veyne, os seminais estudos de Pierre Grimal: GRIMAL, *Sénèque, ou la conscience de l'Empire* e GRIMAL, *Sénèque et le stoïcisme romain*.

180. Sobre a complexa posição política de Sêneca, cf. CORASSIN, *Sêneca entre a colaboração e a oposição*.

quando são cometidos às escondidas e por particulares, são menos funestos e monstruosos; [contudo,] as crueldades são exercidas com base em decretos do Senado e em votos do povo e se ordena publicamente o que se proibiu particularmente. Elogiamos porque foram feitas com uniforme militar coisas que, se tivessem sido realizadas de modo secreto, gerariam como castigo a pena capital[181].

Consciente do inevitável choque entre o poder e o saber, Sêneca se pergunta amargamente qual seria a melhor cidade para acolher os filósofos. A brilhante Atenas, que condenou Sócrates à morte e obrigou Aristóteles a fugir para não ser assassinado? Ou seria a orgulhosa Cartago, na qual havia uma incessante guerra civil e a liberdade se contrapunha à honestidade? Nenhuma cidade é digna do sábio, conclui o cordobense[182]. Antes mesmo do reinado de Nero, Sêneca já havia enfurecido o Imperador Cláudio com sua postura independente. Este, sob a perniciosa influência de sua esposa Messalina, acusou Sêneca de um improvável adultério com uma das princesas da Casa Augustana, tendo-o exilado na insalubre Córsega por sete anos. Isso não impediu — ao contrário, até mesmo estimulou — que Sêneca escarnecesse do temível César depois do seu fastuoso funeral mediante a publicação de um texto satírico chamado *Apocoloquintose do divino Cláudio*, no qual se revela, com estilo cáustico

---

181. *"Reprimimos los homicidios e los asesinatos individuales; [pero] ¿qué [son] las guerras y el glorioso crimen de matar naciones? La avaricia y la crueldad no han conocido medida. Y esos crímenes, mientras se cometen a escondidas y por particulares, son menos funestos y monstruosos; [pero es que] las crueldades se ejercen por decretos del Senado y votos del pueblo y se ordena públicamente lo que se ha prohibido particularmente. Elogiamos porque se han hecho con uniforme militar las cosas que, habiéndose cometido a escondidas, se castigan con pena capital"* (SÉNECA, *Cartas a Lucilio*, XCV, 30-31, p. 342).

182. SÊNECA, *Sobre o ócio*, VIII, 2-3 (SÊNECA, *Sobre a tranquilidade da alma/ Sobre o ócio*, 93).

e mordaz, a incompetência do Imperador. No final do escrito Cláudio é transformado em uma espécie de bobo da corte ou, literalmente, em abóbora (do termo grego original constante do título, *colocýnte*)[183].

Apesar da privilegiada posição de Imperador, a existência de Marco Aurélio não foi menos penosa[184]. Nunca quis nem nunca buscou a púrpura. Talvez por isso tenha sido escolhido para portá-la nas horas mais sombrias que Roma enfrentou desde o fim das guerras civis republicanas. Como governante do Império, Marco Aurélio teve de lidar com um enorme transbordamento do Tibre que arrasou a Cidade Eterna e devastou as lavouras e as criações de gado. Ao mesmo tempo, as tribos germânicas confederadas forçavam a fronteira norte enquanto os partas rebelados tomavam a Armênia e ameaçavam a província da Síria. Marco Aurélio enfrentou com sucesso ambos os povos. Contudo, ao retornar a Roma, seus soldados trouxeram consigo uma peste mortal que assolou a capital. Os cadáveres eram empilhados nas ruas. Para piorar, o general de confiança de Marco Aurélio, Avídio Cássio, anunciou na Síria a morte do Imperador e se nomeou como seu sucessor, justificando assim seu primeiro nome. A simples notícia de que o Imperador vivia bastou para acabar com o motim e levar os soldados a assassinarem Avídio. Foi durante a regência do Imperador-filósofo que as invasões bárbaras tomaram fôlego inicial, fato que o levou pessoalmente aos gélidos campos de batalha do norte da Europa, onde após inúmeras e difíceis vitórias e a morte da esposa Faustina, que sempre o acompanhava nas campanhas, Marco Aurélio pereceu à testa de suas legiões. Antes de entregar

---

183. Sêneca, *Apocoloquintose do divino Cláudio* (*Os pensadores*, 261-270).
184. Sobre o caráter "naturalmente" estoico de Marco Aurélio, cf. Brunt, Marcus Aurelius in his *Meditations*, e Noyen, Marcus Aurelius, the greatest practician of stoicism.

o espírito, o Imperador imaginou, com certa amargura, o que diriam seus amigos e súditos em relação ao seu passamento: "Vamos, afinal, respirar livres desse pedagogo? Ele, de fato, não molestava a nenhum de nós, mas eu sentia que, lá consigo, nos condenava"[185]. Diferentemente dos demais filósofos estoicos romanos, Marco Aurélio não foi vítima da tirania do poder; foi-o dos azares da fortuna. Mas as diversas atribulações pelas quais ele passou não o impediram de enfrentar as adversidades. Como os demais estoicos do Império, Marco Aurélio não se resignou nem suportou os golpes do destino, apesar de pregar a passividade nas suas *Meditações*.

E o que dizer de Epicteto? Mesmo sendo escravo, ele jamais se curvou diante de seus senhores, preferindo o flagelo e a morte. Expulso da Itália por ordem do irascível Domiciano — cognominado como o pior Imperador Romano de todos os tempos —, ainda assim ele encontrou dignidade para afirmar sem rodeios que o verdadeiro servo é aquele que reconhece César como seu mestre, o que ele nunca havia feito[186]. Abundam nos *Diálogos* de Epicteto cenas vívidas e pavorosas de torturas e martirizações de filósofos-escravos, com o que ele evoca o contexto político de Roma — Domiciano havia exilado da cidade todos os pensadores — e sua própria situação de servo. Contudo, os escravos aludidos por Epicteto — que sangram, têm os seus membros arrancados e sofrem as piores provações físicas — morrem como homens livres, reafirmando a cada golpe do tirano a natureza da verdadeira liberdade, zombando de seus algozes e ensinando pelo exemplo. Sim, é necessário abster-se e suportar tudo. Mas por quê? Com que objetivo?

Como sugere a particularíssima leitura de Veyne, a filosofia estoica — especialmente aquela de base senequiana — pode ser

---

185. Marco Aurélio, *Meditações*, IX, 36 (*Os pensadores*, 321).
186. Épictète, *Entretiens*, IV, I, 11-14 (*Les stoïciens*, 1041).

entendida hoje como uma espécie de "autotransfiguração do eu" — postura típica da *Stoá* romana — consistente na negação do mundo, de deus e da natureza como autoridades exteriores ao sujeito[187]. Na verdade, o "eu" é deus e é também natureza, de modo que somente o indivíduo pode se dar leis, às quais se sujeita de maneira autônoma e não em razão da submissão cega à autoridade. Todo o rigor da proposta estoica assenta-se nessa premissa egocentrada segundo a qual o "eu" representa a estrutura fundamental da existência. Onipotente e dono de si, o estoico é capaz de negar realidades externas tão poderosas quanto a doença, a dor, a desgraça e a própria morte, caso lhe pareçam inconvenientes. Tal construção intelectual é tão bela, ironiza Veyne, que se tem vontade de nela realmente acreditar[188].

Deve-se repudiar a "vitimização" de que os filósofos estoicos são objeto. Vê-los como vítimas resignadas do destino obscurece a natureza de sua postura profundamente ética. Veyne afirma que os estoicos não são perdedores que se enclausuram no silêncio, mas reis que olham de cima os golpes da fortuna que não lhes podem atingir em seu soberbo exílio espiritual. No Pórtico não há silêncio resignado, mas grandeza de alma[189]. O estoicismo se revela como filosofia combativa porque pretende construir — ou reconstruir — o ser humano conforme o plano original da natureza. Na economia do universo, o humano corresponde ao centro da racionalidade cósmica, perfeitamente ordenada, sublime, tranquila e livre. Para que se chegue a ser tanto, a *Stoá* oferece uma Ética revolucionária e ambivalente, que a um só tempo prega a fraternidade universal e louva a independência moral do indivíduo[190]. A resignação não representa

---

187. Veyne, *Séneca y el estoicismo*, 12-14.
188. Ibidem, 13.
189. Ibidem, 68.
190. Bodson, *La morale sociale des derniers stoïciens*.

o conteúdo das ações morais do estoico; não se identifica, por isso mesmo, com o termo final de um processo mental covarde e pessimista, e sim com o corajoso ponto de partida de consciências livres que se orientam rumo à compreensão do todo racional cósmico, diante do qual a mesquinhez do cotidiano nada vale. Foi nesse sentido que os estoicos romanos buscaram o equilíbrio da alma aludido pelos gregos, a *euthymía* que Sêneca traduziu como "tranquilidade" (*tranquillitatem*), qualificando tal atributo como algo quase divino, próprio daqueles que por nada se abalam[191].

O "abstém-te e suporta" dos estoicos não se resolve em uma filosofia pusilânime e submissa ou na negação da validade dos problemas deste mundo. Trata-se de um dos estágios da educação estoica graças ao qual o ser humano aprende a controlar a si próprio e a assenhorear-se do destino enquanto ser autônomo. Desconsiderando a exterioridade e a multiplicidade do mundo fenomênico, o estoico concentra-se em si, e no fundo de seu ser encontra a centelha do *lógos* que irmana homens e deuses[192]: a razão, que é também a liberdade na sua forma mais pura. Todavia, o processo de autoconhecimento — que equivale à autolibertação — não assume feição solipsista na *Stoá*. O estoico não se isola dos outros eus, como faz o cético. Este entende que a subjetividade absoluta na qual julga estar imerso o impede de vislumbrar critérios universalmente válidos de verdade e moralidade, só lhe restando uma única atitude íntegra: o silêncio e a retirada para a Academia. Já o estoico, liberto pela compreensão da natureza divina do eu, participa ativamente do mundo do qual ele sabe ser partícula essencial: "Os estoicos encontraram uma forma de ancorar a vida segundo a

---

191. SÊNECA, *Sobre a tranquilidade da alma*, II, 3 (SÊNECA, *Sobre a tranquilidade da alma/Sobre o ócio*, 21).

192. ÉPICTÈTE, *Entretiens*, I, IX, 1 (*Les stoïciens*, 829).

razão em um compromisso fundamental com a comunidade. Este compromisso implica não apenas oposição às estruturas de poder existentes, mas, mais importante, advoga a responsabilidade política em geral"[193].

Nessa perspectiva, parece que Fustel de Coulanges está certo ao afirmar que o estoicismo foi o responsável pelo renascimento do interesse filosófico pelos negócios da cidade[194], realidade menosprezada e até ridicularizada pelas outras correntes helenísticas. Para Epicuro, a vida pública correspondia a uma fonte incessante de desprazeres, frustrações e cansaço, devendo o sábio liberar-se do cárcere da política[195]. Antes Platão já aconselhara o seu completo abandono. Somente seria aceitável fazer política em uma *pólis* criada à imagem daquela perfeita, que existe apenas nos céus[196]. Por seu turno, ser um filósofo estoico — especialmente em Roma — significava comprometer-se com a realidade cívica da *urbs*, o que, aliás, constitui um dever estoico desde o surgimento da escola na Grécia[197]. Diógenes Laércio registra que, assim como é lícito ao sábio estoico se suicidar tendo diante de si condições penosas ou doenças incuráveis, do mesmo modo lhe é permitido entregar a vida por amor à pátria ou aos amigos[198], o que demonstra

---

193. "*The Stoics found a way to anchor the life according to reason in a fundamental commitment to community. This commitment entails not merely opposition to existing power structures, but more importantly, it advocates political responsibility in general*" (REYDAMS-SCHILS, *The roman stoics*, 13).
194. FUSTEL DE COULANGES, *A cidade antiga*, 407-409.
195. DIÓGENES LAERCIO, *Vidas de los filósofos ilustres*, X, 119, p. 558, e EPICURUS, *The Vatican collection of epicurean sayings*, 58 (INWOOD; GERSON, *Hellenistic philosophy*, 39).
196. PLATÃO, *A república*, IX, 592ab, pp. 446-447.
197. ARIO DIDIMO, *Etica stoica*, 11m, p. 73, e DIOGÈNE LAËRCE, *Vies et opinions des philosophes*, VII, 121 (*Les stoïciens*, 54-55).
198. DIOGÈNE LAËRCE, *Vies et opinions des philosophes*, VII, 130 (*Les stoïciens*, 57).

a efetividade da participação política da *Stoá*. Diferentemente, os epicureus afastavam-se da esfera pública e buscavam a todo custo a *ataraxía* no recolhimento e no equilibrado gozo dos prazeres da vida[199].

Sêneca expõe a radical diferença que separa epicuristas e estoicos na dimensão política. Os primeiros pretendem abandonar a vida pública, a não ser que sobrevenha alguma circunstância considerável. Já os estoicos sempre agem politicamente na cidade, a não ser que se verifiquem condições de força maior que os impeçam de tomar parte da *práxis* política[200]. Sêneca arrola entre esses obstáculos o fato de a comunidade política estar corrompida demais para ser salva, com o que qualquer esforço seria inútil, bem como circunstâncias fora do poder de decisão do estoico, tais como não possuir influência junto ao governo ou estar com a saúde debilitada[201]. Cícero exige mais e reprova os que entendem que o sábio deve se imiscuir nos negócios públicos apenas em casos excepcionais. Para bem governar uma nave na tempestade, é preciso compreender seu funcionamento na bonança. Assim ocorre também na política, devendo o filósofo estoico se ocupar das questões públicas tanto nos momentos de normalidade quanto em situações especiais[202].

Ao contrário dos acadêmicos, peripatéticos e epicuristas, a escola estoica grega não possuía sede própria. Nem a Academia, nem o Liceu e muito menos o Jardim separavam e resguar-

---

199. Contra os epicuristas, os estoicos sustentavam que o prazer não é o objetivo da vida, mas apenas um subproduto que pode ou não se verificar quando se atinge a conformidade com a natureza. Cf. SCHOFIELD, *Ética estóica*, 274.

200. SÊNECA, *Sobre o ócio*, III, 2 (SÊNECA, *Sobre a tranquilidade da alma/Sobre o ócio*, 81).

201. Ibidem, III, 3 (SÊNECA, *Sobre a tranquilidade da alma/Sobre o ócio*, 81).

202. CÍCERO, *Da república*, I, VI, p. 148.

davam os seguidores de Zenão do evolver político da *pólis*. Seu espaço de discussão era público, o Pórtico Pintado, onde ensinavam e discutiam indistintamente com os cidadãos e os que não o eram, como antes fizera Sócrates, modelo maior da *Stoá*. A Academia e o Liceu eram lugares elegantes, reservados à elite ateniense. Por sua vez, a base social do estoicismo grego era aberta e antiaristocrática — com o que se afastava dos platônicos — e anti-imperialista, contrariando a orientação macedônica então vigente no Liceu. Tais características conformaram um passaporte que garantiu a constante presença do estoicismo na arena da política, como exposto na próxima subseção.

Filósofos estoicos como Sêneca experimentavam uma constante tensão entre o isolamento para o cultivo da própria sabedoria e a participação na política de uma cidade moralmente decadente como a Roma de Nero. Na verdade, mesmo a primeira opção envolve uma clara posição política. Notando que os negócios públicos estão por demais degenerados, o estoico se retira para a vida privada, dando um exemplo de virtude aos demais cidadãos, que dessa maneira se veem tentados a abandonar o terreno da luta ativa e optar pela desobediência passiva. A vida de Sêneca o demonstra, pois, se inicialmente ele foi preceptor e conselheiro de Nero, depois, quando notou a inutilidade de seus conselhos, retirou-se da vida pública, não sem o vivo protesto do Imperador, que via na atitude de Sêneca uma implícita desaprovação de seus desmandos, o que, em última análise, equivalia à insurreição. O próprio Sêneca reconhecia não ser possível manter-se distante de um Príncipe sem com isso acusá-lo por meio da omissão em apoiá-lo e louvá-lo[203].

Como já dito, a ideia de indivíduo começou a florescer filosoficamente no período helenístico. Em razão da decadência das cidades antigas que se seguiu ao domínio imperial romano,

---

203. Veyne, *Séneca y el estoicismo*, 45.

não havia mais sentido em pensar o ser humano enquanto parte orgânica de regimes municipais isolados, como o ateniense ou o romano da Realeza. Graças ao estoicismo, despontaram as noções de consciência individual e de pertinência ao todo cósmico. Ora, tais teses não se coadunam com as limitações impostas pelo antigo municipalismo. O homem — "coisa sacra" no célebre dizer de Sêneca[204] — passou a se apresentar ao mundo como indivíduo, reivindicando uma prerrogativa inédita à época: a liberdade de pensamento, que inclusive poderia colocá-lo em rota de colisão com o Estado e com suas normas quando estas inobservassem os imutáveis princípios do *lógos* legiferante.

Com o mesmo rigor com que combatiam as paixões, essas verdadeiras tiranizadoras da alma, os estoicos denunciavam os déspotas do mundo político que se afastavam da *recta ratio*, identificada por Marco Aurélio com a razão da justiça[205]. Para umas e outros só há uma terapêutica: a erradicação total. Quando se trata das paixões, tal se dá pela prática constante e consciente da virtude; no cenário político-jurídico, graças à intransigente afirmação da liberdade interior como asilo inexpugnável, imune à ação de qualquer déspota, seja ele um homem como o Imperador seja ele um incorpóreo como o tempo e as ideias de dor e de morte[206]. Não se pode aceitar, argumenta Epicteto, que um ser livre por natureza seja perturbado por algo diferente dele mesmo. Só suas próprias opiniões podem subjugá-lo ou libertá-lo[207]. Mas Cícero, Sêneca, Epicteto e Marco Aurélio foram ainda mais longe. Eles não se limitaram à com-

---

204. "*Homo res sacra homini*" (Séneca, *Cartas a Lucilio*, XCV, 33, p. 342). Cf., no mesmo sentido, Séneca, *Cartas a Lucilio*, XCV, 53, pp. 346-347.
205. Marco Aurélio, *Meditações*, XI, 1 (*Os pensadores*, 321).
206. "Ao que é próprio da inteligência, nenhum outro ente sói empenecer; não a toca o fogo, nem o ferro, nem o tirano, nem a calúnia, nada de nada" (Marco Aurélio, *Meditações*, VIII, 41 [*Os pensadores*, 309]).
207. Épictète, *Entretiens*, I, XIX, 8 (*Les stoïciens*, 853).

preensão teórico-filosófica de suas próprias liberdades, tendo também buscado, cada qual a seu modo, atuar no mundo exterior ensinando, aconselhando, denunciando ou governando com sobriedade o Império Romano.

2.3. Do utopismo radical à justificação do Império

Como visto na subseção anterior, ao contrário dos cínicos, os estoicos não desprezaram a participação política nas sociedades em que viveram. De fato, o cinismo é uma doutrina puramente negativa que na sua crítica demolidora aos seres humanos e aos costumes acaba por nada propor. Os cínicos simplesmente ignoram as convenções sociais, por demais insignificantes para lhes ocupar o tempo. Já os estoicos pretendem transformá-las de modo radical. O sábio cínico se isola da sociedade; o estoico a pressupõe como parte da vida conforme a razão, já que ele é naturalmente sociável (*phýsei koinônikos*)[208]. Assim, os filósofos do Pórtico estão presentes nos principais eventos políticos da época helenística e romana, quando inclusive exerceram papéis importantes no imenso teatro do mundo que é a política.

Os primeiros estoicos viveram no período helenístico, quando os gregos testemunharam profundas mudanças no cenário político, uma vez que deixaram de ser a peça central no tabuleiro do planeta. O Oriente, muito mais rico do que a Grécia, era então o palco das grandes batalhas que definiriam o panorama do século II a.C., isto é, o século de Roma. Os gregos já não eram assunto de primeira ordem. Uma a uma as suas orgulhosas cidades-Estado foram subjugadas por tiranos, o que levou os estoicos a conceberem o ideal do sábio-monarca capaz

---

208. Diogène Laërce, *Vies et opinions des philosophes*, VII, 123 (*Les stoïciens*, 55).

de governar acima das rivalidades entre os partidos populares e aristocráticos. No plano internacional, os herdeiros de Alexandre lutavam entre si para manter suas possessões enquanto Roma emergia como senhora do Mediterrâneo. Nessa perspectiva, a influência imediata de Alexandre na doutrina do Pórtico não se radica na cosmópolis por ele sonhada e não concretizada. Contra seus desígnios, o legado que Alexandre deixou aos gregos foi de desunião. Basta observar quão efêmero se mostrou o Império Macedônico, rapidamente esmigalhado pelos ex-generais de Alexandre após sua morte prematura. Contudo, Alexandre provou — ainda que por um breve período — ser possível a convivência de gregos e bárbaros sob a mesma autoridade política, dado fundamental para o Pórtico.

Discordando do platonismo e do aristotelismo, o estoicismo não funda a racionalidade na suposta superioridade intelectual grega, vendo-a como atributo de todo e qualquer ser humano. Ora, sendo os humanos igualmente racionais, o problema imediato a resolver para a obtenção da harmonia política não é o da diversidade de raças, mas sim o da ausência de unidade do poder, fenômeno que se aprofundou no século II a.C. em virtude da explosão de inúmeras revoltas sociais que opuseram o que ainda restava das famílias aristocráticas gregas ao contingente cada vez maior de cidadãos desvalidos e arruinados. As conquistas de Alexandre apenas exacerbaram os conflitos latentes na Grécia, polarizando ainda mais as lutas sociais. Eis a face oculta da helenização. Ao incrementar o comércio entre o Oriente e o Ocidente, Alexandre criou as condições para a ascensão de uma nova burguesia urbana à qual os camponeses rapidamente se opuseram. As exigências citadinas prejudicavam mais e mais os agricultores, que se viam perdidos em um novo mundo de cultura que não os acolhia. Com efeito, a helenização para às portas das cidades. Além disso, as taxas devidas pelo campo à cidade aumentaram bastante. A enorme quantidade de moeda posta em circulação por ocasião das vitoriosas campanhas de Alexandre causou uma elevação geral dos preços que levou grandes massas populacionais, mais empobrecidas do que antes, a clamar pela redistribuição das terras e pelo perdão das dívidas[209]. O choque foi inevitável. Surgiram, então, tiranetes que se diziam capazes de resolver de maneira mágica os problemas sociais, o que significava quase sempre a eliminação da aristocracia e a elevação temporária dos populares. Por intermédio de tais manobras, os déspotas conseguiam se manter no poder por longo tempo. Uma depois da outra, as cidades gregas se entregaram aos tiranos: Clearco reinou em Heracleia de 364 a 362 a.C.; Cairon em Pelene de 336 a 335 a.C.; Agátocles em Siracusa de 317 a 316 a.C.; e Apolodoro em Cassandreia de 280 a 276 a.C., apenas para citar alguns exemplos. Finalmente, Demétrio de Falera, antigo aluno do Liceu, submeteu a orgulhosa Atenas, governando de 317 a 307 a.C. como vice-rei do Imperador macedônico Cássandros. Discípulo direto de Teofrasto e próximo da família de Aristóteles, Demétrio de Falera foi um talentoso literato e representou um elo entre Atenas e Alexandria[210], para onde fugiu após ter sido vencido por Demétrio Poliocertes, filho de Antígono I[211]. Todavia, Demétrio Poliocertes logo mostrou a que veio quando submeteu Rodes a um longo cerco, tendo também feito passar uma lei em Atenas — onde seu comportamento escandaloso era motivo de indignação geral — segundo a qual todas as suas ordens eram santas e justas[212]. No início de seu governo, Demétrio Poliocertes pareceu favorecer os democratas, mas tal se deveu ao fato de os oligarcas apoia-

---

209. ERSKINE, *The hellenistic stoa*, 34-35.
210. HARVEY, *Dicionário Oxford de literatura clássica grega e latina*, 157.
211. Chamado de "o ciclope", Antígono I era um dos generais originais de Alexandre e soberano da Macedônia, tendo jurado "libertar" a Grécia dos bárbaros. Cf. HARVEY, *Dicionário Oxford de literatura clássica grega e latina*, 319.
212. ERSKINE, *The hellenistic stoa*, 39.

rem seu inimigo macedônico, o Imperador Cássandros. Após a morte deste, Demétrio reocupou Atenas em 294 a.C., agora como Imperador macedônico, tendo permitido entre 291 e 292 a.C. que os oligarcas favoráveis a Cássandros retornassem à cidade, demonstrando assim não ter nenhuma intenção de restaurar a democracia. Demétrio entendia que um governo democrático, mesmo sob supervisão macedônica, não tardaria em degenerar em movimentos independentistas. Por isso ele mantinha guarnições militares na cidade de Atenas e no Pireu[213], com o que a hegemonia macedônica era concreta e visível.

Antígono II Gónatas, filho de Demétrio Poliocertes, o sucedeu no domínio de Atenas. Ele manteve uma supremacia parcial sobre toda a Grécia, seja mediante a instalação de guarnições militares macedônicas junto às principais cidades da Hélade, seja impondo no governo das cidades gregas alguns de seus protegidos, não obstante a resistência mantida pelas Confederações Etólia e Aqueia. Antígono II Gónatas também precisava se preocupar com as atividades de Ptolomeu II do Egito, seu rival na disputa pelo Império Macedônio. Ptolomeu II era filho de Antípatro, um dos generais originais de Alexandre, tendo patrocinado movimentos revolucionários na Grécia como as Guerras Cremonídeas de 266 a 262 a.C., a última grande tentativa dos atenienses de se libertarem. Liderada por Cremonides, cidadão ateniense imbuído de ideais estoicos e possivelmente discípulo informal de Zenão, Atenas se uniu a Esparta pela primeira vez desde as guerras persas e, apoiada por Ptolomeu II, se rebelou contra o domínio macedônico de Antígono II Gónatas. Animada por propostas estoicas, a revolução de Cremonides

---

213. O Pireu era o principal porto de Atenas. Localizado em local estratégico, distava oito quilômetros da cidade e foi um dos símbolos de sua soberania. Um dos principais objetivos das Guerras Cremonídeas foi libertar o Pireu.

propunha restaurar a liberdade (*eleuthería*) dos gregos, derrotar os macedônicos e alcançar a harmonia (*homónoia*), dois termos técnicos importantíssimos para o Pórtico[214]. Vencida por um longo sítio, Atenas se entregou à Macedônia para não perecer pela fome. Dado o fracasso da revolução de Cremonides, mais guarnições militares foram instaladas, o governo oligárquico se firmou no poder e Antígono II Gónatas se tornou o senhor inconteste dos atenienses.

Atenas somente se libertou em 229 a.C., com a morte de Demétrio II, filho de Antígono II Gónatas[215], quando a *pólis* literalmente comprou a independência. Enfraquecida em razão dos avanços da Confederação Aqueia[216] no Peloponeso, dos Etólios na porção central da Grécia e dos Dardânios nas suas fronteiras do norte, a Macedônia já não conseguia impor seu poderio político-militar a Atenas. Pelo preço de cento e cinquenta talentos, o comandante da guarnição macedônica estacionada no Pireu foi corrompido e ordenou que seus soldados abandonassem o porto, com o que Atenas retomou sua autonomia. Desde então a cidade manteve uma posição neutra diante dos conflitos entre os macedônicos e os demais gregos, temerosa de incorrer na fúria do novo soberano macedônico, Antígono III Dóson, e de perder novamente a liberdade. Atenas se negou a fazer parte da Confederação Aqueia, que lutava pela liberdade da Grécia, tendo se acostumado à bai-

---

214. ERSKINE, *The hellenistic stoa*, 90-95.
215. HARVEY, *Dicionário Oxford de literatura clássica grega e latina*, 70.
216. Trata-se de uma confederação de cidades gregas localizadas na Acaia (Peloponeso) e que se mantinham livres diante da hegemonia de Antígono II Gónatas. Seu principal líder foi Aratos de Cício, que libertou Corinto do domínio macedônico. A confederação entrou em conflito com Roma, que a dissolveu em 146 a.C. Antes, como medida de segurança, a República deportou para a Itália cerca de mil aqueus, entre os quais se encontrava o historiador Políbio, que logo passaria para o lado romano ao se integrar ao círculo de Cipião (HARVEY, *Dicionário Oxford de literatura clássica grega e latina*, 136).

xeza de bajular todos os grandes da época, em especial Ptolomeu III do Egito, cultuado como deus na cidade que em dias mais nobres tinha se recusado a sacrificar a razão e a liberdade em nome da ignorância e da segurança. Naqueles dias memoráveis, Atenas e Esparta expulsaram do solo grego as imensas hordas persas de Xerxes. Esses tempos, contudo, haviam passado. A frágil e inglória liberdade de Atenas nada significava. Em razão de Cássandros, de Antípatro e de Antígono, toda a Hélade estava irremediavelmente escravizada, afirma Políbio[217]. O esplendor de Atenas — e, com ela, o de toda a Grécia — tinha chegado ao fim[218].

Como discutido anteriormente, esse cenário político caótico levou Zenão a propor uma solução radical para o problema da unidade política. Assim como Platão, Zenão notou que o principal conflito da sociedade grega era a oposição entre ricos e pobres e a divisão social que dela resultava. Em uma comunidade na qual se honra a riqueza e os ricos em vez de a virtude e os bons[219], é inevitável, diz Platão, que existam duas cidades sobrepostas — a dos ricos e a dos pobres — que continuamente conspiram uma contra a outra[220]. Discordando de Platão, que resolve o dualismo pela subordinação de todos os cidadãos da

---

217. Políbios, *História*, IX, 28, 1-3.

218. "*In the third century Athens was a politically insignificant state in a world dominated by powerful kings with extensive territories, such as the Antigonids in Macedon and the Ptolemies in Egypt. For much of the time Athens was subject to the Antigonids, although there were occasions on which is sought to assert its independence, often with the help of Ptolemaic Egypt*" ["No século III, Atenas era um Estado politicamente insignificante em um mundo dominado por reis poderosos com extensos territórios, como os Antigonidas na Macedônia e os Ptolomeus no Egito. Durante grande parte do tempo, Atenas esteve sujeita aos Antigonidas, embora houvesse ocasiões em que procurasse afirmar a sua independência, muitas vezes com a ajuda do Egito ptolomaico."] (Erskine, *The hellenistic stoa*, 75).

219. Platão, *A república*, VIII, 551a, p. 373.

220. Ibidem, VIII, 551d, p. 374.

pólis à aristocracia dirigente, Zenão prefere atacar a causa real do embate e propõe uma sociedade sem classes, sem dinheiro e sem propriedade privada, conformando uma comunidade política ideal na qual todos são igualmente sábios[221].

Foi na época das tiranias helenísticas que, graças aos estoicos, os gregos começaram a pensar na liberdade interior como fundamento da existência individual. Com a perda da liberdade política e a instauração das tiranias, tornou-se urgente o debate sobre a natureza da liberdade, impondo-se a necessidade de reavê-la inclusive no cenário político. Nas mãos do estoicismo, tal se tornou um *slogan* útil para convidar os indivíduos a refletirem sobre o verdadeiro âmbito da liberdade. Contra a opinião da maioria dos estudiosos, Erskine aduz que a *Stoá* não foi apenas uma teoria quietista que buscou interiorizar a liberdade política e transformá-la em livre-arbítrio[222]. Sem dúvida, o estertorar da *pólis* grega e a desilusão que tal fenômeno produziu nos espíritos são dados fundamentais para a compreensão da doutrina do Pórtico, mas tal não significa que no estoicismo a liberdade seja apenas e tão só interior, assertiva que talvez seja válida para Epicteto, mas não para os estóicos gregos e médios, autores que propõem projetos políticos arrojados nos quais a liberdade política está na ordem do dia. Com efeito, os estóicos gregos não demonstram nenhuma resignação diante da falência da *pólis* e da emergência dos impérios. Fato é que a reflexão sobre a liberdade — interior e política — apenas ganha força na Grécia graças aos estoicos. Antes, com Platão, a liberdade era tida como um tipo de catalisador de maus governos. Vista como bem supremo na democracia, ela rapidamente engendra sua própria dissolução, diz Platão, para quem a liber-

---

221. Diogène Laërce, *Vies et opinions des philosophes*, VII, 32-34 (*Les stoïciens*, 27-28).
222. Erskine, *The hellenistic stoa*, 40.

dade se assemelha ao vinho sem mistura, que embriaga e leva à prática de excessos[223]. Diógenes, o Cínico, dizia nada preferir à liberdade[224]. Entretanto, em razão de sua natureza antissocial, o cinismo jamais desenvolveu uma filosofia da liberdade, nem interior nem muito menos política, tarefa que coube ao estoicismo em suas diversas versões.

Mesmo que a suposta preferência democrática dos estoicos gregos ainda seja motivo de dissensão entre os especialistas, parece que eles foram ferrenhos antimacedônicos e, ao seu modo, lutaram pela libertação de Atenas. Enquanto os monarcas macedônicos afetaram certo respeito formal pelas instituições democráticas, contaram com o apoio da *Stoá*, que logo o retirou ao notar que a verdadeira intenção dos diádocos era a submissão das cidades gregas, nas quais instalaram governos oligárquicos fiéis à Macedônia. Por seu turno, os peripatéticos apoiaram firmemente as diversas dinastias macedônicas que oprimiram a Grécia[225]. Poder-se-ia objetar que Zenão conheceu e privou da amizade de Antígono II Gónatas. Contudo, Erskine demonstra que, à medida que as intenções imperialistas do macedônico se revelavam, mais Zenão se afastava, posicionando-se ao lado de democratas radicais como Cremonides[226] e Democares[227], sobrinho de Demóstenes, último grande estadista grego que havia tentado unir toda a Hélade contra Filipe, pai de Alexandre. Há uma passagem curiosa em que se pode intuir a posição antimacedônica de Zenão, a qual diz respeito à comparação que este fez entre a moeda de prata alexandrina, refi-

---

223. PLATÃO, *A república*, VIII, 562cd, p. 393.
224. DIÓGENES LAERCIO, *Vidas de los filósofos ilustres*, VI, 71, p. 312.
225. ERSKINE, *The hellenistic stoa*, 78.
226. DIOGÈNE LAËRCE, *Vies et opinions des philosophes*, VII, 17 (*Les stoïciens*, 23).
227. Ibidem, VII, 14 (*Les stoïciens*, 21).

nada mas sem valor intrínseco, e as antigas tetradracmas áticas, de feitio grosseiro e ainda assim valiosas[228]. Ora, preferir as antigas moedas gregas em prejuízo daquelas mandadas cunhar por Alexandre, tal como fez Zenão, parece ser um sinal de revolta, especialmente sob o domínio macedônico, quando Atenas foi proibida de cunhar suas próprias moedas, o que entre os antigos desde sempre fora um símbolo de servidão política e de humilhação pública[229].

Os objetivos de Antígono II Gónatas não puderam mais ser disfarçados quando ele demonstrou não ter intenção de dispensar a guarnição macedônica instalada no Pireu. A partir de então a posição de Zenão diante da Macedônia tornou-se, se não francamente hostil, pelo menos bastante fria. Convidado a integrar a corte de Antígono II Gónatas, Zenão se disse velho demais para tanto e mandou em seu lugar dois discípulos, Perseu e Filonides de Tebas[230]. O primeiro acabou se ambientando à corte de Antígono II e, com isso, falseando a imagem do movimento estoico diante da dominação macedônica. Erskine acredita que muitas das anedotas que ilustram as supostas familiaridade e amizade entre Antígono II e Zenão[231] se devem a Perseu, preocupado em manter sua posição diante do rei e ao mesmo tempo dissimular as afinidades de Zenão com o partido democrata ateniense[232]. Consta que Zenão inclusive foi visita-

---

228. Diogène Laërce, *Vies et opinions des philosophes*, VII, 18 (*Les stoïciens*, 23).
229. Erskine, *The hellenistic stoa*, 90.
230. Diogène Laërce, *Vies et opinions des philosophes*, VII, 6-9 (*Les stoïciens*, 19-20).
231. Particularmente as que se encontram em Diogène Laërce, *Vies et opinions des philosophes*, VII, 12-24 (*Les stoïciens*, 21-24), cuja fonte teria sido o *Sympósia* de Perseu, obra que retrata situações pitorescas ocorridas na corte de Antígono II Gónatas. Cf. Erskine, *The hellenistic stoa*, 80.
232. Erskine, *The hellenistic stoa*, 82.

do por embaixadores alexandrinos enviados por Ptolomeu[233], o que certamente colocaria Perseu em perigo. Ainda sobre as relações algo obscuras de Zenão e Antígono II Gónatas, Epicteto conta que, quando ambos iam se encontrar, este se agitava enquanto aquele se mantinha calmo. Tal ocorria porque o monarca não tinha nenhum poder sobre o que interessava ao filósofo — a virtude, obviamente. Por outro lado, o soberano macedônico pretendia impressionar Zenão, o que não estava em seu poder, por mais rico e respeitado que fosse[234].

Sob Crisipo o Pórtico se mostrou ainda mais rebelde diante do poder macedônico. O estoico explicava ironicamente por que não participava da política: se praticasse atos imorais, desgostaria os deuses; se seus atos fossem moralmente corretos, desagradaria seus concidadãos[235]. Apesar de ter escrito mais de setecentas obras, Crisipo não dedicou nenhuma a um rei, o que parecia tão escandaloso aos olhos de seus contemporâneos que o fato mereceu ser registrado por Diógenes Laércio, que também nos informa que tanto Cleantes como Crisipo recusaram o convite de Ptolomeu III Euergetes para irem a Alexandria[236]. O estoico Esferus aceitou o chamado, não sem antes passar algum tempo em Esparta, por volta dos anos 30 do século III a.C. Lá ele teria auxiliado Cleomenes III em suas reformas sociais, partindo logo depois para a corte de Ptolomeu IV Filopator. Ora, o Egito alexandrino e Esparta eram inimigos declarados da Macedônia. A estada oficial de um estoico nesses territórios quando da luta pela libertação de Atenas tem inegável sentido

---

233. Diogène Laërce, *Vies et opinions des philosophes*, VII, 24 (*Les stoïciens*, 25).

234. Épictète, *Entretiens*, II, XIII, 14-15 (*Les stoïciens*, 912).

235. Arnim, *Stoicorum veterum fragmenta*, III, 694.

236. Diogène Laërce, *Vies et opinions des philosophes*, VII, 185 (*Les stoïciens*, 77).

político. Ainda no contexto ateniense, é revelador que nenhuma atividade política estoica tenha sido registrada após o fracasso da revolução de Cremonides. A *Stoá* só ressurgiu no cenário político quando Atenas se libertou, no ano de 229 a.C., evento em que Aristocreonte — sobrinho e discípulo de Crisipo[237] — atuou de modo destacado, o que demonstra a vinculação entre a escola e as gestões feitas no sentido de reestabelecer a liberdade ateniense[238].

Quanto a Esparta, deve-se ressaltar o papel do estoico Esferus de Borístenes nas lutas sociais do terceiro século antes de Cristo[239]. Apesar de Esparta não ter sido dominada pela Macedônia de Filipe ou de Alexandre Magno, a cidade vinha experimentando uma enorme decadência na época em razão de vários fatores, tais como a perda da Messênia, a crise financeira gerada na Grécia pelas conquistas alexandrinas e a perda da hegemonia militar no Peloponeso, cuja força bélica mais poderosa de então era a Confederação Aqueia liderada por Aratos. Contudo, a causa mais aguda do declínio de Esparta residia no aprofundamento da divisão entre ricos e pobres. Quando Agis IV subiu ao trono espartano em 244 ou 243 a.C., havia apenas setecentos cidadãos na *pólis*, dos quais somente cem eram realmente ricos. Os demais mantinham com dificuldade as posses que lhes permitiam contribuir para a *sussítia*, uma es-

---

237. DIOGÈNE LAËRCE, *Vies et opinions des philosophes*, VII, 185 (*Les stoïciens*, 77).
238. ERSKINE, *The hellenistic stoa*, 96.
239. As fontes originais que documentam tal período da história espartana são pobres, obscuras e, às vezes, contraditórias. Para a execução da síntese ora exposta recorri aos contemporâneos ERSKINE, *The hellenistic stoa*, 123-126 e HARVEY, *Dicionário Oxford de literatura clássica grega e latina*, 212-213. Como fonte antiga, há o texto de POLÍBIOS, *História*, II, 37-70, pp. 108-134. Contudo, Políbio não é um observador imparcial dos eventos, tendo tomado o partido dos aqueus e dos macedônicos.

pécie de imposto pago à cidade pelos seus cidadãos. Aqueles que não o recolhiam — e eram muitos nessa situação —, acabavam perdendo a cidadania e se tornando *hypomeíones*, *status* próprio das classes inferiores.

Diante de tal estado de coisas, Agis IV iniciou um governo revolucionário. Ele pretendia cancelar os débitos dos mais pobres e redistribuir as terras espartanas, dividindo-as em 4.500 lotes a serem entregues aos *hypomeíones*, aos estrangeiros julgados dignos e aos periecos, habitantes de comunidades semi-independentes da Lacônia. Essas três classes formariam o novo corpo de cidadãos de Esparta. Por ter desagradado a elite lacedemônia com seu radical programa de reformas, Agis IV foi assassinado no final de 241 ou no início de 240 a.C. Seu lugar foi assumido por Leônidas, trazido de volta do exílio pela oligarquia. Em 235 a.C., Cleomedes III assumiu o trono espartano e inicialmente se comportou como um governante convencional. Todavia, em 227 a.C. ele planejou e concretizou um golpe de Estado, depondo os éforos e assumindo o poder absoluto na cidade. A partir de então, Cleomedes III deu continuidade ao projeto revolucionário de Agis IV, cancelando débitos e efetivando a redistribuição de terras.

Cleomenes III pretendia revigorar a *sussítia*, bem como retomar o antigo modo de vida espartano conforme delineado por Licurgo. Isso incluía a reinstituição da *agogê*, o tradicional e rígido sistema educacional-militar imposto a todos os lacedemônios e que fez de Esparta no passado a cidade-Estado mais poderosa da Grécia. Além de eliminar o eforato, Cleomenes III limitou o poder do conselho dos anciãos (*gerousía*) e criou uma nova magistratura, o *patronómoi*, responsável pela construção das bases da nova Esparta licurguiana. As reformas se mostraram eficientes, dado que a nova Esparta foi capaz de tomar para si várias das cidades gregas que estavam sob o controle da Confederação Aqueia, o que levou Aratos a se unir à Macedônia para pôr fim aos desígnios de Cleomenes III, que parecia querer estender a revolução social a todas as cidades do Peloponeso. O governo de Cleomenes III durou até 222 a.C., quando ele foi obrigado a se exilar no Egito. Esparta acabou vencida pelos exércitos aliados da Confederação Aqueia e da Macedônia de Antígono Dóson. A partir daí se instalaram na cidade governos reacionários. Vez por outra a oligarquia teve de lidar com soberanos como Cheilon ou Nábis, que tentaram reavivar os ideais cleomenianos. Contudo, nada de relevo foi realizado em Esparta depois da derrota de Cleomenes III. A cidade deixou de ter importância para a Grécia, tendo sido por fim capturada pelos romanos em 146 a.C.

A influência estoica na ideologia da revolução espartana iniciada por Agis IV e levada a cabo por Cleomenes III é indiscutível. Cleomenes III foi discípulo do estoico Esferus, a quem o soberano encarregou da importantíssima tarefa de revitalizar o *agogê*, o que somente poderia ser efetivado por alguém muito próximo do rei e que conhecesse bem a história lacedemônia. Esferus preenchia ambos os requisitos, pois, além de ter sido mestre de Cleomenes III, escreveu duas obras — hoje perdidas — sobre Esparta e sua Constituição: *República lacedemônica* e *Licurgo e Sócrates*[240]. A dura e ascética disciplina da *agogê*, que impunha aos jovens espartanos os maiores sacrifícios corporais e psíquicos de modo a transformá-los em cidadãos completos e guerreiros perfeitos, foi originalmente pensada por Licurgo. O fato de Cleomenes III confiar sua restauração a um filósofo estoico diz muito acerca do ideário político que animava a *Stoá* grega. Tão importante era a *agogê* para a identidade espartana, que logo foi abolida em 188 a.C., quando a cidade caiu sob domínio aqueu.

---

240. Diogène Laërce, *Vies et opinions des philosophes*, VII, 178 (*Les stoïciens*, 74).

A extensão da cidadania espartana, bem como a redistribuição de terras e o perdão de dívidas são propostas nitidamente estoicas, todas elas derivadas da *Politéia* de Zenão. Ao ser confrontado por Leônidas, que dizia que Licurgo jamais aprovaria a entrega da cidadania espartana a estrangeiros, os quais teriam sido expulsos da cidade pelo lendário legislador, Agis IV respondeu-lhe com um argumento característico do estoicismo, replicando que forasteiros podiam ser tão excelentes quanto espartanos e que era preferível um bom estrangeiro a um mau espartano[241]. Quanto à redistribuição de terras, é óbvio que tal medida serviu a propósitos pragmáticos, uma vez que o novo corpo de cidadãos de Esparta deveria possuir bens para poder contribuir com os impostos públicos. Entretanto, Agis IV e Cleomenes III foram bem além disso, pois pretendiam criar uma igualdade absoluta entre os cidadãos, de modo que não houvesse nenhum mais rico ou mais pobre do que outro, o que corresponde ao ideário político zenoniano[242]. Assim, quando efetivaram as redistribuições agrárias, os reformadores espartanos levaram em consideração não o tamanho dos lotes, mas sua capacidade produtiva. Sendo certo que havia algumas áreas mais férteis do que outras, se a divisão levasse em conta apenas o tamanho das glebas, instalar-se-ia inevitavelmente a desigualdade. Dessa feita, foi fixado determinado padrão de produtividade — que poderia incluir um ou mais lotes — e cada novo cidadão recebeu um número correspondente de porções de terra, de maneira que todos ostentassem no final a mesma capacidade produtiva[243].

Por se fundar em uma filosofia universalista como a estoica, a revolução espartana era vista pelos gregos do século III a.C.

---

241. Erskine, *The hellenistic stoa*, 141.
242. Ibidem, 141-142.
243. Ibidem, 146.

não como um problema político interno, exclusivo de Esparta, mas como um movimento contestatório de caráter geral que ameaçava as oligarquias, propunha a igualdade absoluta e polarizava ainda mais as lutas sociais entre ricos e pobres, especialmente no Peloponeso, onde as massas empobrecidas de diversas cidades viam Cleomenes III como um tipo de salvador, o que levou as classes abastadas a cerrarem fileiras em torno de Aratos e da Confederação Aqueia, último bastião da oligarquia grega[244].

A participação da *Stoá* na revolução espartana incomodou os estoicos romanos do século II a.C., que trataram de minimizar o significado político dos acontecimentos em Esparta. Como já dito, desde muito cedo o Pórtico colaborou, ainda que de maneira crítica, para o estabelecimento e a legitimação do Império Romano. Apesar de não ser estoico, é interessante notar que Políbio, destacado integrante do círculo estoicizante de Cipião, afirma que Cleomenes III derrogou a antiga Constituição de sua pátria, transformando o que era uma monarquia constitucio-

---

244. "*The ideology of the Spartan revolution, although it was rooted in a mythical Lycurgan past, was not an anachronism; rather it was a conception of the past based firmly in the present. Under the influence of Sphaerus and his Stoicism various disparate elements were taken and made into a unity. The contemporary slogans of social revolution, the cancellation of debts and the redistribution of land, were introduced into a Spartan context where they were provided with Lycurgan justifications. Rather than being haphazard this was given a coherency by the Stoics emphasis on equality (isotês) which permeated the revolution and its ideology*" ["A ideologia da revolução espartana, embora estivesse enraizada no passado mítico de Licurgo, não era um anacronismo; antes, era uma concepção do passado baseada firmemente no presente. Sob a influência de Esferus e seu estoicismo, vários elementos díspares foram tomados e transformados em uma unidade. Os *slogans* contemporâneos de revolução social, anulação de dívidas e redistribuição de terras foram introduzidos no contexto espartano como justificativas licurguianas. Ao invés de ser algo casual, tal se deveu coerentemente à ênfase estóica na igualdade (*isotês*) que permeou a revolução e sua ideologia."] (ERSKINE, *The hellenistic stoa*, 147).

nal em tirania pura e simples[245]. O "terror" que o soberano espartano espalhava pelas cidades do Peloponeso[246] somente foi extinto graças ao "humanitário e generoso" Antígono Dóson, que ao vencer Cleomenes III restaurou a antiga oligarquia de Esparta[247]. Por seu turno, como firme defensor da propriedade privada, Cícero condena todos aqueles que, querendo se passar por popular, criam leis agrárias que desalojam os proprietários de suas terras ou então propõem o perdão de dívidas, duas das principais bandeiras estoicas que orientaram as ações revolucionárias de Agis IV e de Cleomenes III. Segundo Cícero, atos assim minam os fundamentos republicanos porque ameaçam a concórdia e a equidade. Não lhe parece correto expropriar um bem de uma família que sempre o teve durante várias gerações[248]. Cícero desenvolve seu argumento sustentando que foram injustiças assim que levaram os lacedemônios a matarem o rei Agis IV, coisa inédita em Esparta. A partir de então foram tantas as desavenças e tantos os tiranos que não apenas a grande "república" de Esparta desmoronou, mas toda a Grécia ruiu em razão do contágio dos males propagados pela Lacedemônia[249]. Cícero arremata seu arrazoado conservador aduzindo que foi também a questão agrária que levou os Gracos à perdição. Não poderia faltar, como fecho do texto ciceroniano, um exagerado elogio a Aratos de Cício, o inimigo de Cleomenes III[250]. Por onde passou, Aratos soube respeitar a propriedade privada e os direitos dos cidadãos mais ilustres, tendo sido este grego digno de ter nascido em Roma, finaliza o senador[251].

---

245. Políbios, *História*, II, 47, p. 116.
246. Ibidem, II, 52, p. 119.
247. Ibidem, II, 70, p. 133.
248. Cícero, *Dos deveres*, II, 78-79, p. 109.
249. Ibidem, II, 80, pp. 109-110.
250. Ibidem, II, 81-82, pp. 110-111.
251. Ibidem, II, 83, p. 111.

A posição política da *Stoá* se transformou profundamente no contexto da República Romana. Uma vez em Roma, os projetos políticos utópicos foram abandonados e os estoicos passaram a legitimar o nascente Império. Entretanto, a transição entre o ativismo político revolucionário dos primeiros estoicos e o conservadorismo crítico próprio dos estoicos romanos foi lenta e, em muitos sentidos, traumática, como bem ilustra o episódio dos Gracos. Desde o início eles foram comparados aos reis revolucionários de Esparta, Agis IV e Cleomenes III, dado que seus objetivos pareciam ser muito próximos, como notou Cícero[252]. Tanto os Gracos quanto os monarcas espartanos ansiavam realizar amplas reformas agrárias baseadas em princípios que remontavam aos pais fundadores de suas respectivas cidades. Segundo afirmavam, tais princípios foram sendo degradados com o passar dos tempos, dando lugar à concentração de riquezas e à perda da força militar das cidades. Cumpria revitalizar o organismo político de Esparta e de Roma e o caminho para tanto passava pela revolução social. Plutarco dedicou uma de suas *Vidas paralelas* a um detalhado cotejo entre os Gracos e os reis revolucionários de Esparta. Também era comum aproximar as Constituições de ambas as cidades para sublinhar suas similitudes. Cícero as confrontou[253], bem como Políbio, para quem os resultados a que chegaram os romanos e os espartanos de Licurgo eram muito próximos, embora os lacedemônios tenham intuído a necessidade da Constituição mista mediante o raciocínio, enquanto os romanos tiveram de aprender na prática com seus próprios erros[254]. As semelhanças entre Esparta e a República Romana eram, de fato, impressionantes, o que pode ter contribuído para dificultar a expansão

---

252. Ibidem, II, 80, p. 110.
253. CÍCERO, *Da república*, II, II, p. 163.
254. POLÍBIOS, *História*, VI, 10, pp. 321-322.

do estoicismo em Roma na época de Diógenes de Babilônia e Panécio de Rodes. Uma doutrina que tinha representado o papel de sustentáculo ideológico para as reformas sociais em Esparta não poderia ser bem recebida em Roma, a não ser que passasse por uma total transformação. Por isso assiste-se nessa época a uma luta interna na *Stoá*, que acabará com a vitória de Panécio e seus seguidores, filósofos que irão impor uma mudança de rumos conservadora no pensamento do Pórtico.

Nesta perspectiva, o episódio dos Gracos é sintomático. As reformas propostas e levadas a efeito por Tibério e Caio foram a um só tempo defendidas e atacadas por diferentes filósofos estoicos, que nelas viam ora a expressão da doutrina da *Stoá*, ora a sua negação. Antes de passar à interpretação das ações dos Gracos, convém relembrar rapidamente quem eles eram e o que fizeram[255]. Descendentes da mais fina flor da nobreza romana, os Gracos eram filhos de Tibério Semprônio Graco e Cornélia, filha de Cipião Africano. Tentando concretizar os anseios da plebe havia muito oprimida pela classe senatorial, os Gracos deram início a uma vertiginosa sequência de eventos que levaria à supressão definitiva da República no século I a.C. Ao assumir o Tribunato da Plebe em 133 a.C., Tibério Graco fez passar uma lei agrária mediante a qual o *ager publicus* romano foi redistribuído entre os cidadãos. Até então o *ager publicus* estivera nas mãos das famílias mais ricas. O choque com as oligarquias dominantes era inevitável. Tibério foi assassinado no contexto das disputas eleitorais que definiriam o Tribuno do ano 132 a.C. Seu irmão Caio continuou sua obra ao se eleger Tribuno para o ano de 123 a.C., retomando a lei agrária de Tibério e mantendo uma espécie de frágil compromisso entre a

---

255. Cf. a caracterização do pensamento político da época dos Gracos no artigo de HADOT, Tradition stoicienne et idées politiques au temps des Gracques.

plebe e o patriciado, motivo pelo qual teve mais sucesso do que o irmão. Contudo, a cautela de Caio de nada lhe valeu, pois ao final a oligarquia conseguiu se impor, obrigando-o a se suicidar em 121 a.C.[256].

O Tribunato de Tibério foi o mais radical e o que mais claramente concretizou algumas das propostas do estoicismo grego. Ao lado de Tibério estava o filósofo estoico Blossius de Cuma, cidade da Campânia italiana. Segundo alguns pesquisadores, Blossius teria sido o tutor do jovem Tibério, suposição que não encontra comprovação factual. Arnold afirma que Blossius instigou Tibério a realizar os planos que causariam sua destruição[257]. Independentemente da correção dessa avaliação, resta evidente a participação de Blossius em muitas das ações de Tibério. Blossius era amigo de Antípatro de Tarso, tendo gozado de ótimas relações na família do jurista Quintus Mucius Scevola. Diferentemente de Panécio, Blossius propugnava a reforma social, defendia a democracia e condenava o nascente imperialismo romano, o que, aliás, era uma tradição da *gens* Blossi, que resistiu quanto pôde à dominação romana de Cuma. Com a morte violenta de Tibério, Blossius fugiu para a Ásia, onde acabou se suicidando após o fracasso da conspiração antirromana levada a efeito por Aristonicus.

Por seu turno, Panécio selou o compromisso estoico com Roma ao condenar as ações de Tibério Graco. Em vários trechos do *De officiis* há passagens em que a imagem de Tibério é pintada com as piores tintas. Tal avaliação deriva de Panécio, tendo Cícero simplesmente se limitado a reproduzir — com visível contentamento, note-se — os argumentos panecianos. A certa altura, o assassino de Tibério, Publius Nasica, é comparado a Cipião Africano, responsável pela derrota de Numân-

---

256. HARVEY, *Dicionário Oxford de literatura clássica grega e latina*, 251-252.
257. ARNOLD, *Roman stoicism*, 382.

cia. Ambos serviram à causa de Roma, diz Panécio. O primeiro como particular, livrando o Estado de uma ameaça interna, e o segundo como general, fazendo o mesmo no plano externo[258]. Em certa passagem na qual se discute o conceito de *uera gloria*, Panécio ensina que tal se liga à prática da justiça, sendo que apenas o pai dos Gracos teria sido digno dela, contrastando-o com os filhos, que não a mereceram enquanto vivos, tendo sido justamente derrubados do poder tribunício[259]. Segundo Erskine, ainda que Panécio não pudesse condenar juridicamente a maioria das ações de Tibério, uma vez que estavam de acordo com as leis romanas reguladoras do Tribunato, ele sustentava que elas eram iníquas com base na noção de justiça dos estoicos romanizados, visto que a justiça legal se apresenta apenas como parte de um todo maior, o *aequum*[260]. O estoicismo médio distinguia a juridicidade estrita (*iustum*) e a moralidade (*aequum*), definindo a virtude da justiça como uma junção dessas duas modalidades éticas. Foi com base nessa ideia que Panécio atacou o Tribuno Tibério Graco, tentando desvincular o discurso da *Stoá* de práticas revolucionárias e radicais. Era uma maneira de possibilitar a infiltração da escola em Roma, tarefa que se mostrava bastante delicada depois dos incidentes em Esparta.

Contudo, caso se abandone a perspectiva de Panécio e se adote o ponto de vista de Blossius, as ações de Tibério podem ser entendidas sob uma luz muito diversa, dado que para ele a lei agrária de Tibério não é injusta, mas plenamente compatível com os ditames da justiça natural. Embora nenhum dos escritos de Blossius tenha chegado aos dias atuais, pode-se identificar seus argumentos nos discursos de Tibério, preservados até hoje nas obras de Plutarco e de Apiano. Assim, as causas da legisla-

---

258. CÍCERO, *Dos deveres*, I, 76, p. 42.
259. Ibidem, II, 43, p. 94.
260. ERSKINE, *The hellenistic stoa*, 161.

ção de Tibério se relacionariam à correção de situações de desigualdade, tais como a extrema pobreza da plebe romana e o preocupante aumento do número de escravos. Não se tratava, contudo, de confisco, pois a propriedade privada manteve-se intocada, ao contrário do que ocorreu em Esparta. A legislação agrária de Tibério apenas limitava o tamanho dos lotes integrantes do *ager publicus*, distribuindo o excedente aos cidadãos empobrecidos da República. Todavia, muitas dessas terras estavam ocupadas pela aristocracia romana, que viu da noite para o dia suas propriedades rurais serem reduzidas a minúsculas glebas, idênticas em tamanho às que, segundo a lei de Tibério, caberiam a cada um dos plebeus[261].

Apesar de não ter significado uma reforma geral no direito romano de propriedade, em muitos pontos a legislação de Tibério mostrou-se revolucionária. Diferentemente de alguns poucos predecessores que tinham ousado realocar pequenas parcelas do *ager publicus*, Tibério o redistribui por inteiro, argumentando que se tratava de terra pertencente ao povo romano e que, portanto, a ele deveria ser entregue em sua totalidade. Tibério queria reviver o antigo sentido da expressão *ager publicus romani populi*, concluindo que tais terras não pertenciam aos governantes do Estado, mas ao povo que por elas lutara e morrera, tendo sido delas posteriormente desapossado pelos ricos, situação que, como Tribuno da Plebe, caberia a Tibério corrigir. Tratava-se de um típico argumento estoico segundo o qual o que é comum deve ser divido por todos. Até mesmo o conservador Panécio sustentava que os bens comuns tinham de ser utilizados em proveito de toda a comunidade, enquanto os particulares serviriam apenas para o gozo de seus possuidores[262]. Contudo, Panécio limitava os bens comuns àqueles que foram criados pela

---

261. ERSKINE, *The hellenistic stoa*, 170-171.
262. CÍCERO, *Dos deveres*, I, 20, p. 22.

natureza para usufruto de todos os seres humanos, tais como a água, o ar e o fogo[263]. Assessorado por Blossius, coube a Tibério adotar a noção estoica de *communia* e expandi-la até englobar o *ager publicus*, classificando-o como bem comum e que, por isso mesmo, deveria ser utilizado pela comunidade inteira. Anos mais tarde, Caio Graco usaria a mesma ideia para justificar a utilização de verbas do tesouro público para a compra da ração de milho distribuída ao povo. Outra inovação da legislação agrária de Tibério foi a gravação dos lotes com a cláusula da inalienabilidade. Além de representar uma garantia contra os ricos, que assim ficavam impedidos de reaver as terras públicas redistribuídas — o que normalmente faziam pagando quantias irrisórias ao povo desvalido e sempre necessitado de dinheiro —, a inalienabilidade dos lotes evidenciava sua natureza pública. Por serem de domínio do povo como um todo, as glebas não poderiam ser transformadas em bens perfeitamente privados. A cláusula de inalienabilidade sempre estaria a demonstrar a feição diferenciada do *ager publicus*, que inclusive poderia ser requisitado pelo Estado quando tal se mostrasse necessário segundo o interesse popular.

Mas a lei agrária de Tibério era apenas o efeito de uma causa muito mais inquietante para a oligarquia senatorial romana. Na verdade, Tibério demonstrou que pretendia modificar de maneira radical a feição do Tribunato da Plebe, transformando-o em um órgão constitucional soberano e independente do Senado e das magistraturas republicanas. Não foi por acaso que ele fez votar sua *lex agraria* nos *concilia plebis* sem prévia aprovação do Senado, contrariando o que era usual até então. Mais do que a redistribuição do *ager publicus*, foram atitudes assim que causaram a ruína de Tibério[264]. Com efeito, apelando para

---

263. Ibidem, I, 51-52, pp. 33-34.
264. ERSKINE, *The hellenistic stoa*, 171-172.

a noção de que o Tribunato expressava a soberania popular, Tibério ultrapassou os limites constitucionais da República e levou à culminação o processo de redefinição dos rumos do Tribunato já iniciado havia cerca de vinte anos antes de sua administração por outros Tribunos rebeldes. Os frutos amargos de tal empresa seriam colhidos nas guerras civis do século I a.C., que opuseram a plebe à aristocracia. Todavia, ainda que Tribunos anteriores tenham sido audaciosos o bastante para se oporem ao Senado em algumas matérias, nenhum deles produziu legislação sem o consentimento senatorial. Tibério o fez do modo mais abrupto possível e inclusive citando justificativas para seus atos. Quando Marco Otávio — um de seus colegas de Tribunato — decidiu vetar a lei agrária, Tibério propôs à assembleia popular uma moção segundo a qual ele deveria ser destituído do cargo, o que foi imediatamente aceito pela plebe. Ato sem precedentes em Roma, Tibério o fundamentou argumentando que somente poderia exercer o Tribunato aquele que defendesse os interesses da *plebs*. Tendo Otávio vetado uma proposta de lei favorável à plebe, ele acabou selando seu destino. Ao negar o poder do povo, o Tribuno nega seu próprio poder, como fez Otávio. Segundo Tibério, o que a plebe pode dar, ela também pode tirar.

Erskine entende a tomada de posição de Tibério como uma defesa da soberania popular. Aos olhos de Tibério, um Tribuno da Plebe que se opõe aos desejos do povo equivale a uma contradição em termos, só merecendo exercer o cargo e gozar de seus benefícios — tais como a imunidade — aqueles que efetivamente se põem ao lado da *plebs* e não do Estado[265]. Tal assertiva, que pode hoje parecer óbvia, era absolutamente contrária à conformação do Tribunato na época de Tibério, pois cabia ao órgão a defesa do interesse público de maneira geral, o que

---

265. ERSKINE, *The hellenistic stoa*, 174.

muitas vezes contradizia a vontade popular. Tribunos anteriores fundaram seus atos nos interesses da República (*utilitas rei publicae*) ou no bem-estar do Estado (*pro bono publico stans*) e apenas muito raramente nas demandas imediatas da plebe[266]. Como já comentado, antes de Tibério existiram outros Tribunos populares, mas nenhum deles foi capaz de justificar seus atos de modo tão coerente e convincente como o discípulo de Blossius; este, por sua vez, representava uma corrente filosófica grega comprometida com a democracia e o radicalismo utópico.

Ao defender a soberania do Tribunato, Tibério pretendia enxertar na Constituição aristocrática romana algumas antigas instituições democráticas gregas radicadas nas noções de *dêmos* e *ekklesía*. Conforme expõe Aristóteles, o conjunto do povo (*dêmos*) reunido em assembleia (*ekklesía*) tem autoridade sobre todas as coisas ou pelo menos sobre as mais importantes, sobrepujando inclusive as magistraturas[267]. Alguns anos antes de Tibério, Políbio só conseguiu entender o papel do Tribunato da Plebe ao traduzi-lo em termos gregos. Segundo sua interpretação, os Tribunos eram sempre obrigados a agir segundo a vontade do povo e a levar em consideração seus interesses. Afirmando que o Senado temia o povo, Políbio reconheceu aos *concilia plebis* o poder de aprovar leis com o objetivo de privá-lo de suas prerrogativas tradicionais ou de abolir a precedência e outras distinções dos senadores, pretendendo ainda a plebe alijá-los de suas fortunas[268]. Quem quer que entenda um pouco de história romana sabe que o Tribunato não possuía poderes tão grandes pelo menos até a administração de Tibério Graco, posterior ao momento em que Políbio escreveu a passagem citada. Na verdade, Políbio descreveu equivocadamente o Tribu-

---

266. ERSKINE, *The hellenistic stoa*, 175.
267. ARISTÓTELES, *Política*, 1317b, 28-30.
268. POLÍBIOS, *História*, VI, 16, pp. 336-337.

nato romano como se fosse uma assembleia grega, aproximação que será efetivada na prática por Tibério e Caio anos depois.

Claro que Tibério não admitia abertamente estar introduzindo práticas democráticas gregas na Constituição aristocrática romana. Para legitimar seus atos ele sempre recorria aos antigos e obscuros costumes de Roma (*mos maiorum*). Assim, apesar da *Lex Hortensia* de 287 a.C. ter tornado os plebiscitos tão obrigatórios quanto as leis, poucos foram aprovados desde então sem o consentimento tácito do Senado. Tibério quebrou essa tradição. Objetivando expandir a área de competência do Tribunato, ele aprovou a lei agrária sem a concordância do Senado, aduzindo que, aquilo que é de interesse do povo, por ele deve ser decidido diretamente, como ocorrera nos primórdios da *urbs*. Cícero se opôs com veemência a tal argumento, vendo no governo da multidão o pior dos males que podem se abater sobre o Estado. Ainda que reconheça que Tibério tenha agido com justiça, Cícero acredita que ele o fez desrespeitando antigos costumes e substituindo o direito pela violência, o que ameaçou a imortalidade da República[269]. Quando o poder supremo se encontra nas mãos do povo — eis o projeto dos Gracos —, não se pode dizer que haja uma República, pois a populaça — insensata, feroz, inapelável e soberana — passa a matar, a ferir, a confiscar bens e a mandar prender cidadãos a seu talante, conclui Cícero[270].

A condenação dos desígnios de Tibério por parte de Panécio e de Cícero é sintomática e revela a nova atitude da *Stoá* em relação aos romanos. Quando no século II a.C. Roma emergiu como potência mundial inquestionada, os estoicos, de modo geral, estavam prontos para defender e legitimar a nova ordem, assumindo posturas diferentes daquelas que caracteri-

---

269. Cícero, *Da república*, III, XVIII, p. 179.
270. Ibidem, III, XXIII, p. 179.

zaram o utopismo revolucionário de Zenão e seus discípulos. Ainda que não tenha integrado a *Stoá*, Políbio reproduz vários pontos de vista comuns aos estoicos da época cuja função era defender Roma diante das críticas de escolas filosóficas que, ao contrário do Pórtico, viam no fortalecimento da República apenas mais uma expressão do imperialismo que antes tivera o nome de Macedônia ou de Pérsia. Políbio sustentava que os romanos governavam os povos vencidos com justiça e equanimidade, tendo movido apenas guerras justas, ainda que lhe tenha sido difícil justificar a aniquilação de Cartago[271], fato que dividia a opinião entre os gregos. Alguns julgavam que Roma agira bem ao extinguir um Estado rival que tanto trabalho lhe dera no passado e que poderia se reerguer. Outros diziam que Roma fora pérfida, visto que Cartago se submetera completamente aos romanos após a segunda guerra púnica, não tendo lhes dado nenhum motivo sério para sofrer uma represália tão arrasadora e definitiva[272]. Como heleno, Políbio não desconhecia os objetivos imperialistas de Roma e se sentia um tanto quanto incomodado com o nascente Império, mas ainda assim partiu em sua defesa. Reconhecendo que antes de Roma a história do mundo não estava interligada, ele explica que somente após a derrota de Cartago os romanos tomaram consciência da própria força e ousaram pôr em prática seus planos de conquista mundial. De fato, apenas Cartago poderia ameaçar a supremacia romana. Se a República não tivesse tomado as rédeas da história, Cartago o teria feito e o mundo de então seria bem diferente. Políbio nota que a partir da destruição de Cartago toda a história convergiu para um único fim: a hegemonia romana no Ocidente e no Oriente[273]. A própria Consti-

---

271. POLÍBIOS, *História*, XXXVI, 2-3, pp. 533-534.
272. Ibidem, XXXVI, 9, pp. 536-538.
273. Ibidem, I, 3, pp. 42-43.

tuição de Roma lhe aconselhava e facilitava a dominação planetária, conclui o grego[274].

Ademais, Roma tinha começado a atuar como xerife do planeta. Políbio narra como os romanos, após dominarem certo território, punham tudo na mais perfeita ordem[275]. Ele os elogia por terem vencido a Macedônia e a eximido de tributos, além de proteger seus cidadãos de quaisquer arbitrariedades e livrar várias cidades de discórdias intestinas e lutas fratricidas[276]. Políbio não era tolo e sabia que os romanos tratavam razoavelmente bem os vencidos — com a desconfortável exceção de Cartago — apenas para manter seu poderio. Entretanto, mesmo que as atitudes romanas se assentassem sobre razões pragmáticas, ainda assim eram muito melhores do que as dos macedônicos, gregos e persas, que costumavam transformar todos os vencidos em escravos ou simplesmente massacrá-los. O próprio Políbio fora beneficiado pela *humanitas* romana. Ele emigrou para Roma como refém aqueu e acabou se tornando amigo e conselheiro de Cipião Emiliano, um dos romanos mais proeminentes de então, o que lhe possibilitou a paz e os recursos necessários para a escrita de sua *História*.

No livro III da sua *República*, Cícero reflete sobre a situação de Roma enquanto senhora do mundo, combatendo mediante argumentos estoicos a tese de Carnéades, para quem a República era grande e poderosa por ser injusta. Talvez em nenhum outro texto transpareça com tanta clareza a luta ideológica para a legitimação da República Romana diante de suas conquistas. No tratado ciceroniano escrito em forma de diálogo, Filão representa o papel de Carnéades, para quem o poder e a justiça jamais andam juntos, enquanto Lélio faz as vezes de Panécio.

---

274. POLÍBIOS, *História*, III, 2, p. 136.
275. Ibidem, XXXVI, 16, p. 540.
276. Ibidem, XXXVI, 17, p. 542.

Referindo-se a Roma, Filão-Carnéades afirma não haver cidade tão estulta que não prefira imperar com injustiça a cair pela justiça na servidão[277]. Para Carnéades, a *Realpolitik* se impõe acima de quaisquer considerações éticas. Já Lélio, assumindo a tradição utópica e algo idealista da *Stoá*, afirma haver uma lei natural que tudo regula, capaz de no devido tempo punir os maus e recompensar os bons[278]. Contra as duas principais acusações de Carnéades dirigidas a Roma — suas guerras seriam injustas, assim como a manutenção de um império mundial —, Lélio lança um argumento estranho para alguém que, aparentemente, se baseava em propostas estoicas. Segundo a leitura de Erskine — baseada em fragmentos perdidos do terceiro livro de *Da republica* que constariam da *Civitas Dei* de Agostinho —, Lélio afirma que Roma não apenas teria o direito de comandar o mundo, mas também o dever, pois é natural que o mais forte e sábio domine aqueles que lhes são inferiores[279]. Assim, os deuses dominam os seres humanos, a mente controla o corpo e os impulsos irracionais cedem diante da razão. Note-se como o Pórtico havia se transformado no contexto romano, dado que o tópico desenvolvido por Lélio é claramente aristotélico. Para os estoicos gregos não há divisão na alma entre impulsos racionais e irracionais, pois é ela toda que se curva à racionalidade ou à irracionalidade, sem espaço para dualismo. Todavia, como já dito, Panécio adotou um ponto de vista heterodoxo no que concerne à psicologia estoica. Muito mais próximo de Platão e Aristóteles do que de Zenão e Crisipo, Panécio ensina que a alma é dividida em duas seções, a primeira racional e a segunda irracional. Esta comporta o desejo (*hormê*) que arrasta os seres humanos por aqui e acolá, cabendo à parte racional

---

277. CÍCERO, *Da república*, III, XIV, p. 178.
278. Ibidem, III, XVII, p. 178.
279. ERSKINE, *The hellenistic stoa*, 189-192.

subjugá-la[280]. Lélio apenas adaptou tal princípio psicológico paneciano ao cenário político internacional, enxergando Roma como a parte racional do mundo cuja missão consistiria no governo dos demais povos, irremediavelmente irracionais.

Graças à romanização da *Stoá*, várias de suas posições originalmente revolucionárias passaram a ser entendidas por meio de um viés mais conformista. A escravidão, por exemplo, já não era o alvo constante dos ataques dos filósofos do Pórtico em Roma[281]. Cícero se limita a dizer que os escravos devem ser bem tratados, como se fossem empregados assalariados[282], sendo que a força deve ser empregada contra eles apenas em último caso[283]. Em certa passagem do *De officiis*, o estoico Hécaton, discípulo de Panécio, se pergunta se é lícito a um homem virtuoso deixar que seu escravo morra de fome quando a comida se torna muito cara[284]. A simples formulação de tal pergunta mostra que Hécaton pressupõe que ter escravos não afeta o *status* ético de alguém. Da mesma maneira, o dever de tratar bem um servo pressupõe ser a propriedade de seres humanos algo eticamente permitido. Se é possível que um cidadão de bem tenha escravos, devendo apenas tratá-los com dignidade para manter a própria moralidade, também é plenamente legítimo que Roma se poste como senhora do mundo diante dos demais povos. Segundo as teses do estoicismo médio, ao senhor de escravos é exigível a *philanthropía* no trato com os cativos, do mesmo modo que o Estado politicamente dominante deve se relacionar com seus

---

280. Cícero, *Dos deveres*, I, 101, p. 51, I, 132, p. 63 e II, 18, p. 83.
281. Contudo, os estoicos romanizados continuaram a conceber a servidão como algo contrário à natureza, o que influenciará de maneira decisiva a jurisprudência romana.
282. Cícero, *Dos deveres*, II, 41, p. 30.
283. Ibidem, II, 24, p. 85.
284. Ibidem, III, 89, p. 148.

vassalos tendo em vista os ditames da *humanitas*[285]. Nessa perspectiva, as duas únicas condições para a existência do Império são a superioridade moral do Estado dominante e a necessidade de que aja tendo em vista os interesses dos povos que lhe são submissos. A propaganda romana da época insistia que ambas as condições estavam presentes e que, por isso mesmo, a República tinha uma missão civilizadora universal a cumprir.

Pouco importa se tal corresponde à verdade ou não e se Roma foi um Estado justo ou não. O que me parece notável é como o estoicismo médio aceitou, desenvolveu e propagou tal ideário, absolutamente contrário às propostas políticas dos fundadores da escola. Entretanto, a mudança operada entre o estoicismo grego e o médio não foi súbita nem inesperada. Na verdade, a transformação do pensamento político estoico resultou de uma gradual adaptação de suas propostas aos novos contextos — não só romanos — que se apresentaram ao mundo após a derrocada da Macedônia e de Cartago. Desde Diógenes de Babilônia percebem-se profundas alterações no sistema da *Stoá* que iriam culminar na obra heterodoxa de Panécio e de seu discípulo Posidônio. Este aprofunda ainda mais o processo de romanização da doutrina estoica, justificando o senhorio romano do mundo com base em um dualismo entre os melhores e os piores ainda mais pronunciado do que aquele utilizado pelo seu mestre[286]. Sêneca se funda em Posidônio para sustentar ser natural que as coisas inferiores se submetam às superiores. Assim como em uma boiada o touro mais corpulento e saudável toma a dianteira dos demais, nas sociedades humanas o melhor deve governar, como ocorria na idade de ouro quando os sábios dirigiam a humanidade. Foi a perda dessa divina autoridade que precipitou os homens na miséria

---

285. Erskine, *The hellenistic stoa*, 199.
286. Ibidem, 200-203.

da idade de ferro em que atualmente sobrevivem, prenhes de vícios e de mazelas[287].

A romanização da doutrina foi apenas um dos fatores — o mais importante, sem dúvida — responsáveis pela transmutação do pensamento político do Pórtico, que passou do mais extremo criticismo utópico — contrário ao Império Macedônico e a toda forma de submissão — a um conservadorismo reacionário fortemente ancorado nas tradições e costumes (*mores*), pronto para legitimar a missão universalizante de Roma e manter o *status quo*. Erskine se refere a alguns desses fatores[288], que apresento abaixo sob a forma de oito argumentos baseados no que foi exposto neste livro até o momento:

(a) *Perda de interesse dos estoicos romanos pela Física e pela Lógica.* As posições mais revolucionárias da Stoá no terreno político derivam da visão sistêmica do universo que somente a Física e a Lógica podiam manter e fundamentar, tema visto no capítulo II.1. Ainda que não seja verdadeiro que a Física e a Lógica tenham sido completamente abandonadas em Roma, é fora de dúvida que a Ética ocupou um espaço preponderante na tessitura do estoicismo médio e imperial. Com isso passou-se de modo quase imperceptível da noção de "natureza universal" para a de "natureza humana", muito mais tradicional do que a primeira.

(b) *Relativização da figura do sábio perfeito.* Para os estoicos gregos, a sabedoria perfeita constituía uma meta árdua, porém alcançável. Em Roma a proposta era vista como um modelo abstrato, inexequível por definição e que tinha por função representar um ideal regulativo, conforme descrito na subseção II.2.2. Graças a tal exegese, os projetos políticos revo-

---

287. Sêneca, *Cartas a Lucilio*, XC, 4-6, pp. 294-295.
288. Erskine, *The hellenistic stoa*, 207-210.

lucionários do primeiro estoicismo foram relegados ao reino da utopia, uma vez que se baseavam fundamentalmente na possibilidade de que alguns homens alcançassem a condição concreta de sábios perfeitos.

(c) *Respeito pelo direito positivo e pelas convenções sociais.* Os estoicos gregos eram hostis às leis humanas, pois as julgavam conflituosas em relação à ordem natural do *lógos*. Por outro lado, sem deixar de acreditar na razão cósmica, os estoicos romanos trabalhavam no sentido de harmonizar o direito positivo de Roma com as prescrições da *recta ratio*, preferindo sublinhar as similitudes existentes entre ambas as ordens normativas e tentando a todo custo minimizar as inevitáveis antinomias.

(d) *Pronunciado caráter antimacedônico dos romanos.* O ataque sistemático ao imperialismo macedônico constituía uma importante pauta política para os estoicos gregos, conforme visto no início desta subseção. Isso facilitou a aceitação pacífica da dominação romana por parte do estoicismo médio. Como Roma foi a potência que efetivamente varreu o tirânico poderio macedônico da Grécia, era previsível que as simpatias da *Stoá* se voltassem para a República, que, de uma forma ou de outra, tinha "libertado" os helenos do cruel jugo da Macedônia.

(e) *Incompatibilidade entre as outras escolas filosóficas helenísticas e o espírito romano.* Das várias orientações filosóficas legadas pela Grécia a Roma, somente o estoicismo se adaptava ao caráter severo dos romanos do século II a.C. De fato, o cinismo relativista e o academicismo cético, ambos negadores de todas as certezas religiosas e tradicionais, não poderiam ser bem recebidos em uma sociedade convencionalista e pragmática como a romana. Do mesmo modo, o epicurismo hedonista e sensualista, além de altamente desmobilizador e contrário à participação política, não se mostrava útil aos desígnios dos romanos, que respiravam política vinte e quatro horas por dia. O estoicismo pregava uma atitude ativa em relação aos problemas políticos e acreditava em verdades absolutas e imutáveis, o que agradava a muitos romanos. Tendo contado com o favor dos mais notáveis de Roma — Cipião, Catão e Cícero são apenas alguns exemplos —, é plenamente compreensível que o Pórtico tenha entendido necessárias certas mudanças em sua trama teórica para poder penetrar de maneira ainda mais profunda na *intelligentsia* romana.

(f) *Desqualificação da herança política do estoicismo grego*. Não foram as propostas políticas revolucionárias do estoicismo grego que atraíram os romanos, mas sim a Ética rigorosa da escola. No seu *De finibus bonorum et malorum*, Cícero faz Catão afirmar que a moral estoica é natural, pois sustenta ser a virtude o único bem e o vício o único mal[289]. Nessa perspectiva, foi preciso desqualificar em Roma os utopismos políticos de Zenão e de Crisipo, tratados como meros delírios de juventude dos fundadores da escola. Todavia, assim o estoicismo foi privado de sua dinamite intelectual, tornando-se uma filosofia extremamente indiferenciada e maleável, pronta para representar em Roma papéis políticos contrários ao que desempenhara na Grécia dominada pelos macedônicos. Concentrando-se na Ética estrita do Pórtico, os romanos acabaram por alijar a escola de todo componente revolucionário que teria impedido sua fixação no Império.

(g) *Fatores pessoais*. Não se devem desconsiderar as biografias dos principais representantes do estoicismo para compreender as diversas posições políticas que a escola adotou ao longo de sua evolução. Por serem pobres, os estoicos gregos puderam defender a revolução social, a igualdade absoluta, a

---

289. CICÉRON, *Des fins des biens et des maux*, III, III, 10-11 (*Les stoïciens*, 264-265).

inexistência do direito de propriedade e a reforma agrária. Com efeito, Cleantes era tão miserável que trabalhou como boxeador e em serviços noturnos, tendo chegado a Atenas com apenas quatro dracmas[290]. Embora Zenão[291] e Crisipo[292] descendessem de famílias de classe média, eles renunciaram a todos os seus bens quando vestiram o manto estoico, vivendo ambos na mais extrema penúria, em especial Zenão. Em relação a Crisipo, noticia-se que ele possuía ao menos uma escrava. Por outro lado, Panécio era de uma linhagem tradicional que por muito tempo dirigiu Rodes, tendo ele próprio exercido vários e rentáveis cargos públicos em sua cidade, além de gozar dos favores de seus protetores romanos[293]. O mesmo ocorreu com seu discípulo Posidônio, que viveu confortavelmente cercado pelas gentilezas de seus riquíssimos alunos, entre os quais se contavam Pompeu e Cícero. Sêneca, como se sabe, era um senador por muitos tido como o romano mais abastado de sua época. Por fim, Marco Aurélio foi um Imperador Romano, o que dispensa maiores comentários. Somente Epicteto destoou do quadro geral. Assim como os estoicos gregos, ele era pobre e, para piorar, escravo. Não obstante, a maioria dos estoicos romanos se beneficiava da situação política existente, o que explica o fato de terem encaminhado a doutrina política da

---

290. DIOGÈNE LAËRCE, *Vies et opinions des philosophes*, VII, 168 (*Les stoïciens*, 70-71).

291. Ibidem, VII, 1-5 (*Les stoïciens*, 17-18).

292. Ibidem, VII, 179-183 (*Les stoïciens*, 75-76).

293. Além da já amplamente citada obra de Tatakis, que traz uma detalhada biografia de Panécio, é recomendável a consulta ao livro de Erskine, que oferece em apêndice um relato biográfico sobre Panécio no qual se destacam os cargos públicos exercidos pelo filósofo de Rodes, bem como suas relações com Cipião Emiliano. Cf. ERSKINE, *The hellenistic stoa*, 211-214, e TATAKIS, *Panétius de Rhodes*, 17-34.

escola rumo a posições mais conservadoras e reacionárias. Entretanto, como argutamente nota Erskine ao analisar o caso de Panécio, a mudança no ideário político da *Stoá* não se deu em razão de Panécio descender de uma família abastada e ser pró-romano. Ao contrário, é por ter se transformado profundamente ao longo do século II a.C. que o Pórtico pôde atrair a atenção de um homem como Panécio, rico, educado e comprometido com os interesses romanos[294]. O mesmo pode ser dito em relação a Posidônio, Sêneca, Musônio Rufo, Marco Aurélio e inúmeros outros estoicos romanos menores.

(h) *Interiorização da ideia de liberdade.* O estoicismo romanizado não se preocupava prioritariamente com a crítica de instituições políticas, diferentemente da versão grega da *Stoá*, bastante politizada. Aos romanos parecia muito mais urgente a reforma interior e individual de cada ser humano, motivo pelo qual os grandes filósofos estoicos de Roma assumiram o papel de diretores de consciência, chegando inclusive a ser confundidos por parte da crítica moderna com "preparadores" do cristianismo, conforme relatado na subseção III.2.1. Em virtude da inescapável perda da liberdade política concretizada pelo estabelecimento do Império de Augusto, a tendência à interiorização se aprofundou ainda mais.

---

294. ERSKINE, *The hellenistic stoa*, 209.

3. Justiça e liberdade no pensamento estoico

3.1. A justiça no estoicismo greco-romano

Crisipo afirma que a justiça não existe por convenção, mas pela força da natureza, assim como a lei e a retidão da razão[295]. Segundo noticia Estobeu, a justiça estoica se materializa como a virtude pela qual se distribui a cada um aquilo que se relaciona ao seu respectivo valor, representando uma espécie de medida universal que se concretiza de modo particular em relação aos seres racionais[296], encontrando sua fonte de legitimidade no *lógos*. Este, apesar de presente em todos, não se manifesta da mesma maneira no sábio, no tolo e naquele que, não sendo sábio, busca progredir moralmente. O justo se liga à lei comum que rege o universo e expressa o equilíbrio do *lógos*, conferindo aos seres humanos o que é devido segundo sua participação no cosmos. Trata-se de integrar racionalmente o particular — o sábio, o tolo e o *proficiens* — no universal, ou seja, na justiça total do *lógos*. A justiça distribuidora — e, portanto, particularizadora — age na perspectiva estoica enquanto emanação da racionalidade universal do *lógos*. Para a *Stoá*, lei natural e justiça são uma única realidade.

De acordo com os estoicos, a justiça apresenta feição social porque garante a correta distribuição daquilo que cabe a cada qual em sociedade. Não faz sentido pensar na justiça estoica em relação a seres isolados, pois ela apenas se realiza na tessitura social. Cada um possui uma natureza que lhe é própria e que precisa desenvolver, conformando sua *oikeiôsis*, isto é, sua

---

295. Ario Didimo, *Etica stoica*, 11b, p. 61 e Diogène Laërce, *Vies et opinions des philosophes*, VII, 128 (*Les stoïciens*, 57).
296. Stobaeus, *Anthology*, II, 7[f] (Inwood; Gerson, *Hellenistic philosophy*, 215).

constituição racional e natural[297]. Ora, no ser humano a *oikeiôsis* se realiza quando ele entra em contato com seus semelhantes[298]. Estes o auxiliam a se desenvolver integralmente, criando as condições para, por exemplo, a prática da virtude da justiça, necessária a quem pretende se tornar sábio.

Apesar de muitos estoicos terem escrito obras sobre a justiça[299], a definição clássica de Zenão permanece insuperada. Conforme o fundador da *Stoá*, a justiça consistiria em uma disposição ou forma de conhecimento — uma virtude, portanto — capaz de dar a cada um de acordo com seu valor: *"héxis aponemêtikê tôu kat'axían hekastôi"*[300]. À primeira vista, essa fórmula lembra o conceito de justiça distributiva de Aristóteles, espécie da justiça particular segundo a qual justo é dar a cada um segundo seu mérito. Contudo, há grandes diferenças entre as duas formulações. Na verdade, o conceito estoico de justiça se opõe de modo consciente ao aristotélico[301]. Aristóteles sustenta que coisas como dinheiro ou honrarias devem ser distribuídas tendo em vista o mérito (*axía*) de cada um, sendo que tal critério pode variar em contextos democráticos, nos quais se privilegia a liberdade; aristocráticos, forma de governo que se prende à noção de excelência; ou oligárquicos, que valorizam a riqueza ou a nobreza de nascimento[302]. Ademais, na teoria de Aristóteles o mérito é definido por meio de referências intercambiáveis entre os sujeitos da relação. Nada disso ocorre com a justiça da *Stoá*.

---

297. Diogène Laërce, *Vies et opinions des philosophes*, VII, 85-86 (*Les stoïciens*, 43-44).

298. Cicéron, *Des fins des biens et des maux*, III, XIX-XX, 62-68 (*Les stoïciens*, 285-287).

299. Diógenes Laércio noticia que Zenão, Hérilo, Cleantes e Esferus escreveram tratados hoje perdidos sobre justiça e legislação (Diogène Laërce, *Vies et opinions des philosophes*, VII, 4, 166, 175 e 178 [*Les stoïciens*, 18, 69, 73 e 74]).

300. Arnim, *Stoicorum veterum fragmenta*, III, 266.

301. Erskine, *The hellenistic stoa*, 117-120.

302. Aristóteles, *Ética a Nicômacos*, V, 1131a, pp. 95-96.

O Pórtico adota um padrão universal para a determinação do mérito. Não importa quem sejam os indivíduos e sob que regime político vivam; justo é dar-lhes o que lhes é devido segundo o *lógos*, medida abstrata, invariável e impessoal. Ademais, como o modelo dos estoicos é estático, eles não julgam correto flexibilizar punições ou castigos, não reconhecendo, como Aristóteles, a equidade. Diógenes Laércio aduz que o sábio estoico não perdoa ninguém nem livra os homens dos castigos previstos pela lei, dado que a indulgência, a piedade e a clemência representam fraquezas da alma quando se trata de penalizar "por bondade"[303], objetivando corrigir o sujeito para seu próprio bem. Tal paradoxo não foi recepcionado pelo estoicismo romano. Nele a *humanitas* e a *clementia* correspondem a verdadeiras pedras de toque do comportamento segundo a razão, como demonstram Sêneca e Marco Aurélio.

Um dos motivos que justificariam a já referida aproximação equivocada entre as definições de "justiça" de Aristóteles e dos estoicos reside na semelhança vocabular, dado que em ambas o indivíduo recebe segundo seu valor ou mérito (*axía*). Entretanto, o critério para a definição da *axía* é bem diverso no aristotelismo e no estoicismo. Traduções descuidadas podem render ainda mais equívocos. Costuma-se dizer que a justiça tanto em Aristóteles quanto nos estoicos constitui uma forma de distribuição. Mas a palavra grega que Zenão utiliza é *aponomêsis*, enquanto Aristóteles prefere, para definir a justiça distributiva, a expressão *"dianomêi dikáion"*[304]. Como os estoicos têm em vista não um tipo especial de justiça, mas a única e verdadeira, eles usam uma palavra de caráter geral, *aponomêsis*, que pode ser traduzida como "dar" ou "entregar". Assim,

---

303. Diogène Laërce, *Vies et opinions des philosophes*, VII, 123 (*Les stoïciens*, 55).

304. Aristóteles, *Ética a Nicômacos*, V, 1131b, p. 96.

justo é dar a cada um o que lhe é devido segundo a razão. Já Aristóteles, analítico como sempre, prefere usar o vocábulo *dianomê*, mais específico e traduzível como "distribuição", o que implica uma forma mais restrita de justiça, a distributiva. Ao lado da justiça comutativa, ela conforma a justiça particular, que por sua vez se posta ao lado da justiça geral. Os estoicos rejeitam explicitamente as divisões aristotélicas da justiça, não reconhecendo uma justiça geral e outras particulares. Para a *Stoá* há uma única justiça, absoluta, invariável e garantida pelo *lógos*. A detalhada postulação aristotélica segundo a qual o conceito de justiça se transforma diante dos diversos governos e classes sociais não se adapta à visão estoica, muito mais próxima do idealismo de Platão e de pensadores utopistas. As considerações de Aristóteles sobre como a liberdade, o nascimento e a riqueza podem influenciar no justo critério de distribuição dos bens e males soavam absurdas para o Pórtico, corrente filosófica hostil a qualquer tipo de subordinação ou hierarquia social, realidades equiparadas a formas mais sutis de escravidão.

Essa rígida concepção de justiça começa a se transformar quando os estóicos gregos passam a ter contato com o contexto sócio-político romano. A partir de então, a discussão sobre a justiça já não pôde ser feita de modo exclusivamente abstrato como na Grécia, onde se invocava apenas a lei natural do *lógos* como fonte e fundamento da justiça, virtude que cabia essencialmente ao sábio. Os problemas vivenciados pelos romanos exigiram que o estoicismo médio considerasse a justiça tendo em vista a legislação civil da *urbs*. Por não ser perfeita, esta deveria ser secundada e aprimorada pela *recta ratio* e não simplesmente negada, uma vez que de alguma maneira o Direito Civil também reflete a racionalidade cósmica. Nasce, assim, o conceito de *aequitas*, tão precioso no Direito Romano, embora inexistente no pensamento estoico grego. Quando se assume que a justiça é perfeita, absoluta e independente da legislação positiva, não parece necessário conceber a equidade, como resta claro no pensamento de Zenão e Crisipo, autores essencialmente críticos em relação às leis das cidades. Ao contrário, em Roma a justiça assumiu papéis mais concretos e convencionais, ligando-se às leis civis, que devem ser continuamente melhoradas pela ação da equidade.

A transformação no caráter da justiça estoica se evidencia em uma discussão reportada por Cícero no *De officiis*[305]. Dela participam os estoicos Antípatro de Tarso e seu mestre Diógenes de Babilônia. O tema em questão reside no possível conflito entre a utilidade e a honestidade, bem como nas maneiras de resolvê-lo. Várias situações hipotéticas são imaginadas pelos filósofos para a testagem dos conceitos de honestidade e de utilidade. Eles se perguntam, por exemplo, o que deveria fazer um homem probo que pretende vender sua casa, mas sabe que ela possui certos defeitos ocultos, ou então como deve proceder um mercador honesto que, tendo transportado grande quantidade de trigo de Alexandria para uma faminta Rodes, percebe que outros comerciantes também se aproximam da cidade, mas que chegarão depois dele. Deve o vendedor da casa ser franco e revelar as imperfeições ocultas, arriscando-se a perder a venda do bem e, com isso, desertar da utilidade? Pode o mercador revelar aos ródios que logo terão trigo em abundância para comprar, sendo assim forçado a abaixar o preço de suas próprias mercadorias? Mais adiante, Cícero enumera outras situações arquetípicas similares. É permitido ao sábio saldar dívidas com moeda que sabe ser falsa? Permite-se-lhe vender vinho azedo? Ele está obrigado a revelar todos os vícios de um escravo quando o vende ou só

---

[305]. CÍCERO, *Dos deveres*, III, 50-57, pp. 132-134. Os principais pontos da controvérsia foram sistematizados e resumidos por SCHOFIELD, *Ética estóica*, 279-281.

aqueles exigidos pela lei[306]? No livro III da *República* os mesmos temas são retomados por Filão. Falando por Carnéades, ele os usa como exemplos que justificariam sua tese segundo a qual os justos são tolos, uma vez que preferem realizar o que é correto em detrimento dos seus interesses, tal como o náufrago que cede a tábua de salvação a outrem e morre, e isso sem que haja alguém por perto para julgar seu ato como bom ou mau[307]. O exemplo do náufrago levou o comentador anônimo do *Teeteto* a atacar os estoicos e sustentar que a prática da justiça é impossível quando estão em jogo conveniências e desejos. Em casos assim, pode haver no máximo filantropia, mas nada tão forte quanto a justiça, virtude que por vezes exige sacrifícios pessoais em favor do que é moralmente correto[308]. Mas Carnéades é um acadêmico cético. Suas posições não servem para desvendar a concepção estoica de justiça que se desenvolvia em Roma[309], sendo úteis apenas para demonstrar a importância e a atualidade da discussão acerca do aparente conflito entre *utilitas* e *iustitia* no século II a.C.

Nas respostas às questões acima referidas, as justificativas utilizadas por Antípatro e por Diógenes são divergentes. Este defende que manter o silêncio em casos como os que foram narrados é perfeitamente legítimo, enquanto aquele sustenta que tal equivaleria a uma simulação fraudulenta indigna do sábio, que deve sempre servir aos interesses da comunidade humana. Entre ambos os pontos de vista gravitam dois diferentes conceitos estoicos de justiça, um deles tipicamente grego — o de Antí-

---

306. CÍCERO, *Dos deveres*, III, 91-92, pp. 149-150.
307. CÍCERO, *Da república*, III, XV, p. 178.
308. Anonymous commentary on Plato's *Theaetetus*, 5-6 (LONG; SEDLEY, *The hellenistic philosophers*, 350).
309. Sobre o tema, cf. SCHOFIELD, *Two stoic approaches to justice*. Especificamente sobre o papel de Carnéades na discussão, cf. LONG, Carneades and the stoic *telos*.

patro — e outro já algo romanizado — o de Diógenes. Segundo Diógenes, basta cumprir a lei da cidade, o *iustum*, para que o ato esteja de acordo com o direito. O mercador e o vendedor da casa devem responder apenas sobre o que lhes for perguntado. Eles não estão obrigados pelas leis positivas a revelarem situações que lhes são prejudiciais, sendo-lhes lícito manter o silêncio. Todavia, se quiserem falar, podem fazê-lo. Agindo assim eles estarão sendo honestos, cumprindo os ditames não do *iustum* estrito, mas do *aequum*. Assim, a justiça é entendida por Diógenes como obrigação de ordem estritamente legal que, todavia, pode ser complementada ou corrigida pela obrigação de natureza moral fundada na *aequitas*. Para Diógenes, a lei civil é em si mesma justa. Entretanto, ela não se configura como padrão único de justiça, dado que as normas jurídico-positivas não esgotam o sentido da *recta ratio*, a ser concretizada em sua inteireza mediante o constante apelo à moralidade extralegal do equitativo e do razoável. Eis uma concepção bem romana de justiça. De fato, sabiam os romanos que nem tudo o que é honesto é também lícito[310]. A *aequitas* era utilizada quando as leis da cidade, justas de maneira geral, se revelavam inúteis ou iníquas no momento de sua aplicação a certos casos concretos. Ora, foi desse movimento do geral para o particular que nasceu o direito pretoriano. Por sua vez, Antípatro enxerga a justiça apenas como lei natural geral e totalizante, na esteira tradicional da *Stoá* grega, mostrando-se incapaz de perceber as nuances entre o justo legal (*iustum*) e o justo moral (*aequum*). Ele exige que por amor à humanidade o vendedor revele os vícios da coisa a ser vendida, assim como o mercador deve informar aos seus fregueses sobre a chegada de outros vendedores de trigo a Rodes.

Com Panécio começa a se desenvolver um conceito de justiça nitidamente romano. Inspirado pela discordância verificada

---

310. *Corpus Iuris Civilis*, ed. Mömmsen-Kruger, *Digesto*, 50.17.144, p. 924.

entre Diógenes e Antípatro, ele acaba por definir a justiça em estreita relação com a equidade. Para o filósofo de Rodes, tais esferas não se opõem como ocorre no pensamento de Diógenes de Babilônia. Com efeito, Panécio afirma que a equidade configura-se como cerne da justiça, uma não podendo existir sem a outra[311]. De acordo com a interpretação de Erskine, Panécio ultrapassa a classificação de Diógenes, para quem um ato pode ser *iustum* sem ser *aequum*, e se centraliza na justiça (*iustitia*) como virtude na qual a *aequitas* está incluída[312]. Entretanto, a vinculação entre ambos os conceitos não pode servir de pretexto para o desrespeito da ordem jurídico-positiva, o que leva Panécio a construir um discurso extremamente conservador e legalista no qual sobressai seu apelo à necessidade de respeito aos contratos e à legalidade positiva[313], dado que o fundamento da justiça reside na boa-fé (*fides*)[314]. Esta exige que os pactos sejam cumpridos, não havendo que se recorrer à equidade para escapar de obrigações legitimamente assumidas ou impostas pelo Estado. Lado outro, a justiça não se confunde com o cumprimento cego da lei, o que poderia dar lugar à perfídia. Panécio deplora pela boca de Cícero as muitas injustiças ocorridas no governo da República, quando em certa ocasião a pretensa obediência ao que restou estabelecido levou os romanos a devastarem os campos do inimigo somente durante a noite, uma vez que a trégua antes travada previa trinta dias de paz e não trinta noites[315]. Tal não se coaduna com a justiça porque ela não se submete à literalidade dos textos, mas ao seu sentido. É por isso que ela se funda na equidade e na boa-fé,

---

311. Cícero, *Dos deveres*, I, 64, p. 38.
312. Erskine, *The hellenistic stoa*, 156-157.
313. Cícero, *Dos deveres*, I, 20-41, pp. 22-30.
314. Ibidem, I, 23, p. 23.
315. Ibidem, I, 33, p. 26.

elementos capazes de evitar interpretações habilmente maliciosas das normas jurídico-positivas.

Assim, graças ao estoicismo o valor da igualdade transferiu-se do plano objetivo da medida — postura típica de Aristóteles[316] — para o plano subjetivo do indivíduo. De fato, com a *Stoá* a justiça deixou de ser simples medida *igual*, transformando-se em medida *igual porque racional*, apta a regular situações conflitivas instauradas entre indivíduos materialmente desiguais.

3.2. O problema da escravidão

Na seara política, a assunção da ideia de igualdade estoica derivou da decadência do regime municipal grego e da instauração dos grandes impérios nos quais floresceu o indivíduo. Muito antes do advento da Modernidade e após a glorificação do cidadão vivenciada nos tempos clássicos, assiste-se durante a época helenística ao gradual e problemático surgimento do indivíduo, pauta filosófica característica da *Stoá*. Não mais pertencendo a uma comunidade orgânica, esquecido pelas grandes monarquias impessoais e antidemocráticas, o ser humano começa a se enxergar como indivíduo e a cultivar o âmbito moral interior. Como desenvolvimento necessário desse humanismo individualista — que em um primeiro momento é negativo e apolítico —, surge a igualdade cósmica, base da reflexão estoica cosmopolita. Todavia, a concepção estoica de igualdade contraria toda a tradição filosófica grega anterior segundo a qual há seres humanos naturalmente destinados à servidão. Platão sustenta que apenas os gregos devem ser poupados do fardo da escravidão[317], uma vez que "[...] a raça helênica é da mesma família e origem, e a dos bárbaros é de família estran-

---

316. ARISTÓTELES, *Ética a Nicômacos*, V, 1131a-b, pp. 96-97.
317. PLATÃO, *A república*, V, 469b-c, p. 244.

geira e alheia"[318]. Por sua vez, Aristóteles afirma que o escravo se diferencia dos homens livres assim como o ser humano difere da fera ou o corpo da alma. Por isso, a melhor alternativa para os servos — que o são por natureza — radica-se na submissão à autoridade de alguém que lhes seja superior. Ainda de acordo com Aristóteles, os escravos participam *per naturam* da razão apenas no que se refere à sensibilidade imediata, não sendo indivíduos de todo racionais. Já os animais não possuem nem mesmo o grau de razão que compete à sensibilidade, obedecendo apenas às suas paixões. Assim sendo, tanto escravos quanto animais devem ser utilizados para os serviços necessários ao corpo[319], tema estudado com profundidade por Giorgio Agamben na primeira parte de seu *L'uso dei corpi*.

Entre as muitas impropriedades que Duhot acumula em seu ensaio, parece-me particularmente criticável a afirmação segundo a qual os gregos não tinham nenhuma preocupação com as origens étnicas dos seres humanos, limitando-se a discriminá-los tendo por base o conhecimento da língua grega[320]. Tal conclusão contraria as evidências textuais tanto em Platão quanto em Aristóteles. Com mais acerto, Erskine aduz que para Aristóteles o escravo seria uma espécie de ser sub-humano cuja alma não se adequa aos padrões racionais gregos[321]. Ao contrário da *Stoá*, doutrina que sustenta que todos os seres humanos possuem almas igualmente racionais e conectadas ao *lógos* universal, Aristóteles entende que há "almas de escravos" e "almas de senhores" nas quais o *lógos* se manifesta de diferentes maneiras[322].

---

318. PLATÃO, *A república*, V, 469c, p. 244.
319. ARISTÓTELES, *Política*, 1254a (1-39) e 1254b (1-37), pp. 59-65.
320. DUHOT, *Epicteto e a sabedoria estóica*, 18-19.
321. ERSKINE, *The hellenistic stoa*, 196.
322. ARISTÓTELES, *Política*, 1253a(17)-1255a(2), e ERSKINE, *The hellenistic stoa*, 197.

Para Platão, a escravidão (*douléia*) é uma instituição normal e necessária ao equilíbrio social garantidor da existência da *pólis* enquanto sociedade justa e organizada. Cada um deve realizar funções específicas na cidade tendo em vista que a justiça ordena aos superiores comandarem os inferiores, sem o que é impossível a harmonia[323]. Assim como a alma domina os sentidos, as raças de natureza real precisam controlar os escravos, aos quais convém a servidão. Se a sociedade não se organiza à semelhança da alma racional, ocorre a injustiça e, com ela, a libertinagem, a covardia, a ignorância e a maldade[324]. Semelhantes às crianças, os homens comuns não sabem o que é melhor para si próprios[325]. Incapazes de comandar os monstros que neles habitam — as pulsões irracionais, os vícios, as paixões etc. —, eles preferem acalentá-los e adulá-los[326]. Conclui Platão-Sócrates dirigindo-se a Glaucón, que ao final concorda com as palavras do mestre:

> Portanto, a fim de um homem nessas condições ser mandado por um poder semelhante ao do homem superior, não diremos que ele precisa ser escravo desse ente superior, cujo chefe é o elemento divino, sem julgar que essa sujeição seja em prejuízo do escravo, como pensava Trasímaco relativamente aos súbditos, mas sendo melhor para todos ser governado por um ser divino e sensato, de preferência albergando-o dentro de nós mesmos, e, caso contrário, comandando-nos do exterior, a fim de que, sob a mesma égide, sejamos todos iguais e amigos, até onde for possível?[327]

---

323. PLATÃO, *A república*, IV, 432a, p. 183.
324. Ibidem, IV, 444b, p. 205.
325. Ibidem, IX, 590e, p. 445.
326. Ibidem, IX, 590c, p. 444.
327. Ibidem, IX, 590d, pp. 444-445.

Os estoicos da primeira geração partem de pressupostos bem diversos. Conforme relatado anteriormente, enxergando a sociedade de seu tempo como moralmente corrupta, Zenão anseia construir uma cidade perfeita em que não existam classes, subordinação ou propriedade, o que traz como consequência a completa condenação da escravidão. Segundo a compreensão do estoicismo grego, a servidão não é uma instituição normal, mas profundamente anômala, pois faz *tabula rasa* dos mandamentos da razão universal segundo a qual todos os seres humanos são iguais. É a escravidão — nos seus vários níveis — que garante a existência de sociedades doentes em que grassam a ignorância e a desarmonia (*dichónoia*), muito distantes do ideal comunitário zenoniano[328].

Ainda que as ideias originais de Zenão tenham sido modificadas durante o Império Romano, em especial quando os estoicos passaram a conviver com estruturas sociais muito mais hierarquizadas e conservadoras, em nenhum momento o Pórtico deixou de se opor à escravidão. Por isso a censura de Erskine contra os estoicos romanos parece-me deslocada do contexto em que viveram. Ele sustenta que, ao contrário da *Stoá* grega, a romana não condenou diretamente a prática da escravidão, tendo se limitado apenas a exigir que os escravos fossem tratados de maneira mais humanitária. Para os estoicos de Roma, a grande questão acerca da servidão não seria ter ou não ter escravos, mas, tendo-os, tratá-los com justiça, dado que o fato de alguém ser ou não servo teria a ver com o destino, não podendo a fortuna ser controlada pelos seres humanos[329]. Com isso os estoicos romanos teriam se livrado, pelo menos em parte, do peso moral relativo à servidão. Mesmo que tal instituição não possa ser tida como natural, a circunstância de alguém se tornar

---

328. Erskine, *The hellenistic stoa*, 43.
329. Ibidem, 48.

escravo se relacionaria ao seu destino particular, estando fora do âmbito de controle dos mortais e, portanto, não podendo dar lugar a uma ampla responsabilização moral imponível aos senhores de escravos. Por apresentarem total desinteresse em relação a questões políticas, as prédicas morais dos estoicos romanos contra a escravidão não passariam de sermões cuja verdadeira finalidade consistiria em ensinar os seres humanos a viverem segundo suas condições sociais, mantendo, assim, intocado o *status quo*[330].

Não concordo com tal exegese, por demais anacrônica. Todo pensador deve ser considerado tendo em vista o contexto político-social em que viveu. Sendo romanos, não poderiam os estoicos da geração imperial atacar os fundamentos da sociedade que os acolhia, ela própria escravizadora de vários povos. Contudo, o fato de a escravidão ser necessária para a manutenção do *establishment* antigo não impediu o estoicismo romano de aprofundar a reflexão acerca da liberdade e, ao final, influenciar o poder político-jurídico no sentido de limitar, regrar e relativizar a escravidão, feito que os estoicos gregos não conseguiram nem se propuseram a realizar. Foi apenas graças à sutil mas constante influência do Pórtico que a jurisprudência romana pôde, pouco a pouco, reformular a noção de escravidão, esvaziando-a e limitando-a o máximo possível no contexto das diversas condições históricas, econômicas e políticas que se verificaram em Roma[331].

Todavia, em outro ponto parece que Erskine tem razão. Com efeito, a *Stoá* grega desenvolveu uma completa teoria da escravidão, o que efetivamente não ocorreu em Roma. A intenção crítica de tal teoria seria demonstrar que a sociedade grega

---

330. ERSKINE, *The hellenistic stoa*, 46.
331. Sobre o tema das transformações da escravidão no direito romano por obra dos estoicos, cf. MATOS, O pórtico e o fórum.

não passava de uma estrutura garantidora de vários tipos de servidão, da qual apenas o sábio escapava. Segundo o testemunho de Diógenes Laércio, o Pórtico grego reconhece três espécies de escravidão:

> Só ele [o sábio] é livre, enquanto os néscios são escravos. Porque a liberdade é a faculdade de atuar por si mesmo, e a escravidão, a privação dessa autodeterminação. Há também outra escravidão que consiste na submissão, e uma terceira, que está no fato de ser propriedade de outro e estar submetido, à qual se soma a dominação do amo, que também é algo mau[332].

O trecho é denso, concentrado até quase à falta de sentido. Para ser compreendido, ele precisa ser cuidadosamente analisado. Pois bem, a primeira e a mais importante forma de escravidão (*douléia*) é a servidão moral, própria daqueles que, diferentemente do sábio, não subordinam suas vontades particulares à razão geral do *lógos*. Esta primeira espécie se liga diretamente à definição estoica de liberdade (*eleuthería*), que é o poder de ação independente (*autopragía*), conceito igualmente importante para a conceituação das demais formas de servidão.

O segundo tipo de escravidão é o mais problemático e poderia ser definido como subordinação (*hypótaxis*), uma vez que ser livre (*eléutheros*) significa não se dobrar diante da vontade de outrem. A subordinação se relaciona à dominação (*despotéia*) exercida por quem detém certo poder sobre outrem, tal como o patrão em relação ao empregado e os cidadãos diante dos

---

332. "*Sólo él [el sabio] es libre, mientras que los necios son esclavos. Porque la libertad es la facultad de actuar por sí mismo, y la esclavitud, la privación de esa autodeterminación. También hay otra esclavitud que consiste en la sumisión, y una tercera, que reside en el ser propiedad de otro y estar sometido, a la que se opone la dominación del amo, que es también ella algo malo*" (DIÓGENES LAERCIO, *Vidas de los filósofos ilustres*, VII, 121-122, p. 377).

estrangeiros. Nessa perspectiva, todos os indivíduos são, em maior ou menor grau, escravos uns dos outros, desde o trabalhador assalariado até os governantes, que sempre devem obediência a um senhor mais poderoso. Apenas o sábio escapa da subordinação, pois ele não se submete à vontade alheia, apenas à razão que ordena o cosmos. É por isso que só os sábios podem ser bons reis, governantes e magistrados[333]. Estando em posições de comando, eles fazem respeitar a lei natural cósmica e não os ditames da ambição, como sói ocorrer com os seres humanos comuns. Todavia, o sábio estoico não impõe nada aos homens. Pelo menos na versão grega da *Stoá*, a coação se mostra de todo inadequada em um governo estoico, ao qual cabe mostrar aos seres humanos o caminho para a virtude, à semelhança de deus e do *lógos*, e não forçá-los a serem bons mediante o uso da violência. Zenão dizia que os filósofos deveriam ser convencidos pela argumentação e não pela força[334], pois esta submete o corpo, jamais a alma[335]. Tendo notado que o flautista Cafísios agredira um de seus alunos que errara certa nota musical, Zenão advertiu-o dizendo-lhe que o bem não está na força, mas sim a força está no bem[336]. Se homens viciosos assumem o poder político naturalmente graças ao sábio, toda a sociedade se torna escrava, menos o estoico, que confere seu assentimento somente às leis naturais, rebelando-se, ainda que

---

333. Diogène Laërce, *Vies et opinions des philosophes*, VII, 122 (*Les stoïciens*, 55).

334. Epicuro é da mesma opinião, embora a fundamente de maneira diversa: "*One must not force nature but persuade her. And we will persuade her by fulfilling the necessary desires, and the natural ones too if they do not harm [us], but sharply rejecting the harmfull ones*" (Epicurus, *The Vatican collection of epicurean sayings*, 21 [Inwood; Gerson, *Hellenistic philosophy*, 37]).

335. Diogène Laërce, *Vies et opinions des philosophes*, VII, 24 (*Les stoïciens*, 25).

336. Diogène Laërce, *Vies et opinions des philosophes*, VII, 21 (*Les stoïciens*, 24).

de maneira passiva, contra o poder político-jurídico irracionalmente exercido. Mas a insubordinação estoica não se identifica com a desobediência pura e simples. O sábio estoico obedece aos comandos do *lógos*, ordem cósmica natural que não restringe a liberdade, representando antes sua própria essência. Por seu turno, o tolo é sempre escravo porque não sabe como deve viver. Seria possível opor a tal constatação o argumento de que os estultos escolhem viver na ignorância e nisso residiria a liberdade para eles. Contudo, tal explicação não parece ser válida para a *Stoá*, dado que os néscios são incapazes de escolher livremente. Negando sua natureza, o tolo se rende às seduções dos bens indiferentes preferíveis e deixa de realizar a virtude, único caminho que leva à sabedoria e à completa liberdade.

Por fim, o terceiro tipo de servidão é o mais visível e se verifica quando um ser humano, além de se subordinar a outro, também se torna sua possessão (*ktêsis*). Trata-se da escravidão propriamente dita, arraigada instituição social greco-romana. A condenação desta espécie de escravidão por parte dos estoicos gregos não é direta e se liga ao argumento geral segundo o qual a propriedade em si nada teria de essencial ou natural, revelando-se antes como algo convencional e moralmente mau. De fato, deve-se ao estoicismo romano a tese de que a escravidão *stricto sensu* é contrária à natureza, postulação reproduzida com clareza no *Digesto* pelo jurisconsulto Florentino[337]. Não há nenhuma evidência textual capaz de comprovar que tal ideia tenha sido desenvolvida de modo específico pelos estoicos gregos, embora ela deflua logicamente do sistema por eles fundado[338].

Inspirado em Panécio, Cícero sustenta que propriedade alguma é estabelecida pela natureza, surgindo por força de ocupa-

---

337. *Corpus Iuris Civilis*, ed. Mömmsen-Kruger, *Digesto* 1.5.4, p. 35.
338. ERSKINE, *The hellenistic stoa*, 46.

ções prolongadas, conquistas, contratos, convenções legais e até mesmo da sorte[339]. Em outro passo ele esclarece suas ideias sobre a propriedade, explicando que o mundo se assemelha a um grande teatro que pertence a todos e onde cada um tem seu assento marcado. Nesta mesma passagem Cícero se reporta a Crisipo para descrever o universo como uma comunidade integrada por seres humanos e deuses na qual não parece injusto que os homens se utilizem dos animais para seus próprios interesses. Resta subentendido que tal não pode ser feito entre os seres humanos sem injustiça[340].

De qualquer forma, ainda que a qualificação de antinatural tenha sido conferida ao terceiro tipo de escravidão apenas em Roma, deve-se notar outra diferença mais importante entre os estoicos gregos e os romanos no que concerne ao presente tópico, dado que para aqueles o sábio jamais poderia ser um escravo no sentido tradicional do termo, enquanto para estes pouco importa se o sábio é propriedade de outrem, circunstância que em nada altera sua autonomia moral interior, como bem demonstra o escravo Epicteto em várias passagens de sua obra. Os estoicos gregos explicam que a escravidão *stricto sensu* é, em si mesma, um indiferente que não se relaciona à virtude. Na verdade, trata-se de um indiferente da classe dos rejeitáveis, devendo ser evitado, mas não ao preço da virtude. Por outro lado, tratar alguém como escravo não é um indiferente, constituindo um vício, algo moralmente mau e contrário aos comandos do *lógos*[341]. É curioso notar a resposta dos estoicos gregos à pergunta sobre a possibilidade de captura do sábio por homens

---

339. CÍCERO, *Dos deveres*, I, 21, p. 22.
340. CICÉRON, *Des fins des biens et des maux*, III, XX, 67 (*Les stoïciens*, 287). Erskine afirma que a metáfora do teatro não foi originalmente pensada por Cícero ou Crisipo, mas por Hécaton de Rodes, discípulo de Panécio. Cf. ERSKINE, *The hellenistic stoa*, 106-108.
341. ERSKINE, *The hellenistic stoa*, 47.

tolos que pretendem reduzi-lo à condição servil. Dizem os estoicos helenos que esse hipotético sábio nunca será um servo. Apesar de ser tratado como propriedade, ele não se deixará subordinar, negando-se a acatar as ordens de seu senhor. Ora, tal soa como um simples jogo verbal que chega exatamente à mesma conclusão pensada pelos romanos: o sábio pode ser escravizado, mas, como a única e verdadeira escravidão apresenta natureza moral, nunca será um servo de verdade. Em suma: o sábio é imune à escravidão. O que o salva é sua autonomia moral, conforme se expressa claramente o Pórtico romano. Tal comprova, pelo menos nesta matéria, uma maturidade maior do estoicismo imperial, incapaz de reconhecer outro tipo de escravidão diverso da moral, a única que realmente conta e da qual os outros tipos — a subordinação e a servidão *stricto sensu* — são apenas reflexos externos.

Na tripartição conceitual da escravidão encontra-se o essencial do pensamento estoico grego sobre tal temática, sendo importante notar que mesmo depois de séculos de sua formulação ela ainda pareceria errônea aos olhos romanos. Diferentemente dos estoicos, Justiniano afirma que na condição de escravo não há diferenciações; na de livre sim, existem muitas[342]. Subvertendo tal lógica fechada, os estoicos gregos demonstram que há diversos tipos de escravos e que a sociedade não passa de uma estrutura na qual se hierarquiza a servidão. Epicteto descreve o mundo como uma grande senzala onde todos são escravos de todos, desde o trabalhador assalariado submetido a quem lhe paga até o homem apaixonado dominado pela mulher amada, desde o novo rico grosseiro e sem modos até o liberto empobrecido, sem excluir aqueles que conseguem chegar ao Senado, a mais bela e tenaz das escravidões[343]. Mesmo

---

342. *Corpus Iuris Civilis*, ed. Mömmsen-Kruger, *Institutiones*, I, III, 5, p. 2.
343. Épictète, *Entretiens*, IV, I, 33-40 (*Les stoïciens*, 1043).

os mais independentes têm sempre um senhor em Roma, o Imperador[344], com o qual os poderosos precisam se comportar como escravos, tal e qual no exemplo de Epicteto: se os grandes de Roma não são convidados para jantar com César, ficam entristecidos e temerosos; se o são, devem se portar durante a ceia como o mais vil dos empregados, prestando atenção a todos os atos e falas do Imperador para não desagradá-lo[345].

A escravidão moral que viceja nos tolos infecta a esfera da política e produz uma sociedade na qual as desigualdades e as subordinações se sobrepõem. Na base da pirâmide social grega da época de Zenão e Crisipo estavam os escravos, extrato mais baixo da população cujos membros sequer são donos do próprio corpo. Logo depois vinham os libertos e os trabalhadores assalariados, que pouco difeririam dos servos. Os demais cidadãos se submetiam aos governantes que, por seu turno, deviam obediência a algum tiranete local, possivelmente macedônico. Este, talvez mais do que todos os outros, era escravo de suas paixões. Somente o sábio é livre. Além de não se curvar diante dos comandos irracionais dos líderes políticos, ele mantém a liberdade ao conectar sua vontade à do *lógos* universal. Só ele se mantém lúcido diante de uma realidade inegavelmente corrupta, a qual censura sem descanso.

A reprovação da escravidão levada a efeito pelo Pórtico constitui um corolário de uma das teses fundamentais da escola. Ao contrário da concepção aristotélica, a igualdade estoica provém da razão cósmica e iguala todos os homens. Para a *Stoá*, os seres humanos — tão racionais quanto os deuses — são iguais em razão da capacidade lógica que neles reside. Ela está presente inclusive no escravo, que não é servo por natureza, argumentarão os romanos, mas em consequência de al-

---

344. Ibidem, IV, I, 11-14 (*Les stoïciens*, 1041).
345. Ibidem, IV, I, 48 (*Les stoïciens*, 1044).

gum acidente. Em Roma são cativos os prisioneiros de guerra, os filhos de escravas, os devedores inadimplentes e insolventes etc. Se os antigos estoicos ainda postulavam uma cisão fundamental na comunidade humana — já não mais entre livres e escravos, mas entre sábios e tolos —, com o médio estoicismo e o estoicismo imperial esta última barreira cai definitivamente por terra. Panécio, inspiração maior de Cícero, ensina que todos os seres humanos podem ser educados e que a figura do sábio perfeito não passa de uma ficção[346].

Entretanto, Panécio não alcançou o amplo grau de cosmopolitismo que caracterizou o estoicismo imperial. Com efeito, em seu *Dos convenientes* ele não se dirige a todos os seres humanos, mas ao jovem nobre chamado a realizar seus deveres em benefício da comunidade ou, na melhor das hipóteses, ao cidadão livre não degradado por trabalhos servis[347]. O humanismo de Panécio — ao contrário do de Sêneca, por exemplo — não é espiritualizado, tendo por centro o indivíduo e jamais o ser humano abstrato concebido pelos estoicos do Império. Apesar

---

346. "*La foi de Panétius [...] à l'égard de l'unité de la nature humaine est telle qu'il ajoute qu'il n'y a point d'homme, quelque soit la nation à laquele il appartient, qui, ayant eu un maître, ne puisse parvenir à la vertu. [...] En somme, tout homme part du fond commun et c'est sur ce fond qu'il aura à bâtir sa propre personne. Il possède une nature et une raison en puissance, il devra les elèver à l'acte. Ici encore nous sommes très loin du vieux stoïcisme, qui tout en douant chaque homme de raison, s'empressait d'établir une classe de privilégiés qui seuls pourraient en jouir*" ["A fé de Panécio (...) quanto à unidade da natureza humana é tal que ele afirma que não há homem, seja qual for a nação a que pertença, que, tendo tido um mestre, não possa alcançar a virtude. (...) Em suma, todo homem parte do fundo comum e é sobre esse fundo que ele terá que construir sua própria pessoa. Ele possui uma natureza e uma razão em potência, e terá que levá-las ao ato. Aqui, novamente, estamos muito longe do velho estoicismo que, ao mesmo tempo que dotava cada homem de razão, apressava-se a estabelecer uma classe privilegiada contendo os únicos que poderiam dela gozar."] (TATAKIS, *Panétius de Rhodes*, 154).

347. TATAKIS, *Panétius de Rhodes*, 196.

do intenso contato de Panécio com a civilização romana, ele foi um pensador ainda ancorado no estoicismo grego, filosofia nascida do choque espiritual proporcionado pelas conquistas de Alexandre, que, apesar de aspirar ao universalismo igualitário, não conseguiu realizá-lo nem *de facto* e muito menos juridicamente. Somente o estoicismo imperial, herdeiro da antiga *Stoá* grega, pôde realizar — ainda que de maneira parcial e contraditória — o cosmopolitismo e a igualdade que lhe é ínsita.

De fato, os jurisconsultos entendiam que o Direito Civil não pode derrogar as leis da natureza e por isso defendiam a existência de uma igualdade essencial entre todos os seres humanos. Mesmo que não tenham sido capazes de extinguir a escravidão, instituição tradicional e arraigada na mentalidade greco-romana, os juristas romanos do Império a tornaram cada vez mais flexível, criando várias normas jurídicas tendentes à proteção do escravo e à suavização de sua situação. Segundo a jurisprudência clássica, a escravidão não passa de um instituto artificial derivado do direito das gentes[348]. Florentino ensina que a servidão constitui uma propriedade contrária aos comandos da natureza[349], uma vez que a liberdade é, de acordo com o jurista Paulo, coisa inestimável (*res inaestimabilis*)[350], configurando-se como o mais favorável de todos os bens na dicção de Gaio[351]. Ulpiano compara a servidão à morte[352], sendo certo que todos nascem livres[353] e, portanto, iguais.

---

348. Gaius, *Institutes*, I, 52, p. 9.
349. *Corpus Iuris Civilis*, ed. Mömmsen-Kruger, *Digesto* 1.5.4, p. 35.
350. Ibidem 50.17.106, p. 923.
351. Ibidem 50.17.122, p. 923.
352. Ibidem 50.17.122, p. 926.
353. Ibidem 1.1.4, p. 29.

Em sua memorável Carta XLVII[354], Sêneca reprova os que dispensam tratamentos cruéis aos escravos. Os servos são nossos "amigos humildes", diz o filósofo, devendo ser tratados com bondade e justiça. Por serem dotados da luz da razão, eles não são diferentes dos poderosos senhores romanos. Antes Cícero já afirmara que a justiça também deveria ser observada em relação aos escravos, aos quais somente se poderia exigir o que o direito permitisse[355]. Informado por um paradigma ético bem mais avançado, Sêneca assevera que livres e escravos são irmãos, uma vez que a fortuna tem igual poder sobre todos os seres humanos.

Veyne não enxerga na postura de Sêneca mais do que orgulho nobiliárquico romano, próprio dos que se comprazem em tratar bem aqueles que lhes são inferiores. É por isso que o filósofo elogia Lucílio — "pessoa iluminada e cultivada" — ao saber que ele não maltrata seus escravos. Assim, a tão propalada "humanidade quase cristã" de Sêneca dedicada aos servos nada teria de notável, pois era norma entre os nobres de Roma mostrarem-se sensíveis em relação aos cativos. Tal fazia parte da *elegantia* romana. Tratar os escravos com bondade era um ato virtuoso equivalente à magnanimidade do vencedor que poupa

---

354. "*I'm glad to hear, from these people who've been visiting you, that you live on friendly terms with your slaves. It is just what one expects of an enlightened, cultivated person like yourself. 'They're slaves', people say. No. They're human beings. 'They're slaves'. But they share the same roof as ourselves. 'They're slaves'. No, they're friends, humble friends. 'They're slaves'. Strictly speaking, they're our fellow-slaves, if you once reflect that fortune has as much power over us as over them*" ["Fico feliz em saber, dessas pessoas que o têm visitado, que você vive em termos amigáveis com seus escravos. É exatamente o que se espera de uma pessoa iluminada e culta como você. 'São escravos', dizem as pessoas. Não. São seres humanos. 'São escravos'. Mas compartilham o mesmo teto que nós. 'São escravos'. Não, são amigos, amigos humildes. 'São escravos'. Estritamente falando, são nossos companheiros de escravidão, se você se der conta de que a fortuna tem tanto poder sobre nós quanto sobre eles."] (SENECA, *Letters from a stoic*, XLVII, p. 90).

355. CÍCERO, *Dos deveres*, I, 41, p. 30.

o vencido. Prova de tal afirmação é que, ainda segundo Veyne, os estoicos jamais atacaram sistematicamente a instituição social da escravidão, que lhes parecia normal e mesmo necessária, tendo apenas sublinhado, em linha de argumentação teórica, que todos os seres humanos são iguais perante o cosmos[356]. Ainda que a avaliação de Veyne dedicada à postura dos estoicos romanos quanto à instituição da escravidão esteja equivocada, como já demonstrado, é fato que tanto ontem quanto hoje é de bom tom tratar empregados e subordinados de maneira afável e cortês, mas sem jamais permitir que os papéis se confundam: sempre há alguém que manda e alguém que obedece.

3.3. A liberdade interior

Ao lado da concepção de igualdade cósmica da *Stoá* comparece a noção de liberdade do pensamento. A liberdade interior dos estoicos pressupôs uma mudança radical na Filosofia Política grega, que entendia que ser livre significava apenas pertencer a certa *pólis* na qualidade de cidadão. Jaeger explica que "a liberdade do homem grego consiste em se sentir subordinado, como membro, à totalidade da *polis* e das suas leis"[357]. De fato, os demais filósofos gregos não teorizaram a liberdade enquanto capacidade racional de escolha interna, diferentemente dos estoicos, em especial Epicteto, para quem o único elemento absolutamente livre no ser humano reside na sua vontade, ou seja, no domínio do pensar. Nesse sentido, é memorável o panegírico que Zenodoto dedica a Zenão, no qual se diz que ele fundou a independência ao desprezar a vã riqueza, sendo o estoicismo a verdadeira mãe da liberdade[358].

---

356. Veyne, *Séneca y el estoicismo*, 150-153.
357. Jaeger, *Paidéia*, 228.
358. Diogène Laërce, *Vies et opinions des philosophes*, VII, 30 (*Les stoïciens*, 27).

Assim como os gregos, os romanos inicialmente não relacionavam a liberdade à capacidade interna de escolha própria do ser racional. Tratava-se antes de um *status* pessoal: ser livre ou escravo — a principal e suprema divisão do *ius personarum* segundo as *Institutas* de Gaio[359] e as de Justiniano[360] — resumia para o romano o sentido da liberdade. Mesmo depois da queda do Império do Ocidente ainda se sustentava que a cidadania romana era a única liberdade existente[361]. Ademais, em Roma o *status libertatis* ostentava nítido caráter jurídico, apresentando uma concretude que o afastava do pensamento abstrato do Pórtico. De acordo com a definição justinianeia, "liberdade, de onde vem a denominação *liberi*, livres, é a faculdade natural daquele a quem é lícito fazer tudo quanto deseja, a não ser que seja impedido pela força ou pelo direito"[362]. Com base no famoso dizer do jurista Paulo, Justiniano classificou a liberdade como um bem (*res*) da classe dos inestimáveis[363].

Todavia, graças à progressiva disseminação do pensamento estoico em Roma, a feição da liberdade começou a se transformar[364]. Bem antes de Epicteto, Cícero já anunciara que os pensamentos são livres[365], tema recorrente na obra de Sêneca. Para os estoicos, a liberdade não se identifica com a cidadania dos gregos ou com o *status libertatis* dos romanos, visto que tais elementos serviam apenas para separar os seres humanos em classes

---

359. Gaius, *Institutes*, I, 9, p. 2.
360. *Corpus Iuris Civilis*, ed. Mömmsen-Kruger, *Institutiones*, I, III, pr., p. 1.
361. Ibidem, I, V, 3, pp. 2-3.
362. Ibidem, I, III, 1, p. 2. Cf. também a passagem original de Florentino contida no *Digesto* e da qual Justiniano se aproveitou para sua definição (*Corpus Iuris Civilis*, ed. Mömmsen-Kruger, *Digesto* 1.5.4pr., p. 35).
363. Ibidem, I, VI, 7, p. 3.
364. Para uma breve exposição da evolução da ideia estoica de "liberdade", cf. Beleval, Sur la liberté stoicienne.
365. Cícero, *Pro Milone*, XXIX, 79.

diferentes. Um dos princípios centrais do Pórtico — qual seja, a crença na irmandade e na igualdade intrínsecas existentes entre os humanos — exigia a reconfiguração do clássico conceito de liberdade, que passou a ser entendida como dado puramente interior e presente em todos os seres racionais vocacionados à convivência igualitária na cosmópolis. Uma vez aceito o postulado da comunidade universal, não há outra saída para a *Stoá* senão desprezar as instituições particularistas que fundamentavam a vida social nas cidades. Os filósofos estoicos notaram que o principal sustentáculo dessas experiências sociais egoístas se assentava na compreensão da liberdade enquanto atributo político capaz de separar os homens em categorias bem definidas: de um lado, os cidadãos livres, que gozavam do *status libertatis*; de outro, os demais seres humanos, igualados pela sujeição aos primeiros. Eis a principal diferença que opunha os seres humanos na Antiguidade[366] e contra a qual o estoicismo se levantou.

Os estoicos concluíram que para instaurar a cosmópolis e assim concretizar a verdadeira comunidade igualitária de seres humanos e de deuses era necessário atacar o fundamento de validade da *pólis* e da *ciuitas*, ambas fundadas na firme noção de liberdade enquanto *status* exclusivo do cidadão. Tal tarefa foi realizada de maneira hábil e sutil pelo estoicismo, que transformou a antiga noção de liberdade — claramente discriminatória e particularista — em um elemento de caráter universal e abstrato, presente em todos os humanos e idêntico à vontade interna que os torna capazes de realizar escolhas racionais. A nova noção de liberdade pensada pelos estoicos serve para unir os seres humanos, não para segregá-los: todos, até mesmo os escravos, têm pleno domínio da vontade interior, que não pode ser devassada pelo senhor, pelo tirano ou por

---

366. *Corpus Iuris Civilis*, ed. Mömmsen-Kruger, *Digesto* 1.5.3, p. 35.

qualquer outra autoridade, ainda que transcendente. Ora, a capacidade interna de querer ou não querer constitui a característica básica que iguala os seres racionais e os prepara para conviver na cosmópolis, diante da qual a *pólis* e a *ciuitas* são apenas simulacros imperfeitos. Para os estoicos, essa é a verdadeira ideia de liberdade, equalizadora e universalista, muito diferente da tradicional concepção de *status*, diferenciadora e particularista. Sêneca e Epicteto insistem na tese de maneira quase obsessiva, citando exemplos de escravos que eram livres porque dominavam suas paixões. Capazes de querer e não querer racionalmente, eles sabiam diferenciar o que deles dependia daquilo que deles independia. Por outro lado, são incontáveis os casos elencados pelo Pórtico de grandes senhores romanos que, livres aos olhos do mundo, não passavam de servos de seus próprios vícios[367].

De certa maneira, com a concepção de liberdade interior a *Stoá* antecipou algumas das principais contribuições de Agostinho para a filosofia, tal como a teoria do livre-arbítrio, segundo a qual o Deus cristão concedeu ao ser humano a possibilidade de querer e decidir por si só em sua esfera íntima, sem nenhum condicionante extrínseco. Contudo, a pré-figuração do livre-arbítrio cristão na filosofia estoica não apresenta fundamento religioso, antes se relacionando ao contexto político em que viveram Zenão e Crisipo. Em 338 a.C., a Grécia foi anexada ao Império Macedônico depois de ter resistido a Filipe II durante os últimos anos de liberdade da Hélade, encarnados na figura ímpar de Demóstenes. Fundada a nova ordem, a Macedônia impôs às cidades-Estado gregas Constituições antidemocráticas mediante as quais somente os mais ricos gozavam de limitados direitos políticos. Nominalmente a democracia grega ainda

---

367. Cf. vários exemplos em CICÉRON, *Des fins des biens et des maux*, III, XXII, 75 (*Les stoïciens*, 290).

existia, bem como o honroso título de cidadão. Contudo, eram apenas formas exteriores[368]. A influência macedônica durou até Atenas ser "libertada" pelos romanos e passar a gravitar politicamente em torno da República. Os dias de glória da *pólis* evocada por Sólon e Péricles estavam terminados. Esmagada a autonomia política dos gregos, abriu-se fértil campo para a teorização e o reconhecimento de um novo âmbito da liberdade, interior e imune às ações de governantes e conquistadores. Era chegado o momento da liberdade interior estoica.

Todavia, a afirmação da liberdade estoica no cenário filosófico não foi mera consequência da perda da liberdade política grega. A imagem de uma Atenas refinada, racional e perfeita constitui uma ilusão retrospectiva, em grande parte graças ao idealismo alemão. A real Atenas era turbulenta, instável e violenta. Imperialista e constantemente em guerra, a mais famosa das cidades gregas viu suceder em seu seio diversos regimes, tendo passado por períodos em que a tirania era a única forma possível de governo. Como visto, Atenas se revoltou muito tardiamente contra a Macedônia. A liberdade fictícia imposta pelos governantes macedônicos parecia suficiente aos atenienses, com o que se criou um paradoxo. Ainda que os gregos tivessem perdido o controle *de facto* de seus destinos políticos, continua-

---

368. "*Le fait est que nous sommes à une époque ennemie de la liberté. Les autels de la plus grande divinité s'eteignent et il leur faudra attendre très longtemps pour être rallumés. La cité, depuis longtemps malade, disparaît donc définitivement. Sa grande activité politique fait place à une vie municipale, plus ou moins pauvre. La ville continue à s'appeler cité et l'habitant citoyen, mais c'est un autre monde qu'il faudra voir sous ces mêmes noms*" ["O fato é que estamos em uma época hostil à liberdade. Os altares da maior divindade estão extintos e terão que esperar muito tempo para serem reacendidos. A cidade, há muito doente, desapareceu definitivamente. Sua grande atividade política deu lugar a uma vida municipal mais ou menos pobre. A cidade continua sendo chamada de cidade e o habitante de cidadão, mas é um outro mundo que deve ser visto sob esses mesmos nomes."] (TATAKIS, *Panétius de Rhodes*, 5).

ram a representar o papel de baluartes da cultura, tendo gerado uma literatura e uma filosofia de primeiro nível na época helenística. O estoicismo não é uma filosofia da consolação criada para desamparados gregos que vivenciavam sua própria versão do paraíso perdido. Ao contrário, trata-se do fruto mais maduro do helenismo vitorioso, que soube superar as fissuras entre o pensamento ocidental e o oriental e integrá-los em modelos universais apropriados aos novos tempos[369].

A concepção de liberdade interior, de origem inegavelmente helênica, não era tida como elemento central do pensamento de Zenão e de seus sucessores, apesar de ser importante no sistema do Pórtico. Tal ideia passou a caracterizar a doutrina estoica romana em um momento no qual a República já estava enterrada, a exemplo da *pólis* grega autônoma. Falar em liberdade interior no contexto romano significava evocar a escola estoica, identificação que se aperfeiçoou na obra de Epicteto, sendo posteriormente apropriada e desenvolvida por Marco Aurélio. A liberdade pensada pela *Stoá* em Roma evoca antes de tudo um ideal moral. Com efeito, a ortodoxia estoica se afasta das ideias pragmáticas e concretas de alguns pensadores romanos que, a exemplo de Cícero, ainda concebiam a liberdade como um bem político-jurídico existente nos Estados em que o povo detém a soberania[370]. Ao contrário, ensina Epicteto, ser livre significa não se deixar influenciar pelo que é exterior ao pensamento, única instância humana realmente autônoma, dado que o bem e a independência só podem ser encontrados no recesso íntimo do homem[371]. Não surpreende que para o Pórtico todas as paixões derivem de causas exteriores ao indivíduo, as

---

369. DUHOT, *Epicteto e a sabedoria estóica*, 18.
370. CÍCERO, *Da república*, I, XXXI, p. 156.
371. ÉPICTÈTE, *Entretiens*, III, XXII, 38-39 (*Les stoïciens*, 1007).

quais são postas pelo outro[372] ou pelo próprio sujeito e, neste último caso, sempre em razão de circunstâncias exteriores[373]. A profilaxia, contudo, é simples: basta que se construa a vida ao redor da virtude, única realidade que "depende de nós". De acordo com os estoicos, "virtude" é o termo a ser utilizado, e não "liberdade", uma vez que esta evocaria algo que não existe, tal como a completa ausência de estímulos ou de condicionamentos externos. Como nota Frede, não há seres humanos que vivam em uma espécie de vácuo moral, sem opiniões e objetivos específicos que condicionem suas opiniões e ações[374]. Na verdade, importa saber o que está sob o poder do ser humano e o que não está, para assim se atingir uma coerência mental e emocional que corresponda à liberdade interior. Não cabe ao humano buscar incessantemente objetos indiferentes preferíveis tais como a riqueza e a saúde, que lhes são externos e, portanto, não estão em seu poder. Em sua radicalidade, a proposta de Epicteto inclui até mesmo o corpo humano entre os elementos exteriores que não devem turbar a liberdade:

> Seus corpos, vocês os consideram livres ou escravos? "Não sabemos". Vocês não sabem que eles são escravos da febre, da gota,

---

372. "É a falta de domínio de si mesmo que afeta a Stoa, e a paixão, como uma agitação da alma, é o solo mais propício para o homem vir a perder-se de si, para mergulhar na escravidão da alteridade. O outro emerge como signo do múltiplo e da diferença, como fator perigoso à unidade do movimento da alma, na medida em que pode enfraquecer o *tónos* do hegemônico. Se assim for, aos estóicos coube a tarefa de aclarar, definitivamente para o Ocidente, a interioridade como instância da liberdade moral" (GAZOLLA, *O ofício do filósofo estóico*, 162).

373. Cf. os amplos catálogos de paixões coligidos por ANDRONICUS, *On passions*, I (LONG; SEDLEY, *The hellenistic philosophers*, 411), ARIO DIDIMO, *Etica stoica*, 10b-c, pp. 60-61, CICÉRON, *Les tusculanes*, IV, VI-X, 11-21 (*Les stoïciens*, 332-336), e DIOGÈNE LAËRCE, *Vies et opinions des philosophes*, VII, 110-115 (*Les stoïciens*, 51-53).

374. FREDE, *Determinismo estóico*, 222.

da oftalmia, da disenteria, de um tirano, do fogo, do ferro, de tudo que é mais forte do que eles? "Sim, eles são escravos". Como, então, qualquer coisa que pertença ao corpo pode ser sem obstáculo? Que grandeza, que valor pode ter um ser que é por natureza um cadáver, algo da terra, da lama? Ora, vocês não têm nada livre? "Absolutamente nada." E quem pode forçá-los a dar seus assentimentos a uma representação falsa? "Ninguém." E a não dá-las a uma representação verdadeira? "Ninguém". Veja então que há algo aí em vocês que é naturalmente livre[375].

Sêneca já havia assinalado que quem se preocupa em demasia com o próprio corpo acaba se tornando escravo de muitos[376]. Epicteto aprofunda tal constatação perguntando ao seu anônimo interlocutor se quem deseja algo dependente dos outros pode ser considerado livre. Recebendo resposta negativa, o filósofo estoico explica que o corpo não depende unicamente do seu suposto dono, pois está sujeito às leis dos tiranos, da saúde e da doença, da vida e da morte. De maneira similar, bens materiais, honras, amigos e escravos independem do querer para existirem de tal ou qual forma[377]. Segundo Epicteto, o único

---

375. *"Votre corps, le tenez-vous pour libre ou pour esclave? 'Nous ne savons pas.' Vous ne savez pas qu'il est esclave de la fièvre, de la goutte, de l'ophtalmie, de la dysenterie, d'un tyran, du feu, du fer, de tout ce qui est plus fort que lui? 'Oui, il est esclave.' Comment alors rien de ce qui appartient au corps peut-il être sans obstacle? Quelle grandeur, quelle valleur peut avoir un être qui est par nature un cadavre, de la terre, de la boue? Quoi! n'avez-vous rien de libre? 'Absolument rien.' Et qui peut vous forcer à donner votre assentiment à une représentation fausse? 'Personne.' Et à ne pas le donner à une représentation vraie? 'Personne.' Voyez bien qu'il y a ici en vous quelque chose qui est naturellement libre"* (ÉPICTÈTE, *Entretiens*, III, XXII, 40-42 [*Les stoïciens*, 1007]).

376. SÉNECA, *Cartas a Lucilio*, XIV, 1, p. 49.

377. ÉPICTÈTE, *Entretiens*, IV, I, 62-67 (*Les stoïciens*, 1047).

traço que distingue os seres humanos dos demais animais é a capacidade de escolha racional (*proaíresis*, *arbitrium*)[378].

Com penetrante humor, Marco Aurélio cita Epicteto para concluir que não há ladrão do livre-arbítrio[379]. Nessa perspectiva, a liberdade estoica se identifica com o autocontrole e o autoconhecimento que apenas o sábio possui. Questionado sobre o que seria a liberdade, Sêneca responde de imediato: "Não temer os homens, não temer os deuses; não querer as coisas torpes nem as excessivamente grandes; ter o maior domínio sobre si mesmo: é um bem inestimável tornar-se dono de si mesmo"[380]. Em outra de suas cartas o cordobense deplora a triste sorte dos seres humanos, que frequentemente conferem o menor valor ao que lhes deveria ser mais precioso, a saber, a liberdade. Lado outro, costumam-se pagar altos preços por objetos materiais escravizadores. De acordo com a fórmula lapidar de Sêneca, "nós nos possuiríamos se não possuíssemos estas coisas" ("*nostri essemus, si ista nostra non essent*")[381].

Ao considerar que o ser humano é capaz de escolher entre objetos indiferentes preferíveis e a virtude — único bem verdadeiro —, devendo necessariamente preferir esta, Epicteto se alinha a uma versão rigorosa do estoicismo, muito próxima do radicalismo do cinismo, a "ala esquerda" da *Stoá*[382]. Para muitos estudiosos, tal exigência extrema não teria caracterizado o estoicismo grego original, capaz de compreender a virtude em um âmbito

---

378. Tal posição leva Gill a enxergar na ideia de liberdade de pensamento de Epicteto uma antecipação do conceito moderno de vontade. Cf. GILL, *A escola no período imperial romano*, 50-51.

379. MARCO AURÉLIO, *Meditações*, XI, 36 (*Os pensadores*, 325).

380. "*No temer a los hombres, no temer a los dioses; no querer ni las cosas torpes ni las excesivamente grandes; tener el mayor dominio sobre sí mesmo: es un bien inapreciable el hacerse su propio dueño*" (SÉNECA, *Cartas a Lucilio*, LXXV, 18, p. 216).

381. SÉNECA, *Cartas a Lucilio*, XLII, 8, p. 114.

382. A expressão é de Veyne. Cf. VEYNE, *Séneca y el estoicismo*, 29.

bem mais convencional, inclusive defendendo a legitimidade ética da busca por indiferentes preferíveis. Schofield caracteriza os textos de Epicteto como "invernais" por serem capazes de fazer repensar o "deserto comocional" do estoicismo[383]. Contudo, não se deve exagerar o sentido do suposto radicalismo de Epicteto. Se é certo que os estoicos gregos julgavam perfeitamente normal a busca pelos indiferentes preferíveis, é fora de dúvida que jamais os colocaram acima da virtude, que apresenta valor intrínseco incomparável a qualquer outro bem. Nesse ponto, é interessante lembrar do caso de Dionísio de Heracleia — depois chamado de Dionísio, o Renegado —, abnegado discípulo de Zenão que abandonou o Pórtico ateniense porque se viu obrigado a sustentar que os objetos indiferentes preferíveis eram melhores do que a virtude, dado que ele se encontrava em péssimas condições de saúde e padecia dores excruciantes[384]. Ora, a posição heterodoxa de Dionísio foi desenvolvida por Panécio e Posidônio, líderes da média *Stoá* romanizada. Segundo afirmavam, a virtude não é suficiente para alcançar a felicidade; são também necessários certos bens indiferentes preferíveis[385]. Epicteto dissente e reencaminha a doutrina do Pórtico à sua pureza original, afirmando que ninguém pode forçar outrem a desejar o que não quer, motivo pelo qual a virtude basta ao sábio.

Se o indivíduo desprezar a morte e a dor, nenhum poder no mundo conseguirá obrigá-lo a fazer o que ele não quer. Somente o ser humano pode se decidir a desprezar tais realidades, pois no radicalismo de sua interioridade ele não pode ser coagido por vontades alheias[386]. Aliás, na doutrina do Pórtico

---

383. SCHOFIELD, *Ética estóica*, 283.
384. SEDLEY, *A escola, de Zenon a Ário Dídimo*, 13-14.
385. DIOGÈNE LAËRCE, *Vies et opinions des philosophes*, VII, 128 (*Les stoïciens*, 57).
386. ÉPICTÈTE, *Entretiens*, IV, I, 70-71 (*Les stoïciens*, 1047-1048).

a morte não representa o papel de tirana, mas antes o de libertadora, motivo bastante para que o estoico não se curve diante das ordens dos déspotas que ameaçam assassiná-lo. Ao contrário, deve-se sempre desafiá-los, dado que, no final das contas, há sempre o honroso caminho do suicídio — amplamente aplaudido por todos os filósofos estoicos — que liberta os seres humanos do jugo dos poderes terrenos. Bonhöffer entende que na obra de Epicteto a morte representa um indiferente e, como tal, não tem importância para o homem virtuoso. Quando se retira a máscara da morte, não se encontra nada; por isso mesmo ela é algo supérfluo. Epicteto sequer usa a palavra "morte" para designar a extinção da vida, preferindo termos mais amplos e gerais, aplicáveis a todas as coisas do cosmos, tais como "dissolução" e "desintegração"[387].

Epicteto aconselha a afastar não apenas as mãos, mas principalmente os desejos de tudo aquilo que é exterior e que, portanto, depende dos outros e é perecível. Saber distinguir entre aquilo que depende de si mesmo e o que independe configura o verdadeiro coração da filosofia estoica. Eis o que torna o ser humano livre e supera todos os obstáculos, o que ergue a cabeça dos humilhados e o que permite olhar os ricos e os déspotas face a face[388]. Tal corresponde a um dos mais profundos ideais da *Stoá*, radicado na busca da liberdade interior e na independência das causas exteriores. De acordo com o Pórtico, deve-se obediência apenas aos mandamentos da *recta ratio*. Bem entendidos, eles não são leis externas, mas manifestações do que há de mais íntimo nos seres humanos: a razão. Só é escravo quem quer sê-lo, conclui Epicteto. O ser humano é livre por natureza; mesmo quando vicioso, ele depende unicamente

---

387. Bonhöffer, *The ethics of the stoic Epictetus*, 46.
388. Épictète, *Entretiens*, III, XXVI, 35 (*Les stoïciens*, 1039).

de si para se libertar das paixões ou se deixar escravizar. Não existe potência capaz de submeter a vontade e o pensamento. Nem mesmo um tirano pode fazê-lo:

> Quando um tirano diz: "Vou acorrentar sua perna", aquele que valoriza sua perna diz: "Não, por piedade!", mas aquele a quem sua vontade é preciosa, responde: "Acorrente, se você achar útil fazer isso". — Você não está preocupado? — Não estou preocupado com isso. — Vou te mostrar que eu sou o mestre! — E como você faria isso? Zeus me deixou livre. Você acha que ele iria permitir que seu próprio filho fosse escravizado? Você é o mestre deste cadáver que é o meu corpo, pegue-o[389].

Esta passagem é reveladora, dado que possui inequívoco sabor autobiográfico. Após ter sido libertado pelo seu senhor, o ex-escravo Epicteto acabou expulso de Roma no ano 95 d.C. por ordem de Domiciano. Mediante um Decreto Imperial, o Imperador baniu todos os filósofos, vistos como "criadores de caso" e inimigos do Estado[390]. Em 71 Vespasiano já havia tomado medidas semelhantes contra os filósofos, poupando apenas o mestre de Epicteto, Musônio Rufo. Posteriormente Rufo também acabou exilado como os demais por motivos que permanecem obscuros[391]. No trecho citado transparece de maneira inequívoca a necessidade de resistir ao poder estatal irracionalizado. Se existe um *lógos* universal que dita normas aos seres

---

389. "*Lorsqu'un tyran dit: 'J'enchaînerai ta jambe', celui qui attache du prix à sa jambe dit: 'Non, par pitié!', mais celui à qui sa volonté est précieuse, réplique: 'Enchaîne-la, si tu trouves utile de le faire'. — Tu ne t'en inquiètes pas? — Je ne m'en inquiète pas. — Je vais te montrer que je suis le maître! — Et comment feras-tu? Zeus m'a laissé libre. Crois-tu qu'il allait laisser réduire son propre fils en esclavage? Tu es le maître de ce cadavre qu'est mon corps, prends-le*" (ÉPICTÈTE, *Entretiens*, I, XIX, 8-9 [*Les stoïciens*, 853]).
390. SCHUHL, *Les stoïciens*, 803.
391. SELLARS, *Stoicism*, 14.

racionais e iguais, e sendo o espírito humano naturalmente livre, deve-se reconhecer o direito de oposição às normas positivas injustas, conclusão que nos dias de hoje se concretiza na noção política de desobediência civil e nas figuras jurídicas do direito de resistência e da objeção de consciência. Trilhando o caminho aberto por Cícero nos últimos dias da República, é sem dúvida na oposição passiva às leis iníquas[392] que Epicteto

---

392. É revelador o fato de o interlocutor de Epicteto acusá-lo de discursar como fazem os insurrectos. Com efeito, no diálogo entre o tirano e o estoico resta bem clara a concepção de resistência presente no pensamento de Epicteto. Diz o tirano: "'On te tranchera la tête.' Gardera-t-il toujours sa tête, et vous qui lui obéissez la garderez-vous? 'Tu seras jeté sans sepulture.' Si le cadavre, c'est moi, je serai jeté; mais si je suis différent du cadavre, parle moins grossièrement, dis la chose comme elle est, et ne cherche pas a me faire peur. Cela ne fait peur qu'aux enfants et aux esprits faibles. Si, une fois entré à l'école du philosophe, quelqu'un ignore ce qu'est son moi, il mérite de ressentir la peur et de flatter ceux qu'il flattait auparavant, s'il n'a pas encore compris que son moi, ce n'est pas la chair, les os et les muscles, mais l'être qui use de ces organes, qui gouverne et qui a conscience de ses representations. — Oui, mais de pareils discours font les contempteurs des lois. — Bien plutôt, quels discours rendent plus obéissants aux lois ceux qui les pratiquent? La loi, ce n'est pas ce qui dépend des caprices d'un sot. Vois pourtant comme ces discours nous préparent à avoir même envers les sots les dispositions qu'il faut; il nous enseignent à ne pas nous heurter à eux dans des cas òu ils peuvent avoir la victoire" ["'Cortaremos a sua cabeça.' Mantenha sempre sua cabeça, e vocês, que obedecem a ele, a manterão? 'Você será jogado em uma vala comum'. Se eu for um cadáver, serei mesmo jogado; mas se sou diferente de um cadáver, fale menos grosseiramente, diga as coisas como elas são, e não tente me assustar. Essas coisas só assustam as crianças e os espíritos fracos. Se, tendo entrado na escola do filósofo, alguém não sabe o que é o seu eu, merece sentir medo e lisonjear aqueles que antes lisonjeava, se ainda não compreendeu que o seu eu não é a carne, os ossos e os músculos, mas o ser que usa esses órgãos, que governa e que tem consciência de suas representações. — Sim, mas tais discursos são feitos por infratores da lei. — Ao contrário, que discursos tornam aqueles que os praticam mais obedientes às leis? A lei não é o que depende dos caprichos de um tolo. Veja, no entanto, como esses discursos nos preparam para ter as disposições adequadas até mesmo para com os tolos; tais discursos nos ensinam a não entrar em conflito com eles nos casos em que eles podem alcançar a vitória"] (ÉPICTÈTE, *Entretiens*, IV, VII, 31-34 [*Les stoïciens*, 1083]).

pensava quando escreveu que tudo pode ser cedido ao tirano — bens, mulheres, filhos, amigos e inclusive o próprio corpo —, menos a opinião e a consciência individual[393]. O posicionamento de Epicteto me parece significativo tendo em vista o momento histórico em que ele divulgou seus ensinamentos, depois coligidos e publicados por Flávio Arriano. Defender a liberdade de pensamento diante de um Imperador tão cruel quanto Domiciano equivalia quase à insurreição, visto que a antiga liberdade de expressão de que gozaram os cidadãos romanos fazia muito havia sido extinta pela força centralizadora e autocrática do Império.

A postura de Epicteto põe às claras a verdadeira natureza do estoicismo. Não se trata, como se sustenta amiúde, de uma filosofia fatalista da resignação, mas de um vigoroso sistema filosófico que, ordenando a conformidade com a natureza, muitas vezes se choca contra o poder político-jurídico arbitrário. Será necessário lembrar que o próprio nome da escola é uma permanente afronta ao poder dos déspotas? O Pórtico (*Stoá*) ateniense junto ao qual Zenão ensinou e que acabou dando nome à sua escola foi palco nos dias dos trinta tiranos do massacre de mais de mil e quatrocentos cidadãos. Para purificá-lo depois desse terrível evento, Polignoto foi encarregado de decorá-lo com pinturas, passando a se chamar *stoá poikíle*, ou seja, "pórtico pintado".

Uma objeção e um esclarecimento se fazem necessários. É muito pequeno o número de indivíduos que descumprem comandos jurídico-normativos porque preferem sofrer de modo consciente a penalização. Tal opção genuinamente estoica pode ser verificada na prática política de um Thoreau ou de um Gandhi, desobedientes cientes dos males que seus atos poderiam

---

393. ÉPICTÈTE, *Entretiens*, IV, VII, 35-41 (*Les stoïciens*, 1083-1084).

lhes causar. Por outro lado, a maioria dos seres humanos descumpre normas e ordens desejando sinceramente esquivar-se a todo custo dos malefícios ocasionados pela insubordinação. O homem médio não se põe diante de uma alternativa ideal do tipo "cumpro o comando contido na norma e assim escolho não ser castigado" ou "descumpro o comando contido na norma e assim escolho ser castigado". Os indivíduos simplesmente descumprem os comandos, sem com isso optarem pela sujeição a determinada penalidade. Todavia — eis o ponto que precisa restar claro —, ainda que os seres humanos não façam a referida escolha ideal, eles *podem* fazê-la, ou seja, são ontologicamente capazes de optar, mesmo que nunca o tenham feito no nível da consciência. Essa capacidade integra a específica potência dos humanos. E isso porque são irremediavelmente livres no sentido aludido pelo estoicismo.

Epicteto funda a liberdade tão somente na vontade, no pensar livre de causas exteriores, separando o mundo ético e o mundo fenomênico-natural, no qual tudo é determinado pela lei da causalidade. O animal não pode ser livre verdadeiramente porque depende de uma série de determinações causais. Apenas o ser humano — e somente enquanto vontade — escapa ao determinismo natural e cria suas próprias causas. Só o pensar é incondicionado. Todo o resto é determinado — ou seja, não livre —, ainda que na contemporaneidade a Física Quântica defenda a ideia de que não há uma lei da causalidade estrita e inescapável regendo a natureza[394], mas apenas relações de

---

394. Cf. CAPRA, *O tao da física*, 47-68, e PRIGOGINE; STENGERS, *O fim das certezas*, 77 *et seq*. Para uma síntese dos problemas da nova Física, com suas noções de relatividade do espaço-tempo, não localidade, impossibilidade de neutralidade do observador, autointeração, não determinismo e as implicações filosóficas que derivam de tudo isso, cf. BOHR, *Atomic physics and human knowledge*, CAPEK, *The philosophical impact of contemporary physics*, e HEISENBERG, *Physics and philosophy*.

probabilidade[395]. Não importa. Permanece a distinção visceral entre o mundo natural — da fatalidade, da causalidade ou da probabilidade — e o mundo da cultura, quer dizer, o terreno da liberdade, o universo das causas que causam a si mesmas. Tal dualismo pode soar paradoxal em uma doutrina sistemática cuja Física prega a unidade total do universo. Mas a aparente contradição se desvanece quando se compreende que o *lógos*, apesar de uno, se manifesta de diferentes maneiras nos diversos seres. Na natureza ele se verifica enquanto determinação causal impessoal e inconsciente, ainda que teleologicamente orientada para a manutenção da ordem cósmica. No humano o *lógos* encontra a si mesmo como racionalidade consciente e concentrada, capaz de compreender a ordem inexorável das coisas como a melhor possível, uma vez que realizadora da verdade universal em cada ser particular. Daí surge a liberdade humana. No estoicismo o ser humano só é livre porque sabe de sua liberdade. Por isso ele pode entender e aceitar a mecânica cósmica orientada rumo ao racional. Por seu turno, a natureza participa do labor racional do *lógos* sem se dar conta disso, ou seja, sem saber de si mesma, motivo pelo qual ela não é livre como

---

395. "No nível subatômico, não se pode dizer que a matéria exista com certeza em lugares definidos; diz-se, antes, que ela apresenta 'tendências a existir', e que os eventos atômicos não ocorrem com certeza em instantes definidos e numa direção definida mas, sim, que apresentam 'tendências a ocorrer'. No formalismo da teoria quântica, essas tendências são expressas como probabilidades, e são associadas a quantidades matemáticas que tomam a forma de ondas. Essa é a razão pela qual as partículas podem ser ao mesmo tempo ondas. Elas não são ondas tridimensionais 'reais', como as ondas sonoras ou as ondas na água. São, em vez disso, 'ondas de probabilidade', quantidades matemáticas abstratas, com todas as propriedades características das ondas, que são relacionadas às probabilidades de se encontrar as partículas em determinados pontos do espaço e em determinados instantes. Todas as leis da Física atômica são expressas em termos dessas probabilidades. Jamais podemos prever um fato atômico com certeza; podemos unicamente supor quão provável é a sua ocorrência" (CAPRA, *O tao da física*, 58).

o ser humano. Essa verdade profunda intuída pelos estoicos constitui a base da diferenciação entre a esfera ético-jurídica e a natural. Ilya Prigogine pergunta-se como é possível conceber a criatividade humana ou pensar a Ética em um universo determinista[396]. Simples: não se pode fazê-lo. A Ética — em seu sentido lato, englobando moral, política, costumes etc. — tem significado apenas em uma realidade na qual o ser humano é capaz de se conduzir socialmente de maneira incondicionada, quer dizer, não determinada pela natureza. Tal só me parece verossímil quando a liberdade do pensar se põe pelo menos como passo inicial.

---

396. PRIGOGINE; STENGERS, *O fim das certezas*, 14.

CONCLUSÃO

Depois dos grandes sistemas de Platão e de Aristóteles, a filosofia grega parecia ter se esgotado. Na época que viu Alexandre Magno unificar o mundo em torno de sua efêmera autoridade, surgiram as escolas helenísticas, a um só tempo rivais e herdeiras do platonismo e do aristotelismo. Nesse momento de incertezas, quando a totalidade ética da *pólis* se esfacelava diante dos grandes impérios, sentiu-se de modo muito agudo a necessidade de repensar o lugar do ser humano no universo, na cidade e em si mesmo. As filosofias helenísticas, nascidas do contato entre o Oriente e o Ocidente, ousaram contradizer os antigos mestres e ensaiar novas respostas para antigas questões. Mas só uma delas estava destinada a perdurar. O epicurismo, o ceticismo e o cinismo não poderiam penetrar de maneira determinante na estrutura espiritual do império que rapidamente se firmava no entorno do Mediterrâneo. Tal seria realizado por um sistema capaz de conectar o mais alto idealismo — o ideal sublime do sábio perfeito — às exigências transitórias da vida social, desde que radicadas em objetos indiferentes, uma vez que a virtude é o único verdadeiro bem. Contudo, os indiferentes podem ser preferidos ou rejeitados, com o que se garante ao ser humano sua imprescindível vinculação à cidade. O estoicismo, mais do que qualquer outra corrente filosófica, soube compreender as inquietudes do seu tempo e traduzi-las em um *corpus* altamente dinâmico e sistemático capaz de congregar a Física, a Ética e a Lógica.

A um só tempo cosmopolita e introspectiva, a *Stoá* unificou os diversos dualismos que assediavam o pensamento greco-romano, reconduzindo todas as coisas à unidade fundamental do *lógos* organizador do universo, com o que o Pórtico ofereceu uma solução não apenas racional, mas fundamentalmente ética aos problemas teóricos e práticos característicos do seu evolver histórico. As díades direito natural/direito positivo e indivíduo/comunidade cederam lugar a um pensamento global no qual a liberdade comparece não como submissão à vontade dos deuses ou ideal inatingível. Para os estoicos, a liberdade é entendida enquanto participação na tessitura racional do cosmos, não se confundindo com a simples ausência de normas ou com o exercício de escolhas incausadas. Há uma teleologia que informa todos os processos cósmicos e os orienta racionalmente, ainda que muitas vezes o ser humano não a possa compreender em sua inteireza. Tal se dá em razão das paixões, que viciam a perfeita racionalidade humana — idêntica a dos deuses — e a impedem de realizar sua função, que é exatamente a vinculação do particular ao universal, levando o humano a compreender a natureza radical da sua liberdade, que existe inicialmente como livre-arbítrio.

Pela primeira vez na história da filosofia ocidental, a igualdade — graças à qual todos os seres humanos são racionais — se pôs como pressuposto da liberdade interior. Em um tempo de desigualdades tão palpáveis como as que separavam livres e escravos, homens e mulheres, gregos e bárbaros, cidadãos e estrangeiros, patrícios e plebeus, não é desprezível o esforço de uma escola que, na contramão da orientação então reinante, supõe como dado primordial a irmandade entre todos os humanos, quaisquer que sejam suas origens, gêneros, etnias, posses e crenças. Antes Platão e Aristóteles haviam fundamentado a primazia racial dos gregos diante dos demais povos do planeta, algo que calhava bem ao contexto sufocante e particularista da *pólis*.

A filosofia grega tradicional não pensou a igualdade e a liberdade enquanto atributos universais de um homem também universal. Só o helenismo estoico pôde levar tão longe os ditames da razão, energia que informa e mantém em funcionamento o cosmos, animal vivo, sábio e sem espaços vazios nos quais a irracionalidade possa plantar suas trincheiras. A concepção física do Pórtico postula um *continuum* energético, ativo e material em que se entrecruzam as teias causais. Estas, em vez de negarem a liberdade, garantem-na mediante um processo de progressiva assimilação entre o real e o racional. A sede da irracionalidade não está na unidade perfeitamente ordenada do mundo, localizando-se antes no espaço dos dizíveis hospedados na mente doente do ser humano. Só nela existe o mal, o vicioso, o injusto, mas não enquanto essencialidade e sim como *lektá*, ou seja, dizíveis incorpóreos que não possuem substância. Os incorpóreos não existem, apenas subsistem em um plano ontológico inferior ao do real-racional. Entretanto, ainda assim eles são poderosos o suficiente para falsearem a compreensão humana. É por isso, e não por qualquer vezo quietista, que a batalha ética da *Stoá* se desenrola dentro do indivíduo. A grande meta do estoico consiste em vencer a si mesmo, ou seja, superar as aparências ilusórias que o impedem de vislumbrar a racionalidade ínsita à realidade. Se o mal só existe no pensar e não no mundo, se o vício é o resultado de uma doença que domina por inteiro o *hegemonikón* e o perverte, nada mais consequente do que construir uma higidez mental capaz de proporcionar a verdadeira liberdade, que somente é atingida, como quer Píndaro, quando alguém se torna o que se é, ou seja, razão universal.

A transformação ética que o Pórtico requer é das mais difíceis. Na sua aparente simplicidade de autorrevelação, ela acaba por exigir que o ser humano se torne deus. Tal é possível somente para quem se desvencilha das falsas opiniões segundo as quais há bens superiores à virtude, em especial os que proporcionam a felicidade, posição típica dos epicureus. O estoicismo jamais poderia aceitar tal construção, pois ela pressupõe, assim como o aristotelismo, uma divisão entre a virtude e a felicidade, colocando-se aquela como *medium* para atingir esta. Segundo o Pórtico, a virtude é a verdadeira felicidade, o que o sábio compreende muito bem. Mais uma vez observa-se como a *Stoá* trabalha fundindo conceitos ambivalentes, procedimento que lhe valeu a pecha de paradoxal e extravagante. Contudo, o ideal do sábio consumado que atingiu a ataraxia pela desconsideração apática — ou seja, não apaixonada — dos móveis do mundo constitui apenas uma das facetas da escola estoica, devendo ser entendida em conformidade com a totalidade do sistema e seus desenvolvimentos históricos, capazes de trazer à tona uma forma-de-vida vivenciável e vivenciada por inúmeros indivíduos na Antiguidade. Em Roma a figura inumana do sábio acabou sendo relativizada e passou a representar um mero ideal regulativo. Não é sem razão que Epicteto aconselhava seus discípulos dizendo-lhes que não deveriam ser Sócrates, mas agir como Sócrates. Disso deriva o extremado humanismo do estoicismo, ao mesmo tempo tradicional e revolucionário, capaz de compatibilizar a mais rígida concepção de destino com a mais profunda das liberdades, essa que fez um Imperador aprender a ser humano nos livros de um escravo.

REFERÊNCIAS

1. Fontes primárias

   1.1. Coleções de fragmentos e textos de filósofos estoicos

ARIO DIDIMO; DIOGENE LAERZIO. *Etica stoica*. Trad. e note Cristina Viano (Ario Didimo) e Marcello Gigante (Diogene Laerzio). Ed. Carlo Natali. Roma-Bari: Gius. Laterza & Figli, 1999.

ARNIM, Johannes von (org.). *Stoicorum veterum fragmenta*. 4 vols. Stuttgart: Teubner, 1968.

BERA, Eduardo Gil (org.). *Pensamiento estoico*. Vários trads. Selección e introducción Eduardo Gil Bera. Barcelona: Edhasa, 2002.

BOERI, Marcelo D.; SALLES, Ricardo (orgs.). *Los filósofos estoicos: ontología, lógica, física y ética*. Santiago de Chile: Universidad Alberto Hurtado, 2014.

CLÉANTHE. L'hymne à Zeus. Trad., notice et notes Pierre-Maxime Schuhl. In: SCHUHL, Pierre-Maxime (ed). *Les stoïciens*. Bibliothèque de la Pléiade. Paris: Gallimard, 2002.

ÉPICTÈTE. Entretiens: livres I a IV. Trad. Émile Bréhier. Rev. P. Aubenque. Rubriques, notice et notes P. Aubenque. In: SCHUHL,

Pierre-Maxime (ed). *Les stoïciens*. Bibliothèque de la Pléiade. Paris: Gallimard, 2002.

_____. Manuel. Trad., notice e notes J. Pépin. In: SCHUHL, Pierre-Maxime (ed). *Les stoïciens*. Bibliothèque de la Pléiade. Paris: Gallimard, 2002.

INWOOD, Brad; GERSON, Lloyd P. (orgs.). *Hellenistic philosophy: introductory readings*. Trad., introduction and notes Brad Inwood and Lloyd P. Gerson. 2. ed. Indianapolis/Cambridge: Hackett, 1997.

LONG, Anthony A.; SEDLEY, David N. (orgs.). *The hellenistic philosophers*. Vol. 1: translations of the principal sources, with philosophical commentary. Cambridge: Cambridge University, 2006.

_____. (orgs.). *The hellenistic philosophers*. Vol. 2: greek and latin texts with notes and bibliography. Cambridge: Cambridge University, 2006.

MARC-AURÈLE. Pensées. Trad. Émile Bréhier. Rev. J. Pépin. Notice et notes Victor Goldschmidt. In: SCHUHL, Pierre-Maxime (ed). *Les stoïciens*. Bibliothèque de la Pléiade. Paris: Gallimard, 2002.

MARCO AURÉLIO. Meditações. Trad. Jaime Bruna. In: *Os pensadores*. Vol. V. São Paulo: Abril Cultural, 1973.

SCHUHL, Pierre-Maxime (ed.); CLÉANTHE; DIOGÈNE LAËRCE; PLUTARQUE; CICÉRON; SÉNÈQUE; ÉPICTÈTE; MARC-AURÈLE. *Les stoïciens*. Trad. Émile Bréhier. Bibliothèque de la Pléiade. Paris: Gallimard, 2002.

SÊNECA, Lúcio Aneu. Apocoloquintose do divino Cláudio. Trad. Giulio Davide Leoni. In: *Os pensadores*. Vol. V. São Paulo: Abril Cultural, 1973.

_____. Consolação a minha mãe Hélvia. Trad. Giulio Davide Leoni. In: *Os pensadores*. Vol. V. São Paulo: Abril Cultural, 1973.

SÉNECA, Lucio Anneo. *Cartas a Lucilio*. Trad., prólogo y notas Vicente López Soto. 3. ed. Barcelona: Juventud, 2006.

_____. *Diálogos: Sobre la providencia. Sobre la firmeza del sabio. Sobre la ira. Sobre la vida feliz. Sobre el ocio. Sobre la tranquilidad del espíritu. Sobre la brevedad de la vida*. Trad., introducciones y notas Juan Mariné Isidro. Rev. Juan Gil. Madrid: Gredos, 2002.

SENECA. *Letters from a stoic: epistulae morales ad Lucilium*. Trad., selection and introduction Robin Campbell. London: Penguin, 2004.

SÊNECA. *Sobre a tranquilidade da alma/Sobre o ócio*. Trad., introdução e notas José Rodrigues Seabra Filho. São Paulo: Nova Alexandria, 2001.

_____. *Sobre a vida feliz*. Trad., introdução e notas João Teodoro d'Olim Marote. São Paulo: Nova Alexandria, 2005.

SÉNECA. Sobre la ira. Trad., introducción y notas Juan Mariné Isidro. Rev. Juan Gil. In: SÉNECA. *Diálogos*. Madrid: Gredos, 2002.

SÉNÈQUE. De la brièveté de la vie. Trad. Émile Bréhier. Rev., rubriques, notice et notes J. Brunschwig. In: SCHUHL, Pierre-Maxime (ed). *Les stoïciens*. Bibliothèque de la Pléiade. Paris: Gallimard, 2002.

_____. *De la clémence*. Trad. et texte établi par François Préchac. 2. ed. Paris: Les Belles Lettres, 1961.

_____. De la constance du sage. Trad. Émile Bréhier. Rev., rubriques, notice et notes L. Bourgey. In: SCHUHL, Pierre-Maxime (ed). *Les stoïciens*. Bibliothèque de la Pléiade. Paris: Gallimard, 2002.

_____. De la providence. Trad. Émile Bréhier. Rev., rubriques, notice et notes J. Brunschwig. In: SCHUHL, Pierre-Maxime (ed). *Les stoïciens*. Bibliothèque de la Pléiade. Paris: Gallimard, 2002.

1.2. Outros textos clássicos greco-romanos

ARISTÓTELES. *Ética a Nicômacos*. Trad., introdução e notas Mário da Gama Kury. 4. ed. Brasília: Universidade de Brasília, 2001.

_____. *Política*. Ed. bilíngue grego/português. Nota prévia de João Bettencourt da Câmara. Prefácio e revisão literária de Raul M. Rosado Fernandes. Introdução e revisão científica de Mendo Castro Henriques. Trad. e notas António Campelo Amaral e Carlos de Carvalho Gomes. Índice de conceitos e nomes de Manuel Silvestre. Lisboa: Vega, 1998.

ARISTOTLE. *The complete works of Aristotle: the revised Oxford translation*. 2 vols. Ed. Jonathan Barnes. Princenton: Princenton University, 1984.

AUGUSTO [Octaviano César]. SUETÔNIO. *A vida e os feitos do divino Augusto*. Trad. Antônio Martinez de Rezende, Matheus Trevizam e Paulo Sérgio Vasconcellos. Belo Horizonte: UFMG, 2007.

CÍCERO, Marco Túlio. *Da república*. Trad. Amador Cisneiros. In: *Os pensadores*. Vol. V. São Paulo: Abril Cultural, 1973.

_____. *Sobre o destino*. Trad. e notas José Rodrigues Seabra Filho. Posfácio de Zélia de Almeida Cardoso. São Paulo: Nova Alexandria, 2001.

_____. *Dos deveres (de officiis)*. Trad., introdução, notas, índice e glossário Carlos Humberto Gomes. Lisboa: Edições 70, 2000.

CICÉRON. De la nature des dieux: livre II. Trad. et rubriques Émile Bréhier. Rev., notice et notes P. Aubenque. In: SCHUHL, Pierre-Maxime (ed). *Les stoïciens*. Bibliothèque de la Pléiade. Paris: Gallimard, 2002.

_____. Des fins des biens et de maux: livre III. Trad., rubriques et notes Émile Bréhier. Notice Victor Goldschmidt. In: SCHUHL, Pierre-Maxime (ed). *Les stoïciens*. Bibliothèque de la Pléiade. Paris: Gallimard, 2002.

_____. Les tusculanes: livre II, chapitres XII et XIII; livre III à partir du chapitre IV; livres IV et V. Trad. Émile Bréhier. Rev. Victor Goldschmidt. Rubriques, notice et notes Victor Goldschmidt. In: SCHUHL, Pierre-Maxime (ed). *Les stoïciens*. Bibliothèque de la Pléiade. Paris: Gallimard, 2002.

_____. Premiers académiques: livre II. Trad. Émile Bréhier. Rev. Victor Goldschmidt. Rubriques, notice et notes Victor Goldschmidt. In: SCHUHL, Pierre-Maxime (ed). *Les stoïciens*. Bibliothèque de la Pléiade. Paris: Gallimard, 2002.

_____. *Traité des lois*. Trad. et texte établi par George de Plinval. Paris: Les Belles Lettres, 1959.

_____. *Traité du destin*. Trad. et rubriques Émile Bréhier. Rev., notice et notes P. Aubenque. In: SCHUHL, Pierre-Maxime (ed). *Les stoïciens*. Bibliothèque de la Pléiade. Paris: Gallimard, 2002.

CICERONE, Marco Tullio. *I paradossi degli stoici*. Texto latino a fronte. Trad., introduzione e note Renato Badalì. Milano: RCS Libri/Bur, 2003.

CORPUS IURIS CIVILIS. Editio stereotypa quinta decima. Volumen primum. *Institutiones*. Recognovit: Paulus Krueger. *Digesta*. Recognovit: Theodorus Mommsen. Retractavit: Paulus Krueger. Berolini: Weidmannos, 1928.

DIOGÈNE LAËRCE. Vies et opinions des philosophes: livre VII. Trad. Émile Bréhier. Rev. Victor Goldschmidt et P. Kucharski. Rubriques, notice et notes Victor Goldschmidt. In: SCHUHL, Pierre-Maxime (ed). *Les stoïciens*. Bibliothèque de la Pléiade. Paris: Gallimard, 2002.

DIÓGENES LAERCIO. *Vidas de los filósofos ilustres*. Trad., introducción y notas Carlos García Gual. Madrid: Alianza, 2007.

GAIUS. *Institutes*. Trad. et texte établi par Julien Reinach. Paris: Les Belles Lettres, 1950.

JUVENAL. *Satires*. Trad. e texte établi par Pierre de Labriolle et François Villeneuve. 8. ed. rev. et corr. Paris: Les Belles Lettres, 1964.

KIRK, Geoffrey S.; RAVEN, John Earle; SCHOFIELD, Malcolm. *Os filósofos pré-socráticos: história crítica com selecção de textos*. Trad. Carlos Alberto Louro Fonseca. 5. ed. Lisboa: Calouste Gulbenkian, 2005.

LUCANO. *Farsalia: de la guerra civil*. Introducción, versión rítmica, notas e índice de nombres Rubén Bonifáz Nuño y Amparo Gaos Schmidt. México: Universidad Nacional Autónoma de México, 2004.

MARCIAL. *Epigrammes*. 2 vols. Trad. et texte établi par H. J. Izaac. Paris: Les Belles Lettres, 1961.

PLATÃO. *A república*. Trad., introdução e notas Maria Helena da Rocha Pereira. 9. ed. Lisboa: Calouste Gulbenkian, 2001.

PLATON. *Oeuvres complètes*. 2 vols. Trad. et notes Leon Robin avec la collaboration de M. J. Moreau. Paris: Gallimard, 1950.

PLUTARQUE. Des contradictions des stoïciens. Trad. Émile Bréhier. Rev. Victor Goldschmidt. Rubriques Émile Bréhier. Notice et notes Victor Goldschmidt. In: SCHUHL, Pierre-Maxime (ed). *Les stoïciens*. Bibliothèque de la Pléiade. Paris: Gallimard, 2002.

_____. Des notions communes contre les stoïciens. Trad. Émile Bréhier. Rev. Victor Goldschmidt. Rubriques Émile Bréhier. Notice et notes Victor Goldschmidt. In: SCHUHL, Pierre-Maxime (ed). *Les stoïciens*. Bibliothèque de la Pléiade. Paris: Gallimard, 2002.

POLÍBIOS. *História*. Trad. e introdução Mário da Gama Kury. 2. ed. Brasília: UnB, 1996.

PROPERCE. *Elégies*. Trad. e texte établi par D. Paganelli. Paris: Les Belles Lettres, 1947.

SALÚSTIO. *A conjuração de Catilina*. Trad. Antônio da Silveira Mendonça. Petrópolis: Vozes, 1990.

SUETONIO TRANQUILO, Cayo. *Los doce césares*: seguido de gramáticos ilustres, retóricos ilustres, y las vidas de Terencio, Horacio, Lucano, Plinio el viejo, Juvenal y Persio. Trad. Jaime Ardal. Est. texto M. T. Baudement. Barcelona: Iberia, s.d.

TITO LÍVIO. *História de Roma*. Livro I: a monarquia. Trad. Mônica Costa Vitorino. Introdução e notas de Júlio César Vitorino. Belo Horizonte: Crisálida, 2008.

VIRGÍLIO. *Eneida*. Trad. e notas Odorico Mendes. Estabelecimento do texto, notas e glossário de Luiz Alberto Machado Cabral. Cotia/Campinas: Ateliê/Unicamp, 2005.

2. Fontes secundárias

ABBAGNANO, Nicola. *Dicionário de filosofia*. 3. ed. rev. ampl. Coord. trad. Alfredo Bosi. Trads. Ivone Castilho Benedetti, Carla Conti, Maurice Cunio, Rodolfo Ilari, Sílvia Salvi, Antonieta Scartabello. São Paulo: Martins Fontes, 1998.

AGAMBEN, Giorgio. *L'uso dei corpi*. Vicenza: Neri Pozza, 2014.

AGOSTINHO. *A cidade de deus*. 3 vols. Trad., prefácio, nota biográfica e transcrições J. Dias Pereira. Lisboa: Calouste Gulbenkian, 2000.

ALGRA, Keimpe. Teologia estóica. In: INWOOD, Brad (org.). *Os estóicos*. Trad. Paulo Fernando Tadeu Ferreira e Raul Fiker. São Paulo: Odysseus, 2006, 171-198.

ANNAS, Julia. *L'etica stoica secondo Ario Didimo e Diogene Laerzio*. Introduzione di ARIO DIDIMO. DIOGENE LAERZIO. *Etica stoica*. Trad. e note Cristina Viano (Ario Didimo) e Marcello Gigante (Diogene Laerzio). Ed. Carlo Natali. Roma-Bari: Gius. Laterza & Figli, 1999, 3-31.

ARNOLD, Edward Vernon. *Roman stoicism: being lectures on the history of the stoic philosophy with special reference to its development within the roman empire*. Freeport: Books for Libraries, 1971.

ARTHUR, E. P. The stoic analysis of the mind's reactions to presentations. *Hermes: Zeitschrift für Klassische Philologie*. Wiesbaden: Steiner, 1983, n. 111, 69-78.

ATHERTON, Catherine; BLANK, David. Contribuição estóica à gramática tradicional. In: INWOOD, Brad (org.). *Os estóicos*. Trad. Paulo Fernando Tadeu Ferreira e Raul Fiker. São Paulo: Odysseus, 2006, 343-362.

BABUT, Daniel. *Plutarque et le stoicisme*. Paris: Presses Universitaires de France, 1979.

BALDRY, Harold C. Zeno's ideal state. *Journal of hellenic studies*. London: Society for the Promotion of Hellenic Studies, 1959, n. 79, 3-15.

BARDON, Henry. Les empereurs et les lettres latines d'Auguste a Hadrien. Paris: Les Belles Lettres, 1968.

BARTH, Paul. *Los estoicos*. Trad. Luis Recaséns Siches. Madrid: Revista de Occidente, 1930.

BEAUFRET, Jean. *Dialogue avec Heidegger I: philosophie grecque*. Paris: Éditions de Minuit, 1973.

BELEVAL, Yvon. Sur la liberté stoicienne. *Kant-Studien: Philosophische Zeitschrift der Kant-Gesellschaft*. Berlin/New York: Walter de Gruyter, 1976, n. 67, 333-338.

BERRAONDO, Juan. *El estoicismo: la limitación interna del sistema*. Montesinos: Barcelona, 1992.

BETEGH, Gabor. Cosmological ethics in the *Timaeus* and early stoicism. *Oxford Studies in Ancient Philosophy*. Oxford: Oxford University, 2003, n. 24, 273-302.

BISHOP, Donald H. Parallels in hindu and stoic ethical thought. In: *Studies in comparative religion*, vol. 4, n. 2. World Wisdom Inc., 1970. Artigo disponível em: <http://www.studiesincomparativereligion.com>.

BOBZIEN, Susanne. *Determinism and freedom in stoic philosophy*. Oxford: Oxford University, 2005.

_____. Lógica. In: INWOOD, Brad (org.). *Os estóicos*. Trad. Paulo Fernando Tadeu Ferreira e Raul Fiker. São Paulo: Odysseus, 2006, 95-138.

_____. Stoic syllogistic. *Oxford Studies in Ancient Philosophy*. Oxford: Oxford University, 1996, n. 14, 133-192.

_____. The inadvertent conception and late birth of the free-will problem. *Phronesis: A Journal for Ancient Philosophy*. Leiden: Brill, 1998, n. 43, 133-175.

BOCHENSKI, Ioseph Maria. *Ancient formal logic*. Amsterdam: North-Holland, 1951.

BODSON, Arthur. *La morale sociale des derniers stoïciens: Sénèque, Épictète et Marc Aurele*. Bibliothèque de la Faculté de Philosophie et Lettres de l'Université de Liège, Fasc. CLXXI. Paris: Les Belles Lettres, 1967.

BOHR, Niels. *Atomic physics and human knowledge*. New York: John Wiley & Sons, 1958.

BONHÖFFER, Adolf Friedrich. *The ethics of the stoic Epictetus: an english translation*. Trad. William O. Stephens. New York: Peter Lang, 2000.

BORGES, Jorge Luis. El budismo. In: *Obras completas*. Vol. III. 2. ed. Buenos Aires: Emecé, 2005.

_____. La doctrina de los ciclos. In: *Obras completas*. Vol. I. 2. ed. Buenos Aires: Emecé, 2005.

BORGES, Jorge Luis; JURADO, Alicia. *Que es el budismo*. In: *Obras completas en colaboración*. Vol. II. Alianza: Madrid, 1983.

BOTROS, Sophie. Freedom, causality, fatalism and early stoic philosophy. *Phronesis: A Journal for Ancient Philosophy*. Leiden: Brill, 1985, n. 30, 274-304.

BOYANCÉ, Pierre. Les preuves stoiciennes de l'existence des dieux d'après Cicéron. *Hermes: Zeitschrift für Klassische Philologie*. Wiesbaden: Steiner, 1962, n. 90, 46-71.

BRÉHIER, Émile. *Chrysippe et l'ancien stoïcisme*. Paris: Presses Universitaires de France, 1951.

_____. *La théorie des incorporels dans l'ancien stoïcisme*. 9. ed. Paris: J. Vrin, 1997.

BRENNAN, Tad. Psicologia moral estóica. In: INWOOD, Brad (org.). *Os estóicos*. Trad. Paulo Fernando Tadeu Ferreira e Raul Fiker. São Paulo: Odysseus, 2006, 285-326.

BRIDOUX, André. *Le stoicisme et son influence*. Paris: J. Vrin, 1966.

BRUN, Jean. *O estoicismo*. Trad. João Amado. Lisboa: Edições 70, 1986.

BRUNSCHWIG, Jacques. *Études sur les philosophies hellénistiques: épicurisme, stoïcisme, scepticisme*. Paris: Presses Universitaires de France, 1995.

_____. Les stoïciens. In: CANTO-SPERBER, Monique (org.). *Philosophie grecque*. Paris: Presses Universitaires de France, 1997, 511-562.

_____. Metafísica estóica. In: INWOOD, Brad (org.). *Os estóicos*. Trad. Paulo Fernando Tadeu Ferreira e Raul Fiker. São Paulo: Odysseus, 2006, 229-257.

BRUNT, Peter Astbury. Marcus Aurelius in his *Meditations*. *Journal of Roman Studies*. London: Society for the Promotion of Roman Studies, 1974, n. 64, 1-20.

CAPEK, Milic. *The philosophical impact of contemporary physics*. Princenton: D. Van Nostrand, 1961.

CAPRA, Fritjof. *O tao da física: um paralelo entre a física moderna e o misticismo oriental*. Trad. José Fernandes Dias. 24. ed. São Paulo: Cultrix, 2006.

CASTON, Victor. Something and nothing: the stoics on concepts and universals. *Oxford Studies in Ancient Philosophy*. Oxford: Oxford University, 1999, n. 17, 215-247.

CHEVALIER, Raymond. Le milieu stoïcien à Rome au 1er siècle ap. J.-C. ou l'âge héroïque du stoïcisme romain. *Bulletin de L'Association Guillaume Budé*. Paris: Les Belles Letres, 1961, t. XIX, 534-563.

COPI, Irving M. *Introdução à lógica*. Trad. Álvaro Cabral. 2. ed. São Paulo: Mestre Jou, 1978.

CORASSIN, Maria Luiza. Sêneca entre a colaboração e a oposição. *Letras Clássicas*. São Paulo: Humanitas, dez. 1999, n. 3, 275-285.

DUHOT, Jean-Joël. *Epicteto e a sabedoria estóica*. Trad. Marcelo Perine. São Paulo: Loyola, 2006.

EINSTEIN, Albert. *Essays in science*. New York: Philosophical Library, 1934.

ELVETON, Roy O. Nietzsche's stoicism: the depths are inside. In: BISHOP, Paul (ed.). *Nietzsche and antiquity*. Rochester: Camden House, 2004, 192-203.

ENGSTROM, Stephen; WHITING Jennifer (orgs.). *Aristotle, Kant and the stoics: rethinking happiness and duty*. Cambridge: Cambridge University, 1996.

ERSKINE, Andrew. *The hellenistic stoa: political thought and action*. Ithaca: Cornell University, 1990.

FAVEZ, Charles. Les opinions de Sénèque sur la femme. *Revue des Études Latines*. Paris: Les Belles Lettres, 1938, t. XVI, 335-345.

_____. Un féministe romain: Musonius Rufus. *Bulletin de la Societé des Études de Lettres*. Lausanne: Université de Lausanne, 1933, n. 20, 1-8.

FINLEY, Moses Israel. *A política no mundo antigo*. Trad. Álvaro Cabral. Rio de Janeiro: Zahar, 1985.

FONTANIER, Jean-Michel. *Vocabulário latino da filosofia: de Cícero a Heidegger*. Trad. Álvaro Cabral. Rev. Maria Fernanda Alvares. Rev. técnica Jacira de Freitas. São Paulo: Martins Fontes, 2007.

FOUCAULT, Michel. *La courage de la vérité. Le gouvernement de soi et des autres II*. Cours au Collège de France: 1983-1984. Paris: Gallimard, 2009.

_____. *L'herméneutique du sujet*. Cours au Collège de France: 1981-1982. Paris: Gallimard, 2001.

_____. *Le gouvernement de soi et des autres*. Cours au Collège de France: 1982-1983. Paris: Gallimard, 2008.

FREDE, Dorothea. Determinismo estóico. In: INWOOD, Brad (org.). *Os estóicos*. Trad. Paulo Fernando Tadeu Ferreira e Raul Fiker. São Paulo: Odysseus, 2006, 199-227.

_____. The dramatization of determinism: Alexander of Aphrodisias *De fato*. *Phronesis: A Journal for Ancient Philosophy*. Leiden: Brill, 1982, n. 27, 276-298.

FREDE, Michael. Stoic vs. aristotelian syllogistic. *Archiv für Geschichte der Philosophie*. Berlin/New York: Walter de Gruyter, 1974, n. 56, 1-32.

FUSTEL DE COULANGES, Numa Denis. *A cidade antiga*. Trad. Fernando de Aguiar. 5. ed. São Paulo: Martins Fontes, 2004.

GAZOLLA, Rachel. *O ofício do filósofo estóico: o duplo registro da stoa*. São Paulo: Loyola, 1999.

GILL, Christopher. A escola no período imperial romano. In: INWOOD, Brad (org.). *Os estóicos*. Trad. Paulo Fernando Tadeu Ferreira e Raul Fiker. São Paulo: Odysseus, 2006, 35-63.

GOLDSCHMIDT, Victor. *Le système stoïcien et l'idée de temps*. Paris: J. Vrin, 1953.

GOURINAT, Jean-Baptiste. *Les stoïciens et l'âme*. Paris: Presses Universitaires de France, 1996.

GRIMAL, Pierre. Sénèque et le stoïcisme romain. In: HAASE, Wolfgang; TEMPORINI, Hildegard (orgs.). *Aufstieg und Niedergang der Römischen Welt*. Berlin/New York: Walter de Gruyter, 1989, t. II., vol. 36.3, 1962-1992.

_____. *Sénèque, ou la conscience de l'Empire*. Paris: Les Belles Lettres, 1979.

GUARINELLO, Norberto Luiz. Nero, o estoicismo e a historiografia romana. *Boletim do CPA*. Campinas: CPA, jan.-jul., 1996, n. 1, 53-61.

HADOT, Ilsetraut. Tradition stoïcienne et idées politiques au temps des Gracques. *Revue des Études Latines*. Paris: Les Belles Lettres, 1970, t. XLVIII, 133-179.

HAHM, David E. The ethical doxography of Arius Didymus. In: HAASE, Wolfgang; TEMPORINI, Hildegard (orgs.). *Aufstieg und Niedergang der Römischen Welt*. Berlin/New York: Walter de Gruyter, 1990, t. II.

_____. *The origins of stoic cosmology*. Columbus: Ohio State University, 1977.

HANKINSON, R. James. Epistemologia estóica. In: INWOOD, Brad (org.). *Os estóicos*. Trad. Paulo Fernando Tadeu Ferreira e Raul Fiker. São Paulo: Odysseus, 2006, 65-93.

_____. Estoicismo e medicina. In: INWOOD, Brad (org.). *Os estóicos*. Trad. Paulo Fernando Tadeu Ferreira e Raul Fiker. São Paulo: Odysseus, 2006, 327-342.

_____. Evidence, externality and antecedence: inquiries into later greek causal concepts. *Phronesis: A Journal for Ancient Philosophy*. Leiden: Brill, 1987, n. 32, 80-100.

HARVEY, Paul. *Dicionário Oxford de literatura clássica grega e latina*. Trad. Mário da Gama Kury. Rio de Janeiro: Jorge Zahar, 1998.

HEISENBERG, Werner. *Physics and philosopy*. New York: Harper Torchbooks, 1958.

HESSE, Hermann. *Sidarta*. Trad. Herbert Caro. Prefácio Luiz Carlos Maciel. 50. ed. rev. Rio de Janeiro: Record, 2008.

IERODIAKONOU, Katerina. The stoic division of philosophy. *Phronesis: A Journal for Ancient Philosophy*. Leiden: Brill, 1993, n. 38, 57-74.

ILDEFONSE, Frédérique. *Os estóicos I: Zenão. Cleantes*. Crisipo. Trad. Mauro Pinheiro. Rev. técnica de Tadeu Mazzola Verza. São Paulo: Estação Liberdade, 2007.

INWOOD, Brad (org.). *Os estóicos*. Trad. Paulo Fernando Tadeu Ferreira e Raul Fiker. São Paulo: Odysseus, 2006.

_____. Hierocles: theory and argument in the second century AD. *Oxford Studies in Ancient Philosophy*. Oxford: Oxford University, 1984, n. 2, 151-184.

IRWIN, Terence Henry. Naturalismo estóico e seus críticos. In: INWOOD, Brad (org.). *Os estóicos*. Trad. Paulo Fernando Tadeu Ferreira e Raul Fiker. São Paulo: Odysseus, 2006, 381-401.

JACKSON-MCCABE, Matt. The stoic theory of implanted preconceptions. *Phronesis: A Journal for Ancient Philosophy*. Leiden: Brill, 2004, n. 49, 323-347.

JADAANE, Fehmi. *L'influence du stoïcisme sur la pensée musulmane*. Beirut: El-Machreq, 1968.

JAEGER, Werner. *Paidéia: a formação do homem grego*. Trad. Artur M. Parreira. Adaptação do texto para a edição brasileira Monica Stahel. Rev. texto grego Gilson César Cardoso de Souza. 4. ed. São Paulo: Martins Fontes, 2003.

JONES, Alexander. Os estóicos e as ciências astronômicas. In: INWOOD, Brad (org.). *Os estóicos*. Trad. Paulo Fernando Tadeu Ferreira e Raul Fiker. São Paulo: Odysseus, 2006, 363-380.

KELSEN, Hans. *Reine Rechtslehre*. 2. Aufl. Tübingen: Mohr Siebeck, 1960.

LA METTRIE, Julien Offray de. *Machine man and other writings*. Trad. A. Thomson. Cambridge: Cambridge University, 1996.

LAFERRIÈRE, Louis Firmin Julien. *Mémoire concernant l'influence du stoicisme sur la doctrine des jurisconsultes romains*: lu dans les séances des 2, 9 et 16 juillet 1859. Extrait du tome X des mémoires de L'Académie des Sciences Morales et Politiques. Paris: Institut Impérial de France/Typographie de Firmin Didot Frères, Fils et Cie., 1860.

LEIBNIZ, Gottfried Wilhelm von. *Philosophical essays*. Trad. R. Ariew e D. Garber. Indianapolis: Hackett, 1989.

LIMA VAZ, Henrique Cláudio de. *Escritos de filosofia II: ética e cultura*. 3. ed. São Paulo: Loyola, 2000.

_____. *Escritos de filosofia IV: introdução à ética filosófica 1*. Loyola: São Paulo, 1999.

LONG, Anthony A. *Epictetus: a stoic and socratic guide to life*. Oxford: Oxford University, 2004.

_____. Estoicismo na tradição filosófica: Spinoza, Lipsius, Butler. In: INWOOD, Brad (org.). *Os estóicos*. Trad. Paulo Fernando Tadeu Ferreira e Raul Fiker. São Paulo: Odysseus, 2006, 403-433.

_____. Soul and body in stoicism. *Phronesis: A Journal for Ancient Philosophy*. Leiden: Brill, 1982, n. 27, 34-57.

_____. Stoic determinism and Alexander of Aphrodisias *De fato* (i-xiv). *Archiv für Geschichte der Philosophie*. Berlin/New York: Walter de Gruyter, 1970, n. 52, 247-268.

_____. *Stoic studies*. Berkeley: University of California, 2001.

_____. Carneades and the stoic *telos*. *Phronesis: A Journal for Ancient Philosophy*. Leiden: Brill, 1967, n. 12, 59-90.

LUTZ, Cora Elizabeth. Musonius Rufus: the roman Socrates. *Yale Classical Studies*. Yale: Yale University, 1947, n. 10, 3-147.

MARTHA, Benjamin Constant. *Les moralistes sous l'empire romain: philosophes et poètes*. 8. ed. Paris: Hachette, 1907.

MATOS, Andityas Soares de Moura Costa. O pórtico e o fórum: diálogos e confluências entre o estoicismo e o direito romano clássico. *Revista Brasileira de Estudos Políticos*, n. 98, Belo Horizonte: Programa de Pós-Graduação da Faculdade de Direito da Universidade Federal de Minas Gerais, 2008, 295-336.

MONTESQUIEU, Charles de Secondat, Baron de. *As causas da grandeza dos romanos e da sua decadência: a concentração do poder*. 2. ed. rev. Trad., introdução e notas Pedro Vieira Mota. São Paulo: Saraiva, 2005.

MOREAU, Joseph. *Stoïcisme, épicurisme et tradition hellénique*. Paris: J. Vrin, 1979.

NELLI, René (ed.); BRU, Charles P.; DE LACGER, Chanoine L.; ROCHE, Déodat; SOMMARIVA, Luciano. *Spiritualité de l'hérésie: le catharisme*. Toulouse: Privat, 1953.

NÉRAUDEAU, Jean-Pierre. *Auguste*. Paris: Les Belles Lettres, 1996.

NIETZSCHE, Friedrich Wilhelm. *A gaia ciência*. Trad. Paulo César de Souza. São Paulo: Companhia das Letras, 2001.

_____. *Daybreak*. Trad. R. J. Hollingdalle. Cambridge: Cambridge University, 1982.

NOCK, Arthur Darby. Posidonious. *Journal of Roman Studies*. London: Society for the Promotion of Roman Studies, 1959, n. 49, 1-16.

NOVAK, Maria da Glória. Estoicismo e epicurismo em Roma. *Letras Clássicas*. São Paulo: Humanitas, dez. 1999, n. 3, 257-273.

NOYEN, Paul. Marcus Aurelius, the greatest practician of stoicism. *L'Antiquité Classique*. Bruxelles, 1955, t. XXIV, 372-383.

NUSSBAUM, Martha Craven. Pity and mercy: Nietzsche's stoicism. In: SCHACHT, Richard (ed.). *Nietzsche, genealogy, morality: essays on Nietzsche's* Genealogy of morals. Berkeley: University of California Press, 1994, 139-167.

ONFRAY, Michel. *Cinismos: retrato de los filósofos llamados perros*. Trad. Alcira Bixio. Buenos Aires: Paidós, 2005.

PARENTE, Margherita Isnardi. *Ierocle stoico: oikeiosis e doveri sociali*. In: HAASE, Wolfgang; TEMPORINI, Hildegard (orgs.). *Aufstieg und Niedergang der Römischen Welt*. Berlin/New York: Walter de Gruyter, 1989, t. II., vol. 36.3, 2201-2226.

PENA, Marc. *Le stoïcisme et l'empire romain: historicité et permanences*. Aix-en-Provence: Presses Universitaires d'Aix-en-Provence, 1990.

PRIGOGINE, Ilya; STENGERS, Isabelle (colab.). *O fim das certezas: tempo, caos e leis da natureza*. Trad. Roberto Leal Ferreira. São Paulo: UNESP, 1996.

RAVERI, Massimo. *Índia e extremo oriente: via da libertação e da imortalidade*. Trad. Camila Kintzel. Org. ed. brasileira Adone Agnolin. São Paulo: Hedra, 2005.

REALE, Giovanni. *La filosofia di Seneca come terapia dei mali dell'anima*. 5. ed. Milano: Bompiani, 2004.

REYDAMS-SCHILS, Gretchen. Human bonding and *oikeiósis* in roman stoicism. *Oxford Studies in Ancient Philosophy*. Oxford: Oxford University, 2002, n. 22, 221-251.

_____. *The roman stoics: self, responsibility and affection*. Chicago: University of Chicago, 2005.

RIST, John Michael. *Seneca and stoic orthodoxy*. In: HAASE, Wolfgang; TEMPORINI, Hildegard (orgs.). *Aufstieg und Niedergang der Römis-*

chen Welt. Berlin/New York: Walter de Gruyter, 1989, t. II., vol. 36.3, 1993-2012.

_____. *Stoic philosophy*. Cambridge: Cambridge University, 1980.

_____. Zeno and stoic consistency. *Phronesis: A Journal for Ancient Philosophy*. Leiden: Brill, 1977, n. 22, 161-174.

RODRIGUES, Antonio Medina. *A Eneida virgiliana entre a vivência e a narração*. Introdução a VIRGÍLIO. *Eneida*. Trad. e notas Odorico Mendes. Estabelecimento do texto, notas e glossário de Luiz Alberto Machado Cabral. Cotia/Campinas: Ateliê/Unicamp, 2005.

ROOB, Alexander. *O museu hermético: alquimia & misticismo*. S.l. (Portugal): Taschen, 2006.

ROSTOVTZEFF, Michael Ivanovich. *História de Roma*. Trad. Waltensir Dutra. 4. ed. Rio de Janeiro: Zahar, 1977.

RUTHERFORD, Richard B. *The meditations of Marcus Aurelius: a study*. Oxford: Oxford University, 1989.

SALLES, Ricardo. Determinism and recurrence in early stoic thought. *Oxford Studies in Ancient Philosophy*. Oxford: Oxford University, 2003, n. 24, 253-272.

SANDBACH, Francis Henry. *The stoics*. London: Duckworth, 1989.

SARTRE, Jean-Paul. *War diaries: notebooks from a phoney war*. Trad. Q. Hoare. London: Verso, 1984.

SCHNEEWIND, Jerome B. Kant and stoic ethics. In: ENGSTROM, Stephen; WHITING Jennifer (orgs.). *Aristotle, Kant and the stoics: rethinking happiness and duty*. Cambridge: Cambridge University, 1996, 285-302.

SCHOFIELD, Malcolm. Ética estóica. In: INWOOD, Brad (org.). *Os estóicos*. Trad. Paulo Fernando Tadeu Ferreira e Raul Fiker. São Paulo: Odysseus, 2006, 259-284.

_____. *The stoic idea of the city*. With a new foreword by Martha Craven Nussbaum. Chicago: University of Chicago, 1999.

_____. The syllogisms of Zeno of Citium. *Phronesis: A Journal for Ancient Philosophy*. Leiden: Brill, 1983, n. 28, 31-58.

_____. Two stoic approaches to justice. In: LAKS, André; SCHOFIELD, Malcolm. *Justice and generosity: studies in hellenistic social and political philosophy*. Proceedings of the sixth symposium hellenisticum. Cambridge: Cambridge University, 1995, 191-212.

SEDLEY, David. A escola, de Zenon a Ário Dídimo. In: INWOOD, Brad (org.). *Os estóicos*. Trad. Paulo Fernando Tadeu Ferreira e Raul Fiker. São Paulo: Odysseus, 2006, 7-34.

SELLARS, John. *Stoicism*. Berkeley: University of California, 2006.

SHARPLES, Robert William. Soft determinism and freedom in early stoicism: a reply to Botros. *Phronesis: A Journal for Ancient Philosophy*. Leiden: Brill, 1986, 31, 266-279.

SIZOO, A. Paetus Thrasea et le stoïcisme. *Revue des Études Latines*. Paris: Les Belles Lettres, 1926, t. IV, 231-232.

SORABJI, Richard. *Emotion and peace of mind: from stoic agitation to christian temptation*. New York: Oxford University, 2002.

SPINOZA, Baruch. *The collected works of Spinoza*. Vol. I: ethica. Trad. and edition E. Curley. Princeton: Princeton University, 1985.

STANTON, Greg R. The cosmopolitan ideas of Epictetus and Marcus Aurelius. *Phronesis: A Journal for Ancient Philosophy*. Leiden: Brill, 1968, n. 13, 183-195.

STEPHENS, William O. Epictetus on how the stoic sage loves. *Oxford Studies in Ancient Philosophy*. Oxford: Oxford University, 1996, n. 14, 193-210.

STRIKER, Gisela. Following nature: a study in stoic ethics. *Oxford Studies in Ancient Philosophy*. Oxford: Oxford University, 1991, n. 9, 1-73.

SUÁREZ, Francisco. *De legibus*. Ed. e trad. Luciano Pereña. Madrid: Consejo Superior de Investigaciones Cientificas, 1974.

TATAKIS, Basile N. *Panétius de Rhodes, le fondateur du moyen stoicisme: sa vie et son oeuvre*. Paris: J. Vrin, 1931.

TODD, Robert B. Cleomenes and the problems of stoic astrophysics. *Hermes: Zeitschrift für Klassische Philologie*. Wiesbaden: Steiner, 2001, n. 129, 75-78.

UPANISADS. Ed. e trad. Patrick Olivelle. London: Oxford University, 2008.

VERBEKE, Gerard. *L'évolution de la doctrine du pneuma: du stoicisme a S. Augustin*. Paris/Louvain: Desclée de Brouwer/Institut Superieur de Philosophie, 1945.

VEYNE, Paul. *Séneca y el estoicismo*. Trad. Mónica Utrilla. México: Fondo de Cultura Económica, 1996.

VIZENTIN, Marilena. *Imagens do poder em Sêneca: estudo sobre o* De clementia. Cotia/São Paulo: Ateliê/FAPESP, 2005.

VOELKE, André-Jean. *L'idée de volonté dans le stoïcisme*. Paris: Presses Universitaires de France, 1973.

VOLTAIRE, François-Maire Arouet, dito. *Cândido*. Trad. Annie Cambé. Rio de Janeiro: Newton Compton, 1994.

WAERDEN, Bartel Leendert van der. Das grosse Jahr und die ewige Wiederkehr. *Hermes: Zeitschrift für Klassische Philologie*. Wiesbaden: Steiner, 1952, n. 80, 129-157.

WHITE, Michael J. Filosofia natural estóica (física e cosmologia). In: INWOOD, Brad (org.). *Os estóicos*. Trad. Paulo Fernando Tadeu Ferreira e Raul Fiker. São Paulo: Odysseus, 2006, 139-169.

_____. Time and determinism in the hellenistic philosophical schools. *Archiv für Geschichte der Philosophie*. Berlin/New York: Walter de Gruyter, 1983, n. 65, 40-62.

YOURCENAR, Marguerite. *Memórias de Adriano*. Trad. Martha Calderaro. Rio de Janeiro: Nova Fronteira, 1980.

ZARTALOUDIS, Thanos. *The birth of nomos*. Edinburgh: Edinburgh University, 2018.

Edições Loyola

editoração impressão acabamento

Rua 1822 n° 341 – Ipiranga
04216-000 São Paulo, SP
T 55 11 3385 8500/8501, 2063 4275
www.loyola.com.br